中外执政能力比较研究

□ 彭 澎／主编
□ 柳立子／副主编

中央编译出版社

中央编译学术文库

广州市社会科学院学术精品系列
编辑委员会

主　任：舒　扬　李江涛
副主任：郑伯范　蒋年云　刘江华　朱名宏
编　委：（以姓氏笔画为序）
　　　　尹　涛　叶志民　李颖亚　李　杨　李永宁
　　　　吴智文　吴重庆　杨再高　欧开培　祝宪民
　　　　涂成林　唐碧海　莫吉武　黄石鼎　彭　澎
　　　　童晓频　蔡国萱

目 录

第一部分 中外执政理论比较

第一章 执政理论是不断发展的 …………………………………… 3
　一、以毛泽东为核心的第一代领导人的执政理论 ……………… 4
　二、以邓小平为核心的第二代领导人的执政理论 …………… 14
　三、以江泽民为核心的第三代领导人的执政理论 …………… 25
　四、以胡锦涛为首的领导集体的执政理论 …………………… 32
　五、简析中国共产党的执政理论 ……………………………… 43
第二章 资产阶级政党的执政理论 ……………………………… 47
　一、英国执政党及其执政理论 ………………………………… 48
　二、美国执政党及其执政理论 ………………………………… 51
　三、法国执政党及其执政理论 ………………………………… 57
　四、德国执政党及其执政理论 ………………………………… 60
　五、日本执政党及其执政理论 ………………………………… 63
第三章 社会民主党的执政理论 ………………………………… 67
　一、主要国家的社会民主党及其执政理论 …………………… 68
　二、民主社会主义理论 ………………………………………… 75
　三、简析社会民主党及其执政理论 …………………………… 78
第四章 社会主义政党的执政理论 ……………………………… 82
　一、马克思恩格斯的执政理论 ………………………………… 82

二、列宁的执政理论 ·· 89
　　三、中国共产党的执政理论 ···································· 98
第五章　中国其他政党的执政理论 ································ 109
　　一、孙中山的执政理论 ·· 110
　　二、蒋介石的执政理论 ·· 118
　　三、中国民主党派的政治主张 ································ 122

第二部分　中外执政经验比较

第六章　苏共巩固政权、进行社会主义建设的经验 ········ 132
　　一、执政党要把经济建设放在首位 ························ 133
　　二、执政党必须有科学的领导方法和领导艺术 ········ 135
　　三、执政党要密切联系群众 ·································· 141
　　四、执政党必须努力锻炼出一个好的作风 ·············· 144
　　五、党政职能要明确划分 ······································ 147
　　六、执政党要强化监督机制建设 ··························· 151
第七章　东欧国家执政党探索人民民主道路、经济政治体制改革
　　　　的经验 ··· 153
　　一、东欧国家共产党探索人民民主道路、进行经济政治体制
　　　　改革的共同做法 ··· 155
　　二、南斯拉夫——社会主义自治民主制的建立与发展 ···· 159
　　三、匈牙利——计划管理与市场的积极作用相结合 ···· 162
　　四、罗马尼亚——提高领导体制、计划管理体制的科学性 ····· 169
　　五、波兰——简政放权、发扬民主 ························ 173
　　六、捷克斯洛伐克——计划经济、政治体制的深入改革 ····· 176
　　七、民主德国——探索党和政府、企业之间关系和变革干部
　　　　体制 ··· 180
　　八、保加利亚——既克服中央过分集权，又防止分散主义 ····· 182
　　九、阿尔巴尼亚——坚持自力更生 ························ 185
第八章　西方发达国家政党执政经验 ······························ 187
　　一、西方发达国家政党的共同执政规律 ················· 187

二、美国百年老党的执政方式与经验 …………………… 195
　　三、战后英国的两党政治与执政经验 …………………… 199
　　四、法国社会党和戴高乐政党的执政经验 ……………… 205
　　五、瑞典社会民主党长期执政的主要经验 ……………… 210
　第九章　战后发展中国家政党长期执政的经验 …………… 215
　　一、战后发展中国家长期执政政党的共同执政规律 …… 216
　　二、中国共产党长期执政的经验 ………………………… 219
　　三、新加坡人民行动党长期执政的做法和经验 ………… 223
　　四、马来西亚巫统长期执政的做法和经验 ……………… 227
　　五、叙利亚复兴党长期执政的主要经验 ………………… 231

第三部分　中外执政教训比较

　第十章　苏共垮台和苏联解体的教训 ……………………… 239
　　一、执政理念从僵化到自由化 …………………………… 240
　　二、党内干部"大换血"结恶果 ………………………… 243
　　三、经济社会发展现危机 ………………………………… 244
　　四、高度集权专制终异化 ………………………………… 247
　　五、党在军队和民众中权威遭动摇 ……………………… 250
　第十一章　东欧剧变的教训 ………………………………… 252
　　一、东欧剧变的共同教训 ………………………………… 252
　　二、波兰统一工人党在与团结工会的较量中成为东欧剧变
　　　　的带头羊 ……………………………………………… 255
　　三、匈牙利社会主义工人党在多党制形成过程中失去执政
　　　　地位 …………………………………………………… 259
　　四、阿尔巴尼亚劳动党成为"左"倾教条主义和自我封闭
　　　　的牺牲品 ……………………………………………… 260
　　五、德国统一社会党在统一过程中失去政权 …………… 263
　　六、罗马尼亚共产党在个人崇拜中政息人亡 …………… 267
　　七、保加利亚共产党在应付社会危机中丧失政权 ……… 271
　　八、捷克斯洛伐克共产党的民主社会主义化导致国家分裂 273

九、南斯拉夫共产主义者联盟的分裂导致国家分裂 …………… 276
第十二章　颜色革命的教训 ……………………………………… 280
　　一、在选举争议中发生"革命" ………………………………… 280
　　二、执政党发展经济能力不强导致居民生活艰难 …………… 281
　　三、执政党政治腐败严重导致社会秩序不稳 ………………… 284
　　四、贫富两极分化严重导致执政党在民众中的支持日益离散 … 287
　　五、照搬西方模式建构"民主政治"的"走样"实践导致
　　　　社会动荡不安 ………………………………………………… 289
　　六、外国势力干涉建设发展进程导致执政党更迭 …………… 294
第十三章　老牌执政党的衰落 …………………………………… 301
　　一、中国国民党先后在大陆和台湾失去政权 ………………… 301
　　二、印度国大党在党内外各种矛盾中失去独立执政权 ……… 311
　　三、墨西哥革命制度党在经济奇迹中丧失执政地位 ………… 318

结束语 ……………………………………………………………… 328
参考文献 …………………………………………………………… 331
后　记 ……………………………………………………………… 335

中外执政理论比较

胡锦涛说，我们党在领导人民治国理政的长期实践中，进行了艰苦的探索，积累了丰富的、成功的执政经验，取得了举世瞩目的执政成就。这些经验是几代共产党人经过长期探索和实践得来的，要始终不渝地坚持和充分加以运用，并在实践中不断丰富和发展。我国的历史文化、社会制度、发展水平与其他国家不同，对世界上其他政党执政的一些做法和措施，我们不能照抄照搬。但对它们在治国理政方面的有益做法，我们要研究和借鉴，以开阔眼界，打开思路，更好地从世界政治经济发展的大格局中把握加强党的执政能力建设的规律。

与党的十六届四中全会几乎同时，在北京举行了第三届亚洲政党国际会议，亚洲各国政党交流政治理念、切磋执政经验，为我党进一步完善执政能力提供了借鉴。

胡锦涛在党的十七大报告中指出，"党的执政能力建设关系党的建设和中国特色社会主义事业的全局"。党的执政理论建设是一项系统工程，核心是要解决共产党为谁执政、怎样执政的问题，包括把握正确的执政目标和发展目标，树立科学的执政理念；增强阶级基础和扩大群众基础，进而巩固党的执政基础；把党的领导、人民当家做主和依法治国统一起来，贯彻正确的执政方略；理顺党和国家政权的关系，建立科学合理的执政体制；通过各种途径保证党的领导的实现，形成有效的执政方式；完善经济体制、促进经济发展，保护和使用好党的执政资源等等，这些问题都需要总结实践经验去解决。

第一章 执政理论是不断发展的

我们党提出加强执政能力建设，并认为对执政党来说，最重要、最根本的建设是执政能力建设，执政能力是党保持执政活力的基础。这是由我们党的执政地位和长期执政的客观实际所决定的，是由我们党作为中国社会主义事业的领导核心的历史地位所决定的，是由我们党所担负的繁重的执政任务所决定的，是由我们党所面临的国际国内的严峻挑战所决定的。

经过80多年的发展，我们党所处的地位、环境和肩负的任务都发生了重大变化，已经从领导人民为夺取全国政权而奋斗的党，成为领导人民掌握全国政权并长期执政的党；已经从受到外部封锁和实行计划经济条件下领导国家建设的党，成为对外开放和发展社会主义市场经济条件下领导国家建设的党。这两个根本性转变，既为党的建设带来良好的机遇，也对党提出了崭新的课题和严峻的挑战，要求党切实提高执政能力来做出积极的应对。

作为执政党，我们党执政后的全部活动主要是围绕着执政展开的。无论是治党治国治军，还是改革发展稳定，或是内政外交国防，都要求我们党必须不断发展、创新执政理论，提高执政能力和执政水平，因此，我们党把提高领导水平和执政水平列为新时期党的建设两大历史性课题之一，把始终做到"三个代表"作为立党之本、执政之基、力量之源。

从世界各国执政党的实践来看，一些长期执政的大党、老党丧失政权，虽然具体原因各异，但根本上都是执政能力不适应维护政权的要求，党的执政能力方面出现了问题，并且还说明政党执政时间越长，越要抓紧自身建设，越要注意提高执政水平，越要完善执政能力。

科学发展观是我们党执政理念的重大创新。它表明我们党对执政规律的认识达到了新高度,对中国特色社会主义建设规律和人类社会发展规律的认识达到了新水平,开辟了马克思主义发展理论的新境界。

中国共产党在58年治国理政的长期实践中,积累了丰富的执政经验。以毛泽东、邓小平、江泽民、胡锦涛为核心的四代领导集体都非常重视党的执政能力建设,认为党提高执政能力才会在建设社会主义的大道上领导中国人民越走越宽广。

一、以毛泽东为核心的第一代领导人的执政理论

作为中国共产党第一代领导集体的核心,毛泽东在领导中国进行社会主义革命和建设的历史历程中,与时代同步地发展和创新了马克思主义执政理论的若干基本问题,对中国特色社会主义的建设和发展产生了重大而深远的影响,为我们留下了宝贵的精神财富。

毛泽东从无产阶级执政党如何保持先进性、当好先锋队,永葆革命青春、永不变色等的角度出发提出其执政理论。毛泽东的执政理论对中国共产党保持党的本色、增强党的生机和活力、保持中国共产党的先进性等方面有着重大的指导作用。毛泽东的执政理论及其当代价值主要体现在:(1)进京"赶考",夺取全国政权是执政的开始,是中国共产党执政的实践和经验的总结,实现了中国共产党执政万里长征的第一步;(2)人民民主专政是以毛泽东为代表的第一代领导集体执政的总纲,人民民主专政是对无产阶级专政的发展与创新;(3)人民群众是中国共产党领导革命的根基,是中国共产党的执政之基,是中国革命的力量之源,因此全心全意为人民服务必须成为中国共产党执政的根本宗旨;(4)走民主新路,跳出历史执政周期率,完善民主集中制;(5)从思想、组织等方面加强党的建设,正确处理人民内部矛盾,严惩腐败,巩固党的执政地位。

以毛泽东为核心的第一代中国共产党领导集体,根据中国新民主主

义革命性质和社会主义建设的具体国情，在认真对以往执政思想与实践进行总结的基础上，坚持马克思列宁主义的建党理论和执政设想，不断丰富着党的执政理论和实践。因此以毛泽东为代表的第一代中央领导集体的执政理论和实践是中国共产党执政理论的源泉和根基，为我们党提供了宝贵的执政经验，对当代中国共产党执政能力建设具有重大的启迪作用。

1. "进京赶考"，谨慎执政

在新中国成立前夕，毛泽东就一直在思考中国共产党能否成功地从领导中国人民夺取政权的革命的党转为真正的执政的党，以及该如何很好地执政的问题，他曾幽默地把共产党赴京执政比作"进京赶考"，要求中国共产党在思想、能力等方面做好准备迎接考试。

在新中国成立前夕，可以说党的七届二中全会是中国共产党发展史上的一个转折点，在这次会议上中国共产党顺应时代发展的脉搏，实现了党的地位的转变，即由革命党、片面的执政党转向领导中国人民进行社会主义建设的政党、全面的执政党，实现了党的工作重心由农村转向城市的转变。在准备由西柏坡向北平进发的时候，毛泽东对周围的人说："同志们，我们要进北平了。我们进北平可不是李自成进北平，他们进了北平就变了。我们共产党人进北平，就要继续革命，建设社会主义，直到实现共产主义。"出发前，毛泽东只睡了四五个小时，他兴奋地对周恩来说："今天是进京的日子，不睡觉也高兴啊，今天是进京'赶考'嘛。进京'赶考'去，精神不好怎么行呀？"周恩来笑着说："我们应当都能考试及格，不要退回来。"毛泽东说："退回去就失败了。我们决不当李自成，我们都希望考个好成绩。"① 历史已雄辩地向世人证明了毛泽东和他的战友们的答案是合格的，并且还实现了良好执政的水平，人民对这份历史性的答卷是比较满意的。

在党的七届二中全会上，毛泽东要求党员干部认真阅读《甲申三百年祭》，要做到以史为镜，引以为戒，不要重犯胜利时骄傲的错误，牢记和吸取李自成率领农民起义军进京后因生活腐化招致严重失败的历史教

---

① 金冲及主编：《毛泽东传》（下），中央文献出版社，1996 年版，第 916 – 917 页。

训,他一再强调说:"小胜即骄傲,大胜更骄傲,一次又一次吃亏,如何避免此种毛病,实在值得注意。"①告诫全党警惕资产阶级"糖衣炮弹"的袭击,"务必使同志们继续地保持谦虚、谨慎、不骄、不躁的作风,务必使同志们继续地保持艰苦奋斗的作风"②,努力把党建设成为"团结全国人民进行社会主义建设的核心力量"③。毛泽东要求全党同志保持谦虚、谨慎的作风,不要浮躁,不要被胜利冲昏了头脑,要经受得住历史的考验。

在进京"赶考"之前,毛泽东要求全党同志学会做经济工作,"必须用极大的努力去学会管理城市和建设城市"④,他认为中国共产党"必须用极大的努力去学习生产的技术和管理生产的方法,必须去学习同生产有密切关系的商业工作、银行工作和其他工作"⑤。学会管理商业。面对即将掌握全国政权的形势,毛泽东向全党提出要尽快学会领导社会主义国家建设,努力建设一个强大的新国家。这些思想都是为了能够充分地为"赶考"做好准备工作,能够在以后的执政道路上做到游刃有余。

2. 人民民主专政是执政的总纲

毛泽东运用辩证唯物主义的观点,根据马克思列宁主义的国家建设学说及其经验,总结了近代以来中国革命的历史经验,对马列的无产阶级专政理论进行了发展和创新,阐明了在中国建立人民民主专政国家的历史必然性,论述了人民民主专政的一系列根本性问题。他曾经指出:我们的经验总结集中到一点,就是工人阶级领导的、以工农联盟为基础的人民民主专政。工人阶级是人民民主专政的领导力量,因为只有工人阶级最有远见、大公无私、最富于革命的彻底性。中国的整个历史也已向世人证明了:没有工人阶级的领导,革命就失败,就不会有中国共产党的"进京赶考";有了工人阶级的领导,革命就胜利,中国共产党才能走上领导中国人民进行社会主义建设的道路。人民民主专政的基础是工人阶级、农民阶级和城市小资产阶级的联盟,而主要是工农联盟,工农

---

① 《毛泽东书信选集》,人民出版社,1983年版,第241页。
② 《毛泽东选集》第四卷,人民出版社,1991年第2版,第1438-1439页。
③ 《建国以来毛泽东文稿》第六册,第201-202页。
④ 《毛泽东选集》第四卷,人民出版社,1991年第2版,第1427页。
⑤ 《毛泽东选集》第四卷,人民出版社,1991年第2版,第1428页。

联盟是进行社会主义建设的支撑。

1949年6月，在纪念中国共产党成立28周年的时候，毛泽东发表了《论人民民主专政》一文，完整地阐明了人民民主专政的一系列根本性问题，为我国人民民主专政奠定了理论基石。他认为，人民民主专政的领导者是工人阶级，工农联盟和城市小资产阶级是其基础，要更好地发挥对人民的民主和对敌人的专政的结合，同时，人民民主专政需要强化国家机器，以此巩固国防和维护人民的根本利益。另一方面，人民民主专政"必须和国际革命力量团结一致"①，联合各人民民主国家，联合世界上以平等待我的民族和各国人民，结成国际的统一战线以共同对抗强权政治、霸权主义、帝国主义。

我国的人民民主专政是与马克思恩格斯曾经设想的和苏联在社会主义建设过程中实施的无产阶级专政既有联系又有区别的，人民民主专政是在与无产阶级的联系中有所发展与创新，是具有中国特色的无产阶级专政。人民民主专政包括对人民内部实行民主和对敌人实行专政两个方面的内容，在人民内部实行民主，就是要保证占人口绝大多数的劳动人民当家做主，充分享有各项自由和民主权利；另一方面人民民主专政制度必须对人民的敌人实行专政，专政的作用就在于对内镇压被推翻的反动阶级的反抗，对外防御帝国主义的侵略和颠覆，以更好地为建设社会主义创造良好的国内外政治环境。因此不能混淆了民主和专政二者各自不同的对象和方法，同时，民主和专政又是相辅相成、不可分割的，在任何情况下都必须兼顾民主和专政的相统一。

人民民主专政的职能靠人民的国家机器去执行，这主要是指人民军队、人民警察和人民法庭。它们担负着巩固国防和保护人民利益的职责，同时又是压迫敌对阶级和敌对势力的暴力工具。只要帝国主义还存在，国内外反动派还存在，国内外阶级还存在，就要强化人民的国家机器以维护人民民主专政。如果人民取得政权后不强化自己的国家机器，不采取强有力的手段对反动派实行专政，他们就不能维持和巩固好自己的政权。

总之，毛泽东关于人民民主专政的思想阐明了三个重要的问题：第一，工人阶级是我国的领导阶级，工农联盟是我国的社会主义政权基础；

---

① 《毛泽东选集》第四卷，人民出版社，1991年第2版，第1480页。

第二，人民民主专政是无产阶级专政在我国的一种具有中国特色的实现形式；第三，人民民主专政是对人民内部的民主和对敌人专政的相结合。

3. 加强党的建设，巩固执政地位

进京"赶考"实现了中国共产党由革命党向建设党、执政党的转变，基本上从那时起中国共产党就开始担负起了领导中国人民进行社会主义建设的使命，推动中国朝着社会主义和共产主义的方向一步一步地迈进。中国共产党为了领导中国人民走向富强、民主、文明的社会主义现代化国家，就必须巩固其执政地位，以此进一步促进社会主义建设。

一切阶级维护自身利益的手段就是夺取国家政权和维护国家政权，因此，无产阶级政党领导权的核心是执掌国家政权，中国共产党就要从执掌和稳固政权的角度增强执政意识、提高执政能力、巩固执政地位。20世纪50年代中期的波匈事件后，国内外出现了反对共产党的逆流，针对这一情形，毛泽东明确提出："中国共产党是全中国人民的领导核心。没有这个核心，社会主义的事业就不会取得胜利。"① 因此可以说，领导我们事业的核心力量是而且必须是中国共产党。他在《关于正确处理人民内部矛盾的问题》一文中，把巩固党的领导还是摆脱或者削弱党的领导作为我国政治生活中区别大是大非的重要标准之一，并在多种场合批驳了否定党的领导的言论，极大地增强了全党的执政意识。

从马克思主义经典作家及其实践者关于执政党进行国家建设的理论与实践方面来看，执政党必须把经济建设作为主要任务，毛泽东也认为"一定要首先加强经济建设"②，以此达到满足人民群众不断增长的物质、文化等多重需要。他不仅在党的七届二中全会上及时提出党的工作重心由农村到城市的转移的问题，而且还在新中国成立后对进行大规模的经济建设倾注了极大的精力。他亲自主持制定了党在过渡时期的总路线，并在深入调查研究的基础上发表了《论十大关系》，在这篇文章中他对社会主义建设中的十个方面的关系作了全面而深入的阐述，初步提出了适合我国国情的社会主义建设的思路。1956年，党的八大提出了集中一切

---

① 《毛泽东选集》第五卷，人民出版社，1977年第1版，第430页。
② 《毛泽东选集》第五卷，人民出版社，1977年第1版，第272页。

力量发展社会生产力、实现国家工业化、满足人民群众的物质文化需求的正确路线,以此为出发点,毛泽东多次提出,党不仅要善于领导政治、军事、文化、外交,还要善于领导经济建设,而且必须在和平的时代掌握好管理经济的本领,要努力改善党的知识结构、能力结构、年龄结构等,要建立"科学中央委员会"①,改变外行领导内行的局面,党的干部为适应大规模经济建设的需要必须加强学习经济建设的理论,努力做到又红又专地建设社会主义国家。令人遗憾的是,毛泽东虽然认识到了这个问题,也提出了一些正确的方针、政策,但是由于受到各方面因素的干扰,后来出现了偏移,党未能把主要的精力用到经济建设中来。

全心全意为人民服务是中国共产党的根本宗旨。毛泽东于1945年4月24日在《论联合政府》中指出:"我们共产党人区别于其他任何政党的又一个显著的标志,就是和最广大的人民群众取得最密切的联系。全心全意为人民服务,一刻也不脱离群众;一切从人民的利益出发,而不是从个人或小集团的利益出发;向人民负责和向党的领导机关负责的一致性;这些就是我们的出发点。共产党人必须随时准备坚持真理,因为任何真理都是符合于人民利益的;共产党人必须随时准备修正错误,因为任何错误都是不符合于人民利益的。"② 他认为人民群众的利益高于一切,人民群众是历史的推动者,人民群众的利益要求就是真理的体现,他要求中国共产党要时时刻刻想着人民群众的利益,把为人民服务的工作放在人民群众的整体利益上。1944年9月8日,毛泽东在中共中央警备团追悼张思德的会上发表的讲演中提到:"我们的共产党和共产党所领导的八路军、新四军,是革命的队伍。我们这个队伍完全是为着解放人民的,是彻底地为人民的利益工作的。……因为我们是为人民服务的,所以,我们如果有缺点,就不怕别人批评指出。不管是什么人,谁向我们指出都行。只要你说得对,我们就改正。你说的办法对人民有好处,我们就照你的办。……只要我们为人民的利益坚持好的,为人民的利益改正错的,我们这个队伍就一定会兴旺起来。"③ 中国共产党为之终身奋

---

① 《毛泽东文集》第七卷,人民出版社,1999年版,第102页。
② 《毛泽东选集》第三卷,人民出版社,1991年第2版,第1094—1095页。
③ 《毛泽东选集》第三卷,人民出版社,1991年第2版,第1004—1005页。

斗的目标就是要全心全意为人民的利益工作、为人民服务。我们共产党员的入党动机、参加革命不是为了个人做官发财、光宗耀祖,而是每个党员和革命工作者通过磨炼自己的革命意志,不断改造思想,做到全心全意为人民服务。

加强党的执政能力建设,提高党的执政水平和领导水平。毛泽东同志特别注重党的思想建设,要求中国共产党党员不仅要从组织上入党,而且要从思想上入党,从灵魂的深处忠实于党的事业。建国初期,毛泽东从作风和能力等方面强调党的执政能力建设并取得了成效。党的八大也曾经对党执政后地位的变化和可能带来的问题从理论上、政治上作过深刻的分析,要求全党同志必须保持谦虚谨慎、不骄不躁的优良作风,正确运用手中的权力,防止党脱离人民群众,经得起执政的考验。毛泽东等第一代领导集体关于加强执政党建设的基本思想有:第一,着重从思想上建设党,把思想建设摆在党的建设的首位。以毛泽东为核心的中国共产党第一代领导集体,不论是在建国前作为革命党,还是在新中国建立后作为执政党,都十分重视"着重从思想上建党"这一基本原则。正是这一原则的巨大威力,使党的队伍保持着纯洁性和先进性,并且有很强的战斗力,从而保证了中共率领中国人民在革命和建设的道路上取得了一个又一个胜利。所以中国共产党要把思想建设放在党的建设的首位,尤其应该注意马克思列宁主义理论的学习,用无产阶级的世界观和方法论武装全党,同时要充分发挥党的思想政治工作的积极作用。第二,要进行马克思列宁主义思想政治教育,实现从思想上建党,就必须运用好整风运动这个好方法和好形式。1942年延安整风开整风之先河。其主要内容是反对主观主义、宗派主义、党八股,而以反对主观主义为中心任务。整风运动的方针和宗旨"第一是'惩前毖后',第二是'治病救人'"①,通过"团结——批评——团结"②达到"既要弄清思想,又要团结同志"的目的。延安整风是全党范围的一次普遍的马克思主义思想政治教育运动,是思想建党原则的新发展。第三,在党的组织建设上,必须坚持民主集中制原则。民主集中制是我们党的根本组织原则和组织制

---

① 《毛泽东选集》第三卷,人民出版社,1991年第2版,第827页。
② 《毛泽东选集》第五卷,人民出版社,1977年第1版,第369页。

度。早在抗战时期,毛泽东就曾指出,"要党有力量,依靠实行党的民主集中制去发动全党的积极性"①;而全党"积极性的发挥,有赖于党内生活的民主化"②。民主集中制的基本要求是在民主基础上的集中和在集中指导下的民主的结合。在处理民主和集中的关系上,首先要强调民主是集中的基础,先有民主然后才能讲集中,只有在民主的基础上才会有集中,而民主就是要求允许不同意见的存在,不能搞专制,"不怕人家讲错话,就怕人家不说话。"③ "如果鸦雀无声,一点意见也没有,事情就不妙。"④ 另一方面,如果只谈民主而忽视了集中,不讲集中、不讲统一、不讲服从的话,就会出现各唱各的调,各自为政,各行其是的局面,那么全党就会陷入一盘散沙,不可能达到意志和行动的统一,那么党在领导人民进行社会主义的建设过程中就没有战斗力。所以,民主集中制就是要求全党同志要少数服从多数,个人服从组织,下级服从上级,全党服从中央,地方服从中央。所以党员要严格遵守党的民主集中制原则,接受党内的党外的双重监督。第四,加强党的作风建设,保持和发扬党的优良传统和作风。毛泽东认为,党的作风建设是党的建设的重要组成部分。毛泽东在长期的革命和社会主义建设的生涯中,一直把党风建设作为党的建设的根本问题来抓,毛泽东屡次告诫全党同志加强对思想作风建设的重视,要警惕由党风腐败引起的党组织和领导人的蜕化变质;他认为,作风正派不正派,实质上是世界观和党性纯不纯的问题,只有把党风提到党性和世界观的高度加以解决,才能克服党内不正之风;他还认为,党风关系到共产党的全心全意为人民服务的宗旨问题,党风的纯正才能提高为人民服务的能力⑤。在 1945 年中共七大上,毛泽东在《论联合政府》的报告中,概括了中国共产党的三大优良作风:理论和实践相结合的作风、和人民群众紧密联系在一起的作风、批评和自我批评的作风。三大作风是我们党的优良作风的集中概括,三大作风是一个相

---

① 《毛泽东选集》第一卷,人民出版社,1991 年第 2 版,第 278 页。
② 《毛泽东选集》第二卷,人民出版社,1991 年第 2 版,第 529 页。
③ 《陈云文选》(1956－1985),人民出版社,1986 年版,第 247 页。
④ 《陈云文选》(1956－1985),人民出版社,1986 年版,第 216 页。
⑤ 王世谊:毛泽东党风建设思想与新世纪党的作风建设,《理论学刊》,2003 年第 6 期。

互联系的有机整体，集中体现了无产阶级政党的世界观，反映了对待人民群众和对待自己的科学态度，成为中国共产党区别于其他政党的显著标志。

反腐倡廉，提高党的纯洁性。腐败贯穿于中国漫漫历史长河，历代封建王朝总是有着腐败的身影，以毛泽东为代表的第一代领导集体以史为鉴，吸取教训，重视反腐倡廉工作，并且毛泽东一直关注着如何防止党腐化变质的问题。毛泽东历来主张从严治党，要求把反腐败斗争作为加强党的建设的大事来抓，并且毛泽东反复强调，"一个共产党员，应该是襟怀坦白，忠实，积极，以革命利益为第一生命，以个人利益服从革命利益；无论何时何地，坚持正确的原则，同一切不正确的思想和行为作不疲倦的斗争，用以巩固党的集体生活，巩固党和群众的联系；关心党和群众比关心个人为重，关心他人比关心自己为重。这样才算一个共产党员。"① 所以，总的来说党员干部必须坚持人民的利益高于一切，真正代表人民掌好权、用好权，防止把权力私有化，坚决反对把权力当成为自己和亲朋好友谋取私利的工具②。在党的七届二中全会上，毛泽东就提出了"两个务必"的要求，谆谆告诫全党在革命胜利后"务必使同志们继续地保持谦虚、谨慎、不骄、不躁的作风，务必使同志们继续地保持艰苦奋斗的作风"，要经得起"人们用糖衣裹着的炮弹的攻击"，③ 反对脱离群众的官僚主义，严惩贪污腐败分子，要求党员严格要求自己，做人民的好公仆。

新中国成立后，他又进一步把拒腐防变的方针付诸实践，多次强调要加强对党员干部的思想教育，要求党员干部提高拒腐防变的意识，深刻认识腐败产生的社会历史根源、思想道德根源及其对党的事业的危害程度，牢固树立全心全意为人民服务的宗旨，保持党与人民群众的血肉联系，与人民共患难。毛泽东把反腐败斗争与坚持从严治党的方针相结合，对于党内腐败现象一经发现必须坚决纠正，对于少数腐败分子必须坚决清除，纯洁党的队伍。毛泽东把整党整风作为反腐败的重要手段，

---

① 《毛泽东选集》第二卷，人民出版社，1991年第2版，第361页。

② 王世谊：毛泽东党风建设思想与新世纪党的作风建设，《理论学刊》，2003年第6期。

③ 《毛泽东选集》第四卷，人民出版社，1991年6月第2版，第1438－1439页。

并且把整风方式推及到国家机关,把党风建设与廉政建设相结合,从而使整党整风成为建国初期我们党防治腐败的基本理论和实践。如果一个时期某种腐败现象表现的比较突出、比较严重,那么开展专项斗争就是比较及时的,所以,他亲自领导的"三反"运动就是一场典型的反腐败的专项斗争。毛泽东强调,"反对腐败必须从高级干部抓起,敢于碰硬,从严治党"①,当时枪毙了刘青山、张子善就从一定程度上挽救了一些处于边缘危险区的党员干部,从政治的高度来看,从某种程度上,挽救了党,挽救了处于摇篮期的新中国。从这个高度来看,党员干部就要对此类问题亲自过问、严加督促、勤加指导,在党风建设方面,党的高级干部率先垂范、以身作则、严于律己,同时也要限制干部的高薪和特权,以避免干部因生活上的奢侈腐化导致政治上的堕落,在反腐败的斗争中做到充分发扬民主和放手发动人民群众的有机结合,把反腐败透露在阳光之下暴晒。中国共产党从国民党统治的经验中深刻认识到失去监督制约的权力最容易被滥用,最容易产生腐败,所以毛泽东在1945年7月,与黄培炎探讨中国共产党能否跳出所谓"历史周期率"问题时,就明确地指出,走出这个历史怪圈的唯一出路就是民主。只要人人负起责任,人民监督政府,政府就不敢懈怠,就不会人亡政息②。新中国建立后,他从不同的角度强调共产党要接受党内监督、群众监督、民主党派监督、新闻舆论的监督,把党内监督和党外监督相结合,做到党内自省、党外透明。毛泽东关于反腐败的理论与实践,丰富和发展了毛泽东执政党建设理论,有效地遏制了党执政后开始滋生的腐败苗头,对保持建国初期党风、政风的清廉建设起到了重要作用。

4. 对毛泽东执政理论的评价

毛泽东的执政理论有得也有失,所以要以两点论的观点看待毛泽东的执政实践,对其执政理论作正反两方面的总结。毛泽东虽然一贯重视强调法制的重要性,加强民主政治建设,但是毛泽东在执政的实践中脱

---

① 薄一波:《若干重大决策和事件回顾》(上卷),中共中央党校出版社,1991年版,第152页。

② 王凤贤:学习毛泽东关于执政党廉政建设的思想,《光明日报》,2004年9月30日。

离了法制的轨道,使得中国共产党在执政的过程中不能做到依法执政的良好设想,而且民主也没有走向法制化、制度化的轨道,社会主义的民主政治建设缺失了制度的呵护,最终走向了人治。人治带有很大的主观色彩,在执政实践中往往会以个人的好恶为基点,带有强烈的个人因素,以致造成"一言堂"、家长式的执政结果。

毛泽东在执政理论方面主要还是沿用了革命时期的思路,在执政方式上,对于如何实现人民民主、保障人民当家做主的问题上是靠大规模的群众运动方式还是靠法治,毛泽东没有解决好。如何防止共产党人蜕化变质?毛泽东曾尝试用"大民主"的方式发动广大人民来监督政府,最后是人民民主冲淡了法制建设,甚至把人民民主同党的领导对立起来,其结果不是朝着有利于民主的方向发展,而是走向相反。

毋庸讳言,总的来说中国共产党在革命中和新中国成立后的探索中有过失误,毛泽东本人也犯了一些严重的错误。这些错误概括起来就是以阶级斗争为纲代替了以经济建设为中心,把党内矛盾和人民内部矛盾错当成敌我矛盾,用主观主义和教条主义代替了实事求是,用个人崇拜和个人专断代替了集体领导原则和民主集中制,最终酿成了十年动乱的"文化大革命"。这些都是严重偏离和违背毛泽东思想科学原理的后果。

今天,我们在继承毛泽东执政思想的基础上,要克服不足,吸取教训,特别是要加强制度建设。要看到其正确和错误的东西往往交织在一起,无论是正确的还是错误的对于我们今天来讲都是一笔财富,正确的我们坚持之,错误的我们要吸取其中的教训使其朝着正确的方向发展。

二、以邓小平为核心的第二代领导人的执政理论

十一届三中全会后,以邓小平为核心的第二代领导集体认真总结了正反两方面的历史经验,解放思想,实事求是,全面拨乱反正,及时实现了中国共产党所担当的"社会角色"的根本转变,即从一个"革命党"向真正意义上的"建设党"、"执政党"的转变,增强了党的领导力,加

强了党的权威，提升和塑造了党的崭新形象。邓小平把马克思列宁主义、毛泽东思想创造性地运用于当代中国，科学分析了当今世界的时代特征和国际国内的新变化、新趋势，正确回答了什么是社会主义和怎样建设社会主义的问题，领导全党找到了一条建设中国特色社会主义的道路，与此同时，围绕在改革开放和社会主义现代化条件下建设一个什么样的党和怎样建设党开始了一个新的伟大工程。

邓小平从中国的具体国情出发，提出了一个中心、两个基本点的基本路线，实行改革开放，走建设有中国特色的社会主义道路，从领导体制和机制上强调加强党的执政能力。在改革开放初期，邓小平明确指出，要重视和研究党的执政能力问题，"怎样改善党的领导，这个重大问题摆在我们面前。不好好研究这个问题，不解决这个问题，坚持不了党的领导，提高不了党的威信"①。邓小平着重从制度创新的层面对如何提高党的执政能力进行思考，提出了要改革党和国家的领导制度②。

1. 探索什么是社会主义和怎样建设社会主义

在什么是社会主义和怎样建设社会主义的问题上，邓小平第一次比较系统地初步回答了中国建设社会主义的发展道路、发展阶段、根本任务、发展动力、外部条件、政治保证、战略步骤、党的领导和依靠力量以及祖国统一等一系列基本问题，指导我们党制定了党在社会主义初级阶段的基本路线，坚持以经济建设为中心，实行改革开放，带领中国人民走上实现民族振兴、国家富强、人民幸福的康庄大道。

党的基本路线是党在一定的历史时期为解决社会主要矛盾、完成党的主要任务而确立的党执政的总方针，是关系到我们党能否长期执政的首要问题。面对新时代的机遇和挑战，新时期党的基本路线的确立不是轻而易举的。1987年10月党的十三大完整地提出了党在社会主义初级阶段的基本路线，即领导和团结全国各族人民，以经济建设为中心，坚持四项基本原则，坚持改革开放，自力更生，艰苦创业，为把我国建设成为富强、民主、文明的社会主义现代化国家而奋斗。"一个中心、两个基

---

① 《邓小平文选》第二卷，人民出版社，1994年第2版，第271页。
② 《邓小平文选》第二卷，人民出版社，1994年第2版，第320页。

本点"是这条基本路线的主要内容和高度概括。从党的这一基本路线可以看出：当时进行社会主义现代化建设的领头羊——中国共产党必须以经济建设为中心，带领全国人民实现共同富裕；两个基本点必须贯穿于共产党执政的全过程，重视社会主义经济建设的两翼，两个基本点是相互依存的，统一于经济建设，四项基本原则是立国之本，改革开放是强国之路；共产党执政要求依靠自己的力量，自力更生、艰苦创业，中国的发展问题由中国人民自己解决，中国人民在自力更生的基础上坚持对外开放；共产党执政的最终目的、党的基本路线的落脚点就是要建设富强、民主、文明的社会主义现代化国家，总的来说，社会主义现代化国家的建设是全国人民的根本利益之所在，是中国共产党执政的本质问题。

党的十五大对建设有中国特色社会主义的经验进行了全面的总结，从中国的具体国情出发，确定了社会主义初级阶段的基本纲领，这也是我们党执政的总体目标。党的基本纲领从三个方面阐述了党的执政目标：第一，建设有中国特色的社会主义经济。在中国进行经济体制改革，使社会主义计划经济一步一步转变为社会主义市场经济，在中国实行以公有制为主体多种所有制并存的所有制结构，完善市场体制，不断解放和发展生产力。邓小平提出计划和市场不是资本主义和社会主义的区别，社会主义同样也需要市场，要把市场和计划有机地结合在一起，使其成为中国特色社会主义市场经济建设的"两驾马车"。

第二，建设有中国特色的社会主义政治。建设中国特色社会主义政治必须坚持中国共产党的领导，以坚持和完善工人阶级领导的以工农联盟为基础的人民民主专政为依承，以人民是国家的主人为基础，坚持依法治国，发展社会主义民主法治，建设社会主义法治国家，以图实现社会安定、政府高效廉洁、全国各族人民团结和睦、生动活泼的政治局面。

第三，建设中国特色社会主义的文化。中国特色的社会主义文化是党执政的精神支柱。这就要求我们党坚持以马克思列宁主义、毛泽东思想为指导，用邓小平理论武装全党，教育人民；坚持"二为"方向和"双百"方针，繁荣学术和文艺；建设立足中国现实、继承历史优秀文化传统、吸取外国文化有益成果的社会主义精神文明；发展面向现代化、面向世界、面向未来的，民族的科学的大众的中国特色社会主义文化。

建设中国特色社会主义的经济、政治、文化的基本目标和基本政策，统一构成了党在社会主义初级阶段的基本纲领。这个纲领是邓小平执政理论的重要内容，是共产党执政的总目标。

邓小平"三步走"发展战略的制定，为中国共产党执政拓展了战略眼光，为中国的社会主义现代化建设提供了一个时间表，是党领导人民建设社会主义现代化的北斗星。1987年10月召开的党的十三大，重新概括邓小平关于现代化建设的发展战略，提出我国经济建设的发展战略大体分三步走：第一步实现国民生产总值比1980年翻一番，解决人民的温饱问题，这个任务已经实现；第二步到20世纪末，使国民生产总值再增长一倍，人民生活达到小康水平。这个任务也已基本实现，并且我们现在正朝着高水平、高层次、全面的小康社会迈进；第三步到21世纪中叶，人均国民生产总值达到中等发达国家水平，人民生活比较富裕，基本实现现代化，建成富强、民主、文明的社会主义现代化国家。邓小平把小康水平和达到中等发达国家发展水平作为我国社会主义现代化的两个阶段性标志，使社会主义现代化的目标有了明确的内容，体现了党在执政过程中发展思路清晰，使亿万人民为实现现代化有了实实在在的具体行动目标。"三步走"的发展战略目标是经济指标与社会综合发展指标的统一体，把经济与社会全面发展统一起来。"三步走"的发展战略目标更能够体现社会主义的优越性，邓小平指出，由于我们的社会主义分配制度，实现"三步走"战略目标的人均四千美元，就会使我国属于世界前列，"这不但是给占世界总人口四分之三的第三世界走出了一条路，更重要的是向人类表明，社会主义是必由之路，社会主义优于资本主义。"①

2. 完善党建理论

在建设一个什么样的党和怎样建设党的问题上，邓小平适应党所处的客观环境和历史条件的变化，党面临的形势和任务的变化，党自身状况的变化，紧紧抓住新时期党的建设所要解决的主要问题，提出了一系列的执政党建设理论观点。

邓小平认为马克思列宁主义、毛泽东思想永远是中国共产党的指导思想，在毛泽东思想的指导下重新确立和发展了以解放思想与实事求是

---

① 《邓小平文选》第三卷，人民出版社，1993年第1版，第225页。

为中心的党的思想路线,把坚持真理、发展真理当作党的思想路线在实践中的基本点,强调必须完整准确地理解毛泽东思想,在实践中学习、继承和发展马列主义、毛泽东思想。

坚持和改善党的领导,充分发挥党的核心作用。邓小平认为,坚持党的领导是实现社会主义现代化建设的根本保证,中国共产党的领导地位是历史的选择,是中国人民的选择,同时也是中国共产党的性质决定的,只有中国共产党才能领导中国人民建设社会主义新中国,才能领导中国人民沿着社会主义方向前进,才能领导中国人民在中国的大地上为实现社会主义现代化把全国人民的积极性和创造性调动起来。1980年以来,邓小平多次谈到改善党的领导问题,他强调指出:"不解决这个问题,坚持不了党的领导,提高不了党的威信。"① 同时他强调,要实行党政职能分开,改善党的领导方式。党政分开是为了解决党怎么更善于领导,"党的领导是不能动摇的,但党要善于领导,党政需要分开,这个问题要提上议事日程"②。实行党政分开就是要把党的领导职能与国家政权机关的职能分开,充分发挥党的政治领导职能,从而加强党对国家政权和其他组织的领导作用。③

整顿党的组织建设以提高党的战斗力,邓小平认为,党的组织整顿就是要克服组织内的思想、组织、作风不纯的问题,党的组织整顿要从党的基层组织开始抓起,整顿党的组织要求"在新的历史条件下,在党的建设上走出一条不搞政治运动,而靠改革和制度建设的新路子。"④ 他强调正确的政治路线要靠正确的组织路线来保证,提出了新时期干部队伍"四化"方针和干部人事制度改革的内容、方针和原则,强调干部队伍建设的核心是领导班子建设,着重解决党员不合格和从思想上入党的问题,充分发挥党的基层组织的政治核心和战斗堡垒作用。

"端正党风,是端正社会风气的关键"⑤。在党风建设上,他强调执政

---

① 《邓小平文选》第二卷,人民出版社,1994年第2版,第271页。
② 《邓小平文选》第三卷,人民出版社,1993年第1版,第177页。
③ 赵云献主编:《邓小平党的建设思想概论》,知识出版社,1991年版,第85页。
④ 《中国共产党第十三次全国代表大会文件汇编》,人民出版社,1987年版,第67页。
⑤ 《邓小平文选》第三卷,人民出版社,1993年第1版,第144页。

党的党风是关系党的生死存亡的问题,要发扬优良传统作风,反对官僚主义、形式主义和主观主义,在整个改革开放的过程中都要反对腐败,邓小平非常重视反腐败,要把反腐斗争服从、服务于经济建设上来,他提出"党要受监督,党员要受监督"①。邓小平认为经济建设这一手我们搞得相当有成绩,形势喜人,这是我们国家的成功,但风气如果坏下去,经济搞成功就失去了它应有的意义,会在另一方面变质,反过来影响整个经济变质,发展下去会形成贪污、贿赂横行的世界。同时,他强调"党要管党,一管党员,二管干部。对执政党来说,党要管党,最关键的是干部问题"②。因此,在执政党的干部问题方面,首先管好领导干部,特别是高级干部,要加强党内外监督,党要受监督,党员更要受监督,要严肃执行党的纪律。坚持在纪律面前人人平等,维护党纪国法。他认为"在中国来说,谁有资格犯大错误?就是中国共产党。犯了错误影响也最大。因此,我们党应该特别警惕。……如果我们不受监督,不注意扩大党和国家的民主生活,就一定要脱离群众,犯大错误。"③ 1985年10月,邓小平在谈到如何解决少数人贪污、腐化和滥用权力的现象的问题时,指出:"我们主要通过两个手段来解决,一个是教育,一个是法律。"④ 1992年,他再次强调:"在整个改革开放过程中都要反对腐败。对干部和共产党员来说,廉政建设要作为大事来抓。还是要靠法制,搞法制靠得住些。"⑤ 党要正确开展反腐斗争,经受住执政和改革开放的考验,党要不断地同剥削阶级思想腐败作斗争,积极开展反腐斗争,取信于民。

在党的根本宗旨和工作路线上,强调党的全部任务就是要全心全意为人民服务,要密切党同人民群众的联系,一切工作都要走群众路线,反对官僚主义,强调要把群众拥护不拥护、赞成不赞成、高兴不高兴、答应不答应作为制定各项方针政策的出发点和归宿,作为衡量一切工作功过是非的标准。他认为,关心群众生活、注意工作方法是密切联系群

---

① 《邓小平文选》第一卷,人民出版社,1994年第2版,第270页。
② 《邓小平文选》第一卷,人民出版社,1994年第2版,第328页。
③ 《邓小平文选》第一卷,人民出版社,1994年第2版,第270页。
④ 《邓小平文选》第三卷,人民出版社,1993年第1版,第148页。
⑤ 《邓小平文选》第三卷,人民出版社,1993年第1版,第379页。

众的一贯原则，而且执政党永远是人民在特定历史时期完成特定历史任务的工具，中国共产党执政的最终目的就是全心全意为人民服务，做好人民的公仆。

在党的制度建设上，他强调"领导制度、组织制度问题更带有根本性、全局性、稳定性和长期性。这种制度问题，关系到党和国家是否改变颜色，必须引起全党的高度重视"①。民主集中制是我国最根本的制度，因此在进行党的制度建设方面，要坚持和完善民主集中制，完善党规党纪，使党内生活民主化、制度化，把党的制度建设与社会主义民主法制建设密切联系起来，"走一条不搞政治运动，而靠改革和制度建设的新路子"②。邓小平一贯坚持以制度建党，反对人治，强调法制的重要性，寻求建设社会主义法治国家。邓小平认为把一个国家一个民族的命运放在一个人的身上是不可能的，最重要的是有一套制度，还有能继承不断发展的事业，并且邓小平多次说过把"一个国家的命运寄托在一两个人的威望上是很不正常的"③。

在干部任职问题上，他带头废除了终身制，并使之制度化。80年代就有人提出中国共产党人应该有自己的华盛顿。邓小平根据中国的实际，极力主张废除领导干部的终身制，所以他从自己开始开创性地带头废除终身制，实行新老交替制度、退休制度。并且这一制度越来越细化，越来越规范化。正因为他带头，才实现了伟人去世后，人民还是很平稳的。

在党的执政方式上，采用"两手抓、两手都要硬"，更加牢固地巩固了党的执政地位。一手抓物质文明，一手抓精神文明；一手抓经济工作，一手抓思想政治工作；一手抓改革开放，一手抓打击各种犯罪活动；一手抓改革开放，一手抓惩治腐败，包括纠正不正之风；一手抓建设，一手抓法制。"两手抓"，涵盖了我国社会各个领域、各个方面、各个环节。"两手抓，两手都要硬"，充分显示了共产党的执政能力。在建设中国特色的社会主义的进程中，只有采用"两手抓，两手都要硬"的执政方式，中国特色社会主义事业才能成功，共产党才能做到长期执政。

---

① 《邓小平文选》第二卷，人民出版社，1994年第2版，第333页。
② 1987年10月中国共产党第十三次全国代表大会报告，《中国共产党第十三次全国代表大会文件汇编》，人民出版社，1987年。
③ 《邓小平文选》第三卷，人民出版社，1993年第1版，第316－317页。

3. 解放思想，实事求是

我们党的思想路线是一切从实际出发，理论联系实际，实事求是，在实践中检验和发展真理，那么解放思想、实事求是也就成为党的思想路线的核心，也是邓小平理论的精髓所在，实事求是处在核心的地位，但这两者是相统一的。

邓小平的执政理论与实践要求共产党执政要始终保持"解放思想，实事求是"的思想状态。坚持"解放思想、实事求是"思想路线，是党保持先进性和增强创造力的决定性因素，是巩固党的执政地位的关键所在。邓小平理论坚持解放思想、实事求是，在新的实践基础上继承前人又突破陈规，开拓了马克思主义新境界。这一新境界的开拓，主要表现在：破除"两个凡是"的思想禁锢，坚持实践是检验真理的唯一标准，在实践中检验和发展真理。破除僵化的模式影响，坚持根据自己的条件建设社会主义，大胆地闯自己的道路，建设中国特色的社会主义；破除超阶段的"左"的思想和政策，坚持把社会主义初级阶段作为思考中国问题和制定一切方针政策的根本依据；破除离开生产力抽象论社会主义的历史唯心主义观念，坚持以"三个有利于"作为考虑一切问题的出发点和检验各项工作的根本标准；破除把马克思主义、毛泽东思想某些著作、原理教条化的倾向，坚持"真正的马克思列宁主义者必须根据现在的情况，认识、继承和发展马克思主义"[①]。他认为"不以新的思想、观点去继承、发展马克思主义，不是真正的马克思主义者"[②]。邓小平领导全党和全国人民，以解放思想、实事求是的科学态度和创造精神，做出了关系党和国家前途命运的两大历史性贡献：一是正确总结新中国成立以来历史经验，科学地评价了毛泽东的历史地位和毛泽东思想的指导意义；二是在实践基础上成功地找到了在中国建设社会主义的正确道路，创立了建设中国特色社会主义理论。

这些论述都说明了党在领导建设社会主义现代化事业当中思想上要开放，要从条条框框中走出来，克服本本主义、经验主义和教条主义的

---

① 《邓小平文选》第三卷，人民出版社，1993年第1版，第291页。
② 《邓小平文选》第三卷，人民出版社，1993年第1版，第292页。

危害，要着眼现实问题想办法、出主意、寻对策，归根结底就是要始终坚持"解放思想、实事求是"的工作指导思想。

4. 坚持四项基本原则是立国之本

"文化大革命"后，"四人帮"的粉碎给中国人民建设社会主义带来了新的希望，全党、全国上下在思想解放的春风里迎来了又一个春天，但是有些人披挂着"思想解放"外衣，对我国的社会主义制度、经济制度、国家性质和制度、我党的领导地位和作用以及意识形态的指导思想等根本性的问题提出了质疑。

在这种形势下，邓小平于1979年3月召开的党的理论务虚会上作总结时，鲜明地指出"我们要在中国实现四个现代化，必须在思想政治上坚持四项基本原则。这是实现四个现代化的根本前提。这四项是：第一，必须坚持社会主义道路；第二，必须坚持无产阶级专政；第三，必须坚持共产党的领导；第四，必须坚持马列主义、毛泽东思想。"①

这"四个坚持"是新时期我国"立国之本"的最早的完整表述，是改革开放的行动指南和高度的理论概括，是邓小平在"从实际出发，密切结合当前的形势和任务"②条件下对我们党长期以来积累的执政经验的科学概括，是对建设有中国特色社会主义社会的基本方向和框架的设置，体现了亿万中国人民建设社会主义现代化国家的共同意志。邓小平指出："每个共产党员，更不必说每个党的思想理论工作者，决不允许在这个根本立场上有丝毫动摇。如果动摇了这四项基本原则中的任何一项，那就动摇了整个社会主义事业，整个现代化建设事业。"③ 1982年9月，十二大通过的新党章规定，坚持四项基本原则，集中力量进行社会主义现代化建设，是全党团结统一的政治基础。同年12月，五届人大五次会议通过的《中华人民共和国宪法》也作了明确的规定。党的十三大报告把四项基本原则列入基本路线，作为"一个中心，两个基本点"的重要内容之一，并指出它是立国之本。十四大报告中进一步阐述为有中国特色社

---

① 《邓小平文选》第二卷，人民出版社，1994年第2版，第164－165页。
② 《邓小平文选》第二卷，人民出版社，1994年第2版，第159页。
③ 《邓小平文选》第二卷，人民出版社，1994年第2版，第173页。

会主义理论的重要组成部分。

"这四项基本原则并不是新的东西,是我们党长期以来所一贯坚持的。"① 四项基本原则规定了我国社会性质、国家体制、党的领导地位、革命和建设事业的指导思想,深刻反映了我国历史发展的根本规律和基本走向,是全党和全国各族人民团结的共同的政治基础,是社会主义现代化建设事业的根本保证,是我们不可动摇的立国之本、强国之基,它与改革开放政策一同构成了党的基本路线的两个基本点。

四项基本原则是一个互相联系、互相影响、互为条件、互为依存、不可分割的有机整体。邓小平第一次明确提出"四项基本原则"这一特定的政治概念,赋予它特定的政治内涵,并充分论述了四项基本原则在我国改革开放和现代化建设中的特殊地位和重要作用,是对科学社会主义理论的一个重大贡献和发展。另一方面,邓小平特别强调赋予四项基本原则以新的时代内容。"这些原则在目前的新形势下却都有新的意义,都需要根据新的丰富的事实作出新的有充分说服力的论证。这样才能够教育全国人民,全国青年,全国工人,解放军全体指战员,也才能够说服那些向今天的中国寻求真理的人们。这是一项十分重大的任务⋯⋯这决不是改头换面地抄袭旧书本所能完成的工作,而是要费尽革命思想家心血的崇高的创造性的科学工作。"②

必须坚持社会主义道路。邓小平指出,"现在有一些人散布所谓社会主义不如资本主义的言论。一定要彻底驳倒这种言论。"③ "首先,只有社会主义才能救中国,这是中国人民从五四运动到现在六十年来的切身体验中得出的不可动摇的历史结论。中国离开社会主义就必然退回到半封建半殖民地。中国绝大多数人决不允许历史倒退。其次,社会主义的中国在经济、技术、文化等方面现在还不如发达的资本主义国家,这是事实。但这不是社会主义制度造成的。从根本上说,是解放以前的历史造成的,是帝国主义和封建主义造成的。社会主义革命已经使我国大大缩短了同发达资本主义国家在经济发展方面的差距。⋯⋯再次,社会主义

---

① 《邓小平文选》第二卷,人民出版社,1994年第2版,第165页。
② 《邓小平文选》第二卷,人民出版社,1994年第2版,第179-180页。
③ 《邓小平文选》第二卷,人民出版社,1994年第2版,第166页。

制度和资本主义制度哪个好？当然是社会主义制度好。社会主义国家所以在某些情况下也犯严重错误，甚至出现林彪、'四人帮'的破坏这种严重曲折，固然有主观的原因，根本上还是旧社会长期历史遗留的影响造成的，这种影响不可能在一个早上就用扫帚扫光。……社会主义的经济是以公有制为基础的，生产是为了最大限度地满足人民的物质、文化需要，而不是为了剥削。由于社会主义制度的这些特点，我国人民能有共同的政治经济社会理想，共同的道德标准。以上这些，资本主义社会永远不可能有。"①

必须坚持人民民主专政。"无产阶级专政对于人民来说就是社会主义民主，是工人、农民、知识分子和其他劳动者所共同享受的民主，是历史上最广泛的民主。……现在我们已经坚决纠正了过去的错误，并且采取各种措施继续努力扩大党内民主和人民民主。没有民主就没有社会主义，就没有社会主义的现代化。……社会主义愈发展，民主也愈发展。这是确定无疑的。但是发展社会主义民主，决不是可以不要对敌视社会主义的势力实行无产阶级专政。……因此，在阶级斗争存在的条件下，在帝国主义、霸权主义存在的条件下，不可能设想国家的专政职能的消亡，不可能设想常备军、公安机关、法庭、监狱等等的消亡。它们的存在同社会主义国家的民主化并不矛盾。……事实上，没有人民民主专政，我们就不可能保卫从而不可能建设社会主义。"②

必须坚持共产党的领导，这是四项基本原则的核心所在。五四运动以来，历史已经雄辩地表明"没有共产党，就没有新中国"。中国共产党是社会主义的经济、政治、文化和军事的组织者，是中国四个现代化的策划者和实施者，是社会主义发展路线的设计者。"我们党经历过多次错误，但是我们每一次都依靠党而不是离开党纠正了自己的错误。今天的党中央坚持发扬党内的民主和人民民主，并且坚决改正过去所犯的错误。在这样的情况下，竟然要求削弱甚至取消党的领导，更是广大群众所不能容许的。这事实上只能导致无政府主义，导致社会主义事业的瓦解和覆灭。"③

---

① 《邓小平文选》第二卷，人民出版社，1994年第2版，第166—167页。
② 《邓小平文选》第二卷，人民出版社，1994年第2版，第168—169页。
③ 《邓小平文选》第二卷，人民出版社，1994年第2版，第170—171页。

必须坚持马列主义、毛泽东思想。马列主义、毛泽东思想是党的指导思想，是党存在、发展的行动指南。"我们坚持的和要当作行动指南的是马列主义、毛泽东思想的基本原理，或者说是由这些基本原理构成的科学体系。"① "毛泽东思想过去是中国革命的旗帜，今后将永远是中国社会主义事业和反霸权主义事业的旗帜，我们将永远高举毛泽东思想的旗帜前进。"② 没有马列主义和毛泽东思想武装起来的中国共产党的领导，就不可能坚持社会主义道路和人民民主专政，社会主义的旗帜就会变色。

邓小平在对四项基本原则的内容作了比较具体的阐释以后指出："总之，为了实现四个现代化，我们必须坚持社会主义道路，坚持无产阶级专政，坚持共产党的领导，坚持马列主义、毛泽东思想。"③

四项基本原则不是一成不变的教条，而是随着实践的发展不断注入新的时代内容。四项基本原则从来都不是凝固的，而是随着实践的发展而发展。邓小平指出："我们多次重申，要坚持马克思主义，坚持走社会主义道路。但是，马克思主义必须是同中国实际相结合的马克思主义，社会主义必须是切合中国实际的有中国特色的社会主义。"④ 四项基本原则的活力，就在于它把马克思主义普遍真理同我国的具体实际以及历史经验结合起来，根据中国的国情实际出发制定中国的治国指南。我们要坚持四项基本原则，就要不断实践经验，用新的理论、观点来丰富和发展四项基本原则，对四项基本原则做出新的有说服力的论证。这样，才能使四项基本原则保持强大的生命力，发挥其强大的政治保证作用。

三、以江泽民为核心的第三代领导人的执政理论

党的十三届四中全会以来，以江泽民为核心的第三代领导集体，面

---

① 《邓小平文选》第二卷，人民出版社，1994年第2版，第171页。
② 《邓小平文选》第二卷，人民出版社，1994年第2版，第172页。
③ 《邓小平文选》第二卷，人民出版社，1994年第2版，第173页。
④ 《邓小平文选》第三卷，人民出版社，1993年第1版，第63页。

对东欧剧变、苏联解体和1989年政治风波所带来的巨大压力，牢记邓小平的执政嘱托，主要抓好两件大事：一是集中精力搞好经济建设，不断深化改革，扩大开放，全面推进建设有中国特色的社会主义事业；二是聚精会神地抓党的建设，全面推进党的建设新的伟大工程，并根据发展社会主义市场经济、全面建设小康社会的新形势和新任务，继续探索如何提高党的执政能力的问题。

1. 全面推进中国特色社会主义建设

以江泽民为核心的第三代领导集体以邓小平理论为指导，继续沿着邓小平建设有中国特色的社会主义的道路前进。在建设中国特色社会主义方面，强调发展仍然是建设社会主义的硬道理，提出了发展是党执政兴国的第一要务，建设社会主义现代化的工作重心仍然要放在经济上来，必须集中精力搞好经济建设，同时正确认识和处理改革发展稳定的关系，保持稳定的政治局面。

从中国经济发展的实际和我国的具体国情出发，认为中国已经完成了邓小平提出的"三步走"战略中的第二步，根据形势发展提出了全面建设小康社会的奋斗目标，1997年，党的十五大确定了"新三步走"战略，即21世纪第一个十年实现国民生产总值比2000年翻一番，使人民的小康生活更加宽裕，形成比较完善的社会主义市场经济体制；再经过十年的努力，即到建党100周年时，使国民经济更加发展，各项制度更加完善；到21世纪中叶建国100周年时，基本实现现代化，建成富强民主文明的社会主义国家。新"三步走"发展战略顺应了新形势新时期发展的要求，必能促进物质文明、精神文明、社会文明协调发展。

坚持依法治国的基本方略，把依法治国与以德治国统一到建设社会主义现代化的过程中，强调坚持党的领导、人民当家做主和依法治国的统一，"依法治国"与"以德治国"是社会进步、社会文明的一个重要标志，是建设社会主义现代化国家的必然要求，这两个理念的提出以及对两者互相关系的阐述，是中国共产党在国家管理理论上的一个重大创举，是对人类政治文明成果的吸收和创造。它对处在社会大转型时期的中国国家和社会事务管理具有重要的现实意义。另一方面，提出了实施"引进来"和"走出去"的对外开放战略，强调全面提高对外开放的水平，积极推进全方位、多层次、宽领域的改革开放。

加强有中国特色的社会主义的国防和军队的建设，走中国特色的精兵强国之路，军队要以党的旗帜为旗帜，以党的意志为意志，以党的方向为方向，加强军队的革命化、现代化、正规化建设，促进国防建设和经济建设的协调发展。在1990年召开的全军军事工作会议上，江泽民提出了"政治合格、军事过硬、作风优良、纪律严明、保障有力"①的五句话总要求。

强调团结一切可以团结的力量，坚持和发展最广泛的爱国统一战线，以集中全体中国人的智慧进行中国特色社会主义现代化建设；提出了完成祖国统一是中华民族的根本利益所在，强调切实实行"一国两制"、"港人治港"、"澳人治澳"、高度自治，坚持"和平统一、一国两制"的基本方针和推进祖国的和平统一进程的八项主张，争取早日实现祖国的和平统一；推行中国特色的社会主义的外交和国际战略，维护世界和平，促进共同发展，等等。

2. 以德治国

2001年1月10日，江泽民在全国宣传部长会议上强调指出："我们在建设有中国特色社会主义、发展社会主义市场经济的过程中，要坚持不懈地加强社会主义法制建设，依法治国；同时也要坚持不懈地加强社会主义道德建设，以德治国。"② 这表明以德治国的理念开始出现在中国共产党的执政理论里。以德治国的治国理政理念就是"努力建设与发展社会主义市场经济相适应的社会主义道德体系……以马克思列宁主义、毛泽东思想、邓小平理论为指导，……使之成为全国人民普遍认同和自觉遵守的行为规范。""德治以其说服力和劝导力提高社会成员的思想认识和道德觉悟。道德规范和法律规范应该相互结合，统一发挥作用。"③建设有中国特色的社会主义就要坚持"以德治国"，推动社会主义精神文明建设。

---

① 《江泽民文选》第一卷，人民出版社，2006年第1版，第138页。
② 《江泽民文选》第三卷，人民出版社，2006年第1版，第200页。
③ 《江泽民文选》第三卷，人民出版社，2006年第1版，第92、91页。

江泽民"以德治国"思想包括三方面的含义：第一，在建设有中国特色社会主义的过程中，既需要加强法制建设，依法治国；也需要加强社会主义道德建设，以德治国。第二，法治属于政治建设，属于政治文明，德治属于思想建设，属于精神文明。二者范畴不同，但地位和作用都同等重要，相辅相成，相互促进，缺一不可，也不可偏废。第三，把社会主义德治和法治正确地结合起来，全面推进建设有中国特色社会主义伟大事业。

以德治国是加强社会主义精神文明建设的深化与延伸。首先，第一次把德治提到基本治国方略的高度，真正把精神文明建设与物质文明建设放在同等重要的地位，克服了治国理政理念中的一手硬一手软的倾向。其次，精神文明建设的主要目标是在全体人民中树立建设中国特色社会主义的共同理想、信念和健康文明的社会风气、精神风貌，这都需要思想道德建设的协调管理，需要思想道德的促进作用。第三，精神文明建设的根本任务是培育"四有"新人，而思想道德决定一个人、一个民族的发展方向和精神动力，所以德治对于提高全民族的思想道德素质和科学文化素质起着主要的作用。

"以德治国"思想就是在社会主义条件下把道德建设提到基本治国方略的高度，是对古今中外治国经验的深刻总结，是对"两手抓"战略思想的运用和发展，是社会主义精神文明建设理论的丰富和深化，是党的执政治国方略的完善和创新，在党的历史和马克思主义发展史上都是第一次，是对马克思主义理论建设的新贡献。对全面加强社会主义精神文明建设特别是党的建设，对提高党的领导能力和执政水平，全面推进建设中国特色社会主义的伟大事业，具有重要的现实指导意义。

3. "三个代表"重要思想

"要把中国的事情办好，关键取决于我们党"，时代的发展也向中国共产党人又一次提出了"建设一个什么样的党、怎样建设党"这一重大问题。以江泽民为核心的党的第三代领导集体提出的"三个代表"重要思想从正面对这一问题进行了回答。2000年2月25日，江泽民在广东省考察工作时指出："总结我们党七十多年的历史，可以得出一个重要结论，这就是：我们党所以赢得人民的拥护，是因为我们党在革命、建设、改革的各个历史时期，总是代表着中国先进生产力的发展要求，代表着中国先进文化的前进方向，代表着中国最广大人民的根本利益，并通过制定正确的路线方针政策，为实现国家和人民的根本利益而不懈奋斗。"①

江泽民"三个代表"的重要思想，揭示了中国共产党的执政资格、执政能力和为谁执政的根本问题，进一步科学地揭示了党的执政规律。中国共产党已经走过了八十多年不断解放生产力和发展生产力的历史，代表中国先进生产力的发展要求处于"三个代表"重要思想之首，充分体现了紧跟世界先进生产发展的趋势，又立足于本国的生产力发展的实际国情，这显著体现了中国共产党是先进生产力的先锋队。代表先进生产力的发展要求使得中国共产党在中国取得了执政的资格，但是如果不能做到始终代表中国先进生产力的发展要求，就有可能像世界上一些马克思主义政党那样失去执政资格。中国共产党始终代表中国先进文化的前进方向是中国共产党能保持执政地位的另一方面的原因，所以中国共产党要领导全国各族人民建设民族的、科学的、大众的思想文化体系。代表先进生产力的发展要求与代表先进文化的前进方向密不可分，先进文化是适应并促进生产力发展和解放的文化，先进生产力是在特定的先进文化的指引下的生产力，强调两者之间密不可分的目的在于强调二者对共产党执政都具有本质的意义。党为最广大人民群众的根本利益而执政，党员为实现人民的利益而掌权，是中国共产党区别于其他政党的显著标志，中国共产党要继续站在时代前列，就必须始终紧紧依靠人民群众，诚心诚意地为人民谋利益，从人民群众中汲取执政的力量。

"三个代表"重要思想是同马克思列宁主义、毛泽东思想和邓小平理论一脉相承的理论体系。"三个代表"重要思想是加强和改进党的建设、提高党的领导水平和执政水平、推进我国社会主义制度自我完善和发展的强大理论武器。为了很好地贯彻"三个代表"重要思想要求，"关键在坚持与时俱进，核心在保持党的先进性，本质在坚持执政为民。"② 具体而言，要求做到党的十六大所提出的"四个必须"，即"必须使全党始终

---

① 《江泽民文选》第三卷，人民出版社，2006年第1版，第2页。
② 江泽民：2002年5月31日在中央党校省部级干部进修班毕业典礼上所作的重要讲话。

保持与时俱进的精神状态,不断开拓马克思主义理论发展的新境界";"必须把发展作为党执政兴国的第一要务,不断开创现代化建设的新局面";"必须最广泛最充分地调动一切积极因素,不断为中华民族的伟大复兴增添新力量";"必须以改革的精神推进党的建设,不断为党的肌体注入新活力"。①

"三个代表"重要思想是以江泽民为核心的党的第三代领导集体领导中国共产党人对党的八十年革命和建设历史经验的高度总结、开辟了马克思主义理论在当今中国的新境界,是马克思主义理论在中国的新发展,是中国共产党的立党之本、执政之基、力量之源,是中国共产党向新世纪提出的建设有中国特色社会主义的宣言书。"三个代表"重要思想同时是全面推进党的建设新的伟大工程的指导思想,它将统一于党的建设的各个方面,统一于党领导全国人民进行改革开放和社会主义现代化建设的全过程。

4. 加强执政党建设

江泽民指出:"我们必须继续围绕在新的历史条件下建设一个什么样的党和怎样建设党这个基本问题,进一步解决提高党的执政能力和领导水平、提高拒腐防变和抵御风险能力这两大历史性课题,全面推进党的建设的新的伟大工程。"②"我们的事业最终能否成功,很大程度上取决于我们党的领导水平和执政能力。这个重大问题,必须引起全党同志特别是领导干部的高度重视。"③

在新的发展时期,江泽民总结十几年来改革开放的经验,概括了长期执政的党应有的意识,并强调执政党建设一要提高领导水平和执政水平,二要不断增强抵御风险的能力,加强和提高党的执政能力建设。以江泽民同志为核心的第三代中央领导集体根据新形势,立足于新的实践,研究新情况,提出了党的建设要解决两大历史性课题的科学论断。党的十五大报告把党要"不断提高领导水平和执政水平,不断增强拒腐防变

---

① 《江泽民文选》第三卷,人民出版社,2006年第1版,第537-541页。
② 《江泽民文选》第三卷,人民出版社,2006年第1版,第272页。
③ 江泽民:《努力提高党的领导水平和执政能力》,2001年5月23日在安徽考察工作时的讲话摘要。

的能力"① 作为党要解决的两大历史性课题。党的十六大又提出，要"加强党的执政能力建设，提高党的领导水平和执政水平"②。

中国共产党是中国进行社会主义建设的唯一的合法的长期的执政党，肩负着领导国家政治和社会管理的繁重任务，所以要管理好国家事务，就必须首先加强自身建设，管理好党本身的事务，将党建成领导社会主义现代化和改革开放事业的坚强领导核心。

以江泽民为核心的第三代领导人在执政党建设方面，提出了"三个代表"重要思想，使其成为党必须长期坚持的指导思想，实现了党在指导思想上的又一次与时俱进，强调用邓小平理论和"三个代表"重要思想武装全党，不断推进理论创新；要按照总揽全局、协调各方的原则，改革和完善党的领导方式和执政方式，突出重点加强党的执政能力建设，提高党的领导水平和执政水平、提高拒腐防变和抵御风险的能力；提出执政党必须不断增强党的阶级基础和群众基础，不断提高党的社会影响力；认为党内民主是党的生命，必须坚持民主集中制，对新形势下发展党内民主、坚持和健全民主集中制提出了新的要求；为了加强党员队伍建设，建设高素质干部队伍，提高党员素质，制定了《党政领导干部选拔任用工作条例》，强调对领导干部要严格要求、严格管理、严格监督，领导干部要做到自重、自省、自警、自励，开展"讲学习、讲政治、讲正气"教育，纯化党员情操，坚定党员信念。

在党的十五大报告中，江泽民指出："从严治党，是保持党的先进性和纯洁性、增强党的凝聚力和战斗力的重要保证。"③ 所以，提出了"党要管党，从严治党"的方针，强调"治国必先治党，治党务必从严"，"治党始终坚强有力，治国必会正确有效"④。他提出，从严治党，关键在于建立起一整套便利、管用、有约束力的机制，使党的各级组织对党员、干部实行有效的管理和监督，及时发现矛盾、解决问题，使党的肌体始终保持健康。以解决思想作风、学风、工作作风、领导作风和干部生活作风为重点，加强和改进党的作风建设，强调坚持立党为公、执政为民，

---

① 《江泽民文选》第二卷，人民出版社，2006年第1版，第43页。
② 《江泽民文选》第三卷，人民出版社，2006年第1版，第569页。
③ 《江泽民文选》第二卷，人民出版社，2006年第1版，第46页。
④ 《江泽民文选》第二卷，人民出版社，2006年第1版，第496页。

始终保持党同人民群众的血肉联系。深化开展反腐败斗争的新思路,强调坚持实行党委统一领导、党政齐抓共管、纪委组织协调、部门各负其责、群众支持参与的临到体制和工作机制,坚持标本兼治、综合治理的方针,逐步加大治本力度,通过加强教育、发展民主、健全法制、强化监督、创新体制,从源头上预防和解决腐败问题,等等。

以江泽民为核心的第三代领导集体在执政党建设方面最突出的特点就是:以世界的眼光来看待党的建设和党的发展,站在时代前列,把握时代脉搏,立足于新的实践,提出了以"三个代表"重要思想为主要标志的新形势下对于加强执政党的建设的一系列重要论述,紧紧抓住与时俱进这个关键,把握住保持党的先进性这个核心,做出了一系列重大决策和部署,在建设中国特色社会主义的实践中运用、丰富和发展了邓小平理论中关于党的建设的理论,把邓小平开创的党的建设新的伟大工程向前大大推进了一步。同时,把党的领导与执政紧密联系在一起,第一次明确提出了不断深化对共产党执政规律的认识这一命题,从而把马克思主义关于共产党执政的学说发展到一个新的高度,开创了当代中国执政党建设的新境界。

四、以胡锦涛为首的领导集体的执政理论

党的十六大以来,胡锦涛多次论述党的执政能力建设问题,指出:"坚持以提高党的执政能力为重点,全面推进党的建设新的伟大工程,不断提高领导水平和执政水平,不断改革和完善领导方式和执政方式,抓紧解决执政能力方面存在的突出问题,使党始终成为中国特色社会主义事业的坚强领导核心。"① 党的十七大报告提出,"要按照科学执政、民主执政、依法执政的要求,改进领导班子思想作风,提高领导干部执政本

---

① 胡锦涛:《认真总结执政能力建设经验,大力加强党的执政理论建设》,2004年6月29日在中共中央政治局第十四次集体学习上所作的重要讲话。

领,改善领导方式和执政方式"。这些重要论述,不仅深刻阐述了党的执政能力建设的极端重要性,而且赋予党的执政能力建设以深刻的时代内涵,为新时期加强党的执政能力建设指明了方向。

以胡锦涛为首的新一届领导集体执政以来,十分重视自身执政能力的提高和建设:一是在建立和完善中央政治局的定期学习制度、科学民主决策制度、资讯通报制度、分工负责及向全委会、政治局和常委会述职报告制度等方面作出努力;二是成功带领全党和民众抗击了非典疫情,正确提出了坚持和落实"以人为本"的科学发展观的战略决策;三是倡导立党为公、执政为民和求真务实的执政理念和执政风尚;四是通过修宪、推动依法行政及着力解决民众关切的重大社会问题等一系列执政行为,开创了走向"民本政治"的新局面;五是树立新型的社会主义荣辱观,加大社会主义道德教育的力度;六是扩大党内民主,以党内民主带动人民民主;七是在经济的宏观调控、对台关系、营造中国和平发展国际大环境等内政外交领域多有建树和开拓。

1. 适应时代发展,创新执政理论

党经过80多年的发展,50多年的执政历练,任务、队伍状况和所处环境都发生了变化。不容忽视的是,一些党员干部思想空虚,意志衰退,有些地方和部门存在严重的形式主义、官僚主义以及各种消极腐败现象,在经济体制改革和政治体制改革的理论建设上也出现了分歧。因此,如何在新形势下全面加强党的建设,不断提高党的领导水平和执政水平,也是党面临的一个新考验。

党的十六大以来,以胡锦涛为总书记的党中央在国际局势风云变幻、国内建设任务艰巨的情况下,高举邓小平理论和"三个代表"重要思想伟大旗帜,全面贯彻科学发展观,紧紧依靠全党全国各族人民,继往开来、与时俱进,全面开创中国特色社会主义伟大事业和党的建设伟大工程新局面。党中央坚持把马克思主义基本原理同改革开放、社会主义现代化建设相结合,科学分析新世纪新阶段全面建设小康社会的新情况,大力推进马克思主义中国化并取得了丰硕成果。

为谁执政、靠谁执政、怎样执政,是执政理论必须回答的首要问题,对于共产党执政的宗旨和本质的解答,也就构成了马克思主义执政理论

的核心内容。《中共中央关于加强党的执政能力建设的决定》强调要牢记全心全意为人民服务的根本宗旨，坚持立党为公、执政为民，始终保持党同人民群众的血肉联系。这既是我们党执政半个多世纪以来的一条主要经验，也是加强党的执政能力建设必须坚持的一条重要指导原则。以胡锦涛为核心的新一代领导集体在党的执政理论建设方面取得了可喜的成就，在加强党的建设、完善党的职能方面提出了一系列重大战略思想，在理论创新方面取得了以下一系列重大成果：

牢固树立社会主义法治理念，把依法治国、执政为民、公平正义、服务大局、党的领导作为社会主义法治的灵魂和精髓，坚持党的领导、人民当家做主和依法治国的统一。全面把握和正确处理政党关系、民族关系、宗教关系、阶层关系、海内外同胞关系，强调统一战线在协调和处理这"五个关系"中要充分发挥自身优势、积极开展工作，丰富了马克思主义统一战线理论。

牢固树立民本思想，推行民本政治、施政予民，要求全党同志特别是领导同志要牢记全心全意为人民服务的党的宗旨，始终不渝地为广大人民谋利益；各级领导干部要树立群众路线，坚持深入基层、深入群众，倾听群众的呼声，关心群众的疾苦，急群众之所急，想群众之所想，做到权为民所用、情为民所系、利为民所谋，带领人民创造自己的幸福生活。

倡导以人为本、全面协调可持续的科学发展观，创造性地回答了什么是科学意义上的发展、为什么发展、依靠谁发展和怎样发展等重大问题，把党的发展理念向更高层次推进了一步。要以人民群众高兴不高兴、答应不答应、赞成不赞成、满意不满意作为我们党一切决策的衡量标准和出发点；要把"以人民群众的根本利益为依据，统筹兼顾各个方面的具体利益"作为党的决策的基本原则。

提出加强党的先进性建设的重大战略思想，把保持和发展党的先进性、提高党的执政能力，把始终做到科学执政、民主执政、依法执政十分突出、十分鲜明地提到全党面前，深刻论述了新的历史条件下加强党的先进性建设的一系列重大问题，丰富了马克思主义党建理论。

2. 立党为公，执政为民

中共十六大报告提出建设社会主义政治文明，填补了中国政治制度史上的空白，也是中国共产党从革命党到执政党角色转变的历史必然。中共十六大顺利实现领导层新老交替，使中国政治制度和民主法制建设开始走向成熟。而从 2000 年 2 月江泽民首次明确提出"三个代表"到胡锦涛"七·一"讲话提出"立党为公、执政为民"，党的执政理念不断创新。"立党为公、执政为民"在精确概括出"三个代表"重要思想本质的同时，也是中国政治文明走向成熟过程中的一种传承。

胡锦涛 2003 年 7 月 1 日在纪念建党 82 周年时的讲话中密切结合"三个代表"重要思想，同时围绕"立党为公、执政为民"的本质对其进行了新的阐述，这反映出新领导集体在思想理论建设上的成熟和开拓精神，同时也展现出新领导集体力求执政为民的积极姿态。人心的向背是决定一个政党、一个政权盛衰的根本因素。"乐民之乐者，民亦乐其乐；忧民之忧者，民亦忧其忧"①。"立党为公，执政为民"，仅仅八个字却精确地概括出"三个代表"重要思想的本质，反映了新一届领导集体将执政同人民的利益更加紧密地结合在一起。

立党为公、执政为民是中国共产党永葆执政生命力的政治本色。坚持立党为公、执政为民，就要树立正确的权力观，做到权为民用；坚持立党为公、执政为民，解决好党同人民群众的血肉联系，急人民之所急，想人民之所想，把人民的根本利益始终放在第一位，真正做到全心全意为人民服务；坚持立党为公、执政为民，就要坚决反对腐败，塑造良好的政治环境，做到共产党执政的透明化；坚持立党为公、执政为民，就要克服官本位意识，强化服务执政理念，做好人民的公仆；坚持立党为公、执政为民，要不断把人民群众的利益维护好、实现好、发展好，做到利为民所谋。

"相信谁、依靠谁、为了谁，是否始终站在最广大人民群众的立场上，是区分唯物史观和唯心史观的分水岭，也是判断马克思主义政党的试金石。"② 这些就成为中国共产党执政首先要考虑的问题。胡锦涛讲话不仅提出"执政为民"的概念，而且还提出必须落实到群众的生产生活

---

① 《孟子·梁惠王章句下》。
② 胡锦涛：2003 年 7 月 1 日在纪念中国共产党成立 82 周年会议上所作的"七一"重要讲话。

中去，指出"群众利益无小事，凡是涉及群众的切身利益和实际困难的事情，再小也要竭尽全力去办"①，"要时刻把群众的安危冷暖挂在心上"②……少讲空话，多办实事，真正实现人民的愿望、满足人民的需要、维护好人民的利益。

2003年非典疫情肆虐全国大多数省区，在民众的身体健康和生命安全受到严重威胁的情况下，胡锦涛不计个人安危南巡广州，温家宝亲入抗非典斗争第一线。这体现出在新领导人眼中，民无多寡贵贱，生死伤病皆存于心，具体体现了"亲民"、"爱民"的执政风格。

3. 铁腕反腐，重塑党的形象

胡锦涛2007年1月11日在中央纪律检查委员会第五次全体会议上发表讲话强调，反腐倡廉能力是党的执政能力的重要体现，是巩固党的执政地位的重要保证。各级党委和政府都要增强忧患意识，做到居安思危，从提高党的执政能力、巩固党的执政地位的战略高度进一步认识做好反腐倡廉工作的极端重要性，始终把反腐倡廉作为一件大事来抓，始终旗帜鲜明、毫不动摇地反对腐败。

我们党的执政能力和执政地位从根本上说都来自于人民。人民群众的拥护和支持，是党执政最牢固的政治基础和最深厚的力量源泉。坚持自觉反腐倡廉，是我们党同一切剥削阶级政党的本质区别之一。广大党员特别是领导干部要模范地发扬党的优良传统和作风，模范地实践以"八荣八耻"为主要内容的社会主义荣辱观，"常修为政之德、常思贪欲之害、常怀律己之心"③，自觉抵御拜金主义、享乐主义、极端个人主义等消极腐朽思想文化的侵蚀，真正做到为民、务实、清廉，为在全社会树立社会主义道德新风尚做出表率。只有切实抓好党风廉政建设和反腐败工作，我们党才能始终得到最广大人民的拥护和支持，才能不断提高执政能力、巩固执政地位，永远立于不败之地。

胡锦涛指出，深入开展党风廉政建设和反腐败工作要抓住几个重点：

---

① 胡锦涛：2003年7月1日在纪念中国共产党成立82周年会议上所作的"七一"重要讲话。
② 《人民日报》，2004年1月29日第九版。
③ 胡锦涛：2005年1月14日在保持共产党员先进性专题报告会上所作的重要报告。

第一，进一步加大惩处力度，依纪依法严厉打击腐败分子。在领导干部尤其是高中级干部中发生的腐败案件，严重损害党和国家的形象，危害极大，必须继续作为查办案件工作的重点。第二，进一步加强和改进党的作风建设，以党风建设带动政风和社会风气的好转。对关系群众切身利益、群众反映强烈的一些不正之风问题，要重点加以解决。要严肃党的纪律特别是政治纪律。第三，进一步加强思想政治建设，构筑牢固的思想道德防线。要引导广大党员特别是领导干部增强党的意识，提高党性修养，不断加强主观世界的改造，自觉做实践"三个代表"重要思想的模范。尤其要注重教育和引导领导干部正确认识和处理奉献精神和利益原则、党的事业和个人价值、全局利益和局部利益的关系。第四，进一步深化体制改革，建立健全防范腐败的体制机制。要把反腐倡廉同改革开放和经济建设的重大措施结合起来，使党风廉政建设和反腐败工作同改革开放和经济建设相互促进、协调发展。第五，要进一步发展党内民主，加强对领导干部行使权力的制约和监督。要按照十六大提出的建立结构合理、配置科学、程序严密、制约有效的权力运行机制的要求，大力加强权力监督制度和机制建设。①

以 2004 年为标志，我国的反腐败斗争在战略上出现了"三个转向"，即由被动防御为主转向主动进攻为主；由权力反腐为主转向制度反腐为主；由事后监督为主转向事前监督为主。现在我们党加大了反腐力度，不断提高党的执政能力，不断推出新的举措以对付腐败现象。其中，提高纪律检查工作能力，是加强党的执政能力建设的重要组成部分。要进一步加强对反腐倡廉工作的领导，充分发挥纪委的组织协调作用。要进一步加强反腐倡廉的理论建设，努力增强反腐倡廉工作的原则性、系统性、预见性、创造性。要进一步加强纪律检查机关自身建设，不断提高纪律检查干部队伍素质。为了加大反腐的力度，尤其加强了对离任高级干部的审查。凡被查出在任内严重失职渎职，利用审批权收受他人贿赂，袒护、纵容亲属及身边工作人员违规违法的领导干部照常被依法惩处。把反腐利剑指向离任高官，这就对在任官员产生了巨大的威慑力和警示性，告诫个别企图以身试法者不要存在侥幸心理，同时也有助于在海外树立党和政府的清廉形象。

---

① 胡锦涛：2003 年 2 月 19 日在中央纪律检查委员会第二次全体会议上的讲话。

另一方面，各级领导还要强化"无功就是过错、从政必须有为"的理念，加强作风建设，落实工作责任，把政府反腐倡廉工作切实抓紧、抓实、抓出成效。2007年3月全国人民代表大会通过了组建国家预防腐败局的议案，国家预防腐败局正式走进中国的政治生活。组建国家预防腐败局是认真履行《联合国反腐败公约》所规定的义务，是借鉴国际上预防腐败的有效做法。在国家预防腐败局成立之后，将来还要成立地方级的预防腐败机构。国家预防腐败局主要职能是进行宣传、教育，开展制度建设、机制体制创新，以及在反腐败上抓一些源头性的工作。

胡锦涛认为，反对腐败要坚持标本兼治、综合治理，防惩并举、注重预防，抓紧建立健全与社会主义市场经济体制相适应的教育、制度、监督并重的惩治和预防腐败体系，把反腐倡廉工作融入经济建设、政治建设、文化建设、社会建设和党的建设之中，拓展从源头上防治腐败工作领域，坚定不移地把党风廉政建设和反腐败斗争推向深入，这是党中央在总结历史经验、科学判断形势基础上做出的重大战略决策，是反腐倡廉工作向纵深发展的必然要求，是在发展社会主义市场经济条件下更好地防治腐败的必由之路。进一步加大预防腐败的工作力度，必须继续在加强教育上下工夫，使领导干部自觉拒腐防变，带头廉洁自律；继续在完善制度上下工夫，推进反腐倡廉工作的制度化、法制化，发挥法规制度的规范和保障作用；继续在强化监督上下工夫，保证把人民赋予的权力用来为人民谋利益；继续以改革统揽预防腐败的各项工作，通过深化改革、创新体制，从源头上预防和解决腐败问题。要经过努力，建立起思想道德教育的长效机制、反腐倡廉的制度体系、权力运行的监控机制，建成完善的惩治和预防腐败体系。

在领导干部的工作和生活作风方面，胡锦涛指出，领导干部不要"傍大款"，要生活正派、情趣健康、讲操守、重品行、注意培养健康的生活情趣，保持高尚的精神追求。对于领导干部作风，他认为要实行"三抓"，即"抓紧、抓实、抓出成效"，他并着重强调领导干部一定要管好子女和亲属，勿利用职权谋利。① 进一步加强高级领导干部的监管力

---

① 胡锦涛：2007年1月9日在中央纪律检查委员会第七次全体会议上发表的重要讲话。

度，将官员生活圈纳入反腐视野，防止官商勾结，将是今后反腐重点之一。

胡锦涛强调，要坚持以邓小平理论和"三个代表"重要思想为指导，全面落实科学发展观，发扬党的光荣传统和优良作风，根据新形势新任务的要求，全面加强思想作风、学风、工作作风、领导作风、干部生活作风建设，弘扬新风正气，抵制歪风邪气，着力解决突出问题，努力实现领导干部作风的进一步转变，为全面建设小康社会、构建社会主义和谐社会提供有力保障。在工作中，要在各级领导干部中大力倡导以下八个方面的良好风气。一是要勤奋好学、学以致用，牢固树立终身学习的思想，坚持理论联系实际的马克思主义学风，努力在建设学习型政党和学习型社会中走在前列，把学习的体会和成果转化为全面建设小康社会、构建社会主义和谐社会的能力，转化为推动党的执政能力建设和先进性建设的能力。二是要心系群众、服务人民，牢固树立马克思主义的群众观点，始终坚持党的群众路线，时刻摆正自己和人民群众的位置，在思想感情上贴近人民群众，下大气力解决好群众反映强烈的突出问题，下大气力做好关心困难群众生产生活的工作，多办顺应民意、化解民忧、为民谋利的实事。三是要真抓实干、务求实效，发扬求真务实精神、大兴求真务实之风，增强工作的责任感和紧迫感，一步一个脚印地把我们的事业推向前进，使各项政绩真正经得起实践、群众、历史检验。四是要艰苦奋斗、勤俭节约，牢记"两个务必"，带头发扬艰苦奋斗、勤俭节约的精神，带头反对铺张浪费和大手大脚，带头抵制拜金主义、享乐主义和奢靡之风，在各项工作中都要贯彻勤俭节约原则，真正把有限的资金和资源用在刀刃上。五是要顾全大局、令行禁止，自觉维护中央权威和中央大政方针的统一性和严肃性，确保党的理论和路线方针政策的贯彻落实，确保党和国家工作部署的贯彻落实，同时善于把中央精神与地方和部门实际结合起来，创造性地开展工作。六是要发扬民主、团结共事，严格执行民主集中制的各项制度规定，自觉接受党组织、党员和群众的监督，共同推动形成心齐气顺、风正劲足的局面。七是要秉公用权、廉洁从政，自觉遵守党的纪律和国家的法律法规，严格执行领导干部廉洁从政的各项规定。八是要生活正派、情趣健康，讲操守，重品行，注重培养健康的生活情趣，保持高尚的精神追求。①

4. 树立新型社会主义荣辱观

胡锦涛 2006 年 3 月 4 日在政协民盟民进联组会上作了关于树立社会主义荣辱观的讲话，讲话中提出的"八荣八耻"的新型社会主义荣辱观，全面阐述了树立正确价值观的具体要求，对明确是非、善恶、美丑界限，推动形成良好的社会风气，加快以德治国的步伐，具有重要的现实指导意义。

荣辱观是世界观、人生观、价值观的重要内容，树立正确的荣辱观是形成良好社会风气的重要基础。以"八荣八耻"为主要内容的社会主义荣辱观作为社会主义核心价值体系的重要组成部分，体现了社会主义的价值导向，是引领社会风尚的一面旗帜。

新型社会主义荣辱观是：以热爱祖国为荣、以危害祖国为耻；以服务人民为荣、以背离人民为耻；以崇尚科学为荣、以愚昧无知为耻；以辛勤劳动为荣、以好逸恶劳为耻；以团结互助为荣、以损人利己为耻；以诚实守信为荣、以见利忘义为耻；以遵纪守法为荣、以违法乱纪为耻；以艰苦奋斗为荣、以骄奢淫逸为耻。热爱祖国、服务人民是"立身之本"，是为"大我"和实现个人价值的根本依托；崇尚科学、辛勤劳动是"成人之路"；团结互助、诚实守信是"做人之道"；遵纪守法、艰苦奋斗是"律己之规"，是人们自强不息和自我完善的不竭动力，是他律内化为自律的根本途径，也是检验每个人道德自律状况的重要依据。所以，以"八荣八耻"为主要内容的社会主义荣辱观丰富和发展了社会主义道德体系。"八荣八耻"，贯穿爱国主义、集体主义、社会主义思想，体现了正确的世界观、人生观、价值观。

以"八荣八耻"为主要内容的社会主义荣辱观，是对马克思主义道德观的精辟概括，是对社会主义道德的系统总结，是对社会主义"以德治国"理念的进一步发展，是社会主义市场经济条件下加强思想道德建设的强大思想武器和重要指导方针。

---

① 胡锦涛：2007 年 1 月 9 日在中央纪律检查委员会第七次全体会议上发表的重要讲话。

"八荣八耻"继承了中华民族的传统美德，同时注入了时代的特点和实践的要求，使社会主义荣辱观充满生机和活力，富有民族性、感染力和吸引力。在表现形式上，它突破了我国传统道德中主要以"耻"来阐述荣辱观的局限，把"荣"与"耻"这两个古老的传统道德概念切实对应了起来；在具体内涵上，它突破了我国传统文化中把荣辱观仅仅作为道德范畴的局限，从社会主义价值观总体要求的高度，丰富、拓展了荣辱观的内涵和外延。

社会主义荣辱观是凝聚人心、促进社会和谐的坚强纽带。以"八荣八耻"为主要内容的社会主义荣辱观，是对与社会主义市场经济相适应、与社会主义法律规范相协调、与中华民族传统美德相承接的社会主义思想道德体系全面系统、准确通俗的表达。树立社会主义荣辱观有利于通过共同的价值尺度，引导和帮助人们约束自我、提升境界，进而协调各种利益关系、化解各种社会矛盾，为构建社会主义和谐社会打下良好的道德基础；有利于提高人的素质特别是思想道德素质，进而提升全民族的思想道德素质，推动人的全面发展和社会全面进步；有利于提高全体公民明辨是非、区分善恶、识别美丑的能力，推动在全社会形成知荣辱、讲正气、促和谐的风尚。

树立社会主义荣辱观的过程，既是一个提高认识的过程，更是一个自觉实践的过程。认识来源于实践，并指导实践。社会主义荣辱观是对实践经验的科学总结，它只有与生产实践、社会实践紧密结合，才能成为坚持真善美、抵制假恶丑、营造良好社会风尚的强大力量。

5. 扩大党内民主

作为13亿人口大国的执政党，中共党内民主化的程度直接影响着国家政治生活民主化的程度；党的各级领导干部和广大党员在党内生活中培养起来的民主意识、民主作风和民主习惯，无疑会对整个国家的政治生活产生重大的导向和示范作用。1994年，中共十四届四中全会把发扬党内民主以推进人民民主，确立为社会主义民主政治建设的一条重要途径。此后，一系列关乎党内民主建设、保障党员基本权利的制度被写进了党的文件。

许耀桐在《以党内民主带动人民民主》一文中指出：1978年，中国实行改革开放,形成生机勃勃的中国特色社会主义。邓小平明确指出,"没有民主就没有社会主义"。建设中国特色社会主义,开辟社会主义新路,同样要承担起发展党内民主和发展人民民主的双重任务。现在,经20多年反复摸索探求,中共已找到发展党内民主和发展人民民主的最佳路径。以党内民主带动人民民主凸显了党内民主建设的极端重要性。扩大党内民主是进行社会主义政治文明建设的重要举措,是完善社会主义民主政治建设的重要步骤,以党内民主带动人民民主是中国特色的社会主义民主政治建设的必经之路,是中国特色的民主化发展之路。①

2002年召开的党的十六大在推进政治改革方面又提出了建设社会主义政治文明的思想,提出了"党内民主是党的生命"的重要论断,加大了发展党内民主的力度,拓展了扩大党内民主的思路。这充分体现出党对党内民主的空前重视,把"完善党内民主"提高到了事关党的生死存亡的高度,对人民民主具有重要的示范和带动作用。

2003年12月31日颁布实施的《中国共产党党内监督条例(试行)》最突出的特点是把党内民主作为主线,自始至终贯穿民主原则,积极拓展党内民主管理的渠道。2004年,党中央制定了《公开选拔党政领导干部工作暂行条例规定》标志着党正式把竞争机制引入党的干部工作中,必将大大促进党内民主的发展。近年来,在以胡锦涛总书记为核心的党中央领导下,党内民主不断发展,党内监督逐步加强,解决群众反映突出问题成为党和政府反腐倡廉工作的中心。

中央党校副校长李君如接受新华社采访时说:"党内民主的实现将对人民民主起到示范和带动作用,这是中国政治体制改革的新思路。"并指出中国共产党的党内民主建设正在改革和完善党内选举制度、决策机制、监督制度,以及在市、县扩大党代表大会常任制等方面积极推进,以此扩大党内民主,积极营造良好的民主氛围。完善党内选举制度,可以从根本上改变领导者与普通党员的关系,强化党的领导的合法性基础。李君如说,中共十六届四中全会提出的"适当扩大差额推荐和差额选举的范围和比例"、"逐步扩大基层党组织领导班子成员直接选举的范围"的设想,在试点地区取得了成功;党员参与党内决策,是保证党的决策科

---

① 许耀桐:以党内民主带动人民民主,《学习时报》,2005年11月7日。

学化、民主化的重要途径。民主并不仅仅是选举，还要让党员参与党内决策，参与权力的运作。李君如说："目前，党内着力强调的党务公开制度和通畅上下沟通渠道，是党员参与党内决策的两个前提条件，也是未来政治体制改革的方向。"① 党内监督只有建立在民主的基础上才是可持续的、能够体现大多数人意志的监督。

开展党内民主就是要在党的基层组织认真贯彻党员权利保障条例，逐步推进党务公开，增强党组织工作的透明度，使党员更好地了解和参与党内事务。要营造党内不同意见平等讨论的环境，鼓励和保护党员讲真话、讲心里话。扩大市、县实行党代会常任制的试点，扩大基层党组织领导班子成员直接选举的范围。

为了改变党内权力过于集中的问题，中共十六大报告提出，要"扩大在市、县进行党的代表大会常任制试点工作的力度。积极探索党的代表大会闭会期间发挥代表作用的途径和形式。"十六届四中全会总结了基层的实践经验，把建立党代表大会代表提案制度、建立代表提议的回复和处理机制等，作为新经验和新做法写入了党内文献。

党的十七大报告又进一步提出了"积极推进党内民主建设，着力增强党的团结统一"，认为"党内民主是增强党的创新活力、巩固党的团结统一的重要保证"。为此，提出要实行或试行党代表的任期制、基层党代会的常任制、地方党委的票决制。

五、简析中国共产党的执政理论

实践是理论的目的，探索党的执政理论，始终离不开党的执政实践。但中国共产党的执政实践，并非一帆风顺，而是经历了一个曲折的历史过程。新中国的建立，标志着我们党从夺取政权到掌握政权，从领导革

---

① 新华社记者专访：中共以党内民主带动人民民主展现政治体制改革新思路，新华社专稿，2006年6月28日。

命到领导建设的重大转变,我们党曾经注意到了这个转变,并在一定程度上调整了党的任务、政策、领导方式等等。但是,总的说来,对这个转变的认识不够深刻,因此,没有能坚决地实行党的工作重点的转移,党的领导体制、执政方式等,也没有完全从革命时期那种急风暴雨的方式中转变过来,结果酿成非常严重的后果。

党的十一届三中全会以来,我们党明确地把党的执政能力和领导水平,同改革开放和现代化建设的伟大实践紧密结合起来,开创了党的建设新的伟大工程。我们深刻总结了我国和其他国家建设社会主义的经验教训,适应时代进步的潮流,大胆地进行改革开放,以宽广的胸怀吸收和借鉴世界各国、包括资本主义国家创造的一切成果,开创了建设中国特色社会主义的新局面,充分展示了党的领导水平和执政能力。在世界社会主义运动遭受严重挫折的时候,我们党高瞻远瞩,审时度势,沉着应对,与时俱进,开拓创新,领导全党和全国人民在迎接挑战中抢抓机遇,在历经曲折中不断前进,在战胜困难中顽强奋起,全面推进建设中国特色社会主义的伟大事业,党的领导水平和执政水平进一步得到提高,社会主义在中国充满了新的生机。

经过不断摸索,我们党提高了理论认识水平。归结起来,加强党的执政能力建设要把握四个重点:一是明确执政指导思想。坚持以马列主义、毛泽东思想、邓小平理论和"三个代表"重要思想为指导,始终将"三个代表"重要思想作为党的立党之本、执政之基、力量之源。二是认真总结党的执政经验。我们党建党86年,执政58年,领导改革开放近30年,积累了丰富的执政经验,要始终不渝地坚持和充分加以运用,并在实践中不断丰富和发展。三是深入研究党的执政理论。党的执政理论建设是一项系统工程,包括执政理念、执政基础、执政方略、执政体制、执政方式、执政资源和执政环境等主要方面。要坚持把马克思主义执政理论与我们党执政的具体实践相结合,在总结历史经验和现实经验的基础上,开展全面、系统、深入的研究,不断完善我们党的执政理论体系。四是借鉴世界其他政党执政的有益做法。虽然我们不能照搬世界上其他政党的一些做法和措施,但对它们在治国理政方面的有益做法还是可以研究和借鉴,以开阔眼界,打开思路,更好地从世界政治经济发展的大格局中把握加强党的执政能力建设的规律。

当然，必须对党的执政能力建设的一些重大问题进行深入研究：一要研究党的执政理念、执政基础、执政方略、执政体制、执政方式、执政资源等基本理论问题，完善党的执政理论体系，为加强党的执政能力建设提供强有力的理论指导；二要研究如何正确评价和认识中国共产党执政的历史，解决好共产党执政的合理性、合法性和有效性问题；三要深入研究和认真总结党在领导人民治国理政长期实践中积累的丰富经验，研究和借鉴世界上其他政党治国理政方面的有益做法，深化对党的执政规律的认识；四要深入研究我国历史文化、社会制度、发展水平对党的领导方式和执政方式提出的新要求，研究改革开放和社会主义市场经济条件下党执政面临的新情况新问题，为加强党的执政能力建设提供理论支持；五要深入研究如何把发展这个党执政兴国的第一要务和牢固树立科学发展观，体现到提高我们党科学判断形势、驾驭市场经济、应对复杂局面、依法执政和总揽全局这五种能力中去；六要深入研究如何把坚持立党为公、执政为民落实到党和国家制定和实施方针政策的工作中去，落实到各级领导干部的思想和行动中去，落实到关心群众生产生活的工作中去。通过研究，深化党的执政理论建设，使党的执政能力建设建立在对客观规律的深刻认识和自觉运用的基础之上。

党的执政理论建设是一项系统工程，核心是要解决共产党为谁执政、怎样执政的问题，包括：（1）把握正确的执政目标和发展目标，树立科学的执政理念；（2）增强阶级基础和扩大群众基础，进而巩固党的执政基础；（3）把党的领导、人民当家做主和依法治国统一起来，贯彻正确的执政方略；（4）理顺党和国家政权的关系，建立科学合理的执政体制；（5）通过各种途径保证党的领导的实现，形成有效的执政方式；（6）完善经济体制、促进经济发展，保护和使用好党的执政资源等等，这些问题都需要总结实践经验去解决。

加强党的执政理论建设，主要是执政方略、执政体制、执政方式、执政基础等方面。要紧紧围绕为谁执政、靠谁执政、怎样执政这个重大问题，紧密联系执政实践中遇到的重大理论和实践问题，借鉴国外政党治国理政的有益做法，开展全面系统深入的研究，不断进行理论概括和提炼，不断完善党的执政理论体系，努力使党的执政方略更加完善、执政体制更加健全、执政方式更加科学、执政基础更加巩固。

胡锦涛强调，加强党的执政能力建设的过程，既是不断提高党的执政能力的实践过程，也是不断把实践经验上升为理论、深入把握执政规律的过程。党的执政理论建设是一项系统工程，包括执政理念、执政基础、执政方略、执政体制、执政方式、执政资源等主要方面。要坚持马克思主义执政理论与我们党执政的具体实践相结合，在总结历史经验和现实经验的基础上，开展全面、系统、深入的研究，不断完善我们党的执政理论体系。要组织广大理论工作者和实际工作者进行系统研究，不断取得新知识、新成果，不断认识和把握执政规律，努力把党的执政能力建设建立在对客观规律的深刻认识和自觉运用的基础之上。

第二章　资产阶级政党的执政理论

对中国共产党与西方资本主义政党进行具体比较分析有利于认识不同政党的外在表现和内在属性，有利于认识不同政党的行为特征和表现形式，有利于借鉴资本主义政党的执政理论为中国共产党加强自身执政建设服务，进一步完善中国共产党的执政理论，始终保持先进性，走在历史的前沿领导中国人民建设社会主义现代化国家。

近现代意义的政党最早产生于英国。总的来说，西方国家在19世纪60年代、20世纪前40年间、第二次世界大战后共出现了三次建党高潮。议会的演变影响了政党的产生。一方面，议会需要政党来运作，使其选举制度更为有效；另一方面，议会民主的形成，为不同利益集团组建代表自己利益的政党创造了条件，使之有机会控制议会选举和立法权，为自己利益服务。因此，政党组织在议会外形成，并为分得议会权力而奋斗，进而组建起议会党团，参与议会斗争。

西方政党的出现，是近代资产阶级民主政治思想日益广泛传播的结果。天赋人权论、契约论、人民主权论、自由论、分权制衡论、代议制政府论等等，构成了资产阶级思想意识形态，并成为政党政治的主要思想武器。西方国家政党产生最早，政党政治实施时间最长，其政党制度也最具有代表性。其中，英、美形成了典型的两党制，法、德、日则形成多党制。

一、英国执政党及其执政理论

在人类历史上,英国是最早出现现代意义上的政党的国家。从英国政党史来看,两党制的形成是与议会改革、普选制的演进有关的。从政治纲领来看,早期是由资产阶级两大政党(保守党和自由党)之间竞争,后来是资产阶级的保守党与来自工人的、改良主义性质的工党竞争。从政策来看,保守党主张构筑关税壁垒,保护国内市场,反对自由贸易,极力进行殖民扩张;自由党坚持自由贸易,讲究掩饰殖民主义的扩张掠夺;工党则在摆脱自由党的助手地位后,形成了以社会主义为名、又为资产阶级所接受的改良主义理论与政策。

1. 保守党及其执政理论

世界上最早出现的保守主义政党是英国的保守党。其前身是1679年成立的托利党,1833年改为保守党,1868年起同自由党轮流执政。第一次世界大战期间与自由党联合组阁,1924年后,与工党轮流执政。1945年7月大选前,除1923-1924年和1929-1931年由工党两度短期执政外,保守党一直处于执政党地位或作为联合政府的最大政党。但在1945年以后到1979年,除了1951-1964年和1970-1974年执政外,均处于反对党地位。1975年2月,撒切尔夫人当选党的领袖后,提出自力更生、自由企业和减少政府干预等方针。在1979年5月大选中,该党获得绝对多数议席,撒切尔夫人成为英国和西欧历史上第一位女首相,并于1983年和1987年两次蝉联首相职务,1990年大选再次获胜。

该党被称为"保守党",不仅因为他们继承了政治上墨守成规并对现状进行毫无思想原则的辩护的"保守主义"的传统,该党左翼派还采用了"保守党"一直推行的帝国主义扩张政策,反对爱尔兰自治要求。保守党的支持者一般来自企业界和富裕阶层,主张自由市场经济。该党1979年执政后,进一步强调"反对国有制和社会主义集权,捍卫个人自由"这个传统的信条,改变了战后30多年历届政府实行的凯恩斯主义,推行货币主义为主的经济政策,重现保守的传统特性。对内主张货币主义经济政策,通过严格控制货币供应量和减少公共开支等措施来压低通货膨胀,强调市场调节作用,企业自由竞争,紧缩银根,推行国有企业私有化,限制工会权利,加强"法律"和"秩序"等。对外主张加强防务,确保英国独立的核威慑力量;认为英国是欧洲的一部分,加强同欧洲共同体的合作,协调外交政策,但反对联邦欧洲,强调维护英国主权;欧美协调立场,提出建立"大西洋共同体"以加强英美关系,加强大西洋联盟;加强同英联邦国家的联系;强调北约继续是英国安全与防务的基石。

20世纪70年代产生的"撒切尔主义"在保守党历史上是重要的一页,其核心内容是提倡自由价值观,恢复自由经济传统,推行"民众资本主义",用"小政府"来代替"大政府"。所谓撒切尔主义就是"法律管制下的自由",具体就是"政府必须善于干那些只有政府才能干的事情,必须坚决地维护我们的防御能力,坚定不移地维持法律与秩序,坚决维护国家的币值和财政收入。"在这个基础上,进行"自由经营"和"自由自在地生活"。

2. 工党及其执政理论

工党是英国当今社会的两大政党之一。英国工党于1900年2月在伦敦成立,最初的称呼为劳工代表委员会,由隶属于职工大会的工会组织和费边社、独立工党以及社会民主联盟组成。在第一次世界大战之前,工党一直唯自由党是瞻。1906年它在议会中组成独立的议会党团,并改为工党。1924年1月,在自由党支持下第一次组阁,工党领袖麦克唐纳出任首相。1945年,工党以绝对多数上台执政,自此,工党成了议会两大党之一,同保守党轮流执政。1945年以前,仅于1923-1924年和1929-1931年两次短期执政。1945年大选至1951年,组织过两届内阁。在此期间,发起重新建立社会党国际。1964-1970年、1974-1979年,先后组织了4届内阁,这是工党历史上执政最长的两次。1979年、1983年、1987年和1990年4次大选连遭失败。从1993年开始,在史密斯和布莱尔的先后领导下,工党进行了改革,逐渐摆脱了工会对其的控制,更新了党的宗旨和价值观,进一步改造党的组织体系,把工党从一个传统的工运党转变成现代的全民党,得到了广大中产阶级的认同,使工党面貌大为改观,于1997年的大选中一举击败保守党,再度上台执政,并在2001年的大选中连续获得选举的胜利。

工党成员大部分是企业的职工,但其领导成员大部分是有产阶级。工党纲领的传统理论基础是费边社会主义。工党执政期间,通过了"惠特利住宅计划",增加国家补助金用于住宅建设,改善了保障制度,增加养老金和失业补助,废除了保护关税的原则;主张生产资料、分配手段和交换手段的公有制,实行计划管理,以达到公平分配。

工党的政策主要是致力于社会改革,通过社会改革达到完善社会的目的,是资产阶级改良主义政党,笃信费边社的社会主义。在政治上,主张改革国家机器,废除贵族院,构建民主国家。在经济上实行凯恩斯主义政策,倡导把国家改造成以混合经济、社会福利、完全就业为三根支柱的"社会福利国家"。力主通过增加公共开支和实行对国有化企业投资、减少税收、控制进口等措施,扩大生产和增加就业机会。在对外政策上,曾经主张英国退出欧洲经济共同体,取缔美国在英国的军事基地,主张缓和与裁军,改善同东欧、中国的关系。

近年来,布莱尔反复阐述"第三条道路",即市场经济同社会责任相结合。要在保持长期的经济增长、稳定和全面就业的同时,在宏观经济政策方面维持稳定,支持健全的公共财务措施,坚决制止通货膨胀,并且,促进金融市场稳定,提高透明度和提倡公平竞争。强调工党要适应形势的发展,勇于面对全球化、信息化、知识经济等新时代的挑战,坚持变革和创新,带领英国重塑自己的形象,使英国"再次成为一个年轻的国家"[①]。

3. 自由民主党及其执政理论

自由民主党的全称是社会民主自由党,并已成为英国的第三大政党,在英国的政治生活中扮演着重要的角色。该党是由原自由党和社会民主党部分派别于1988年3月合并而成。自由党前身是成立于1679年的辉格

[①] 俞邃主编:《外国政党概要》,江苏人民出版社,2001年版,第222页。

党,该党曾经在 18 世纪的大部分时间里执政。1839 年辉格党改名为自由党,直到第一次世界大战前一直与保守党轮流执政。19 世纪末 20 世纪初,自由党逐渐衰落,被后起的工党所取代,沦为英国第三大党。1988 年 3 月,自由党同一批脱离工党的人士组成的社会民主党合并成立了社会自由民主党。

社会自由民主党主张建立一个自由开放的社会,赞成自由竞争和个人首创精神,反对垄断,强调加强市场机制,维护民主传统,保障公民的个人权益;对外积极主张欧洲联合并在其中发挥重要作用①。同时主张继续维持与工党的合作关系,推动工党在地方选举及下院选举中实行比例代表制,在公共服务、社会公正、环境保护等问题上采取比工党更"进步"的政策。

二、美国执政党及其执政理论

美国也是资产阶级实行两党制的国家之一,虽然党派组织在建国初期已有,但是直到南北战争后,美国才逐步形成共和党与民主党轮流执政的局面。其组织运行机制也日趋完备,即两党各自召开全国代表大会的提名制度,两党实际上形成竞选总统或国会议员的工作机构,也即是一切为竞选服务。19 世纪 60 年代以后,美国出现了垄断组织。由于财团的利益和财团之间的矛盾需要政府来保护和协调,需要政党来发挥维护其利益的作用,因此,他们通过对政党的支持、资助来达到自己的目的,而政党也表现出对财团的依赖和为财团利益服务的价值取向,成为财团的政治工具。一般说来,共和党在北方影响较大,民主党在南方力量较雄厚。另外,美国多数州的法律限制了新政党的建立和发展,对社会党、共产党等左翼政党更是打击和排斥。

---

① 俞邃主编:《外国政党概要》,江苏人民出版社,2001 年版,第 224 页。

1. 共和党及其执政理论

在美国政坛上,共和党是一个与民主党轮流执政的政党。共和党的前身为1792年成立的民主共和党。1825年,民主共和党发生分裂,其中一派组成国民共和党,1834年改称辉格党。1854年7月,辉格党与北部民主党和其他反对奴隶制的派别联合组建共和党。

共和党创立后在北部深得人心,富有生气。1860年其候选人A. 林肯以"言论自由、土地自由、劳动自由、人身自由"为纲领当选第16届总统(1861－1865),共和党首次执政。南北战争中,共和党领导北方人民战胜南部同盟,在全国确立了资本主义制度。共和党凭借"拯救联邦"和"解放奴隶制"两大历史功绩增加了自己的地位,并与南部白人至上主义者妥协,使它从1864－1928年间举行的17次总统选举中,共赢得了13次,形成长期执政时期,并长期为东北部和中部财团利益服务。1898年总统W. 麦金利(1843－1901)发动争夺海外殖民地的美西战争,翌年提出对中国实行"门户开放"政策。20世纪20－30年代,连续执政的3位共和党总统对大企业采取自由放任主义的政策,经济严重失调,造成商品积压、金融混乱和大批失业,导致1929－1933年经济危机。共和党在1932年总统竞选中惨败,从此一蹶不振。第二次世界大战后,该党开始得到南部财团支持,1953年其候选人D. D. 艾森豪威尔当选总统,任内提出侵略中东的"艾森豪威尔主义"。1969－1976年,R. M. 尼克松、G. R. 福特相继担任总统。1981年E. W. 里根上台,实行紧缩的货币政策,对外提出"恢复经济和军事实力、重振国威"的口号,对苏联采取强硬态度,同时在加强实力的基础上,谋求同苏联谈判,即所谓的"里根主义"。1989－1993年,G. 布什出任总统。2000年乔治·W. 布什以微弱优势赢得总统宝座,共和党重新入住白宫,小布什奉行单边主义政策,对恐怖主义实行严厉打击,在全球范围内搞霸权政策,以谋求美国利益最大化。

共和党是美国的保守主义政党,它主要靠社会上层和中层的经济财团支持。从社会阶层上看,实业界、经济保守的人、收入较高的中上人士、自由职业者、白人、受过高等教育的人,大多数支持共和党。

由于历史、区域、阶层等原因,共和党的保守派色彩比较浓厚,在美国奉行保守主义政策,对外主张强硬,被称为"鹰派"。在施政方针上,共和党对内主张维持现状,反对一切形式的改良,推行"自由放任主义"的经济政策,反对政府的过多干预,认为国家应该鼓励个人主义,提倡个人精神,反对平均主义纲领。在国家干预问题上,共和党信奉比较保守的国家垄断调控政策,抛弃凯恩斯主义经济政策,实行紧缩的供应学派、货币学派的经济主张,减少税收,削减政府开支,削减社会福利,控制货币供给,以图解决通货膨胀,同时要求扩军备战,刺激军事工业的发展①。里根上台后,奉行典型的共和党政策,被称为"里根主义",是与撒切尔主义遥相呼应的保守主义政策。所谓"里根主义",就是所谓的新保守主义,又称激进的保守主义。里根坚持了新保守主义的核心理念:促进自由,减少政府干预和把美国的力量扩展到海外。1986年3月14日,里根发表题为《自由、地区安全和全球和平》的国情咨文中,首次提出针对第三世界的施政方针,主要内容是与苏联争夺第三世界。认为苏联在70年代势力伸展过长,内外交困,难以巩固已经取得的进展。美国应准备以"低烈度战争"阻止和反击苏联在第三世界对美国利益的威胁,遏制它的扩张主义,把它取得的政治和军事进展推回去;鼓励第三世界亲美右翼政府的活动,加强对其他第三世界国家和抗苏武装的经济、军事援助,稳定局势。美国1986年上半年向安哥拉的安盟和阿富汗抗苏力量首次提供几百枚美制先进武器——毒刺导弹,先后两次动用美国军事力量打击在利比亚的目标,是里根主义的最初实施。

总之,对里根主义者而言,大政府的开明民主传统、社会福利以及对劳工的支持,与美国标榜的个人主义自由和自由市场是互相抵触的,实际上代表了一种暧昧的社会主义。与此同时,他们认为民主党开明派制订出来的围堵政策是对国际共产主义的一种绥靖方式,它放弃了把生活在共产党统治下的人们解放出来的斗争;共和党的东部开明派人士由于同时向"新政"和围堵政策作妥协,已经不再真正代表正统共和党的声音。这样,共和党的各个派别联合起来、共同的世界观就是"击退共产主义"。这个策略主张:在国际方面,在东欧、中国,以及最终在苏联

---

① 傅金铎、张先义、沈桂萍主编:《国外主要国家政党政治》,华文出版社,2001年版,第52页。

击退共产主义,在国内方面,击退经济生活中的大政府和大劳工。

2000年共和党全国代表大会通过的新党纲对其国内外政策作了如下重要调整:①取消一些极端的政策主张。共和党过去一直坚持为建立"小政策",必须撤销教育部、住房与城市发展部、能源部、商务部以及国家环保局、国家艺术基金会等机构。新的党纲完全取消了这些不得人心的政策主张。②在堕胎、同性恋和枪支管制等若干问题上态度仍然很强硬,但有所松动。为争取党内右翼保守派支持,新党纲对上述所谓"原则问题"仍坚持反对立场;但出于改善党的形象的需要,表示在特殊情况下可允许堕胎,并应严格执行现行枪支管制法。③在其他国内问题政策上普遍趋于温和。另一方面,对外政策明显趋于强硬,主要表现在:①奉行"独特的美式国际主义",大力增加军费开支,切实加强国防力量,使美国回到实力外交的轨道。②重新实施里根的"星球大战"计划,坚决按既定计划建立以海、陆、太空为基地的国家与战区导弹防御系统。③推行敌友分明、目标明确、轻重有序的地区政策,在欧洲,首先把强大的北约作为维护和平的基础,进一步加强与欧洲盟国的关系,推动北约东扩;对俄罗斯以安全考虑为核心,重点消除其核威胁;在亚洲,首先加强美日安全同盟,把日本作为亚洲和平、稳定、安全和繁荣的重要基石。④重新调整对华关系。中国是美国在亚洲的重要竞争者,而不是战略合作伙伴。对中国采取两面政策:既要充分认识中国的重要性,继续采取"一个中国"政策,同时也要对中国保持高度的警觉,不对中国抱有任何幻想。同时仍然保证向台湾适时提供防御性武器,对其给与有力支持。①

9·11事件后,美国及时调整政策,主张减税,加强军队防御力量,打击有支持恐怖主义嫌疑的国家。随着美国政坛鹰派的崛起,布什总统打着"反恐"的旗号推行强硬的单边外交政策。

2. 民主党及其执政理论

美国民主党是美国两大政党之一,成立于1828年,其前身是1792年

---

① 傅金铎、张先义、沈桂萍主编:《国外主要国家政党政治》,华文出版社,2001年版,第53—54页。

杰斐逊创立的民主共和党，又称反联邦党，建党初期主要代表南方奴隶主、西部农业企业家和北方中等资产阶级的利益。19世纪初，民主共和党发生分裂，一派自称国民共和党，后来改称辉格党。以杰克逊为代表的一派于1828年建立民主党，1840年正式定名为民主党。从1833年到1856年，它的对手主要是辉格党。19世纪50年代末，民主党发生一次分裂，部分北方民主党人参与组建反奴隶制的共和党。从1856年之后，它的主要对手是共和党。在南北战争期间，民主党主张与奴隶制的南方妥协，思想保守。在1829至1860年的30多年中，除1841至1845年和1849至1853年两届总统由辉格党人出任外，其余各届总统都属于民主党，先后由杰克逊、范布伦、波尔克、布坎南出任。但是到20世纪时，共和党转变成保守政党，民主党则代表自由主义思想。美国民主党以驴为徽，因此该党与以大象为标志的共和党的竞争被称为"驴象之争"。在1885至1933年的48年中，该党执政16年，先后由克利夫兰、威尔逊出任总统。1932年，美国在经济危机和国内矛盾空前激化的情况下，垄断资本集团支持在竞选中提出施行"新政"的民主党候选人罗斯福。此后民主党连续执政20年。罗斯福4次当选总统，死后由杜鲁门继任至1953年。之后，民主党于1961至1969年、1977至1981年再度执政，先后由肯尼迪、约翰逊、卡特任总统。1992年，克林顿在美国第52届总统选举中为民主党人夺回失去12年的总统宝座，1996年竞选连任成功。2000年的美国第54届总统选举一波三折，最后由法院裁定共和党人布什当选，民主党又一次失去执政党地位。

从历史来看，民主党得到的支持多来源于南部财团，二战后，南部财团有了很大的发展，主要是因为军事工业、宇航业、石油工业得到了发展，因而南部财团加大了对民主党的支持力度，以此通过支持与赞助民主党来操纵、影响政局，意与东部财团展开竞争，获得自身利益。从社会层次上，南部州农村人、黑人农场主支持民主党的多，其他地方，工人、少数民族集团、黑人、未受过高等教育的人也多支持民主党。鉴于历史和地区等缘故，导致绝大多数工会会员、爱尔兰后裔、黑人、移民、南方人、天主教徒、贫苦农民、关注自由贸易的企业组织以及大多数知识分子支持民主党。民主党以改革作为党的旗帜，尤其是罗斯福上台执政后,改良的旗帜更为鲜明。①

民主党的主要政策见诸于平日所发表的自由安全福利信条和大选期间的政治纲领。2000年该党修订了党纲内容,主要强调为保持繁荣、进步与和平,必须坚定地保持现行内外政策的延续性。

国内政策强调推动美国沿新经济轨道继续前进。新的党纲规定的国内政策总的蓝图是:继续奉行现行经济发展战略和财政政策,把已开始获得的巨额预算盈余正确用于偿还政府债务、有选择地重点为中产阶级减税、挽救社会保障体系、加强对教育和科技的未来投资、加强社会治安、医疗改革和环境保护。

在对外政策方面,新党纲强调在新全球时代,美国必须采取重在实施新前沿接触战略,一要利用高科技技术优势改编美军,使之成为一支可预防和及时制止各种战争的强大的灵活的现代化军队;二要加强与各盟国的同盟关系;三要继续对过去的敌人俄罗斯和中国采取接触政策;四要在不违反《反弹道导弹条约》的前提下,建立国家导弹防御系统;五是防止大规模毁灭性武器扩散和各种新发明所产生的新威胁;六是打击国际恐怖主义、贩毒和有组织犯罪;七是促进国外民主、人权、法治和经济的繁荣。关于对华政策,新党纲认为在21世纪中国将注定成为一个大国,美国不能忽视中国的存在,而应坚持"一个中国"政策,与之继续交往,在环保、贸易等方面寻求合作,同时在人权、自由、宗教及台湾等问题上坚持国际标准,继续履行《与台湾关系法》规定的责任,支持符合台湾人民意愿的和平解决办法。②

---

① 傅金铎、张先义、沈桂萍主编:《国外主要国家政党政治》,华文出版社,2001年版,第44页。

② 傅金铎、张先义、沈桂萍主编:《国外主要国家政党政治》,华文出版社,2001年版,第47-48页。

三、法国执政党及其执政理论

法国政党制度的形成经历了较长的过程,政党参与政权的制度一直不稳定。其中,由法国工人党几经分裂、组合而形成的法国共产党和社会党,在第一次世界大战结束时,曾是当时法国政坛上最大的群众性政党,法共还是西方国家最大的共产党之一,但由于一再分裂而削弱了自己,最后始终不能登台执政。法国政党制度的情况表明,多数政治极不稳定。1958年戴高乐上台执政后,进行了政体改革,改变了"议会至上"传统形成的议会权力过大、总统和内阁权力太小的局面。新宪法扩大了总统的权力,使之成为国家的权力中心,内阁权力也相应增大,并严格限制了议会的权力,从此开始半总统、半议会制的时期。

1. 保卫共和联盟

保卫共和联盟,即戴高乐派,成立于1976年12月5日,其前身是戴高乐于1947年成立的法兰西人民联盟,1953年解散,其成员分为3个组织。1958年戴高乐重返政坛,改称为保卫新共和联盟。在法兰西第五共和国第一届国民议会选举中,保卫新共和国联盟凭借戴高乐的威望和对新政体的支持,赢得选民的好感,竞选获胜,议席居各政党之首,成为执政党。在戴高乐和蓬皮杜担任总统期间(1958-1974),该党作为主要执政党长期执政。1974年和1976年先后失去总统和总理职位。其组织几经分合,党名几经改易,1976年12月改为现名——保卫共和联盟,希拉克为主席。1995年希拉克当选总统,该党又重新执政。

该党的社会支柱是大中资产阶级、高、中级国家官吏、部分军界人士,以及有民族主义情绪的小资产阶级。目前,保卫共和联盟有90万党员,主要来自高、中级管理人员、商人、农民、自由职业者。

该党的政治纲领体现了戴高乐的政治主张。对内,保卫第五共和国政体,确保该党稳定,反对共产主义,主张实行真正的权力下放,加强国家的权威；国家应该实施更多的民主，扩大全民公决的领域；主张压缩公共开支，减少财政赤字；降低税收，减轻中小企业的负担，增加企业的活力；主张对银行、保险公司和国营大企业实行私有化。对外，强调维护法国独立和法国在国际事务中的地位，坚持以核威慑力量为国防后盾；强调法国要开展有利于和平的行动，反对扩散具有大规模杀伤力的武器；表示法国应参与最不发达国家的发展，特别要给予非洲援助；主张推动欧盟建设，推进欧洲统一进程，但反对建设超国家机构；希望保持同美国的盟国关系，但强调法国应拥有独立行动的自由。①

2. 法国民主联盟

法国民主联盟，是1978年选举时由共和党、社会民主人士运动、激进社会党和远景与现实俱乐部五个政党结成的竞选联盟。以德斯坦为领袖的共和党是法国民主联盟的核心。

法国民主联盟的政纲与保卫共和联盟相似，以维护第五共和国政体为目标。其社会支柱是大工业资产阶级、大金融资产阶级、高级国家官吏、部分中小资产阶级以及科技知识界的上层人物。现有30万党员，多为高级官员、工商企业主和自由职业者。法国民主联盟在组织结构上是一个松散的政党联盟，参加联盟的各个政党保持自己在组织上的独立性和思想上的多样性，各党在联盟的最高机关——全国会议上具有均等的代表权。会议上通过的决议，必须是四分之三的多数票，各种决议是在各党派妥协的基础上协商通过的。在意识形态上，联盟也具有多样性的特点，每个党派都把自己的思想倾向带入联盟内。这种组织和思想上不统一的状况，是法国民主联盟的特点。目前，该联盟正在寻求一条道路，使内部意识形态的多样性互相协调起来以维护联盟的生存，并在选举中获胜。

该党的基本主张是制定一项"全面的新人道主义"计划，即一种既反对"过去的社会主义"、也反对"绝对的资本主义"的第三条道路。对内，强调进行深刻改革，减轻企业负担，依靠综合的政策来实现充分就业。对外，主张欧洲统一，赞成建立经济货币联盟；主张以法德合作为

---

① 俞邃主编：《外国政党概要》，江苏人民出版社，2001年版，第254页。

基础构筑欧洲共同防务；反对美国的经济保护主义；强调发展对俄罗斯的关系。①

3. 法国共产党

1905年工人国际法国支部组建法国社会党，1920年社会党发生分裂，大部分党员组成法国共产党。1934年，它与社会党和激进党组成人民阵线。二战期间，法共积极领导国内反法西斯战争，从而壮大起来。战后初期，法共参加了戴高乐临时政府，在第四共和国初期，法共曾参加过几届三党（社会党、人民共和党、共产党）联合政府。法共总书记多列士出任副总理。1947年法共被排挤出政府。1972年法共与社会党共同建立左翼联盟，在1981年总统选举中，法共支持密特朗当选总统，在左翼联合政府中担任四个部长职位。1984年，法共退出联合政府。到90年代，法共重提左翼联盟方针，1997年再次参加左翼联盟政府。

法共党员构成中绝大多数为工人、职员，技术人员、教师和管理人员约占四分之一，其他为手工业者、商人、农民和自由职业者。法共在自身的活动中依靠各种群众组织，如总工会、共产主义青年运动、法国妇女联盟等。法共的最高权力机关是全国代表大会，每三年举行一次。全国代表大会选出全国委员会，全国委员会选出全国局、书记处和党的总书记。全国局领导党的工作，书记处负责日常工作。法共基础组织是企业支部、地方支部和农村支部。几个支部组成分部，一个省的各分部组成联合会。

在法国共产党创建初期，法共是以马克思主义为指导思想的法国工人阶级先锋队，主张以暴力革命推翻资产阶级统治，建立无产阶级专政。在第五共和国期间，法共的政治纲领有了很大的变化。在理论上，法共于1963年否定了把一党制作为向社会主义过渡的先决条件。1964年，法共宣布放弃无产阶级专政和马克思列宁主义的口号，提出建设法国色彩的社会主义，明确提出通过议会道路实行向社会主义和平过渡，即"一条和平的、民主的、多数人的多元化的道路"。20世纪70年代中期，法共提出放弃无产阶级专政。1979年，法共二十三大放弃了马列主义，代

---

① 俞邃主编：《外国政党概要》，江苏人民出版社，2001年版，第254页。

之以科学社会主义的提法。在1994年党代会上，法共正式宣布放弃民主集中制，代之以"民主"的运转原则。在1996年党代会上，法共二十九大会议上放弃了阶级斗争的口号，提出"公民干预"的理论，也放弃"法国色彩的社会主义"的提法，代之以"新共产主义"，主张实行共产主义变革。

四、德国执政党及其执政理论

在20世纪20年代和30年代之间，德国形成了多党制，基本上是一党为主、多党联合执政的局面，但多党制不论有多么民主，也没有真正代表民意，没有阻止法西斯纳粹党上台执政，多党制一度曾演变为一党专制。战后，联邦德国的《基本法》推行三权分立的议会制，逐渐形成二元性多党制格局，德国的政党制度具有两党制的色彩。虽然多党林立，但德国政党制度因《基本法》、《政党法》和选举法的稳定而保持着稳定，法治与政党政治融为一体。

1. 基民盟—基社盟

基督教民主联盟，简称基民盟，是二战以来德国主要执政党。第二次世界大战结束后，美、英、法占领的德国西部地区开始允许政党进行活动，各地区纷纷成立政党。在这种政治背景下，基民盟于1945年10月正式建立。它的创始人抱着一个建立全民的、社会的和进步的党的愿望，希望该党能在信奉基督教的共同基础上，最终在德国天主教和基督教之间建立紧密的合作。1947年以来，基民盟与基督教社会联盟结成姊妹党，在联邦议院组成联盟党议会党团即"基督教联盟党"，参加联邦会议选举。1949－1969年执政，1982年再度执政，直至1998年。[①] 该党的主要

[①] 傅金铎等主编：《国外主要国家政党政治》，华文出版社，2001年版，第145页。

成员是企业主、农场主、职员和知识分子,对内主张实行社会市场经济,维护自由竞争制度,把国家干预降低到最低限度;主张削减社会福利,降低工商资本税和企业财产税;主张维护货币稳定和奉行严格的预算方针,强调确保环境投资。对外主张加强欧洲同美国的联盟,实现以欧洲共同体为基础和核心的欧洲统一,积极推进欧盟东扩,加强同西欧在政治、经济、科技等领域的合作;支持东欧国家的改革,主张北约东扩,谋求和它们改善关系,重视与发展中国家的关系;主张德国联邦国防军不仅能参加联合国的维和行动,而且也可以参加联合国、北约、欧盟和欧安会的作战行动。① 前民主德国基民盟于1945年建党,从1949－1988年,一直与统一社会党结盟,并接受其领导,宣传统一社会党的政策。1990年10月,两德基民盟在德国基民盟党章基础上合并。② 德国统一后,基民盟主张继续奉行联邦政府的政策,着力治理东部,并认为已获得完全主权的德国应在适当的时候修改《基本法》,以便为担负更大的国际责任创造条件。

　　1945年12月,基社盟在天主教色彩浓厚的巴伐利亚州顺势成立。1947年基社盟与基民盟结成姊妹党后,只限于在巴伐利亚活动和发展组织,基民盟则不在巴伐利亚州活动。两党共同进行选举,提出共同的联邦总理候选人,在联邦议院共同开展各项活动。基社盟主要代表大垄断资本、大银行和旧容克地主的利益,其政治立场遵循自由主义与社会主义之间的中间路线。基社盟自认为以保守主义政策为基准,赞成社会市场经济,把这一经济体制看成是最好的经济体制;认为德国应在国际事务中发挥更大的作用,提高德国的国际地位,增强德国在国际上的政治影响力,承担起更大、更多的国际责任;明确反对建立一个欧洲统一国家体,即欧洲联邦国家。

　　从执政理论来看,就基民盟—基社盟而言,其宗教色彩和若干政策措施使它具有较强的内聚力和较稳定的选民基础,以天主教作为联系盟员的纽带,共同的信仰淡化了阶级色彩。其次,提倡"社会市场经济",

---

　　① 俞邃主编:《外国政党概要》,江苏人民出版社,2001年版,第228－229页。
　　② 傅金铎等主编:《国外主要国家政党政治》,华文出版社,2001年版,第145页。

有利于战后经济的恢复和发展,得到了中层以上资产阶级的支持。再次,对外政策实行与"西方一体化",得到美、英、法的全力支持。70年代以后又与苏联建立联系,使东西德之间的紧张关系缓和下来,得到人们的普遍赞成。再有,长期实行保护妇女、老人和伤残者利益的社会政策,有利于社会和谐的发展。

2. 自由民主党

自由民主党,简称自民党。第二次世界大战以后,自由主义运动首先在柏林恢复起来,在西部地区也自发地成立了一些独立党。1949年6月,这些党组织在不来梅合并成立统一的"德国自由民主党"。由于该党既反对联盟党把政治同宗教相混合,又反对社民党的集体主义和计划经济倾向,于是取名为"自由民主党"。前民主德国的"德国自由民主党"成立于1945年7月,没有自己的明确纲领,接受德国统一社会党的路线和领导。1990年3月与新建的自民党、德国论坛和德国国家民主党合并为自由民主联盟,同年8月,自由民主联盟与联邦德国自民党合并。①

自民党成立以来,长期参加联邦政府,一直扮演着"中间人"的角色,在基督教联盟党和社民党两大政党力量之间起着"平衡器"的作用,力求与两大党保持平衡关系,其地位一般不对两大政党构成威胁,但总能为基督教联盟党和社民党所联合而成为执政伙伴,并在大多数情况下起着决定谁主政的问题,这样就会达到插足政治而不被两大政党挤出舞台的政治目的,但是每次政府危机大多也是由自民党引起。虽然作为次要执政党,自由民主党仍是执政时间最长的政党,并由此而形成执政特色,但是,他们与基督教联盟在经济政策上,以及与社民党在社会政策上的分歧经常使联合政府破裂。因此,自民党只能采取这样的立场:主张改良资本主义,推行"社会自由化",强调保护中小企业,限制垄断资本兼并。

自民党的目标和主张是:以自由、平等、博爱的基本价值观作为衡量人和社会的行为准则,宣称要以此来改革和完善资本主义制度。在政

---

① 傅金铎等主编:《国外主要国家政党政治》,华文出版社,2001年版,第151页。

治上，主张发展民主与法制，以确保个人获得最大限度的自由，并使人的个性得到最大限度的发挥；要求国家机构进一步向民众开放，使公民拥有在一切领域参与决策的机会；要求以严格的法制保障公民的自由权等基本权利。在经济上，该党要求保护生产资料的私有制，强调实行自由市场经济，尽可能减少乃至取消国家对经济生活的干预。在社会政策上，主张给每个人提供均等的生活机会，但不提倡公正地分配社会财富，反对国家预算中不断增加社会福利开支，以及社会保障体制的扩大。主张引进"公民资金"以代替政府的社会和失业救助金。70年代，自民党开始注重环保政策，但仍把环保政策置于经济政策的从属地位。在对外政策上，自民党二战以来的总的方针政策就是谋求维护世界和平的东西方缓和。德国统一和东欧剧变后，重点仍然是发展和扩大欧盟，以使之成为世界多极化格局中的重要一极和德国自身的发展阵地。①

五、日本执政党及其执政理论

日本的政党制度形成较晚，早期是军人与政党轮流执政。1940年，近卫内阁甚至实行所谓"一国一党制"，解散所有政党。战后宪法的实施，政党政治基本稳固下来，但1955年后形成所谓"五五体制"，长期表现为一党独占执政。虽然也曾出现过执政党与反对党势均力敌的情况，但因反对党内部分歧而无法形成对自民党的制约。1993年，金钱政治引起的严重腐败导致自民党被不信任案赶下台，党内派系斗争不断导致分裂，社会党联合执政，自民党一党执政的"五五体制"结束。

1. 自由民主党

自由民主党是日本的第一大党，简称"自民党"。1955年11月5日，由当时的自由党、民主党订立保守合同而成立，从1955年到1993年连续

---

① 俞邃主编：《外国政党概要》，江苏人民出版社，2001年版，第230－231页。

38年长期执政。1996年1月，以桥本龙太郎为领袖的自民党重新上台，并取得联合执政，1996年10月大选后单独执政。到目前为止，自民党仍是国会的第一大党。自民党的阶级构成主要是大资本家、上层官僚、地方大势力中的上层人士。自民党是代表垄断资本利益集团的政党，拥有党员100多万。自民党建党时通过的纲领有三条：第一，"以民主信念为基本方针，刷新和改进个中制度和机构，以期建成文明的民主国家"；第二，"立足与人类希求和平和自由的普遍正义，纠正和调整国际关系，以期完成自主与独立"；第三，"以公共福利为规范，制订和实施基于个人创意和企业自由的综合经济计划，以期稳定民主，建立福利国家"。①

经过几十年的演变，自民党的执政纲领进行了一些改进，宣称"在坚持和平、民主和基本人权"原则的基础上，谋求对现行宪法进行自主修改，将日本建成"受世界尊重的具有高尚志向的富国有德的国家"，建成"为世界和平与繁荣作贡献、为世界人民尊重的充满活力的国际和平文化国家"。② 在经济上主张自由竞争主义，外交上主张日本在国际舞台上发挥大国作用，积极参与联合国维和行动；强调日本应明确加入联合国安理会常任理事国的目标。自诩为亚洲地区的"代言人"，加强日美合作关系，加深与亚洲各国的亲密关系，等等。

2. 社会民主党

社会民主党简称为社民党，脱胎于社会党，1945年11月2日成立。1947年5月-1948年2月曾经作为国会最大政党上台执政。在"55年体制"形成后，一直是国会的最大反对党，与自民党尖锐对峙。1945年该党纲领规定：第一，社会党是劳动阶层的结合体，确保国民的政治自由，以建立民主制度；第二，排斥资本主义，坚决推行社会主义，以稳定和提高国民生活；第三，反对一切军国主义思想和活动，以通过世界各国人民的合作，实现持久和平。1955年10月，社会党通过了统一纲领，其中提到："我们必须克服共产主义，用民主的方法在和平中推行社会主

---

① 傅金铎等主编：《国外主要国家政党政治》，华文出版社，2001年版，第203页。

② 俞邃主编：《外国政党概要》，江苏人民出版社，2001年版，第62-63页。

义"。社会党还是社会党国际的主要成员之一。此后，社会党随着形势的变化以及党内矛盾斗争的出现数次对党的纲领进行过修改，其中1994年6月，社会党重新执政后对党纲的修改是一次具有改变社会党的根本性质的修改。1994年6月－1995年11月，与自民党、先驱新党联合执政，并为联合政府的主要执政党，党的领袖村山富士担任内阁总理大臣。

社会党自称代表城市、农村的劳动者。但它的阶级基础实际上是中小资产阶级和一部分上层熟练技术工人。该党强调主权在民意识，主张维护和创造性地发展日本和平宪法，严格恪守现行日本和平宪法，反对修改宪法中的"第九条"，以和平宪法作为国家的最高法律形态；维持日美战略同盟关系，致力于将日美安保条约最终转变成和平友好条约，敦促驻日美军基地整顿，缩小和撤离驻日美军；积极建立与亚太周边国家的信任关系，承认日本的侵略历史，对过去的侵略历史进行反省与谢罪，以史为鉴，主张修复日本与亚太国家的友好关系，扩大日本在亚太地区的影响；改变过去军国主义发展道路，主张不走军事大国道路，不在海外实行武力，不主张建立军队，认为现在的自卫队违反宪法，今后要争取建设"非武装的日本"，恪守禁止武器出口和无核化三原则；经济上主张通过减税刺激经济复苏。①

3. 公明党

公明党正式成立于1964年，脱胎于宗教性质的团体——创价学会，并参加国会议员竞选。1966年1月在众议院选举中获25个议席，并逐步成为国会第二大在野党。1993年8月参加非自民联合政权，但自1994年底以后，为参与政界分化改组，公明党分出一部分力量参加新进党，新进党解散后，组成"和平新党"，未分出去的部分则重组为"公明"。1998年11月7日，"和平新党"和"公明"宣布合并，并恢复原党名。1999年10月，公明党加入自民党和自由党的联合政权，成为执政党。2000年4月，公明党与自民党、保守党组成联合政权。该党基本政策主张总体上仍沿袭过去公明党"中道路线"的传统，坚持稳健的政治路线，提倡和平主义。

---

① 俞邃主编：《外国政党概要》，江苏人民出版社，2001年版，第67页。

公明党的党员多为中小资产阶级以及中小企业的劳动者，其中以教职员、佛教徒和农村的破产农民为主。

该党建党纲领中宣扬佛教、白莲教的教义，并以此发展为全球民族主义，是具有宗教色彩的政党组织。1970年6月实行政教分离，通过的新的党纲规定：第一，尊重人性的中道主义，作为国民政党，以革新的意志和实践，同大众一起前进；第二，以保卫日本宪法、人的尊严、自由、平等为基础，拥护信教、结社自由和自由表现等基本人权，进而为实现社会的基本权利而奋斗，反对一切暴力主义，以建立议会民主制民主主义；第三，遵循人性社会主义，保证建立负责的自由经济活动和经济成果能够公正分配的经济制度，在刺激经济手段上主张降低消费税，促进经济发展，以建立社会繁荣和个人幸福同时并存的福利社会；第四，所有民族都是人类，自觉地按照平等互利和互不干涉内政的原则，开展积极性、创造性的外交，积极参加联合国的维和行动，推行自主和平外交政策。公明党强调坚持宪法和平精神，保持日本"和平国家"的形象。

第三章 社会民主党的执政理论

社会民主党是现代国际工人运动中主张社会改良主义的政党派别，有的称社会党、工党、社会民主工党。19世纪40年代，某些带有社会主义色彩的"共和派小资产者"就自称"社会民主党"，以显示对无产阶级在一定程度上的同情。1869年德国社会民主工党在德国成立，从此欧洲各国相继出现了一批社会民主党（或称社会党）。这一时期的社会民主党都主张消灭私有制，因此就其性质而言基本上都属于马克思主义政党范畴。1889年，欧洲各国社会主义民主党组成一个社会主义国际组织，即第二国际。在第二国际晚期，由于以伯恩斯坦为代表的修正主义思想占据主导地位，各国社会党的指导思想逐渐受到侵蚀，第二国际内部出现了相互对立的革命派和改良派，工人运动逐渐分裂。第一次世界大战后，共产党和社会党分裂，在政治、思想、组织等方面都处于严重对立状态。社会党方面用社会民主主义的思想体系来同共产主义对抗，主张用和平的、渐进的方式过渡到社会主义，反对暴力革命，反对无产阶级专政。

20世纪30年代以后，欧洲国家的社会党力量得到发展，有20多个国家的社会党、社会民主党和工党在本国执政和参政，其中瑞典社会民主党不仅成为瑞典第一大党，还多次单独执政。但是在30、40年代法西斯恐怖统治时期，欧洲各国的社会党力量遭到重大打击，许多国家的社会党被取缔或被镇压，只有英国工党和社会民主党未受打击，保持完整。①

第二次世界大战后，各国社会民主党积极筹备成立国际组织，1951

---

① 俞邃主编：《外国政党概要》，江苏人民出版社，2001年版，第29—30页。

年在联邦德国的法兰克福召开各国社会党代表大会,宣布成立社会民主党、社会党和工党的国际组织——社会党国际。为扩大群众基础,各国社会民主党一方面改变党的阶级属性,宣布放弃马克思主义,宣称自己的政党不再是工人阶级政党,而是人民党、全民党;另一方面利用许多群众希望变革又惧怕动乱的心理,打出了民主社会主义的旗帜,主张用民主的方式,限制垄断资产阶级的权力,消除资本主义社会的种种弊端,逐步把资本主义社会改造成一个在政治、经济、社会等各个领域具有充分民主、自由、公正、互助的社会主义社会。通过一系列的努力,社会党逐渐发展成为各国重要的政治力量。尤其在欧洲,大多数社会党都成为执政党和第一反对党。因此社会民主党具有两重性,它是工人阶级的组织,至今其组织成员大多数还是工人,主张实行对劳动人民有利的改革,批判资本主义的弊病;但主张改良,反对革命,背弃马克思主义,客观上有利于维护资本主义统治。

在欧洲各国社会党执政期间,社会党政府普遍提出了改善劳动人民生活状况的政策主张,推动劳动、就业、养老、残疾人福利、儿童保护、平等受教育机会、失业保障、社会保障等方面的经济和社会权利的发展,改善了本国劳动人民的物质生活状况。社会民主党的理论和实践,还进一步推进了资本主义国家中的政治生活的进一步民主化。但是,从本质上说,社会党政府推行的是一条改良主义路线,不会从根本上触动资本主义制度。

一、主要国家的社会民主党及其执政理论

社会民主党奉行社会民主主义或民主社会主义,其典型代表是所谓的"第三条道路",既否定资本主义又否定共产主义。到目前为止,社会民主党或社会党已经在27个国家执过政或正在执政。它曾经把马克思主义作为党的重要理论,但很快就放弃了阶级斗争、无产阶级专政学说,抽象地强调自由、民主是社会主义基本价值所在,是真正的社会主义纲

领的出发点，社会主义只有通过民主才能完成；认为公有制形式本身不是目的，只是管理方法，应允许私有制在一些重要生产范围内存在，实行混合经济；强调通过民主选举获得议会多数来推行自己的政策，主张实行多党制，各社会党不要求信仰和方法上的一致。与改良主义有所不同，它宣称能通过改良的、渐进的方法，建立一个新的社会主义社会，以取代资本主义社会。典型的有英国工党的"国有化"理论、德国社会民主党的"非意识形态化"理论、法国社会党的"意识形态化"理论、瑞典社会民主党的"中间道路"理论等。

1. 英国工党及其执政理论

工党是英国现代两大政党之一，1900年2月创立，初称劳工代表委员会，由隶属于职工大会的工会组织和费边社、独立工党以及社会民主联盟组成，1906年改称工党。第一次世界大战爆发后，支持政府的战争政策，并加入了自由党的联合内阁。1918年2月通过了新党章，规定除保留原有的集体党员制度外，还在各选区设立组织以吸收个人党员。同年6月，通过了由韦伯等起草的纲领性声明《工党与新社会秩序》，首次提出要埋葬私有制。1924年1月，在自由党的支持下首次组阁，并从此开始与保守党轮流执政。1945年以前，仅于1923－1924年和1929－1931年两次短期执政。1945年大选至1951年，组织过两届内阁，在此期间，发起重新建立社会党国际。

工党纲领的传统理论基础是费边社会主义，主张生产资料、分配手段和交换手段的公有制，实行计划管理，以达到公平分配。第二次世界大战后，艾德礼工党政府将此付诸实施，1948年宣布建成福利国家。但50年代开始，随着英国经济的发展，工党内出现意识形态分歧，右派认为，社会主义应是"增加社会福利，实现社会平等"，而不是以实现生产资料公有化为目的；反对以新的社会制度代替现存的社会制度，主张在现存制度基础上追求更高程度的完善。而左派仍坚持国有化，认为没有国有化就没有社会主义。60年代初，"新左派"从文化上批判资本主义，认为资产阶级文化上的统治使人们处在全面异化的状态中，因此，必须向资产阶级发动全面的文化进攻，对资本主义社会实行总体改造。这对70年代后再次活跃起来的工党左派产生了一定的影响，后者据此提出国有化还应该加上工业民主化和生活方式民主化，对工党传统的社会主义进行了补充。

1983年，英国工党主席富特在竞选时提出要对企业实行大规模国有化，加强经济计划和调节，单方面核裁军，英国撤出欧共体，结果在大选中遭遇50多年来最惨重的失败。1990年5月工党提出新的施政大纲，充实了1989年年会通过的调整政策，放弃了老式国有化政策，主张政府必须负责解决教育、培训、运输、通信等市场无法解决的问题，社会分配先考虑"创造财富的人"，发展高技术经济，鼓励发明创造。在防务政策上，放弃了单方面核裁军的立场，主张用英国的核武器作为核裁军谈判的筹码，争取在2000年消除所有核武器。1994年布莱尔当选工党主席后，提出要建设"新工党"、"新英国"的口号，对党的思想路线、政治路线和组织路线进行全面的改革。他首先急于与社会主义划清界限，将社会主义一词拆开，变成"社会—主义"（Social - ism），目的是要抽掉社会主义运动的传统内容，重新界定和建立国家、社会与个人三者之间的关系，增加社会和个人的责任，削弱国家职能，减少政府干预。他还提出要改变工党的工人政党性质，使其变成"跨越民族，跨越阶级，跨越政治界限，……代表所有英国人民"的政党①。为此，疏远工会，积极向企业界倾斜，使党员的社会构成朝多元化、中间阶级化、妇女化、年轻化方向发展，同时严格整顿党内纪律，克服党内宗派分裂活动。1997年工党成功上台执政，在经济、社会政策上制定了"工作福利"计划。社会舆论说布莱尔是撒切尔夫人"新自由主义"的继承人，布莱尔辩解说，他奉行的是既不同于撒切尔主义，又不同于传统的民主社会主义，而是一种"新的中间道路"，更确切地说，是"第三条道路"，即"强调工党要适应全球化、信息社会和知识经济的新的时代特征，坚持变革和创新，超越传统的左右政治，带领英国重塑自己的形象，使英国'再次成为一个年轻的国家'"。② 这一道路的突出特征是摆脱左、右意识形态的束缚，根据实际情况的要求，采取最灵活、最有效的措施。他甚至认为，

---

① 托尼·布莱尔：《新英国》，世界知识出版社，1998年版，第72页。
② 俞邃主编：《外国政党概要》，江苏人民出版社，2001年版，第222页。

"在这个世界上,意识形态可能是必然要消失的。"①

2. 德国社会民主党及其执政理论

德国社会民主党成立于 1863 年,其前身是德国社会主义工人党,1890 年改称现名。为适应非常法废除后的形势,1891 年爱尔福特代表大会决议强调,无产阶级必须巧妙地运用阶级斗争的一切途径和手段,以达到消灭阶级和阶级统治的目的。1913 年该党领导权落入伯恩斯坦修正主义手中。第一次世界大战期间,该党由国际主义立场转向社会沙文主义立场,支持德国政府的战争政策,公开支持帝国主义侵略争夺战争。1918 年左派从党内分出另组德国共产党。1918 年德国 11 月革命后该党组织了"社会主义政府"。1933 年 6 月 22 日被想搞一党专政的法西斯主义者希特勒所取缔。1945 年 10 月,德国西部占领区的社会民主党开始重建。

1946 年 5 月 10 日在汉诺威举行代表大会,正式成立德国社会民主党,选举 K·舒马赫为主席。在 1949 年 8 月第一届联邦院选举后成为在野党。1959 年在哥德斯堡代表大会上通过党的基本纲领——《德国社会民主党基本纲领》,宣布信奉民主社会主义,在阶级斗争的理论和实践问题上完全放弃马克思主义,宣布变工人阶级政党为人民政党。声称该党是一个思想自由的党,赞成自由竞争和开放自由市场,主张扩大社会福利、劳工参加企业管理、实行计划经济和国有化的社会主义,强调德国统一。

1966 - 1969 年同基民盟—基社盟组成联合政府。1969 - 1982 年 10 月同自由民主党联合组阁,成为主要执政党,勃兰特出任总理。执政期间实施的经济社会政策主要是:采取各种国家干预手段调节经济;保护自由竞争,限制垄断资本的经济权力;扩大职工的经济民主权利,调和劳资利益;实行广泛的社会福利政策;实行教育改革等。对外主张加强西欧联合;主张依靠美国的核保护伞,实行东、西方在均势基础上的缓和;提出同苏联、东欧国家改善关系的新东方政策;发展同第三世界国家的政治、经济合作;主张与中国发展关系。1982 年该党下台后,长期处于

---

① [法]《解放报》,1998 年 3 月 25 日。

在野党地位。1989年12月该党举行特别代表大会，通过了新的基本纲领。

德国社会民主党是历史最老、影响最大的社会党。从德国社会民主党来看，虽然性质上已不属于工人阶级政党，但在工人中仍有很大的影响和基础。一是坚持宣称"社会主义"，要建立真正民主的国家，为人民造福，因而在工人、工会组织和下层群众中颇有影响力。二是若干政策有较大号召力，如20世纪50年代提出"竞争"与"计划"并举和大工业国有化政策招致竞选失败后，自1959年起调整为"社会市场经济和国家调控"的政策，以修补社会弊端和消除社会不公正现象，并扩大社会福利，合理分担税收和分配财富；在外交上由原来既不投靠苏联又不搞与"西方一体化"政策，改为支持"西方一体化"，强调欧洲联合和在和平中实现德国统一的政策，直接与基民盟—基社盟抢选票，确保了大党地位。

在1994年大选中，针对执政的联盟党提出的"继续这么干下去"的竞选口号，提出了"既要在经济上，也要在生态上改革，发展经济不影响生态"；甚至还放弃了"民主社会主义"的提法，改称"社会民主主义"，随后社会党国际也改变了提法。在1998年的大选中，德国社会民主党提出了"左翼供方政策"和"将自由主义与社会民主混合"的理论，接着施罗德又提出"新中间道路"，反映了为了继续执政，德国社民党不断调整政策，迎合选民的思路。

3. 法国社会党及其执政理论

法国社会党的前身是1905年成立的统一社会党（又称工人国际法国支部）。1920年统一社会党发生分裂，多数派另成立共产党，少数派仍沿称工人国际法国支部，也称社会党。1969年7月，社会党联合"争取左翼复兴俱乐部联盟"、"社会主义俱乐部和小组联盟"等政党成立新社会党。1971年密特朗领导的共和体制大会党同新社会党合并，实现社会党的重建，仍称社会党，密特朗任第一书记，1981年至1995年，密特朗任总统，社会党在这时期成为主要执政党。

1988年法国社会党重新上台执政后，调整党的政策方向，不再实行国有化，也不再搞私有化。1990年的《原则声明》删除了"把生产及交换资料社会化"、"消灭剥削和阶级"等提法,把"推进建立在自由和责任基础上的民主社会主义"作为党的奋斗目标,主张建立"混合经济",走"改良主义"道路。1991年发表《开辟新前景》的纲领性决议,进一步提出要建立"国家与企业的新型联盟",实行"新的经济调节机制",放弃"全员就业"的目标,改为通过"创建就业机会"来增加就业。1993年法国社会党下台,于1996年在党内展开了关于"全球化与欧洲和法国"、"民主和公民权利"以及"社会党的社会经济建议"的大讨论,最后明确提出以促进经济增长、创造就业和加强公平分配为社会经济政策的三个主要目标。1997年社会党再次赢得选举。

法国社会党的政治纲领是实行社会民主改良主义,经济上主张国有化,加强国家对经济生活的干预,提高劳动人民的福利;在政治上实行地方分权。该党自1981年执政后进行了广泛的政治、经济改革,但该党执政时曾实行国有化等政策未达到预期的效果。1997年该党重新执政后,提出"现代社会主义"的主张,强调既要忠于自己的传统价值观,又要实现思想和方法的现代化。政治上,强调实行民主,提出加强议会的立法、监督权力;限制政府成员和议员兼职;主张进行司法改革,维护司法的独立性,提倡男女平等。经济政策上,主张实行新凯恩斯主义,强调国家的干预仍是必不可少的;主张捍卫、革新和发展公共服务;对就业问题,推出35万青年就业计划和缩短工时的每周35小时工时制。社会政策上,提出"要市场经济,不要市场社会",强调建立一个更加公正的社会;反对社会排斥,主张增加高收入者的赋税,给贫困者增加补贴;实行宽松的移民政策,保障移民的合法收益。国际方面,认为经济全球化导致各国差距扩大,世界越是全球化,越是需要规则,应以全球化的答案来解决全球性问题;强调坚持欧洲一体化进程,主张维护欧洲独立,加强欧盟在外交和防务上的自主权。①

4. 瑞典社会民主党及其执政理论

瑞典是世界上最富裕国家之一,常被人们誉为"福利国家的样板"或"瑞典模式",这一称誉完全要归功于瑞典社会民主党的治国理政策

---

① 俞邃主编:《外国政党概要》,江苏人民出版社,2001年版,第250页。

略。在欧洲社会民主党中，瑞典社会民主党是一个颇具代表性的政党，这主要体现在两个方面：一是除 1976－1982 年和 1991－1994 年外，它从 1932 年进入长期执政后至今，有着辉煌执政历史，始终独立或领导执政，被誉为欧洲社会民主党的"不老松"和"世界上最成功的党"；二是它在长期的执政过程中领导形成的被人誉为"瑞典模式"的独特社会发展道路。

瑞典社会民主工人党，一般称瑞典社会民主党或社民党，成立于 1889 年 4 月 19 日，建党后以《哥达纲领》为指导方针，1897 年在《爱尔福特纲领》的基础上制定了第一个党纲，宣称党的目标是科学社会主义，实现生产资料社会化和建立无产阶级的社会。初期积极领导工人运动，开展争取普选权和八小时工作制的斗争。① 自 1921 年以来，无论执政还是在野，它都一直保持着瑞典第一大党的位置。其执政历程虽说几经沧桑，然而也几度辉煌。1932 年秋，该党取得国会选举的胜利，初次上台执政，此后连续 44 年稳坐执政宝座。进入 21 世纪，欧洲政治时钟开始向右摆，执政的左翼政党大多数或者下野或者处于困境中，而瑞典社民党却一枝独秀，在 2002 年 9 月的全国大选中保住了执政党地位，从而成功地击败了国内外右翼势力的进攻。时至今日瑞典社民党已有 60 多年的执政史，并创下迄今为止社会民主党连续执政时间最长的纪录。

瑞典社会民主党是民主社会主义理论最忠实的信奉者和实践者。该党主张以和平、渐近、改良的方式改造社会，实现民主社会主义。其历届领导人都认为，实现目标的进程是长期的、渐进的，社会改革必须以赢得大多数选民的支持和不引起社会剧烈动荡为条件。为此，对内，它实行政治多元化和民主自治制，实行混合经济并加强政府对经济的干预，积极推进福利政策，提出社会需要充分就业；对外，主张和平、中立。尽管自 20 世纪 70－80 年代起，瑞典模式也暴露出自己的问题，从而陷入困境，但是，瑞典模式的成就仍被认为是民主社会主义事业中迄今最成功的实践。由于瑞典社民党长期执政，"社民党的政策一向是瑞典国策的同义语"，因此，瑞典社民党被人们称为西方社民党的"典范"、"欧洲社

---

① 俞邃主编：《外国政党概要》，江苏人民出版社，2001 年版，第 270 页。

民党最顽强的堡垒"。①

该党现行的纲领主张革新民主社会主义,实现充分就业,收入公正分配,人人富裕,人人价值平等,以和平的手段对社会进行变革,用在自由平等基础上建立人民伙伴的社会,取代在阶级基础上建立的社会秩序。对外主张国际缓和、裁军、和平与进步,加强国际合作与国际法秩序,加强联合国,支持欧洲联合,富国援助穷国,合理利用自然资源,保护环境,实现以宽宏、合作、信任和团结为特征的公开的世界。②

二、民主社会主义理论

社会党类政党的称谓虽不相同,但有一点却是共同的,即各国政党都以民主社会主义思想作为理论基础。1951年社会党国际在德国的法兰克福召开会议,通过了《民主社会主义的目标和任务》,第一次把"民主社会主义"宣布成为各国社会党的共同纲领性目标。

社会党国际在1951年提出的纲领的目标就是要争取建立的社会是一个将实现政治民主、经济民主、社会民主的社会。政治民主是指实行普选制、多党制、议会制等,他们认为建立政治民主制是社会主义社会的最重要的前提,同时也是必要的基础;经济民主是指所有制方面,对现有的私人企业可以实行国有化或部分国有化,或成立新的公有企业、市有企业或地区的企业或消费合作社和生产合作社等形式,他们把公有制看作是一种"管理方法",同时允许在不同的经济部门内保留私有制,实行多种所有制并存的混合经济制度;社会民主是指消灭由于性别、社会地位和宗教信仰不同而遭受的法律上、经济上和政治上的歧视,保证人们摆脱各种形式的压迫和贫困,为个性的全面发展创造条件,他们认为

---

① 姜跃:瑞典社会民主党何以能长期执政,《中共石家庄市委党校学报》,2005年4月,第7卷第4期。
② 俞遂主编:《外国政党概要》,江苏人民出版社,2001年版,第272页。

不确立社会民主就不可能实现社会主义思想。① 这一思想体系的许多原则基本上沿袭了第二国际的思想，是第二国际修正主义理论的继续和发展。

民主社会主义思想是一个十分庞杂的理论体系。简略说来，包括以下主要内容：坚持"世界观中立"，主张指导思想中立化、多元化；既反对资本主义或者对资本主义持批判态度，又反对走社会主义和共产主义道路，提出走一条既不同于资本主义，又不同于社会主义，而是介乎于两种社会制度中间的"第三条道路"；各国社会党认为所有制只表明合法享有经济决定权资格，重要的是经济决策真正民主化，而不是财产享有资格在形式上的改变（如废除私有制）；各国社会党在党内主张意识形态多元化，各种信仰和各种理想的人应能自由思想，多党制和三权分立的政治体制是党外真正民主的标准；各国社会党认为各阶级和各阶层之间不应该处于对立状态，而应该成为"社会伙伴关系"。

社会民主主义思想反对资本主义或者对资本主义持批判态度，但不认为一定要在人类历史上消灭资本主义制度，而是主张用和平、民主、改良、演变的办法，即通过竞选的胜利，在议会中获得多数席位，利用议会的权力来实现社会和经济改革计划，最终实现社会主义取代资本主义。因此，从本质上说，民主社会主义是一种社会改良主义的思想体系。

社会党社会民主主义的思想在反对资本主义或者对资本主义持批判态度的同时，也坚决反对共产党、社会主义国家、共产主义。在1953年社会党国际理事会巴黎会议《关于国际形势的决议》中把共产主义和法西斯相提并论，并列为两种形式的"极权主义"。1956年发表了《关于社会主义和共产主义的声明》，称共产党人"完全歪曲了社会主义思想"，在共产党执政的国家，人们的自由权利、工人权力、政治成果和人类价值都被歪曲了。1962年又发表《社会党对今日世界的看法》，指责共产主义和资本主义一样，称共产主义牺牲了人民的需要。1965年社会党国际又特别发表声明，不允许社会党的党员个人，更不允许社会党国际的成员与共产主义和其他形式的"独裁统治"的政策、目标和组织认同。直

---

① 中共河北省委党校党建教研室：《中外政党研究》，1988年10月，第159－161页。

到 1972 年,在一些国家的社会党坚持要求下,社会党国际才改变不准其成员党同共产党建立关系的做法,允许其成员党有权自由地决定同任何党建立双边关系。但社会党国际并没有放弃反对共产党、反对社会主义国家的立场,并与美国等发达资本主义国家和平演变策略紧密呼应。1989 年 11 月 23—24 日,社会党国际理事会又在日内瓦开会,通过《关于东欧的立场文件:问题与机会》决议,制定了对东欧各国的共同战略,宣布"支持旨在通过自由化和民主化改革共产主义社会的一切努力",呼吁西方国家用经济援助促进东欧的演变。可以说在苏东剧变的过程中,社会党起了推波助澜的作用。

20 世纪 90 年代以来,社会党原指望在促成东欧剧变后,民主社会主义会有很大的发展,然而东欧剧变和苏联解体却极大地鼓舞和助长了西方极右翼势力,社会民主党的理论对全球化和社会结构的新变化失去了其原有的解释力量,传统的社会主义理论无法解释资本主义战后的蓬勃发展的势头,发达资本主义社会也不再像以前一样那么明显地分化成两个相互对立的阶级,这就使人们对社会党人的"社会主义"招牌提出了质疑,社会党力量因之而受到很大的冲击。冷战结束初期,西欧社会党单独或联合执政的国家有 9 个,到 1993 年只剩下 6 个。同时,由于科技突飞猛进及全球化进程加快,各国社会党面临的问题越来越多。为使民主社会主义适应时代的需要,社会党迫切需要进行理论探索。

在这种形势下,英国工党、德国社会民主党等加强了政党理论的探索,形成了社会党的新理论思潮。1998 年 2 月英国首相布莱尔正式提出"第三条道路"的主张。随后,欧洲各社会党领导人加强了对资本主义未来和社会民主主义未来的讨论。1999 年 6 月发表的"施罗德—布莱尔文件",在德国社民党和法国社会党中引起强烈反响。世纪之交,欧美社会党领导人连续举行了四次峰会,研讨科技革命和全球化形势下资本主义发展模式和社会民主主义的前途问题。在这些探讨中,一方面吸收了保守党不少主张,另一方面,又力图与新保守主义和传统的社会民主主义区别开来,试图开辟一条超越传统的左与右的"第三条道路"。目前,社会党在"第三条道路"的探索过程之中,未形成一个完整的理论体系,但可以看出其主题内容包括以下几个方面:继续接受"社会公正"的核心价值观,坚持民主、自由、公正,但放弃阶级统治和左右划分,反对将社会主义作为资本主义的有限替代;提出要建立"新的混合经济",实现经济生活中管制与非管制、社会生活中的经济与非经济的平衡;认为国家对经济的责任是社会党的一个基本理念,不能放弃,但在经济全球化时代,政府为经济提供条件而不是指挥经济,并要利用市场的力量服务于公共利益;要求建立强大的公民社会,承认政府在社会领域的有限作用;主张多一些"治理",少一些"统制",实行一种广泛包容的政策,使"老社会民主主义"的平等理想中受亏待的个人自由能得到发挥;认为福利国家原则上是非民主的,要改福利国家为社会投资国家,实行积极的福利国家政策,把社会福利国家改造成一种主动的福利,其目的不仅仅是在风险面前提供职位,而且是要对机会进行管理;主张从纲领党进一步转变为选举党,淡化意识形态色彩,以实际需要和选举需要制定政策,以争取更多的选民。

"第三条道路"的提出,在西方世界中引起了很大的反响。由于它是在整个资本主义世界陷入深刻危机、自由资本主义模式严重受挫、传统的凯恩斯主义又难以再现"神灵"的大背景下出现的,因此西方社会不少人对它的"治病"功能寄予很高的期望值,认为它是一个新的立足点和新的经济和社会的平衡点,是在"意识形态斗争时代之后"处理一切问题的"钥匙"。另一方面,作为政策取向而言,目前"第三条道路"在欧美各国得到了选民的普遍支持,并且在社会实践中取得了令人瞩目的成效,左翼力量的地盘日益扩大。[①]

三、简析社会民主党及其执政理论

当人们较多地把眼光放在社会主义与资本主义的较量时,却较少地关注到共产主义政党(共产党和工人党)与民主社会主义政党(社会党

[①] 徐觉哉:当代社会民主党及其"第三条道路",《学术季刊》,2001年第3期,第61页。

和社会民主党）的相互关系。而影响苏联东欧剧变的一个重要因素就是这些国家共产党的社会民主党化。

两类党、两种主义的纷争可以追溯到第二国际时以伯恩斯坦为代表的修正主义右派、以考茨基为代表的中派和以列宁为代表的左派之争。十月革命后，世界社会主义运动正式分裂为两大派，形成两种类型的党。在欧洲，部分社会民主党也共产党化了；第三国际与第二半国际对立存在。到第二次世界大战前，西方国家已有10个左右社会民主党执政或参政。在反法西斯统一战线里，共产党与社会民主党在各国进行了合作和协作。战后，东欧一些国家的共产党与社会党合并，影响之下其他国家的民族主义政党也宣布以社会主义为目标，并带有民主社会主义色彩。冷战期间又出现了欧洲共产主义，而1951年成立的社会党国际推动了民主社会主义的发展，部分共产党出现了"社会民主党化"。在改革大潮中，苏联东欧共产党倒向民主社会主义，西方国家一些共产党，如意大利共产党、英国共产党等也转向民主社会主义。在这些国家保留下来的共产党，包括俄罗斯联邦共产党，也是半社会民主党化了。在第三世界，民族社会主义也放下了社会主义的旗帜。

处于鼎盛时期的社会民主党，也在经受新的考验，以英国工党为代表，提出"第三条道路"的主张，要求在欧洲民主社会主义和强调自由化、私有化、削弱社会福利的新自由主义之间寻求中间道路。因此，世界社会主义处于一个转折时期，原共产主义政党相当一部分向民主社会主义转化，原民主社会主义政党则向新自由主义靠拢。

从社会民主党的理论渊源来看，在伯恩斯坦被称为"修正主义"的理论中，他提出德国社会民主党应该改变策略，放弃对革命的要求，完全成为一个改良主义的政党，走议会斗争的道路。后来，在法国出现了"入阁"之争。考茨基在其《无产阶级专政》一书中反对建立无产阶级专政，认为"享有特权的少数派"用武力恐怖来压制人民大多数是一种专制，是对民主原则的破坏，认为布尔什维克党不应清除孟什维克，应该共同分享政权。在实践中，随着社会党在各国议会斗争中取得惊人成绩，以合法斗争取代无产阶级革命成为一股思潮。

战后东欧社会民主党提出的"介于苏联模式与抛弃了马克思主义的

西欧社会民主党的社会主义主张之间的某种'中庸'"①。这实质上也是一种"第三条道路"。其基本理论为：主张社会的和平变革，希望加强议会的作用，把议会作为保障劳动人民自由和权利的政治生活中心任务，不接受苏联的无产阶级专政及彻底变革社会的革命方式；强调民主、自由高于一切；主张实行多党制，以更好地发挥代表各阶级和同一阶级中不同阶层的利益；主张国有化和计划经济，保护私营企业。其与西欧社会民主党的一个主要区别是虽然推崇议会道路，但并不排除必要时使用暴力。

反法西斯战争胜利后，社会民主党在西欧政坛迅速崛起，形成第一个发展高潮。大多数社会民主党成为执政党或参政党。1945年通过议会选举，英国工党以绝对多数击败威望甚高的保守党，上台执政。但冷战开始后，西欧经济繁荣导致社会阶级结构变化，社会民主党在理论上和政策上对新的国内外局势准备不足，发展进入一个低潮期。50年代末，西欧社会民主党提出以赢得更多选民为"战术目标"，对党的纲领和政策作了重大调整，把自己从面向产业工人的党转变为"容纳一切人"的"全民党"。60年代，社会民主党利用人心思变和美国对苏联东欧推行"缓和"政策的形势，打着"改变"和"缓和"的旗帜，使陷入经济危机和外交困境的右翼政府极为被动，争得了更多选民。60年代中期至70年代前半期，社会民主党迎来战后发展的第二个高潮，各党纷纷执政或入阁参政。

然而，从70年代中期开始，西欧各国社会民主党大多陷入困境，进入战后第二个低潮期。一些党失去执政或参政地位，选票减少，党内各派在内外政策上分歧扩大，退党人数增多。当时，第四次中东战争和石油危机加重了西方经济危机，经济进入低增长和高失业时期。社会民主党过去制定的经济、外交与安全政策已不能解决新问题，党内围绕政策进行的争吵损害了党的形象，削弱了党的执政能力，使党的支持者减少。

80年代初至90年代初，西欧社会民主党的发展出现了战后第三个高潮。尤其是南欧和北欧社会民主党崛起。南欧社会民主党提出"革新"、

---

① 中共中央党校科学社会主义教研室国外社会主义问题教研组：《人民波兰资料选辑》，中共中央党校科研办公室，1986年版，第57页。

"民主化"、"现代化"和"自治社会主义"的口号,顺应了选民的心理和愿望;强调执行"独立"、"和平"、"安全"、"缓和"和"对话"的对外政策,表达了多数群众的"期望";为争取不断扩大的新中产阶级,在竞选战略上将其"期待改革"、"谋求发展"又"畏怕动乱"的要求反映在自己的竞选纲领中。

80年代中期之后,西欧社会民主党又走向第三个低潮。当时,西欧经济长期处于"三高一低"(高通货膨胀、高预算赤字、高失业率和低经济增长)的滞胀时期,各国社会民主党推行的凯恩斯主义经济政策已经不灵,但又别无良策;在竞选时的一些许诺难以兑现,在整顿经济中推行的紧缩政策主要损害了中下层群众的利益,导致选民支持率减少。而美苏关系恶化,社会民主党的"缓和政策"遭到巨大打击,西方国家强硬派随之抬头,新保守主义思潮兴起,里根、撒切尔夫人、科尔等保守派人物上台执政。

苏东剧变后,社会党开始认为民主社会主义终于战胜了共产主义,并将取得进一步发展,但事实上,多米诺骨牌效应也将西欧民主社会主义推向更深的衰退中。80年代后期和90年代初,各国左翼政党纷纷退出政权。除受苏东剧变影响外,资本主义经济持续多年的"黄金时期"结束,使社会民主党倡导的国有化和国家对经济的干预成为众矢之的;经济结构和社会结构发生深刻变化,蓝领工人减少,中间阶级日益庞大,动摇了左翼政党的社会基础;和平运动、生态运动和女权运动等新社会运动兴起,对传统社会主义运动造成一定冲击。为了遏制选票下跌,争取重新执政,左翼政党纷纷向右转,与传统的民主社会主义告别,结果90年代中期,左翼政党又陆续上台执政。

总的来说,西欧社会党的执政理论在20世纪90年代发生了很大变化。一是社会党力量的削弱使建立左翼联盟或红绿联盟变得更加普遍和必要;二是社会党在指导思想、路线、政策的调整过程中,意识形态更加模糊,涵盖的社会层面更加宽泛,这既扩大了合作的范围,又增加了新的矛盾点;三是社会党积极利用欧洲一体化建设进程来推行自己的主张,使共产党的作用更难以发挥;四是对外政策的变化为左翼联盟增加了新的障碍,如推行"人权高于主权"的新干涉主义路线,不利于与共产党和绿党的合作。

第四章 社会主义政党的执政理论

马克思主义执政理论是对于工人阶级政党执政规律进行设想和总结的科学理论体系,是关于工人阶级政党执政的条件、途径、纲领、目标和过程等的学说。列宁曾说:"马克思主义教育工人的党,也就是教育无产阶级的先锋队,使它能够夺取政权并引导全体人民走向社会主义,指导并组织新制度"①。从马克思、恩格斯到列宁,再到中共三代领导集体,他们对工人阶级政党执政规律的理论与实践的探索,既一脉相承又与时俱进,从而形成了丰富和完善的马克思主义执政理论体系。

一、马克思恩格斯的执政理论

马克思、恩格斯是无产阶级政党的创始人,同时也是无产阶级政党理论学说的奠基者,他们处于无产阶级运动和革命的时代,在回答"资本主义向何处去,无产阶级向何处去"的时代课题进程中,论述了建立无产阶级政党的必要性,阐明了无产阶级政党的性质、指导思想和纲领策略、组织原则、历史作用和发展方向等问题。虽然当时无产阶级政党执政的问题还没有提上日程,但他们的无产阶级政党的党建学说对于后来无产阶级政党的执政理论的发展与创新和执政实践都具有重要的指导意义。

---

① 《列宁选集》第 3 卷,人民出版社,1995 年版,第 131-132 页。

1. 无产阶级革命理论

马克思主义理论的创始人马克思、恩格斯在致力于把科学社会主义理论与工人运动相结合的过程中，在与各种非无产阶级和科学社会主义的政治思潮进行论战和斗争的过程中，创立了世界上第一个真正属于无产阶级自己的政党——共产主义者同盟。他们在亲自起草的《共产党宣言》中鲜明地指出："共产党人的最近目的是和其他一切无产阶级政党的最近目的一样的：使无产阶级形成为阶级，推翻资产阶级的统治，由无产阶级夺取政权"。① 此后，他们进一步指出："无产阶级将利用自己的政治统治，一步一步地夺取资产阶级的全部资本，把一切生产工具集中在国家即组织成为统治阶级的无产阶级手里，并且尽可能快地增加生产力的总量"②，以此为最终实现共产主义的远大宏伟目标准备条件。而在未来的共产主义社会，"代替那存在着阶级和阶级对立的资产阶级旧社会的，将是这样一个联合体，在那里，每个人的自由发展是一切人自由发展的条件"③。这些都成为无产阶级政党执政的重要思想。此外，马克思还提出在无产阶级夺取国家政权向共产主义过渡的时期，应当实行"无产阶级专政"，通过无产阶级专政来夺取国家政权、掌握国家政权和巩固国家政权。巴黎公社的实践使马克思认识到，巴黎公社式的真正的民主的革命政府就是无产阶级执掌政权的理想形式，因此只有通过无产阶级掌权才能建立真正的革命政府。

无产阶级政党靠谁执政、为谁执政、如何执政等问题是马克思主义及无产阶级政党长期探索并致力于解决的一个根本性问题，这个问题的解决程度会直接影响到无产阶级政党在进行革命和执政的过程中的作用和地位。马克思、恩格斯作为科学社会主义的创始人，以历史唯物主义史观为基石，根据人类社会历史的发展规律，深刻提出："工人革命的第一步就是使无产阶级上升为统治阶级，争得民主"④。而且指出夺取政权不是无产阶级政党领导的社会革命的终结，不是无产阶级自身解放的完

---

① 《马克思恩格斯选集》第 1 卷，人民出版社，1995 年版，第 285 页。
② 《马克思恩格斯选集》第 1 卷，人民出版社，1995 年版，第 293 页。
③ 《马克思恩格斯选集》第 1 卷，人民出版社，1995 年版，第 294 页。
④ 《马克思恩格斯选集》第 1 卷，人民出版社，1995 年版，第 293 页。

成；无产阶级执掌国家政权，是完成社会革命其他任务的基础，因此"首先无产阶级革命将建立民主的国家制度，从而直接或间接地建立无产阶级的政治统治"。① 马克思、恩格斯认为由于各国社会条件的差异，无产阶级夺取政权后，就会影响他们在国家政权中地位的不尽相同：在无产阶级占社会总人口大多数的国家，无产阶级可以直接以自己的名义建立自己的政治统治，维护和巩固国家政权；在无产阶级不占社会总人口多数的国家，无产阶级只能与其他革命阶级以共同的名义进行政治统治，但无产阶级政党一定要保证对国家政权拥有绝对的领导权。

2. 无产阶级专政理论

无产阶级专政思想是马克思主义的一个基本思想，是马克思主义理论体系的一个重要组成部分，是马克思主义的精髓所在。马克思主义把无产阶级专政思想的形成与发展和无产阶级的革命实践相结合。

1848年，马克思和恩格斯在《共产党宣言》中对无产阶级专政思想作了如下表述："工人革命的第一步就是使无产阶级上升为统治阶级，争得民主"；"无产阶级将利用自己的统治，一步一步地夺取资产阶级的全部资本，把一切生产工具集中在国家即组织成为统治阶级的无产阶级手里，并且尽可能快地增加生产力的总量"。《共产党宣言》对无产阶级专政在政治方面和经济方面的历史使命都做了阐明。1850年，马克思在《1848年至1850年的法兰西阶级斗争》第一次明确提出了"工人阶级专政"。1852年3月5日，在致魏德迈的信中进一步肯定了"无产阶级专政"的结论。随后在1875年批判"哥达纲领"时，又强调了无产阶级专政是历史发展的必然，只有无产阶级的专政才能进行推翻资产阶级的革命，并进一步提出，从资本主义社会到共产主义社会之间的整个历史时期的国家，只能是无产阶级专政，只有无产阶级专政才能维护好对资产阶级的社会革命的胜利成果。

总而言之，无产阶级专政是无产阶级政党（经过共产党）领导的、以工农联盟为基础的社会主义国家政权，又称工人阶级专政；是无产阶级和资产阶级进行阶级斗争的历史必然结果；是达到消灭一切阶级和向无阶

---

① 《马克思恩格斯选集》第1卷，人民出版社，1995年版，第239页。

级社会过渡的政权形态;是无产阶级政党掌握国家掌权的最好的形式。

无产阶级专政的历史任务主要是:对广大的劳动人民实行最广泛的民主;对剥削阶级和一切敌对势力的反抗、颠覆及破坏行为等实行最严厉的镇压;大力发展生产力,不断完善和发展社会主义的生产关系和上层建筑之间的关系,并在此基础上尽可能消灭一切阶级差别、社会差别、社会的不公平和不公正等;建设高度的社会主义民主政治制度和高度的社会主义精神文明,从各方面创造条件,向共产主义过渡。无产阶级专政也将随着自己的历史任务的完成而逐渐消亡。

马克思主义认为,无产阶级专政是和以往任何专政有根本性质的不同。剥削阶级专政是少数人对多数人的,而相对于剥削阶级专政来说,无产阶级专政的本质则是多数人对少数人的统治,这就形成了鲜明的对比。由于剥削阶级是少数人要统治多数人,因此国家的暴力职能只能加强而不能削弱,所以要设常备军,要设官吏和警察、法庭和监狱等暴力国家机器来维护政治统治。而无产阶级专政是多数人统治少数人,所以要不断削弱国家的暴力职能,要打碎旧的国家机器,用民兵代替常备军,用群众机构代替国家暴力机构,用公仆代替官吏,用无产阶级民主制(普选制、罢免制、监督制)代替资产阶级民主制。

马克思认为无产阶级专政是一种政治组织,不是社会解放的"普通运动"。无产阶级专政的任务不是消灭阶级,而是在政治上保证从资本主义社会向无阶级社会的过渡。对马克思来说,无产阶级专政只能是中央集权专制国家机器的完全的"反题"。官僚机构的自我实现和无产阶级的自我实现是两个相互矛盾的过程——前者要求自我肯定,后者要求自我否定,所以无产阶级专政不能具有官僚主义的性质。无产阶级专政必须在制度上与无产阶级的总目标相协调,实现制度和目标的协调发展。只维持有效的镇压手段以保护革命成果是不够的,镇压手段必须从属于建设共产主义的目标推动的、积极的、建设性的手段和职能,镇压的手段只是为了实现无产阶级专政,而不是为了搞专制,这就限定了无产阶级专政可以采取的形式应该是工人阶级的、非官僚主义的、直接的政治组织,而且必须是工人阶级的政治组织。因此,无产阶级专政必须以巴黎公社的普遍形式和原则为模式,借鉴巴黎公社的组织形式以进一步完善无产阶级专政政权组织。

在经济方面，无产阶级制度的目标是使社会从"必然"王国过渡到"自由"王国。对马克思来说，"自由"王国不只是在于满足物质需求，人使其内在自我在外部世界客观化的能力和利用其意识控制世界的能力也是同样需要的。因此，无产阶级专政必须最终消除劳动异化的条件，必须建立个体在一个非官僚主义的、非异化的环境中自由发展的条件。对马克思而言，建立共产主义社会的事业包含着消灭所有生活领域的资本主义的和官僚主义的因素。

马克思的无产阶级专政是一个真正的专政的设想，是一个要把统治关系颠倒过来的特定阶级攫取权力的设想。无产阶级专政已经不是为了自由，而是为了统治、征服并且最终从肉体上消灭剥削阶级的政权形式。

3. 马克思主义的建党理论

马克思、恩格斯是无产阶级政党的创始人，是马克思主义党建理论的奠基者。在创建世界上第一个无产阶级政党——共产主义者同盟的过程中，马克思、恩格斯依据19世纪40年代欧洲社会经济政治思想发展的状况，运用历史唯物主义史观论述了建立无产阶级政党的历史必要性，阐明了无产阶级政党的性质、指导思想和纲领策略、历史作用和发展方向，规定了党的组织原则和组织形式，从而创立了马克思主义党的建设学说。在以后的革命生涯中，他们又总结世界工人运动的经验教训，进一步补充了党的建设理论。他们的党建理论主要集中在《共产党宣言》和《哥达纲领批判》两篇经典著作中，其基本观点包括：无产阶级的解放及其历史使命要求无产阶级必须建立自己的政党；无产阶级政党是代表无产阶级利益的先进组织，"在实践方面，共产党人是各国工人政党中最坚决的、始终起推动作用的部分；在理论方面，他们胜过其余无产阶级群众的地方在于他们了解无产阶级运动的条件、进程和一般结果"；无产阶级政党必须以科学的世界观、人生观、价值观作为指导思想的理论基础，这个理论基础就是马克思主义的辩证唯物主义和历史唯物主义；无产阶级政党必须制定正确的纲领和策略，把原则的坚定性和策略的灵活性结合起来，因此要求"共产党人为工人阶级的最近的目的和利益而斗争，但是他们在当前的运动中同时代表运动的未来"；无产阶级政党要坚持民主制，开展党内批评，克服宗派主义，增强党的团结和统一；无产阶级政党必须坚持国际主义的原则。

马克思、恩格斯关于党的建设的基本理论,反映了当时世界工人运动的客观实际,但由于历史条件的限制,他们只是就如何在革命斗争中建立无产阶级政党作概括性的阐述,很多涉及党的建设问题还有待进一步分析和总结,特别是他们几乎没有涉及关于无产阶级执政党建设问题。

马克思等组织建党时特别强调党的先进性建设,先进性是马克思主义政党的根本特征,马克思主义政党以保持自身的先进性建设为首要任务,始终要求保持无产阶级的先进性建设。马克思主义政党的先进性,集中体现在无产阶级政党始终忠实地代表着工人阶级和广大劳动人民的根本利益,自觉地遵循人类社会历史发展规律,始终走在时代发展前列,促进经济社会和人的全面发展。"在当前同资产阶级对立的一切阶级中,只有无产阶级是真正革命的阶级。其余的阶级都随着大工业的发展而日趋没落和灭亡,无产阶级却是大工业本身的产物。"① 无产阶级政党产生于无产阶级与资产阶级的阶级斗争中,无产阶级政党必须始终保持和发展自己的先进性,以体现出所代表阶级的利益,完成本阶级的历史使命。马克思、恩格斯在为世界上第一个无产阶级革命政党——共产主义者同盟起草的《共产党宣言》中指出:"共产党人是各国工人政党中最坚决的、始终起推动作用的部分",共产党人始终代表的是整个无产阶级的利益,强调和坚持整个无产阶级共同的不分民族的利益,"在无产阶级和资产阶级的斗争所经历的各个发展阶段上,共产党人始终代表整个运动的利益","在理论方面,他们胜过其余无产阶级群众的地方在于他们了解无产阶级运动的条件、进程和一般结果。"② "共产党人为工人阶级的最近的目的和利益而斗争,但是他们在当前的运动中同时代表运动的未来。"③

4. 民主集中制的组织原则

民主集中制不仅是各国共产党的组织原则,而且还成为共产党领导下的社会主义国家政权的基本组织原则。集中制原则是几乎所有社会组

---

① 《马克思恩格斯选集》第 1 卷,人民出版社,1995 年版,第 282 页。
② 《马克思恩格斯选集》第 1 卷,人民出版社,1995 年版,第 285 页。
③ 《马克思恩格斯选集》第 1 卷,人民出版社,1995 年版,第 306 页。

织都奉行的组织活动原则,其基本形式有两种:一是以多数服从少数为基础的专制集中制;二是以少数服从多数为基础的民主集中制。无产阶级政党的先进性决定了"民主已经成了无产阶级的原则",它肩负的历史使命决定了"必须绝对保持党的纪律"和适当的集中,因而其组织活动原则必然是民主集中制。民主集中制是共产党内民主历史经验的结晶、精华。但是从历史角度来看,马克思、恩格斯建立无产阶级政党时的设想是想以民主制作为党的组织原则。

19世纪时在无产阶级建党的过程中,存在着关于集中制或者民主制作为党的组织原则之争,而马克思、恩格斯不主张实行集中制,而偏好于民主制,因此民主制成了马克思主义政党的组织原则。恩格斯在1885年写的《关于共产主义者同盟的历史》中明确地说"共产主义者同盟本身,是完全民主的。它的各委员会由选举产生,并随时可以罢免,仅仅这一点就可以堵塞了任何要求独裁的密谋集团的道路,现在一切都按这种民主制度进行。"到了19世纪80年代时,一切都按这种民主制度进行,所以无产阶级共产党的党内组织原则是民主制,这是马克思、恩格斯都很明确讲的,而且他们明确表示"集中制只是适用于秘密组织和宗派组织"。① 马克思认为,在合法、公开的条件下,无产阶级政党的组织原则应该实行民主制而不是集中制。

马克思认为民主制要强调尊重党员的民主权利,民主选举应成为党员的一项权利,党员在党内有选举权和被选举权,还有对党的领导人的批评权、监督权,还有参与党的决策的建议权;民主制强调党的权力中心是党的代表大会,各委员会都应该由民主选举产生;民主是制止独裁的较好形式,民主可以协调解决党内矛盾,在党内创造协商的气氛。

5. 马克思主义的群众观

马克思主义群众观是马克思主义的重要组成部分。马克思主义群众观,简而言之,就是人民群众是历史的创造者,是人类社会实践的主体,无产阶级政党必须一切为了人民群众、一切依靠群众,即无产阶级政党

---

① 中共河北省委党校党建教研室:《中外政党研究》,1998年10月,第3-4页。

与人民群众的联系是血肉的联系。马克思认为,人民群众是社会变革的决定力量,人民群众的意愿代表着时代精神,反映着历史的主流,决定着社会前进的方向,因此马克思主义群众观是科学的、历史的、唯物的群众观,是关于正确认识群众、对待群众的根本观点。

马克思主义的群众观点要求无产阶级政党坚持群众路线,要充分认识人民群众的伟大创造力,尊重人民群众的首创精神,善于向人民群众学习,自觉地把自己当成群众的一员,同时无产阶级政党也正是在这一科学理论基础的指导下建立起来的。

马克思、恩格斯在《共产党宣言》中明确提出:"过去的一切运动都是少数人的或者为少数人谋利益的运动。无产阶级的运动是绝大多数人的、为绝大多数人谋利益的独立的运动。"① 这一经典论断,昭示了无产阶级政党执政理论的本质,是共产党执政权威的基础。马克思认为共产党执政要坚持群众路线,密切与群众之间的关系,夯实群众基础。

总的来说,马克思主义具有与时俱进的理论品质。马克思和恩格斯作为马克思主义的奠基人,从来不把他们在某一特定历史时期形成的观点、做出的结论当作一成不变的教条,而是既把外部世界看成是发展变化的,也把自己的理论体系看做是发展变化的。恩格斯在总结马克思革命实践经验时说:"马克思的整个世界观不是教义,而是方法。它提供的不是现成的教条,而是进一步研究的出发点和供这种研究使用的方法。"② 随着革命实践的发展和实践环境的变化,不断对原有的观点进行补充、修改乃至摒弃,这正是马克思主义与时俱进的理论品质。

二、列宁的执政理论

列宁根据帝国主义时代出现的新形势新课题,在领导创建布尔什维

---

① 《马克思恩格斯选集》第1卷,人民出版社,1995年版,第283页。
② 《马克思恩格斯全集》第39卷[上],人民出版社第2版,第406页。

克党和十月革命的过程中,全面发展了马克思恩格斯的党建学说。十月革命后,列宁领导的俄国布尔什维克党实现从革命党向执政党的历史转变,对执政党建设进行了开创性的探索,提出了许多宝贵思想,如无产阶级执政党的根本任务是管理国家,领导经济建设;要保持无产阶级先锋队的纯洁性;要扩大党内民主,完善民主集中制;要保持同人民群众的密切联系,等等,从而在历史上第一次形成了系统的马克思主义执政理论,成为各国工人阶级政党在夺取政权后开展党的建设的理论基础。

列宁作为世界上第一个社会主义国家的缔造者和领导者,领导俄共(布)实践了马克思的无产阶级专政学说,在国际环境极其严峻而又没有前人经验可以借鉴的情况下,对共产党执政理论作了许多积极摸索,提出了一系列重要的执政思想与理论,成为共产党执政理论的奠基人。列宁不止一次指出,布尔什维克党由领导革命暴动的党变成了执政党,全党都应当学习如何管理俄国,努力成为经济建设方面的专家;和平时期应该放弃"战斗命令制"的管理。对执政条件下执政党的一些原则,列宁也作了理论探索,但由于各种环境的制约,没有形成系统、成熟的执政理论。

1. 列宁的党建理论

俄国十月革命胜利后,布尔什维克党成为世界上第一个无产阶级的执政党。党执政后,面临的主要任务就是要巩固苏维埃政权,而要巩固苏维埃政权,又必须加强党对苏维埃政权的领导。[①] 列宁的建党学说创立于19世纪末和20世纪初。在这期间,世界资本主义发展到帝国主义阶段,这对无产阶级政党领导的革命斗争提出了新的要求。列宁在领导俄国革命过程中,同第二国际修正主义进行了坚决的斗争,不仅捍卫了马克思主义,而且从理论上和实践上创建了同"改良主义"政党根本不同的新型无产阶级政党。特别是在十月革命胜利后,列宁又卓有成效地探索了执政党建设的理论和实践问题,继承和发展了马克思主义,创立了比较完整的党的建设理论。

---

① 孙敬勋编著:《马克思主义党的学说发展简史》,中共中央党校出版社,1988年版,第60页。

关于革命斗争时期党的建设，列宁认为，无产阶级党是无产阶级的先锋队，是以先进理论为指南的政党；党代表大会是无产者的阶级联合的最高形式，党应该领导工会和其他群众组织，夺取政权并引导全体人民走向社会主义；党必须坚持民主集中制的组织原则和组织制度，坚持无产阶级专政并为实现共产主义而努力奋斗；党要制定正确的战略和策略来保证党的纲领的实现，制定战略和策略时要以马克思主义的理论和纲领为依据，同时要正确地估计到主、客观因素的变化情况，特别是"要估计到许多革命运动的经验"。

关于执政党建设，列宁指出，执政党是无产阶级专政国家的领导者，执政党必须对苏维埃国家实行全面的领导，其根本任务是管理国家，领导经济建设；执政党要保持无产阶级先锋队的纯洁性，提高党员的素质，增强党的战斗力；执政党要扩大党内民主，完善民主集中制和集体领导制，保持党的团结与统一；执政党要保持同人民群众的密切联系，反对官僚主义和骄傲自大，要有严格的纪律。列宁更多地强调了作为执政党的组织建设的重要性，指出"为了处理工农国家的事务，必须实行集体管理制"，并且在"任何时候，在任何条件下，实行集体管理都必须极严格地一并规定每个人对明确划定的工作所负的个人责任"①。加上执政党要加强与人民群众的密切联系、提高党员的素质、加强党的团结统一、反对官僚主义和派别斗争等思想的提出，使列宁成了马克思主义政党执政理论的奠基人。

列宁的建党理论形成了比较完整的体系，在很多方面丰富和发展了马克思恩格斯的党建学说，是对马克思主义党建理论的第一次创新，特别是他对工人阶级执政党建设的探索具有开创性的意义。因为马克思恩格斯所处的时代，共产党还没有执政，所以他们不可能提出和解决这个问题。只有到了十月革命以后，工人阶级执政党建设问题才从现实的角度提到人们的面前。列宁作为第一个社会主义国家的领袖，在这方面进行了积极的探索。他探索的理论成果既是新型无产阶级政党学说的重要组成部分，又是马克思主义党的学说在执政条件下的运用和发展，也为其他国家无产阶级政党在执政后加强党的建设奠定了理论基础。

---

① 《列宁全集》第37卷，人民出版社第2版，第42页。

列宁关于执政党建设的具体方法和措施：（1）把制定正确的思想路线作为提高执政能力的重要内容。思想路线的正确与否，关系到党和国家的前途和命运。所以，列宁把端正党的思想路线作为党的思想建设的重要内容来抓。反对抛弃马克思主义普遍真理，也反对马克思主义的教条化。列宁从实际出发制定和贯彻正确的政治路线，正确把握时代的变化、形势的发展和自己的国情实际，明确自己在各个历史时期所面临的主要任务。（2）把作风建设作为提高执政能力的重要基础。首先是密切党群关系，保持同人民群众的密切联系是执政的无产阶级政党的力量源泉。列宁把执政党与人民群众的关系问题，看成是党的建设的出发点、落脚点和根本目的，也把党脱离群众看成是最大的危险。其次，列宁认为要加强党同群众的联系，就必须反对官僚主义，因为官僚主义的表现之一就是脱离群众。"对犯有官僚主义、拖拉作风、玩忽职守、粗心大意等过错的人给以行政处分，情节严重者必须撤职，送交法庭，由司法人民委员部组织威慑性的公开审讯。"① （3）把制度建设作为提高执政能力的关键。列宁及其政党在十月革命后面临的重大课题就是要使党的执政有一个制度的支点。首先，列宁在区分俄国布尔什维克党和苏维埃政权机关性质、明确各自职能的基础上，提出了党政分开的原则。他认为，党是有组织的无产阶级先锋队，苏维埃是无产阶级专政的形式，是国家机关。党的职能是领导，苏维埃的职能是管理。如果不把职能划分开来，就会造成党政不分、以党代政现象，就会滋生官僚主义。为了实现党政分开原则，列宁在整顿和精简国家机构等方面做了大量的工作。其次，列宁为了防止在党内出现官僚主义的集中制和出现无政府主义的所谓民主，首次提出了民主集中制的组织原则，即少数服从多数原则。不充分发扬民主，就不可能形成正确的集中，离开了民主基础的集中不是无产阶级先锋队的集中，而是官僚主义的个人集中。（4）把改进领导方式方法作为提高执政能力的保障。党的领导方式，是实现党的领导目的和意图的方法和形式，是党的各种领导职能发挥作用的手段、形式和程序的总和。按照什么方式执政，怎样处理好党的执政与国家政权活动的关系，既是党的执政能力的反映，也影响着党的执政能力的发挥。为了加强对

---

① 《列宁全集》第43卷，人民出版社第2版，第153页。

权利的制约，对党的领导干部的监督和控制，防止由人民公仆变成人民主人，消除各种不正之风及腐败现象。列宁很重视对党的领导方式方法的改进，加强了党内外各种形式的监督。他指出，应该有多种多样的自下而上的监督形式和方法，在这些监督中，有个人监督和组织监督、有党组织监督、专职机构监督，有群众监督、政治监督和法律监督等。列宁还提出了搞好这些监督的措施、途径和方法，如经常性在党员党组织活动里开展批评与自我批评。此外，为加强群众监督，列宁在建立和健全群众监督制度，确立群众原则，疏通群众监督渠道，采取切实措施保护群众监督权等方面做了大量工作。

2. "一党执政"观念

十月革命后，列宁在对党的执政实践进行探索和总结的情况下，对马克思主义政党的执政理论提出了一系列重要思想。在国内外敌对势力包围的严峻形势下，列宁强调党对国家生活的领导是一个不可动摇的原则，"党是直接执政的无产阶级先锋队，是领导者"，① "作为执政党，我们不能不把苏维埃的'上层'和党的'上层'融为一体，现在是这样，将来也是这样"②。当然这并不是说，社会主义只是党或少数人的事业，先锋队只有当它不脱离自己领导的群众并真正引领全体群众前进时，才能完成其先锋队的任务。因此，"对我们来说，重要的就是普遍吸收所有的劳动者来管理国家。这是一项艰巨的任务。"③

苏维埃政权建立后，并非一开始就只有布尔什维克一党执政，它的形成是苏维埃政权初期政坛上各种力量博弈的结果。形势的发展变化，国内各派政治力量的消长，形成了俄共（布）事实上的一党执政的局面，而后，才形成一党制的执政模式和"一党执政"的理念。

不可否认，对苏联应该建立什么样的政党体制，列宁的思想是有变化的：从原先倾向于在承认无产阶级专政的大方向下多党合作、联合执政，到认同于一党执政，以巩固无产阶级专政。近代世界的政党政治的

---

① 《列宁选集》第 4 卷，人民出版社，1995 年版，第 423 页。
② 《列宁全集》第 41 卷，人民出版社第 2 版，第 11 页。
③ 《列宁全集》第 34 卷，人民出版社第 2 版，第 49 页。

执政模式有：一党制、两党制、多党制、无执政党制以及其他政党制度，不同执政模式的利弊是非，没有一个绝对的标准，国情各异，历史文化传统不一，选择何种制度，各有利弊，不同的人站在不同的立场上，也会做出不同的评价。列宁晚年对此没有做出明确的表示，但倾向于在苏联建立一党执政的模式，这是可以肯定的。一种可能的解释是，苏维埃俄国建立以来局势过于严峻，党内党外、国内国外各种纷争又过于复杂，以致执政党每一个重大决策都会引起无休止的争论，妨碍了政治体制的正常运行，而一党执政比起多党联合执政或轮流执政模式要简约、省力、安全得多，办事效率也可能高一些，这也许是列宁改变初衷的缘由。当然一党执政往往缺乏相应的权力制衡系统和民主监督机制，容易造成权力过分集中、个人集权、党政不分、以党代政等弊端，不利于民主政治的正常发展。

苏联一党执政体制的确立，是一定历史条件下形成的。可以说，这也是一种历史的选择，尽管不能认为是最佳的选择。在苏联确立一党执政体制的时候，列宁已身患重病，他对苏维埃国家的政党制度，对共产党的执政方略、执政方式以及执政党自身建设等问题，已不可能深入地考察，对共产党的执政理念也没有作进一步的阐发。

3. "主张有绝对强硬的政权"

在革命年代，列宁和布尔什维克党有一个十分明确的观念："革命的根本问题是政权问题"。取得政权以后执政的共产党开始考虑把保卫新生政权放在首位，这是理所当然的。列宁明确提出："坚决主张有绝对强硬的政权"[1]。人们常常把政权喻为"刀把子"、"印把子"，这就说明国家的政权有特殊性，无非是比喻国家政权的重要性。根据马克思主义的国家学说，国家政权不仅是一种公共权力、一种凌驾于社会之上又脱离社会的一种力量，也是阶级压迫的工具。根据巴黎公社的历史经验，列宁认为，俄共（布）取得政权后，必须强化国家的镇压功能，建立一个雅各宾式"强硬的政权"。十月革命后，由于新政权还很幼弱，针对国内外敌对势力的破坏活动，列宁一再强调建立一个铁一般政权的重要性。他

---

[1]《列宁选集》第3卷，人民出版社，1995年版，第506页。

说：对"旧社会的一切有害分子"的犯罪行为，"需要铁的手腕"，"专政就是铁的政权，是有革命勇气的和果敢的政权，是无论对剥削者或流氓都实行无情镇压的政权。"①

十月革命后，苏维埃俄国宣布实行无产阶级专政，除了引起被打倒的剥削阶级及其政治势力的攻击外，第二国际及俄国原先一些社会主义政党的代表人物也纷纷发表言论，否定十月革命，攻击苏维埃政权，诋毁在俄国建立的无产阶级专政，他们指责布尔什维克实行少数人的军事独裁，"消灭了民主"，建立的是"拿破仑式"的少数人专政。1918年，考茨基以《无产阶级专政》为题发表了一本小册子，攻击苏维埃的无产阶级专政。考茨基认为："专政就是取消民主"，"专政还意味着不受任何法律约束的个人独裁"，而"在马克思看来，无产阶级专政是一种在无产阶级占压倒多数的情况下从纯粹民主中必然产生出来的状态"。他声称俄国根本不具备实现无产阶级专政的条件，并预言苏维埃政权存在的时间不会太久。②当苏维埃俄国面临武装颠覆的危急关头，这些在理论上否定苏维埃政权的种种言论，起了动摇人心、制造思想混乱的负面作用。列宁严厉驳斥考茨基关于"纯粹民主"的言论，指出在阶级社会里，只有具体的阶级的民主和阶级的专政，决不存在什么"纯粹民主"，"'纯粹民主'是自由主义者用来愚弄工人的谎话"③。列宁指出，无产阶级取得政权后，必须建立强有力的专政，这个专政就是"为了粉碎资产阶级的反抗，为了使反动派恐惧"。列宁还对无产阶级专政和社会主义民主的关系作了充分的论述，从理论上捍卫了新生政权的合理性和合法性。

在同考茨基论战时，针对考茨基对马克思主义关于无产阶级专政学说的解说，列宁说过这样一段话："无产阶级的革命专政是由无产阶级对资产阶级采用暴力手段来获得和维持的政权，是不受任何法律约束的政权。"④

列宁分析了专政与民主的辩证统一关系，揭示了资本主义民主与法

---

① 《列宁选集》第3卷，人民出版社，1995年版，第497页。
② ［德］卡尔·考茨基著：《无产阶级专政》，三联书店，1963年版，第24、25、64页。
③ 《列宁选集》第3卷，人民出版社，1995年版，第601页。
④ 《列宁选集》第3卷，人民出版社，1995年版，第594—595页。

制和无产阶级专政与民主的阶级本质,指出无产阶级民主要比资产阶级民主"更加民主千百倍",但他也充分肯定资产阶级民主的历史进步性,承认无产阶级国家建立法制的必要性。列宁本人办事公道,作风民主,在国务活动中也注意建立规章制度,对违法违规事件深恶痛绝。鉴于全俄肃反委员会拥有的非常权力过大,1919 年 2 月俄共(布)中央通过决定:"(1)肃反委员会应把判决权转交革命法庭;(2)肃反委员会如下机构予以保留:调查机关;直接镇压武装暴乱机关(土匪的、反革命的等)"①。党中央还做出决议,只有当宣布戒严时,肃反委员会才拥有采取紧急措施的权力。但总的说来,在新政权的初创阶段,由于颠覆苏维埃政权的活动特别猖獗,苏维埃国家比较重视发挥专政的职能,较多地采用以暴制暴的手段,用革命暴力对付反革命暴力,以此拥有强硬的政权来建设苏维埃社会主义国家。

4. 民主集中制

民主集中制是相对于专制集中制而言的,列宁是这一概念的创始者。把列宁的俄文表述直译为汉语,则为"民主的集中制",它表明民主集中制是具有"民主的"属性的集中制。只有具备"民主的"属性的集中制,方能称为民主集中制。19 世纪时民主制和集中制还是对立的,是水与火那种不相容的关系。但是列宁硬是把这种"水"与"火"串在了一起。1906 年 2 月列宁起草的提交党的四大讨论的党章中,列宁说"党内民主集中制原则是现在一致公认的原则",所以,1906 年俄国党四大党章才第一次规定:"党的一切组织是按民主集中制原则组建起来的"。作为公认政党的组织原则,民主集中制写进党章还是第一次。十月革命后,世界上建立的许多共产党,都以俄国党为榜样,党章里都写进民主集中制原则。但是列宁还是注意到要使"集中"受"民主"的制约,要在民主的基础上搞集中,有条件时他就注意扩大党内民主。1917 年 2 月革命胜利,俄国党公开活动了,列宁回国马上就强调发展党内民主,重新选举党的各级领导人,强调中央向全党报告工作。十月革命后,党成为执政党,

---

① 《列宁和全俄肃反委员会文件汇编》(1917 - 1922)〔A〕,莫斯科政治书籍出版社,1975 年版,第 14 页。

列宁就更加强调党内民主了,他从1918年到1923年执政六年,召开了六次党代表大会。①

列宁认为:"党组织应该是统一的,但是,在这些统一组织里,应当对党内的问题广泛地展开自由的讨论,对党内生活中各种现象展开自由的、同志式的批评和评论"②。所谓"民主(的)集中制"的内涵起码有以下八项内容:第一,党内必须实行广泛的定期的选举制度。为了避免选举流于形式,列宁还强调党员有权利了解党的干部:"对每个准备担任这种高级职位的候选人的全部活动了如指掌,甚至了解他们的个人特点,他们的优点和缺点,他们的成功和失败"③。第二,"赋予选举出来的各中央机构以进行思想和实际领导的全权"。第三,保障少数,历史证明真理往往在少数人手里;少数理应服从多数,但又必须保障少数的权利,尤其必须保障忠实的反对派。列宁说少数服从多数,但"使少数派能和多数派在一个党内共事",要有"对任何少数派的权利的明确保证"④。第四,每个党组织有一定的自治权。用八大党代表会议通过的党章的话来说:"一切党组织对于地方性问题,有自由决定之权利。"第五,党的一切负责人员,必须汇报工作,从下到上的负责人员必须是可以随时罢免的。第六,公开性。列宁说:"没有公开性而谈民主制是可笑的"⑤。第七,党内自由的、同志式的批评与评论必不可少。党内辩论思想交锋是正常现象,"少数派现在有党章保障的绝对权利坚持自己的观点,进行思想斗争,只是争论和意见分歧不能导致破坏活动,不能妨碍正常工作,不能分散我们的力量"⑥。第八,由党代表大会选举出来的专门委员会,检查中央委员会的财务收支情况。这项工作是列宁时期历届党代表大会所不可少的任务。⑦

---

① 中共河北省委党校党建教研室:《中外政党研究》,1988年10月,第8-9页。

② 《列宁全集》第12卷,人民出版社第2版,第363页。

③ 《列宁全集》第8卷,人民出版社第2版,第88页。

④ 《列宁全集》第10卷,人民出版社第2版,第201页。

⑤ 《列宁全集》第6卷,人民出版社第2版,第131页。

⑥ 《列宁全集》第10卷,人民出版社第2版,第201页。

⑦ 尹彦:列宁时期党内"民主的集中制"研究,《东欧中亚研究》,2002年第5期《列宁研究》。

当然，由于国内战争和十四国的武装干涉，战争环境下很多紧急事情需要中央处理，也不可能过于强调尊重党员民主权利和代表大会的作用。所以1918年到1920年间，列宁还强调过实行"极端的集中制"。但是在相对和平的建设环境下，列宁又将要实行"工人民主制"。他提的"极端的集中制"是针对战争的，"工人民主制"是针对和平建设的。可见列宁的思想是很活的，他从实际出发，强调不同的方面，这是列宁时期俄国党的经验。①

三、中国共产党的执政理论

中国共产党作为在马列主义建党学说指导下建立起来的无产阶级政党，在建党之初，就依据马列主义建党学说的基本原理，明确了党作为无产阶级革命运动的先进部队、代表无产阶级和最广大人民的根本利益，为实现共产主义而奋斗的性质、宗旨和根本任务。所以，中国共产党成立后的一大纲领明确指出，其奋斗目标是"推翻资本阶级的政权"，"承认无产阶级专政"，"直到社会阶级区分消除"，"党的根本政治目的是实行社会革命"，"消灭资本家私有制"，使生产资料"归社会公有"。② 其间虽有两次国共合作，但最后是推翻国民党的统治，建立中华人民共和国，成为当代中国的执政党。

中国共产党把马列主义党建理论同中国实际结合起来，在革命、建设和改革的不同时期，形成了符合各自时代要求的执政党建设理论。以毛泽东为主要代表的中国共产党人，领导新民主主义革命和社会主义建设道路初步探索的过程中，形成了关于党的思想建设、组织建设、作风建设和制度建设的系统理论；以邓小平为主要代表的中国共产党人在改革开放时期，在回答"什么是社会主义，怎样建设社会主义"的历史课

---

① 中共河北省委党校党建教研室：《中外政党研究》，1988年10月，第9页。
② 《中共中央文件选集》第1册，中共中央党校出版社，1982年版，第5-9页。

题中，进一步丰富发展了马克思主义执政党建设理论，提出诸如党的领导体制改革、执政党党风问题关系党的生死存亡等许多宝贵思想；以江泽民为主要代表的中国共产党人在进一步回答"什么是社会主义，怎样建设社会主义"和创造性回答"建设一个什么样的党，怎样建设党"的历史课题中，形成了"三个代表"重要思想，全面推进党的建设的伟大工程，从而把马克思主义执政理论发展到新的阶段；以胡锦涛为总书记的中国共产党人不断打造当代中国共产党的新型执政理念，强调把握"执政兴国"和"执政为民"两个重点，以加强党的执政能力建设为重点，继续推进党的建设的新的伟大工程，以加强党的执政能力建设为重点，继续推进党的建设的新的伟大工程，围绕"为谁执政，靠谁执政，怎样执政"这一根本问题，紧密联系治国理政的理论与实践，全面加强和改进党的思想、组织、作风和制度建设，从而实现了马克思主义执政理论的新飞跃。在当代中国共产党的执政理念中，注重执政理论的实际性转化，充分把握理论武装和实践经验总结两个途径的有力结合，现时期，理论武装应做好两个转化工作：一是把"三个代表"重要思想转化为路线、方针、政策和工作思路、决策依据，这一过程实际上是党的执政能力提高的过程；另一个是把科学理论转化为干部形象，用理论塑造党的形象，用理论更新理念，这是群众看党的执政能力的一个重要依据。

我们党成为执政党，是历史的选择，民族的选择，人民的选择。在我们党成为执政党的同时，也就承担起振兴中华民族，保持国家长治久安的重大历史责任。我们党成为执政党，由于地位和环境的变化，党的功能、目标、任务、活动方式、与国家的关系等等，与执政以前相比，都有了根本的不同。执政党不同于革命党，它要执掌政权、履行执政职能，必须大力加强党的执政能力建设，不断提高治国理政的本领和水平。

马克思主义政党的本质特征，要求把立党为公、执政为民作为执政能力建设的首选目标。马克思、恩格斯在《共产党宣言》中就曾指出："过去的一切运动都是少数人的或者为少数人谋利益的运动，无产阶级的运动是绝大多数人的、为绝大多数人谋利益的运动。"[①] 中国共产党的全心全意为人民服务宗旨的时代特征，要求把立党为公、执政为民作为执

---

① 《马克思恩格斯选集》第1卷，人民出版社，1995年版，第250页。

政能力建设的首要目标。执政之前，实践党的宗旨主要是领导人民夺取政权，建立新中国，使人民当家做主站起来；执政之后，尤其是十一届三中全会以来，党坚持以经济建设为中心，坚持改革开放，使人民逐步富起来。在全面建设小康社会的今天，把立党为公、执政为民作为执政能力建设的奋斗目标，体现了党的宗旨的与时俱进。

1. 坚定社会主义方向

中国共产党执政的目的是建立社会主义，最终的目的就是实现共产主义远大理想。中国共产党作为无产阶级的新民主主义革命和社会主义建设的政党，从它诞生的那一天起，就是作为封建主义和资产阶级腐朽政权的掘墓者形象而出现，并把共产主义的远大理想作为党的最终奋斗目标，这就要求中国共产党夺取并执掌国家政权，建立起符合工人阶级利益的社会主义政权，向着党的最终目标迈进。

坚持社会主义方向，是推进经济和社会进步应遵循的原则，也是我们工作取得最大成效的根本保证。在发展方向上，必须深刻地领会、准确地把握社会主义方向的本质。当今坚持社会主义方向就是要坚持邓小平理论指导下的建设中国特色的社会主义。邓小平曾指出："社会主义的本质，是解放生产力，发展生产力，消灭剥削，消除两极分化，最终达到共同富裕。"① 这一论述体现出了为什么社会主义会在中国的大地上扎根，这就是因为社会主义是不断解放和发展生产力的，不断地使先进的生产力促进社会的发展，创造出比资本主义更丰厚的物品，社会主义在功能、目标和价值等方面能够比资本主义更好地发展生产力。而且，社会主义能够代替资本主义的一个最重要的原因，是它解放生产力和发展生产，能够将人类社会创造的一切文明成果应用于社会实践，促进生产力的发展。消灭剥削，消除两极分化，最终实现共同富裕，是社会主义的根本目的、根本目标，这是社会主义同资本主义的最本质的区别所在，是社会主义伟大理想的最本质的体现。

社会主义之所以能够赢得广大人民群众的拥护和信仰，在于社会主义适应社会历史发展进程，在于社会主义的目标正是不断提高人民群众

---

① 《邓小平文选》第三卷，人民出版社，1993年第1版，第373页。

的物质文化水平，它吻合了中国人民的根本要求。因此，社会主义只有快速发展生产力，不断提高人民群众的物质文化生活水平，才能真正赢得人民群众的拥护和信仰，才能真正激励亿万人民群众投入到推进社会主义发展的具体实践中。

2. 全心全意为人民服务

中国共产党把全心全意为人民服务作为党的根本宗旨。在"靠谁执政、为谁执政、为谁掌权、为谁服务"的问题上，不同的政党、团体和阶级必然有着不同的态度，中国共产党的性质决定了共产党执政必须要全心全意为人民服务。把为人民服务作为执政的基本内涵，是党的宗旨的具体体现，也是党对中华民族"为民"思想成果的继承和发展。中国共产党把全心全意为人民服务作为根本宗旨，决定了共产党不仅在执政以前要为人民服务，同时也要求共产党在执政以后能够利用好手中掌握的政权更好地全心全意为人民服务，为人民创造更加美好的生活。

坚持全心全意为人民服务的宗旨，是我们党的最大政治优势，是我们党区别于一切剥削阶级政党的根本标志。胡锦涛同志指出：全心全意为人民服务，引导人民群众认识自己的根本利益并团结起来为之奋斗，是我们党的唯一宗旨，也是共产党员保持先进性的最终目的。全心全意地为人民服务，一刻也不脱离群众；一切从人民的利益出发，而不是从个人或小集团的利益出发，因此共产党人的一切言论行动必须以符合最广大人民群众的根本利益，为广大人民群众所拥护为最高标准。

中国共产党是工人阶级的先锋队，是各族人民利益的忠实代表，因此中国共产党的性质和无产阶级的科学世界观决定了全心全意为人民服务是必须成为我们党一切工作的目的，一切工作努力服务的对象，不能有第二个目的、第二个对象。党除了工人阶级和最广大人民群众的利益之外没有自己的特殊利益。我们党的路线、方针、政策和措施都应该符合人民的利益，都必须使劳动人民从中得到好处。如果离开为人民服务这个根本宗旨，党就会变质、变色。共产党人要把为人民服务、谋利益作为一切言论和行动的准则，作为人生目的的出发点和归宿，想人民之所想，急人民之所急，尽心竭力为人民办事，决不追求个人的权力和地位、行贿受贿、以权谋私、权钱交易、贪污腐化、损害国家和人民的利益。

全心全意为人民服务宗旨的内涵，主要包括以下几点：一是完全、彻底。1957年，在《坚持艰苦奋斗，密切联系群众》的讲话中，毛泽东申明："共产党就是要奋斗，就是要全心全意为人民服务，不要半心半意或者三分之二的心三分之二的意为人民服务。"① 二是一切言行都从人民的利益出发，不从个人或小集团的利益出发，任何时候都把人民的根本利益放在第一位，处处为人民谋利益，处处为人民着想。三是在处理国家、集体、个人三者利益时，要把国家利益、集体利益放在第一位，个人利益服从集体利益、人民利益，局部利益服从全局利益，眼前利益服从长远利益。四是密切联系人民群众，相信人民群众、尊重人民群众、依靠人民群众，一切为了群众。

50多年来，在中国共产党的执政实践中，尽管国内外形势变幻莫测，党在执政的过程中也会出现一些过失或偏差，但是为人民服务的执政思想得到自始至终的坚持和贯彻。人民群众的根本利益始终是衡量党执政的唯一标准，共产党人要把人民的利益始终作为党执政的头等大事，想人民之所想，急人民之所急。

3. 以经济建设为中心，发展才是硬道理

我国经济、政治、文化和社会生活各方面存在着各种复杂多变的矛盾，由于国际国内因素的影响，阶级矛盾还将在一定范围内长期存在，但我国的社会主要矛盾——人民日益增长的物质文化需要同落后的社会生产力之间的矛盾——贯穿社会主义初级阶段的整个过程和社会生活的各个方面，因此必须通过进行经济建设才能不断地解决这些问题，经济建设必须成为我们的中心任务。除非发生大规模外敌入侵，其他任何情况下都不能动摇这个中心。各项工作都要围绕经济建设这个中心来开展，为这个中心服务，不能干扰这个中心。

以经济建设为中心，是党中央十一届三中全会所确定的党的工作中心的重大转变。以经济建设为中心，才能搞好经济建设，为社会主义政权的稳定奠定坚实的基础。中国共产党把经济建设作为执政的中心工作，

---

① 《毛泽东选集》第五卷，人民出版社，1977年第1版，第420页。

是共产党为实现繁荣富强的社会主义现代化国家目标的必然要求,是党多年执政经验的思想结晶。新中国成立时,毛泽东就要求全党同志学会管理经济的能力,做好充分的思想准备,以应对社会主义经济建设,要把恢复和发展生产作为一切工作的中心,并以此为中心开展工作。十一届三中全会后,邓小平领导中国人民实现了党的工作中心重新转移到经济建设上来,实行改革开放政策,进行社会主义经济体制改革,确立了社会主义市场经济体制,把中国带向了市场经济体制的轨道。现代的中国正在逐步完善社会主义市场体制。

以经济建设为中心就是把经济建设作为全党最重要的任务,要求党的工作重心放在经济发展上来,不断解放和发展社会生产力,聚精会神搞建设,一切为了经济建设服务,一心一意谋发展,树立经济发展的大局。21世纪的头二十年我国经济建设和改革的主要任务是:继续完善社会主义市场经济体制,推动经济结构战略性调整,基本实现工业化,大力推进信息化,加快建设现代化,保持国民经济持续快速健康发展,不断提高人民生活水平。我国正是因为坚持了以经济建设为中心,坚持了改革开放政策,近30年来我国经济实现了巨大的飞跃。

以经济建设为中心,这就抓住了社会主义的主要矛盾,体现了对社会主义国家执政党的本质要求,这也是马克思主义生产力理论在共产党执政问题上的反映。新的历史时期,党始终坚持以经济建设为中心,对于建设有中国特色社会主义进行了有益的探索,在中国确立的社会主义市场经济体制,使中国的经济发生了翻天覆地的变化,党确定的建设社会主义现代化国家的目标正在一步步变成现实。

4. 重视党的建设

我们党已经是建党86年,执政58年,领导改革开放近30年,拥有6800多万名党员的长期执政的党,党的自身状况总体上是好的。但是也要看到,党内还存在着某些不容忽视的问题。比如,在改革开放、发展社会主义市场经济和长期执政的条件下,一些党员领导干部严重脱离群众,存在消极腐败现象;一些党的领导机关和领导干部的领导方式不适应依法治国的需要,执政能力不强;党的领导体制和工作机制在某些方面还不够科学、不够健全,有待进一步改革和完善等。所有这些,都影响着我们党执政能力的发挥和提高。认真总结执政经验，加强执政能力建设，是巩固执政党执政地位的需要。上个世纪80年代末以来，世界上一些长期执政的大党老党特别是一些原社会主义国家执政的共产党纷纷丧失执政地位，其原因很复杂，其中重要的一条，是不能及时总结执政经验，缺乏执政理论研究，执政能力建设软弱无力。这给我们以深刻的警示：党执政的时间越长，越要增强忧患意识，居安思危，越要注意维护党的执政安全，巩固党的执政地位，不断提高执政能力。否则，就可能因各种失误而动摇执政基础，最终丧失执政资格。

所以说，我们党历来都十分重视党的建设的理论与实践的研究，认为执政党建设是关系党和国家生死存亡的重要课题。中国共产党从革命党转变为执政党的过程中就要求党充分认识到执政的重要性、艰巨性，能够掌好权、用好权、巩固好执政地位，勇于迎接执政的考验。但是执政的考验要比中国共产党取得执政地位的考验更加重要、更加艰巨。

执政党建设的好坏，关系到党的兴衰，关系到国家的生死存亡，关系到社会主义建设事业的成败。因此加强执政党的自身建设，既是巩固党的执政地位，维护国家政权的需要，也是建设社会主义现代化事业的迫切需要。如果对执政党的建设丧失警惕，忽视自身建设，致使贪污腐败横生，就会使党丧失自身存在的政治根基，党的执政就有失败的可能。只有加强执政党的建设，不断增强党的凝聚力和战斗力，才能团结广大人民群众把我们的国家建设得日益强大，从而使国际敌对势力"和平演变"的图谋化为泡影。

从中外执政党理论建设来看，执政党建设是一项艰巨而复杂的系统工程，其中包括党的思想、组织、作风、制度建设，涵盖党的性质、宗旨、纲领、目标、任务、理论、路线、方针、政策；涉及党的执政理论创新、执政体制和执政机制的完善、党规党纪和党务管理的健全等诸多方面。在执政党建设的伟大工程中，党的执政能力建设既是执政党自身建设的重要组成部分，又是党在全部执政实践过程中起统率作用的关键性建设。全方位、多渠道、总过程、综合性地反映党的执政理论和实践，从提高党的执政能力的角度去规划和部署执政党建设，有利于巩固党的执政地位，提高党的执政水平。

把加强执政党的自身建设放在突出重要的位置，体现了中国共产党的革命性和先进性。中国共产党执政 50 多年来,不断地加强党的自身建设,提高党的执政能力,针对成为执政党以后党的地位和任务的巨大变化,采取了一系列的方针和措施。如建国初期开展的"三反"、"五反"运动旨在反腐防变,保持党在执政后的无产阶级先锋队性质的严肃性,为建国初期党的执政地位的稳固起到了重要作用。邓小平时期提出了"执政党的党风问题是有关党的生死存亡的问题"的科学论断,把党风问题提到关系党的前途和命运的高度来认识,是党对执政条件下党的建设重大意义的高度概括,是对马列主义、毛泽东思想党建学说的新贡献。而江泽民关于"三个代表"的重要思想站在历史的新高度,对执政党建设提出了新的历史要求,为新时期搞好执政党建设指明了方向,是新的历史条件下保持党的执政地位永远牢固的强大政治保障。十六届四中全会对加强党的执政能力建设的总体目标的概括,就是对共产党执政理念的最新发展,即使党始终成为立党为公、执政为民的执政党,成为科学执政、民主执政、依法执政的执政党,成为求真务实、开拓创新、勤政高效、清正廉洁的执政党,归根到底成为始终做到"三个代表"、永远保持先进性、经得住各种风浪考验的马克思主义执政党,带领全国各族人民实现国家富强、民族振兴、社会和谐、人民幸福。胡锦涛时期更是加大了对党的执政能力建设的力度,强化党的生活作风建设,加大反腐力度,把反腐利剑指向离任高官,并对高层领导的腐败案件予以坚决查处,决不留有余地。

　　加强党的执政能力建设问题,是我们党在新的历史条件下面临的一个重大理论问题和现实问题。2004 年 9 月 19 日,党的十六届四中全会审议通过了《中共中央关于加强党的执政能力建设的决定》,是党决心以实际行动加强党的建设的重要举措。2007 年 1 月 9 日,中共中央总书记胡锦涛在中纪委第七次全会上发表反腐败长篇讲话,承认反腐任务仍然艰巨,强调查处大案要案和从严治吏是反腐斗争的突出重点。胡锦涛在谈及各级官员转变工作及生活作风时,首度提出党政官员应具有"生活正派,情趣健康,讲操守,重品行"的人品标准。

　　加强党的执政能力建设,要坚持马克思主义的执政理论与我们党的执政实践相结合,要以马列主义、毛泽东思想、邓小平理论和"三个代表"重要思想为指导,全面贯彻党的基本路线、基本纲领和基本经验,坚持解放思想、实事求是、与时俱进，体现时代性、把握规律性、富于创造性；按照推动社会主义物质文明、政治文明、精神文明协调发展的要求，认真研究解决党的执政能力建设中存在的具体问题，从整体上提高党的执政能力和执政水平；以确立科学的执政理念和增强执政意识为前提，以保持党同人民群众的血肉联系为核心，以不断强化执政主体的作用为关键，以改革和完善党的制度体系和健全工作机制为重点，不断研究新情况，解决新问题，创立新机制，增长新本领；以提高党的执政能力为重点，以改革的精神全面推进党的建设，不断提高党的创新力、凝聚力和战斗力；深化干部制度改革，围绕提高政治意识、大局意识、责任意识和执政能力，大规模地培训干部，建设高素质的干部队伍，加强党的基层组织建设；认真总结党的执政经验，借鉴世界其他政党的有益做法，探讨研究共产党的执政规律。

胡锦涛敦促各级官员全面加强思想作风、学风、工作作风、领导作风、干部生活作风建设，弘扬新风正气，抵制歪风邪气，并提出8项要求：牢固树立终身学习的思想；多办顺应民意、化解民忧、为民谋利的实事；务求实效，使各项政绩真正经得起实践、群众、历史检验；带头反对铺张浪费和大手大脚，带头抵制拜金主义、享乐主义和奢靡之风；顾全大局、令行禁止，确保党的理论和路线方针政策的贯彻落实；发扬民主、团结共事，自觉接受党组织、党员和群众的监督；秉公用权、廉洁从政；生活正派、情趣健康，讲操守，重品行。胡锦涛列出当前反腐倡廉工作的4个重点：必须进一步抓好领导干部教育、监督和廉洁自律；必须进一步抓好大案要案查处；必须进一步抓好纠正损害群众利益不正之风的工作；必须进一步抓好反腐倡廉工作体制机制创新。他强调，各级党委、政府和纪律检查机关一定要坚定不移地贯彻标本兼治、综合治理、防惩并举、注重预防的反腐倡廉战略方针，抓紧完善惩治和预防腐败体系，拓展从源头上防治腐败工作领域，坚定不移地把党风廉政建设和反腐败斗争推向深入。①

总之，在领导全国人民治国理政的长期实践中，我们党所进行的艰

---

① 胡锦涛：2007年1月9日在中央纪律检查委员会第七次会议上发表的重要讲话。

辛探索，所取得的伟大成就，所积累的执政经验，都是进一步加强党的执政能力，提高党的领导水平和执政水平的重要资源。我们要高度重视、充分利用这些执政资源，深入分析和研究党执政所面临的新情况新问题，进一步推进党的执政理论创新，为党的执政能力建设提供更加强有力的理论指导。

5. 加强社会主义民主政治建设

十六大报告指出："发展社会主义民主政治，建设社会主义政治文明，是全面建设小康社会的重要目标。"① 十六大明确提出了政治文明的概念，并将建设社会主义政治文明与建设社会主义物质文明和精神文明一起确定为社会主义现代化建设的三大目标，突出强调在新的历史阶段加强社会主义民主政治建设的重要性。

建设有中国特色的社会主义民主政治，是我国社会主义制度的本质要求，也是中国共产党领导中国人民为之奋斗的目标之一。早在延安时期，中共中央和毛泽东在考虑革命胜利后建立什么样的国家问题时，既强调了民主政治的重要性，并指出这是避免历代封建王朝"其兴也勃，其亡也忽"命运的唯一的出路。在七届二中全会上，党进一步提出了实行人民代表大会和多党合作制度，实现各民族人民的大团结等等。新中国成立后，确立了人民代表大会制度和党领导的多党合作的民主政治制度。

人民民主专政是对马克思主义的无产阶级专政学说的进一步发展与创新，是对人民实行民主和对敌人实行专政的结合，充分体现了人民当家做主管理国家的权力。人民民主专政实行共产党领导下的多党合作，体现了我国民主生活的广泛性和政治生活的活泼性，真正实现了人民当家做主，人民成了国家的主人，充分行使自己管理社会主义现代化建设的权力。

改革开放以来，我们党在重视加快经济发展的同时，加强社会主义民主政治建设。十三届四中全会以来，以江泽民为核心的党中央大力推进民主政治建设。十五大提出了"依法治国，建设社会主义法治国家"

---

① 《人民日报》，2003年3月30日第1版。

的要求。十六大进一步把我国社会主义民主政治建设概括为:"必须在坚持四项基本原则的前提下,继续积极稳妥地推进政治体制改革,扩大社会主义民主,健全社会主义法制,建设社会主义法治国家,巩固和发展民主团结、生动活泼、安定和谐的政治局面。"① 加强社会主义民主政治文明建设要求坚持社会主义的政治文明和物质文明全面协调发展,扩大社会主义民主,健全社会主义法制,为社会主义现代化建设提供政治保证。健全民主制度,丰富民主形式,扩大公民有序的政治参与,保证公民依法实行民主选举、民主决策、民主管理、民主监督。加强基层民主建设,坚持和完善政务公开、厂务公开、村务公开,保证公民依法行使选举权、知情权、参与权、监督权。尊重和保障人权,促进人权事业全面发展。巩固和壮大最广泛的爱国统一战线,健全重大问题决策前协商的制度。发挥人民政协的作用,支持人民政协履行政治协商、民主监督、参政议政的职能。坚持和完善职工代表大会和其他形式的企事业民主管理制度。发挥工会、共青团、妇联等人民团体的桥梁纽带作用。保证民族自治地方依法行使自治权,巩固和发展平等团结互助的社会主义民族关系,促进各民族共同繁荣进步。全面贯彻宗教信仰自由政策,依法管理宗教事务,坚持独立自主自办的原则,引导宗教与社会主义社会相适应。贯彻落实侨务方针政策,做好侨务工作。

由此不难看出,社会主义民主政治作为建设社会主义国家的重要目标,是一个长期的任务。我们党在改革开放实践和社会主义现代化建设的进程中,对加强社会主义民主政治建设始终是高度重视的,对加强社会主义民主政治建设的认识是在不断深化提高的。建国50多年来,在中国共产党的领导下,人民代表大会制度和共产党领导的多党合作制度不断得到完善和发展,我国社会主义民主政治建设取得了很大成就,人民民主专政得到了巩固和发展。新的历史时期,党又提出了依法治国和以德治国相结合的治国理念,建设社会主义法治国家和和谐社会,以实现全面的小康社会,要求逐步实现社会主义民主的制度化。党的十六大报告将社会主义民主政治建设纳入了今后二十年全面建设小康社会的总体目标中,从而赋予社会主义民主政治更为重要的意义和更为深刻的内涵。

---

① 《江泽民文选》第三卷,人民出版社,2006年第1版,第553页。

第五章　中国其他政党的执政理论

　　西方政党的产生，有一个相当长的酝酿、形成过程，是在资本主义社会制度内"合法"培育出来的，与资本主义社会制度有着密切的血缘关系，是资本主义制度的"内生物"。与西方国家先有议会后有政党以及政党在议会活动中产生与发展的情况不同，中国政党是在没有议会、没有实质的政治民主形式的条件下，秘密地、"非法"地建立起来的，中国政党的成立没有像西方政党那样的合法基础，而是以反政府的身份出现在中国的历史舞台，受到当权政府的挤压。

　　1905年在日本秘密建立的同盟会是中国历史上的第一个资产阶级革命政党，而真正以政党名义在清朝政府注册登记为合法政党的是1910年康有为把"帝国宪政会"改称为"帝国统一党"。在辛亥革命后，竞选第一届国会议员的有30多个有一定力量的政党，其中，最大的是统一党、共和党、国民党和民主党。但随着辛亥革命的失败，除国民党继续坚持斗争外，其他政党如泡沫消散。此后的20年代至40年代，中国政坛上先后有数十个政党、党派出来，但有一定影响的只十余个。

　　中国政党制度比西方国家政党制度形成得晚，大致分为三个大的时期：辛亥革命至1927年是多党制尝试及其失败时期；1928年至1949年是一党独裁及其瓦解时期；1949年以后是中国共产党领导的多党合作制度，以及在台湾由一党独裁演变为多党制时期。其中，在20世纪20年代至40年代之间，主要形成三类政党并存的格局，即中国国民党、中国共产党以及介于两党之间的政党或政派（即民主党派）。

一、孙中山的执政理论

在同盟会"驱逐鞑虏,恢复中华,创立民国,平均地权"和后来演变为民族主义、民权主义、民生主义的政治纲领的指导下,辛亥革命失败后孙中山将国民党改组为"中华革命党",坚持革命斗争,但其所发动的护国战争和护法斗争均未达到预期结果。1919 年孙中山从俄国十月革命和五四运动中得到启示,把中华革命党改组为"中国国民党",提出了联俄、联共和扶助农工的新政策,并于 1924 年召开第一次全国代表大会,重新解释了三民主义,发展为国民革命时期的新三民主义思想。1927 年,国民党建立中华民国南京国民政府,抛弃了三大政策,新三民主义的内容为之大变。

孙中山是中国近代民主主义革命的伟大领袖、杰出的资产阶级政治家和思想家,对中华民族独立和富强做出了伟大的历史贡献,为民族独立、社会进步、人民幸福建立了不朽的历史功勋。孙中山的一生是为近代中国的民族独立、民主自由、民生幸福而无私奉献的一生,是为实现国家统一、国家富强、振兴中华而殚精竭虑的一生。孙中山给我们留下了追求真理的开拓进取精神和矢志不渝的爱国主义情怀、天下为公的博大胸怀和放眼世界的开放心态,生命不息、奋斗不止的坚强意志和鞠躬尽瘁、死而后已的高尚品德等宝贵精神遗产。这一精神遗产在我们今天为实现中华民族伟大复兴而努力奋斗的征程上仍然具有重要的启迪和教育意义,因此,孙中山始终在全中国人民中享有崇高的威望,始终受到全中国人民由衷的景仰。

胡锦涛在纪念孙中山诞辰 140 周年纪念会上指出,从 1894 年创立兴中会起,孙中山为了"驱拯斯民于水火,切扶大厦之将倾",全身心地投入反对帝国主义和封建统治的革命事业,奔走于海内外,联合各方力量,建立革命团体,从事宣传鼓动,发动武装起义。孙中山提出民族、民权、民生的三民主义,高举实现民族独立自由和民主革命的旗帜,领导创立中国同盟会，开创了完全意义上的中国近代民族民主革命。在孙中山组织领导和他的革命精神感召下，1911年爆发的辛亥革命推翻了清朝的统治，从而结束了在中国延续几千年的君主专制制度，为中国的进步打开了闸门，谱写了古老中国发展进步的历史新篇章。

孙中山作为中国民主主义革命的先驱，自19世纪末开展革命活动以来，一直主张"民主"，反对"君主"；主张"民主国"、"合众国"或"民国"，反对"君主国"、"专制国"或"帝国"；主张"共和主义"，反对君主专制主义。他是第一个在中国大地上提出并始终坚持要在中国彻底实行民主立宪政治制度的人，并同一切复辟帝制、无视《中华民国临时约法》、践踏民主的历史逆流进行了长期不懈的斗争。孙中山也是第一次在中国提出建立不是一个阶级所专有而为一般平民所共有的国家政权之思想的人。他还依据中国国情，将中国实行民主的程序分为军政、训政、宪政三个阶段。在宪政时期，孙中山主张实行"政党政治"，但他更向往全民政治，认为全民政治的根本原则是主权在民。孙中山还提出了权能区分的设想，并借鉴西方三权分立原则，结合中国传统政体特点，设计出"五权分立"的政体方案。作为党的领袖，孙中山具有良好的民主素养和作风，兴中会一成立，就实行"舍少从多"的组织原则。为避免党内专权，他制定和实行了"民主集权制"的政治原则。

1. 三民主义

三民主义是孙中山创立的政治思想，并成为中国资产阶级民主革命的政治纲领。三民主义主要包括民族主义、民权主义和民生主义。民族主义要求中国民族解放，各民族平等，反对帝国主义的殖民政策；民权主义要求主权在民，建立法制国家，人民拥有政权，政府只拥有治权，实行立法、司法、行政、考试、监察五权分立；民生主义要求平均地权，耕者有其田，节制资本。换言之，就是要实现人民强大、人民有权和人民幸福的三大主张。

民族主义的主要内容之一就是"反满"。"驱除鞑虏，恢复中华"，始终是资产阶级革命民主派在清末的战斗口号。民族主义的主要内容包括避免中国被瓜分、共管的厄运，争取民族的独立和解放，实现民族繁荣富强等。孙中山认为，当时的中国人虽然有民族事实，但没有民族精神。

"虽有四万万人结合成一个中国,实在是一片散沙,弄到今日,是世界上最贫弱的国家,处国际中最低下的地位"。所以,三民主义的目标就是要恢复民族的地位,实现民族的强盛。

民权主义的基本内容是:揭露和批判封建专制主义,指出封建的社会政治制度剥夺了人权,因而,决非"平等的国民所堪受";必须经由"国民革命"的途径推翻封建帝制,代之以"民主立宪"的共和制度,结束"以千年专制之毒而不解,异族残之,外邦逼之"① 的严重状态。

民生主义是孙中山的"社会革命"纲领,它希望解决的问题是中国的近代化,即在中国发展资本主义经济,使中国由贫弱至富强;同时还包含着关怀劳动人民生活福利的内容,以及对资本主义社会经济溃疡的批判和由此产生的"对社会主义的同情"。

孙中山一生追求真理,始终与时俱进,始终站在时代前列,以"世界潮流,浩浩荡荡,顺之则昌,逆之则亡"为座右铭,强调要"内审中国之情势,外察世界之潮流,兼收众长,益以新创"。孙中山同时也十分关注俄国十月革命和马克思主义在世界范围的传播,敏锐地认识到五四运动和中国共产党成立对中国变革的重要影响,并在三民主义的基础上,毅然制定了联俄、联共、扶助农工的三大政策,使其成为三民主义的根本标志和革命灵魂,赋予了三民主义思想以新的内涵,发展成为一个具有反帝、反封建思想内涵的新三民主义的重要思想,在民族主义中突出了反帝的课题:"民族解放之斗争,对于多数之民众,其目标皆不外反帝国主义而已";民权主义中进一步揭露了封建军阀、官僚的暴戾恣肆,对资产阶级的社会政治制度作了某些批判,称道了"比较代议政体改良得多"的苏维埃国家"人民独裁政体",重申了"主权在民"的原则;民生主义则强调了"耕者有其田"的观点,阐发了"使私有资本不能操纵国民之生计"的思想。三民主义是孙中山的重要政治主张,是他倡导的民族民主革命从屡受挫折转向成功、进而取得显著成就的正确道路。新三民主义反映了新的历史特点,表现了资产阶级革命民主派在新的革命阶段的进步性,并成为第一次国共合作的政治思想基础。

---

① 孙中山:《民报·发刊词》,1905年。

2. 五权宪法和宪政三段论

在孙中山的革命生涯中,深受欧美民主政治的影响。欧美民主政治是他倡导民权主义的思想基础,也是他创建中华民国的制度蓝本。五权宪法是孙中山于1906年提出的为了切实保障民权而设计出的独特宪政制度,当年11月中旬,在同俄国社会革命党首领鲁学尼的谈话中,他就曾初步谈到了要建立"除立法、司法、行政三权之外还有考选权和纠察权的五权分立的共和政治"的执政设想,同年12月2日,在东京《民报》创刊周年的庆祝大会上,他又对五权宪法作了进一步阐释,认为"历观各国的宪法,有文宪法是美国最好,无文宪法是英国最好",虽然英国宪法所隐含的三权分立原则,并且经过孟德斯鸠的详细阐发,再经过美国宪法的实践和修改,已经日臻完备,算是"最完美"的执政体制,但是由于百余年来文明的进步和社会的发展,这一原则已经过时"不适用"与中国现实发展的需要。因此,为了避免西方民主政治的弊端,他主张在中国实行立法权、行政权、司法权、考试权和监察权五权分立的宪政制度。在孙中山看来,提出五权分立是政治上的一种大胆探索,"这不但在各国制度上所未有,便是学说上也不多见,可谓破天荒的政体",这是在中国大地上的一种新的执政主义。

他认为,"直接民权才是真正的民权。"① 欧美的代议制政体属于间接民权,还不是直接民权,在这种政体下,人民无法直接管理政府,总担心政府的力量太大而无法控制。因此,要避免人民惧怕政府,中国就应该把国家政治大权的"权与能"分开,分成"政府权"和"人民权","把政府当作机器,把人民当作工程师。"他认为,倘若要真正实行直接民权,使"政府权"和"人民权"之间保持平衡,那么人民方面就应该享有四个"政权",即选举权、罢官权、创制权和复决权,而政府方面则应该拥有五个"治权",即行政权、立法权、司法权、考试权和监察权。他坚信,"用人民的四个政权来管理政府的五个治权,那才算是一个完全的民权政治机关。有了这样的政治机关,人民和政府的力量才可以彼此平衡。有了这九个权,彼此保持平衡,民权问题才算是真正解决,政治

---

① 孙中山:1921年4月4日所作的《在广东省教育会的演说》。

才算是有轨道。"①

总之，孙中山的五权宪法体现的执政理念是国家权力属于人民，人民可以管理和监督政府，而政府也可以通过五权分立更好地体现民意。尽管这一理念在总体上没有超越西方民主政治所倡导的"主权在民"的范畴，但是它能明确地将政府放在被管理和被监督的地位，并设想出人民监督和管理政府的方法和体制，这种执政体制的设想的确是难能可贵的，可谓是对现代民主政治理论的一个重要借鉴。

孙中山五权宪法的独特之处在于它是中西文化在政治形态上达成的一个"合璧"，即立法、司法、行政三权，为世界国家所有；监察、考试两权，为中国所独有，体现中国特色。鉴于欧美国家在选拔官员方面漏洞百出，孙中山借鉴中国古代的科举制，主张实行考试权独立，认为中华民国宪法"必要设独立机关，专掌考选权。大小官吏必须考试，定了他的资格，无论那官吏是由选举的抑或由委任的，必须合格之人，方得有效。这法可以除却盲从滥举及任用私人的流弊。"② 为了更好地监督政府，他主张以中国古代的监察制度为蓝本，实行监察权独立，加强对政府的监督作用，指出："如我中国，本历史习惯弹劾鼎立为五权之监察院，代表人民国家之正气，此数千年制度可为世界进化之先觉。"③ 他更多地从近代民主政治中权力制约的角度去吸收中国历史上的科举制和监察制的合理因素。如他在考试制度方面的设想，较多考虑的是重视选拔官员的公正性和独立性，而不是模仿或者照搬科举制度的形式和内容；在监察制度方面，更多强调的是对官员的监督和批评，而不仅仅只是政府内部的监察，更重视人民的监督作用，等等。这种对中国古代政治制度既借鉴又超越的态度，在根本上决定了孙中山的五权宪法本质上是一种近代政治理论。

孙中山认为，实行五权宪法要求做到：第一，重贤治。孙中山认为考试让一些不合才德标准的人没有机会参选，为此，不应该限制选举权，而应该限制被选举权。第二，重监督。孙中山将中国政治传统中行之有

---

① 《孙中山选集》，人民出版社，1956年版，第779—802页。
② 《孙中山全集》第九卷，中华书局，1986年版，第354页。
③ 《孙中山全集》第一卷，中华书局，1986年版，第444—445页。

效的监察制度引入新政体，设立监察院，专事弹劾不称职的官员，以实现更公正的监督。第三，重合作。他强调要政府承担民族强盛的使命，仅仅设计一个相互制衡的政体是不够的，政体中还需要贯彻一种共同奋斗的精神，在这种精神指导下，一起合作共事。

五权宪法尽管在历史上从未真正实践过，但是孙中山那种要"创立各国至今所未有的政治学说，创建破天荒的政体"的开拓精神，以及他对官员选拔制度和政府监督机制的重视至今仍然值得借鉴和思考。

孙中山政治纲领另一重要的理论是宪政的三段论。在1905年中国清末进行宪政化的过程中，以孙中山为代表的革命派在1905年同盟会的《军政府宣言》中将同盟会政治纲领的顺序分为三个时期：第一时期为军法之治，军政府总摄地方行政，以3年为期限；第二时期为约法之治，以6年为期，军政府授地方自治权于人民，而自揽国事之时代；第三时期为宪法之治，军政府解除权柄，制定宪法，选举总统，召集国会。① 这是孙中山的宪政发展三阶段论的起始形态。孙中山在反袁世凯的斗争失败后，于1914年7月在《中华革命党总章》中，对以上的三段论进行了修正，他将宪政化历程重新分为三时期：军政时期，以武力扫除一切建立民国的障碍，奠定民国基础；训政时期，督率国民建立地方自治；宪政时期，国民选举代表、建立宪法委员会，创制宪法。

从苏联引进"以党治国"、"领袖政党"的列宁主义执政原理后，孙中山的三阶段理论、早期党权政治开始与"以党治国"结合起来，军政时期成为"以党建国"时期，训政时期成为"以党治国"时期，宪政时期则以三民主义建设中国。这样三阶段论就以党权为核心，重视党在执政过程中的重要作用。在经历了15年的军权政治斗争历史和苏维埃政权模板出现后，孙中山探求中国宪政化道路的答案就是：以党治国加宪政发展三阶段理论的执政理念。

3. 孙中山的建党思想

孙中山的建党思想是他资产阶级民主主义革命思想的重要组成部分，

---

① 邹鲁：《中国同盟会》，《辛亥革命》（二），上海人民出版社，1972年版，第15－16页。

从他组建中国第一个资产阶级革命政党中国同盟会,到支持多党竞争、政党内阁;从"二次革命"失败后,他改组国民党为中华革命党,到建立中国国民党,特别是俄国十月革命胜利后,他开始学习苏俄执政经验,从而使他的资产阶级的建党思想得到完善、成熟,逐步与中国近代实际政治形态相结合,开创了国民革命新局面。孙中山认为:"民主之国有政党,则能保持民权自由,治一致而无乱。君主之国有政党,亦能保持国家秩序,监察政府之举动。若无政党,则民权不能发达,不能保持国家,亦不能谋人民之幸福,民受其毒,国受其害。是故无政党之国,国家有腐败,民权有失败之患。"于是,他得出结论是:"国家必有政党,一切政治始能发达"①。这样,孙中山就将政党纳入资产阶级民主主义革命斗争和国家政治生活之中。

1905年,孙中山组建了中国历史上第一个全国性的朝气蓬勃的资产阶级政党——中国同盟会,这就倍增了孙中山建立中华民国的信心和决心。他领导的辛亥革命推翻了腐朽的清王朝的统治,建立了中国历史上第一个资产阶级共和国,这时候孙中山的"以党建国"的思想也开始得到实现。但是革命胜利的果实很快就被想搞独裁的袁世凯所窃取,因此为了维护共和制,孙中山赞同在中国实行多党竞争、责任内阁制等,但是由于袁世凯一心想搞专制独裁,这个梦想不久就湮灭于中国近代历史的汪洋大海。所以,孙中山认为他的"以党治国"的执政理念需要进一步根据中国政治形势的新发展而不断创新以适应历史的进程。

二次革命后,孙中山认识到了党内已经存在严重的问题,他认为,如果忽视了党员自身品格的修养,那么党就会处于一盘散沙的局面,为此,他要求制定严格的组织纪律和入党手续等。中华革命党党章中规定:"凡进本党者必须以牺牲一己之身命、自由、权利而图革命之成功的条件,立约宣誓,永久遵守。"②他非常注重党员素质的培养,对党员素质提出了严格的要求。他认为所有关心国家命运和前途的革命党人,应把入党时的誓言化作实际行动,应严格按照党的章程为中国前途而奋斗,另外他还认为一个执政党在选材用人方面,不可任人唯亲,而应唯才唯

---

① 《孙中山全集》第三卷,中华书局,1984年版,第4页。
② 《孙中山全集》第三卷,中华书局,1984年版,第98页。

功唯贤是举。他认为党员素质的提高，不仅需要自身的修养，也需要党组织的教育，要把自身学习与党的教育相结合。

提高党员素质，只是政党建设的一个方面，要发挥政党在国家政治中的作用，党的组织建设也相当重要。在中华革命党成立的过程中，孙中山设立了"五部"（总务部、党务部、军务部、政治部、财政部）、"四院"（立法院、司法院、考试院、监察院），这样的设置使党组织有了明确的分工，划清了各部门的职责权利。

在清正廉洁方面，孙中山认为，党员有不正当的行为会贻误党事国事，政党的行为不正，则会失去民心，辜负国民的殷切期望，"无党德之政党，声誉必堕地以尽，国民必不能信任其政策，何能望其长久存在呢？"① 因此，作为一个资产阶级政党的党员，"为党员者须一意办党，不可贪图做官；并当牺牲一己之自由，以谋公众之自由。"② 在民主主义革命事业中，必须为党尽忠尽力，以做到清正廉洁，把世界一切的权力荣华尽抛脑后，专心为党的利益效劳，为人民谋利益，他认为通过这样才能锻造国民党为优秀的政党，国民党的党国事业才会大告成功。鉴于此，他进一步说，"吾党想立于不败之地，今后奋斗之途径，必先要得民心，要国内人民与吾党同一个志愿，要使国内人民皆与吾党合作，同为革命而奋斗。必如此方可成功；且必有此力量，革命方可以决其成功。"③ 党也才有希望，国家的前途才有希望。

同时，他也认为革命时期的一切军政要务均应由国民党负责。但陈炯明的叛变使孙中山认识到一方面，国民党正在腐败，必须下决心对国民党全体党员进行改组；另一方面，革命要想成功，单独依靠兵力是不行的，因为"武人专横，武人争雄，往往反复无常，左右政局，所以吾党想立于不败之地"，"不能单独依靠兵力，要倚靠吾党本身力量"④，即以国民党领导国民革命，来完成建国治国的任务。

十月革命的胜利给孙中山思想以很大震动。他对中国革命形势进行了认真分析，认为中国现在还谈不上以党治国，因为"我们现在并无国

---

① 《孙中山全集》第三卷，中华书局，1984年版，第37页。
② 《孙中山全集》第八卷，中华书局，1984年版，第269页。
③ 《孙中山全集》第八卷，中华书局，1984年版，第431页。
④ 《孙中山全集》第五卷，中华书局，1984年版，第452页。

可治,只可说以党建国。待国建好,再去治它。"① 孙中山不仅从俄国汲取建党的经验,而且随着中国五四运动,中国共产党成立后发动工农运动等一系列大事中,还首次认识到了人民群众的巨大力量。"吾党想立于不败之地,今后奋斗之途径,必先要得民心,要国内人民与吾党同一个志愿,要国内人民皆与吾党合作,同为革命而奋斗。必如此方可以成功;且必有此力量,革命方可以决其成功。"② 这时候孙中山开始认识到了群众路线的重要性。

二、蒋介石的执政理论

蒋介石领导下的国民党作为执政党,为维护执政地位,不允许别的政党合法存在,实行一党专政,虽然在抗日战争中被迫与中国共产党及其他中间性党派合作共同抗日,但一党专制的本质没有改变。其执政理论表现为"军政、训政、宪政"的思想和国家治理的"权"、"能"分立学说。在建党理论上还提出了"以党治国"、"以党建国"的主张,强调革命党的作用。蒋介石是在修改三民主义的前提下,提出"没有第二个合适的主义","再不许有第二个思想,来扰乱中国";只能由国民党"治国","不能允许再有第二个党来攻击国民党"③ 的执政理论。

1928年国民党中央常委会通过《训政纲领》,规定训政期间"由中国国民党全国代表大会代表国民大会,领导国民行政政权";党代会闭会期间"以政权付托中国国民党中央执行委员会执行之"。随后,国民党三大宣布"军政"时期结束和"训政"时期开始,规定由"中国国民党独负全责,领导国民,扶植中华民国之政权、治权"。1931年的《训政时期约法》更是以国家大法的形式将国民党一党独裁体制固定下来,其他政

---

① 《孙中山全集》第九卷,中华书局,1984年版,第104页。
② 《孙中山全集》第八卷,中华书局,1984年版,第431页。
③ 蒋介石:《三民主义为唯一的思想》,转自林茂生主编:《中国现代政治思想史》,黑龙江人民出版社,1984年版,第258页。

党都不能公开活动或不能公开参政。抗日民族统一战线的形成，中国共产党和其他中间党派获得了合法地位，但国民党重申"党制"，实施"以党统政"的原则，继续把政权机构置于国民党的独裁统治之下，国民参政会并无实权。1939年国民党五届五中全会设立"防共委员会"，专司"溶共、防共、限共、反共"之职，颁布了《异党问题处理办法》和《限制异党活动办法》。

1. 一党专政，一人独裁

一党政治、一人独裁是国民党在大陆统治时期政治体制的基本特征。1948年虽由"训政"改行"宪政"，但实质基本上未变。国民党一党政治的理论，发端于1905年中国同盟会组成之始，坚定于1914年中华革命党组成之时，而成熟于1924年国民党之改组。至1925年国民党制定《中华民国国民政府组织法》，其第一条规定："国民政府受中国国民党的指导监督，掌理全国政务。"这种理论已见诸法律。而对一党政治制度作出具体规定的是1928年10月3日国民党中央执行委员会第172次中常会制定的《训政纲领》。其列述的党治的原则有三：（1）训政时期政权由国民党代表行使；（2）训政时期政府由国民党产生，并对国民党负责；（3）训政时期关系政权的法律由国民党制定，并由国民党来修正与解释。[①] 所以，一党专政政治就是国民党掌握政权，既没有人民民主，也没有民选的议会，而是由国民党的代表会议代替民选的议会行使立法权，并产生政府。民主国家的人民与政府的关系，在训政时期就是指国民党与政府之间的关系，政府的权利是由国民党赋予的，政府由国民党产生，人事也由国民党安排，政策更是由国民党决定。一党专政政治还有一个尤为重要的特征，那就是在训政时期除国民党是合法政党外，其他政党都没有存在的合法性，即其他政党除国民党同意成立，否则都是非法的政党。1929年3月国民党第三次全国代表大会通过的《确定训政时期党、政府、人民行使政权、治权之分际及方略案》中规定："中华民国人民须服从拥护中国国民党，誓行三民主义，接受四权使用之训练。努力地方自治之

---

① 《中国国民党历次代表大会及中央全会资料》，光明日报出版社，1985年版，第657页。

完成，始得享受中华民国国民之权利。"① 有学者曾对此评论道："引申的说，有两方面的意义：一是凡不服从或不拥护中国国民党的人民，是没有国民权利的，因此亦无集会结社的自由，当然不能公开组党；二是凡享有国民权利的人，既都服从并拥护中国国民党，那么纵使不是国民党，也不会去另行组党。"②

国民党内还存在一人独裁制度。中国国民党一大通过的党章曾为孙中山特设"第四章总理"一章，是以孙中山为总理，而不是设有总理这一职位，"实行个人负责制，"③ 总理理所当然的是全国代表大会的主席和中央执行委员会的主席。总理对于全国代表大会的议决有交复议之权，对中央执行委员会的决议有最后决定之权，即"国民党最高会议通过的东西还要交总理裁决，这就是个人指挥，个人当首领。"④ 这就是国民党内个人独裁权力的合法来源。孙中山之后国民党不再设总理。1938年3月国民党临时全国代表大会议决由蒋介石"代行党章所规定总理之职权"，从而为蒋介石取得总裁地位准备了条件，这是蒋介石的个人独裁权力的合法来源。1939年国民党五届五中全会通过的《国防最高委员会组织大纲》又规定：国民党总裁兼任国防最高委员会委员长，统一指挥党、政、军事务。且明文规定委员长可以"不依平时程序"，以命令处置"党政军一切事务"⑤。从这个意义上讲，训政时期的国民党政府不仅是一党专政政府，还是一人独裁政府。"训政"本是孙中山有利于训练人民行使政权的工具，实际上已经沦为了蒋介石行使独裁权力的工具。

国民党一党专政的政治体制的主要特征是：（1）国民党不仅通过党全国代表大会、中央执委会，特别是中央政治会议指导监督国民政府，而且还能通过党的领导人兼任政府主要领导人来控制政府；党军的统帅

---

① 《中国国民党历次代表大会及中央全会资料》，光明日报出版社，1985年版，第657页。

② 李时友：《中国国民党训政的经过与检讨·中国现代史论集》，经联出版事业公司，1983年版，第8辑，第16页。

③ 中共河北省委党校党建教研室：《中外政党研究》，1988年10月，第350页。

④ 中共河北省委党校党建教研室：《中外政党研究》，1988年10月，第350页。

⑤ 《中国国民党历次代表大会及中央全会资料》，光明日报出版社，1985年版，第658页。

同时也是党的领袖,通过以党领军,以党治政的集权方式,支配全党、全国事务。(2) 国民党通过掌握政权将其组织和影响渗透到社会生活的各个领域,不仅各级政府均受党指导,党自身由中央到省、市、县均有垂直领导机构,而且党的组织机构及其分支遍布社会各个层面,以强化国民党的统治。(3) 党治模式在中央一级直接表现为党政一体,而在省以下的基层则实行党政完全分开。(4) 在公开的党治行政机构以外,国民党蒋介石还建立了以"中统"、"军统"为主的秘密政治组织,以特务活动来确立巩固其权威。秘密机关的建立,不仅仅是用于反对颠覆和收集情报、防范间谍,而且也是用于加强内部控制,镇压内部反叛。这样的政治体制,往往在形式上都体现不出权力相互制衡的原则,具有鲜明的前现代化或过渡性特色,不仅无法很好地履行推动现代化发展的职能,反而是加强国民党一党专政、一人独裁的工具。

2. 法西斯军事专制体制

在孙中山之后,蒋介石利用孙中山的政治遗产和战争环境,将孙中山的以党治国和三阶段理论发展成为一种颇具极权主义特点的政治体制,从而使中国宪政化进程呈现出更大的倒退。早在1912年,蒋介石就表达了一种与德日宪法模式的思想基础相一致的观点,即为了国家的统一,民族独立,应该牺牲个人自由和权力,把自己命运托付给军事强人,由其完成集权统一。1931年5月5日的国民会议开幕词,蒋介石发表了极具法西斯主义色彩的讲话,鼓吹中国仿效法西斯。30年代,国内兴起的鼓吹极权主义的社会气氛与蒋介石有莫大关系。① 正是在上述思想背景之下,蒋介石凭借抗战及民族主义高潮的契机,在中国建立起了全面的法西斯军事专制体制,用军事专制的形式进行统治。

国民党政权赖以维持其统治的主要工具是军队。在当时中国社会和政治日益军事化的大趋势下,国民党的胜利一开始就把着眼点局限在军事方面。国民党政权的权力资源获得是依靠了强大的武力作后盾,军队是国民党政权的最重要支柱。由于国民党是靠武力取得执政地位的,蒋

---

① 许纪霖等主编:《中国现代化史》第一卷(1800-1949),上海三联书店,1995年版,第418页。

介石在党内的领袖地位也主要依靠其命脉所系的以黄埔系为核心的嫡系军队的拥戴效忠才得以取得和长期保持，因此他特别重视军事领域的管制，在这一领域实施了一系列有利于加强并巩固其统治权威的措施。为了维护国民党一党专政的统治，蒋介石变着戏法来运用军事手段加强统治，特别是法西斯的军事专制体制适应了一党专政的需要，被蒋介石大加使用。以蒋介石为首的国民党中央正统派，由于控制了中央政权和江浙、上海等经济发达地区，得到列强较多的支持，拥有较雄厚的政治、经济、军事实力，采取军事讨伐与经济收买、政治诱惑等多管齐下的手段，基本上打败了其他所有的军阀派系，使得1931年后在国民党内已基本上不存在能单独以军事实力向蒋介石的领袖地位和国民党中央政治权威挑战的人物或派系，这样蒋介石在国民党中的绝对权威地位得到了巩固。

抗日战争胜利后，1946年在重庆召开的政治协商会议期间，在民盟的鼓动下，出现过实践议会制、多党制的可能性，但是国民党发动的全面内战中止了这种发展可能。经过1947年所谓政府"改组"和1948年包办的"行宪国大"，蒋介石就任"总统"，组织"新政府"，宣布中国进入国民党三阶段理论的"宪政时期"，同时通过了《动员戡乱时期临时条款》，使总统权力不再受任何约束。

综上所述，新中国成立前的国民党执政理论和实践是以"军政、训政、宪政"为主线的，是为了加强国民党在中国的一党专政服务的。

三、中国民主党派的政治主张

介于国共两党之间的政党或政派统称为"民主党派"，包括中华职业教育社、中国青年党、中国致公党、中国农工民主党、乡村建设派、中国民主社会党、中国人民救国会、中国民主同盟、三民主义同志联合会、中国民主建国会、中国民主促进会、中国国民党民主促进会、九三学社、台湾民主自治同盟、中国国民党革命委员会等。这些党派人数少，没有形成统一的、独立的、能左右政局的强大政治力量，因此，只能在国共两党中进行选择，没有别的出路。民主党派的指导思想、政纲多数以孙中山的三民主义为指导，要求反帝、反封建、反官僚资本主义，但又具有两面性特点。少数还希望建立资产阶级民主制度，以资产阶级共和国形式来治理中国。民主党派大多数参加了新政协，以后又由8个民主党派以参政党的形式构成为当今中国政党体制的重要力量。

中国各民主党派是在中国半殖民地半封建社会的特殊社会历史条件下产生的，大都是在抗击日本帝国主义侵略和反对国民党反动独裁统治的斗争中创立和发展起来的。半个多世纪以来，各民主党派同共产党长期合作，同舟共济，患难与共，为中国的新民主主义革命和社会主义建设做出了杰出贡献。在民主主义革命时期，他们与中国共产党一道推翻了"三座大山"，建立了新中国。建国后，他们自觉接受中国共产党的领导，参加人民政权的建立工作，为巩固人民民主专政，顺利实现社会主义改造和促进社会主义事业的健康发展发挥了重要作用。进入新的历史时期后，他们认真履行政治协商、民主监督、参政议政的职能，充分发挥自身的民主优势，积极投身改革开放和社会主义现代化建设，在社会主义物质文明、精神文明建设和促进祖国和平统一大业方面取得了巨大的成绩，赢得了社会各界的广泛赞誉。历史证明：没有中国共产党的领导，中国人民就不可能取得国家独立、民族解放和社会主义事业的胜利；没有中国共产党领导的多党合作，没有各民主党派作用的发挥，就不可能实现中华民族最广泛的大团结、大联合，也不可能完成我们共同建设社会主义国家的奋斗目标。

1. 第三条路线

新民主主义革命时期，在中国大地上一直存在着两条道路的斗争：一条是以国民党反动派为代表的独裁、卖国的反革命道路；另一条是中国共产党领导的进行新民主主义革命，谋求建立社会主义新中国的道路。民主党派中的少数人鼓吹走中间路线，企图在国共两党之间"严守第三者立场"，幻想在中国实行所谓的"第三条道路"，即用和平改良的办法使国民党政府刷新政治，在中国实行西方式的民主政治。1947年4月，张东荪在文章中提出中国现阶段面临的和平死因是"国民党为右，共产党为左"，为挽救时局，中间派的责任就是"把他们偏右者稍稍拉到左转，偏左者稍稍拉到右转，这样右派向左，左派向右的情形，使中国得到一个和谐与团结并由团结得到统一。"这是典型的"第三条路线"的主张。对此，中国共产党一直以团结、批评、教育的方法对待民主党派中出现的"第三条道路"的主张。

抗战前后，作为游离于国共之外的第三种政治力量的民主党派，最能代表其立场和追求的，是抗战胜利后其在建国问题上的政治主张和纲领，即所谓中国型民主或曰"第三条路线"及实现资产阶级共和国的完整方案。民主党派的主张就是"拿苏联经济民主来充实英美政治民主"的所谓"中国型的民主"，就是民盟的"既有政治民主又有经济民主的不左不右的十足道地的民主；既非国民党路线，又非共产党路线，既非英美的路线，亦非苏联的路线"的所谓"第三条路线"。据此，民盟一大的政治报告、宣言和纲领设计了其实现资产阶级共和国的完整方案：第一，确立并实行议会制。"国会为代表人民行使主权之最高机关，由参议院及众议院合组之"；第二，实行责任内阁制。"国家最高行政机构采内阁制，对众议院负其责任"；第三，司法独立。"司法绝对独立，不受行政及军事之干涉"；第四，地方自治。"地方自治为民主政治之基础，县以下应行使直接民权。县设县议会，省设省议会，中央设国会为代表人民行使主权之机关"，以宪法明定中央、省、县采分权制。①

随着中国革命形势的迅速发展，革命高潮的到来，"民主党派主张'以和平的方式争取和平，以民主的方式争取民主'，是国民党反动派所绝对不允许的，因此国民党反动派对民主党派进行了压制、迫害，"② 再加上内战的爆发打破了"第三条路线"的可能，使他们破灭了寻求走资本主义道路、建立资产阶级共和国的幻想。他们认识到只能在靠近共产党或靠近国民党中做出抉择，其中绝大多数人根据革命形势的发展认为要反帝爱国，要争取民主，只能接受中国共产党的政治主张转向新民主主义革命的道路，跟着中国共产党朝着建设社会主义方向前进，从而使曾在一部分民主人士中有过影响的"中间路线"（即第三条道路）的政治

---

① 《中国民主同盟历史文献》（1941－1949），文史资料出版社，1983年版，第66－67页。

② 中共河北省委党校党建教研室：《中外政党研究》，1988年10月，第324页。

主张，迅速走向破产。

2. 奉行民主政治价值理念

抗战前后，中国民主党派幻想在中国实行统治阶级中大多数人享有管理国家权力的民主政治路线，因为中国的民主党派处于世界的大变革之中，国内外各种因素促成了中国民主党派追求民主政治的有利条件，具体表现在：国际上，资本主义世界体系确立了资产阶级民主政治在资本主义世界的统治地位，并且向外输出自己的民主政治意识，这就有利于中国的有识之士特别是富有强烈责任感和政治参与意识的近代知识分子的引进和采纳；国内，一方面辛亥革命使民主共和观念深入人心，随后的新文化运动和五四运动更是以"民主"为口号和旗帜，引起了的一次思想大解放运动，促进了近代知识分子的觉醒。另一方面，旧新军阀的封建专制统治，促使近代知识分子向往建立与封建专制独裁相对立的西方民主政治。而以国共合作为基础的国民大革命的失败，为这些中国民主党派的中坚力量的知识分子思想和行动的发展留下了广阔的空间。而此时的国民党是以大资产阶级和官僚资产阶级作为阶级基础的政党，中国共产党是中国工农利益的代表，当两党发生矛盾甚至实力不相上下的时候，作为民族资产阶级、城市小资产阶级及其知识分子利益代表的民主党派就有了发展和实现政治主张的可能。于是，他们从有利环境和自身利益出发，分别提出了自己的民主政治主张。

1930年成立的中国农工民主党政治主张的核心是农工平民政权，即以农工为主要成分的与民族资产阶级合作的民主联合政权。民盟在政治上以英美国家的民主制度为榜样，主张确立议会制、内阁制、司法独立、地方自治以及国家主权的人民性。"拿苏联的经济民主来充实英美的民主政治"是民盟所要树立的"适合中国国情的民主制度"。在实现道路上，民盟提出对外兼亲英美苏，对内调和国共，通过和平合法的改良道路和斗争形式，达到废除国民党一党专政，建立多党联合执政之目的。中国民主促进会"以发扬民主精神推进中国民主政治之实现为宗旨"，要求改革政治，实现还政于民，停止内战等。民建在建国问题上提出其最高理想为"民有、民治、民享"，而"民治实为其中心，必须政治民主，才是贯彻民有，才能实现民享"。九三学社提出的建国主张是：促进民主政治之实现，争取人民之基本自由，以政治的民主化谋求军队的国家化，反对官僚政治，完成国家工业化、农业现代化，建立以民生为主的经济制度，学术思想的绝对自由。中国致公党成立之初，就以为祖国的民主、富强和维护华侨的合法权益斗争为宗旨。中国致公党"二大"主张"实行民族革命，建立真正的民主共和国"。中国致公党"三大"要求政治、经济民主，反对一党专政，主张成立民主联合政府，坚决反对内战，争取民主和平。民革以"实现革命的三民主义，建立独立、民主、幸福之新中国为最高理想"，"以中国国民党第一次全国代表大会决定之对内对外政策为基本原则"，并制定了推翻蒋介石独裁政权，建立民主联合政府的行动纲领，提出"愿与全国各民主党派、民主人士携手共进"。台湾民主自治同盟提出，以实现台湾省民主政治和民主自治为宗旨，建立独立、和平、民主、富强和康乐的新中国，反对把台湾从中国分裂出去的图谋的政治主张。以上这些党派政见虽然各不相同，但在重大问题上却是基本一致的，包括：政治倾向上的反内战和反独裁，主张和平民主，而且大多数民主党派向往建立一个资产阶级民主共和国。由于争取民主是民主党派政治主张的集中表现，所以在组织上他们大多都冠以"民主"二字，也是这些党派被称为民主党派的重要原因。

作为民族资产阶级、城市小资产阶级及其知识分子利益代表的民主党派对国民党反民主倒行逆施的活动进行了有理、有利、有节的斗争。首先，早期的民主党派对蒋介石国民党统治集团的"攘外必先安内"政策深表不满，纷纷打出"抗日反蒋"旗帜。其次，为取得政党合法地位和团结御侮，民主党派力促第二次国共合作的实现和抗日民族统一战线的建立。再次，国民党统治集团在抗战中表现出的妥协、分裂、倒退的思想和行动，使民主党派人士认识到：只有在中国实行民主政治才能挽救政治的倒退和抗战的失利；只有在中国实行民主政治才能制止政治和抗战危机，使人民享受更多的民主、自由，获得更多的政治权利，使国家走上健康的轨道。为此，民主党派纷纷要求在全国建立民主政制，并开展了争取民主的宪政运动。1943年9月18日，中国民主政团同盟主席张澜发表了《中国需要真正的民主政治》，尖锐地批评了国民党一党专政的独裁统治，要求国民党立即"放弃一党专政，结束党治，取消党化"，"从速实施宪政"，实行"主权在民的政治，也就是国由民治"的民主政治。各民主党派纷纷抨击国民党的一党独裁统治，要求结束国民党的统治特殊地位，结束训政，实行宪政，实现民主，还人民以各项基本自由。第四，在国民党顽固发动内战镇压民主党派之时，民主党派在国统区开展了轰轰烈烈的民主运动，形成了人民解放战争的第二条战线，有力地配合了中国共产党的第一条战线，有力地瓦解着国民党的独裁反动统治。

3. 参政议政，民主协商

抗战胜利后的国内外形势暂时出现了有利于民主党派发展的政治环境，此时的民主党派积极活跃于当时的中国政治舞台，但是随后的事实并不遂人愿，调和国共关系的无果、内战的爆发、国民党反动派对民主党派的迫害以及中国共产党对民主党派的帮助、教育和引导，民主党派逐步放弃了自己"第三条道路"的政治主张，政治天平逐渐向中国共产党倾斜。1949年1月，55位民主党派领导人和无党派民主人士联名发表对时局的意见，公开声明"愿在中共领导下，献其绵薄，共策进行"，从而确立了民主党派在政治上接受中国共产党领导的立场，并且在以后的时期中一以贯之。"中华人民共和国成立后，民主党派的领导人和许多成员都参加了国家政权工作。各民主党派都宣布接受共产党的领导，以共同纲领和宪法为根本的活动准则，以国家在不同历史阶段的总任务作为共同政治纲领，参加国家政治生活中重大问题的协商和决定，同共产党通力合作共同致力于社会主义事业。"① 从此，在中国历史上出现了不同于西方的政治现象：民主党派在政治上接受中国共产党的领导，愿意与中国共产党共命运，愿意在社会主义建设事业中献计献策。

新中国成立后，随着社会主义改造的完成，特别是改革开放以来，民主党派作为我国特殊的政治力量，在社会主义的民主政治建设中发挥着越来越重要的作用。民主党派在中国共产党领导的多党合作的政党制度下的参政活动体现着民主的价值（民主党派参政的主要方面是：参加国家政权，参与国家大政方针和国家领导人选的协商，参与国家事务的管理，参与国家方针政策、法律法规的制定执行），处处彰显着民主党派自身的存在和发展的民主，重要的是民主党派根据自身人才荟萃、智力

---

① 中共河北省委党校党建教研室：《中外政党研究》，1988年10月，第325页。

密集、社会联系广泛的优势对社会主义民主政治的发展发挥了巨大作用，而且民主党派已成为各自所联系的一部分社会主义劳动者、社会主义建设者和拥护社会主义的爱国者的政治联盟，充分发挥他们的作用可以更好地加强共产党和人民政府同人民内部各阶层的联系，实现人民当家做主。另一方面，民主党派作为参政党，位置超脱、视野开阔，对中国共产党的监督具有多维性的特点，有利于加强中国共产党的建设，使中国共产党真正做到"三个代表"重要思想的确切内涵。

民主党派在中国共产党领导的多党合作的政党制度框架内，体现和实现着人民当家做主。共产党领导的多党合作和政治协商制度是我国的一项基本政治制度，也是我国的根本政党制度，在建设社会主义民主政治方面起着重要作用，其显著特征是：共产党领导、多党派合作；共产党执政、多党派参政；各民主党派不是在野党和反对党，而是同共产党合作的亲密友党和参政党；共产党和各民主党派对国家重大问题进行民主协商、集思广益、科学决策，集中力量办大事；共产党与各民主党派互相监督，促进共产党领导的完善和加强参政党自身建设。中国共产党领导下的多党合作制度体现了中国建设社会主义民主政治的努力，使中国共产党和民主党派团结于建设社会主义现代化国家的旗帜下，为实现中华民族的伟大复兴而努力奋斗。

中外执政经验比较

从世界政党政治的实践来看，无论阶级性质相同的政党还是其他性质的政党，在各自执政实践中都可以相互吸收成功的经验。由于社会制度和国情不同，政党的性质和构成不同，执政的具体模式各有千秋。但是，作为执政党，在治国理政上有一些可遵循的共同规律和机制，有在相同时代与环境下共通的执政方略和内容，彼此间通过比较、借鉴，可以把由一个政党创造推行的、但被实践证明是长期行之有效的制度、政策和措施，变为不同执政党的共同财富。如政府干预和调控经济的手段、社会福利和保障制度、民主政治的发展等，其中许多具体制度和措施，都是当今世界大多数执政党共同推行的。当今世界，各国在经济、政治和文化等各领域中的交流与合作不断拓展，大多数政党都努力顺应时代潮流进行调整和变革。马克思主义执政理论建设，必须放眼世界，博采众长，既借鉴世界上其他政党执政的经验，又要根据自己的国情党情创造性地建立和发展理论，从而更加深刻和自觉地认识、掌握和运用执政规律，更好地服务于加强党的执政能力建设、全面推进党的建设的新的伟大工程的实践。因此，对苏共获取政权与巩固政权的主要做法、东欧国家的经济政治体制改革、发达国家政党的执政经验、几个执政时间较长的政党的执政经验进行深入研究，可以从中总结出值得借鉴的经验。

首先，要关注老牌社会主义国家——苏联的执政经验。"十月革命"是俄国历史上最深刻的一次社会革命，建立了世界上第一个无产阶级领导的、以工农联盟为基础的社会主义国家，为把俄国改造成为社会主义工业强国和实现国家现代化创造了重要前提。获得政权后的苏共进行了一系列巩固政权、进行社会主义建设的有效措施，特别是列宁领导时期，针对党内、国内出现的诸多问题提出了不少与时俱进、符合苏联实际的对策建议和改革措施，为苏联后来的经济快速发展打下了良好基础。而从另一方面说，苏共获取政权、巩固政权、进行社会主义建设的经验也给予了世界社会主义运动乃至全人类一笔非常宝贵的遗产。

其次，要关注东欧各国共产党。这些党基本上和我们党一样，是从苏联共产党模式衍变出来的，但是在二战后这些党为了摆脱苏联模式、探索一条适合本国国情的发展道路，都纷纷进行了经济政治改革，虽然他们的改革都因受到党内外、国内外的阻碍纷纷走向了失败，但是不可否认，这些改革措施中有许多积极的因素、包含有许多符合社会主义发展规律并有利于促进社会主义建设的措施,如发扬民主、正确处理党政关系、党企关系、正确看待市场的作用、扩大企业自主权等等。这些改革措施和做法对不断推进我们党领导下的我国经济政治体制改革有重要的借鉴意义。

再次,当代西方资本主义国家的政党执政方式也存在不少可以借鉴的因素。当代西方资本主义国家的政党体制是竞争性政党体制。所谓竞争性政党体制是指在一个国家中一般存在两个或两个以上具有平等竞争关系的政党,这些政党通过在选举中竞争而形成一党单独执政或由两个或两个以上的政党联合执政的模式。在这种模式下形成的民主理念、依法执政理念、权力制衡理念等不但为推动西方资本主义政治体制建设起到了巨大作用,而且已经逐渐被世界大多数政党所承认和借鉴,对包括中国共产党在内的社会主义国家政党的现代化建设提供了宝贵的财富。

第四,20世纪中叶以来,一些发展中国家在其执政党领导下迅速发展,引起了世界人民的广泛关注,也促使这些国家执政党能够长期执政。如中国共产党、新加坡的人民行动党、马来西亚的巫统、叙利亚的复兴党等等,都是长期执政的典范。他们在长期的执政中形成了非常丰富的经验,探索出许多执政规律,为他们进一步巩固执政地位做好了基础,也为其他政党的发展、建设提供了方向和指导。

第六章　苏共巩固政权、进行社会主义建设的经验

苏联是世界上第一个社会主义国家。1917 年俄国爆发了二月资产阶级民主革命，推翻了沙皇统治。11 月 7 日，苏联共产党（前身为布尔什维克党）领导彼得格勒的工人赤卫队、革命士兵推翻了资产阶级的临时政府，这次革命被称之为"十月革命"。接着，成立了以列宁为首的世界第一个苏维埃政府。"十月革命"是俄国历史上最深刻的一次社会革命，建立了世界上第一个社会主义国家，同时，这次革命对世界历史进程也有深远的影响：它使世界进入了一个由资本主义向社会主义过渡的新时期，打破了资本主义一统天下的局面，宣告一种新的社会制度正由理想变为现实；它把国际无产阶级的斗争同被压迫民族的解放运动连为一体。

苏联共产党在十月革命胜利后带领广大工农兵群众忍饥挨饿、出生入死，打垮了凶残的高尔察克、邓尼金等力量的疯狂进攻，战胜了十四个帝国主义国家联合的武装干涉，巩固了社会主义国家政权。苏联共产党曾率领伟大的苏联人民，以惊天地、泣鬼神的英雄气概，以 916 万红军将士和 1740 万人民的牺牲为代价，战胜了德国法西斯军队，取得了卫国战争的辉煌胜利，为人类和平作出了永不磨灭的贡献。在苏联共产党的领导下，经过短短几十年，一个刚刚从沙皇统治下解放出来的、落后的封建帝国，被建设成为一个一度在世界上唯一可以与美国平起平坐，在军事上、经济上都可以与美国抗衡的超级大国。

时至今日，虽然苏联已经垮台，苏共已经亡党，但是不能否认其在获取政权、巩固政权以及早期社会主义建设中的一些正确政策和惊人成就，其中依然有许多值得我们借鉴的经验，世界各国学者对这些经验和做法进行了较为深入的分析，在分析过程中，可谓仁者见仁，智者见智，

但却有一些较为共同的认识。

一、执政党要把经济建设放在首位

任何一种社会制度是否有生命力，都取决于它是否有利于社会生产力的发展，是否有利于综合国力的提高和人民生活的改善。社会主义制度也不例外。特别是由于社会主义制度首先是在经济不够发达的国家发展起来的，因而在相当长的一段时期内，社会主义国家的经济发展水平还赶不上发达的资本主义国家。所以，只有始终不渝地搞经济建设，大力发展社会生产力，社会主义才能最终战胜资本主义。十月革命后，俄国共产党面临的任务千头万绪，纷繁复杂。首要任务是什么？对此，列宁作出了明确的回答。列宁指出："劳动生产率，归根到底是使新社会制度取得胜利的最重要最主要的东西。"① 这一指导思想对整个社会主义历史时期都是适用的。

十月革命胜利后，为了适应国际国内形式变化，俄国共产党的经济建设这一首要任务曾先后经过三次"转移"。第一次"转移"是1918年春。历时4年的第一次世界大战，使苏俄的经济遭到极大破坏，人民疲惫不堪。此时，列宁提出"一切为了前线"的口号，实行战时共产主义政策，全国的政治、经济、文化生活又转入了战时轨道。第二次"转移"是1920年春。此时苏维埃国家政权得到进一步巩固。在国际工人阶级的声援下，帝国主义的武装干涉也破产了，英、法、意三国不得不取消对苏俄的封锁。于是，列宁和俄共（布）中央又把经济建设作为党的首要任务提出来了。但是随后波兰的反动军队又闯入了苏维埃乌克兰境内，在乌克兰一带的残余反革命势力也对苏维埃国家政权发动进攻。新的战争开始了。1920年5月，列宁又以此发出"一切为了战争"的口号，要求苏俄人民为前线忍受一些牺牲，给前线一切帮助。夺取战争的胜利又

---

① 《列宁全集》第37卷，人民出版社第2版，第18页。

成了俄国共产党的首要任务。第三次"转移"是从1920年底到1921年初开始。4年的帝国主义战争和3年的反武装干涉战争的胜利，终于使第一个挣脱了资本主义锁链的苏俄得到了较长时期的和平环境。列宁这时指出："经济任务、经济战线现在又作为最主要的、基本的任务和战线提到我们面前来了"，必须"把全部注意力转到这一经济建设上去"①。1920年12月召开全俄苏维埃第八次代表大会，通过了在全国实现电气化的宏伟计划。1921年3月，俄共召开第十次代表大会，大会根据列宁的提议，制定和通过了"新经济政策"。这样，俄国共产党的首要任务在列宁时期从此就转移到经济建设方面来了。②"新经济政策"的实质是：（1）依靠物质利益这一推动力来刺激广大劳动者，首先是农民的生产积极性；（2）利用商业、市场和商品关系来建立城乡经济联系；（3）承认多种经济成分并存，充分发挥私人经济和各种形式的国家资本主义经济的积极作用；（4）改善国营企业的经营管理，保证国民经济沿着社会主义的方向前进。"新经济政策"有力地推动了苏俄国民经济的恢复和发展。

通过俄国共产党经济建设这一首要任务的第三次"转移"，集中反应了列宁的一个思想：工人阶级夺取政权后，要不失时机地、真正地、毫不动摇地把党的首要任务转移到经济建设方面来，创造高于资本主义的劳动生产力。只有这样，俄国十月革命以来在反对资本家的斗争中取得的一切经济成果和国民经济各部门国有化的一切措施，才能得到巩固；也只有这样，社会主义同资本主义的斗争才能胜利结束，社会主义才能彻底巩固。

而在20世纪20－30年代这一段时期，苏联社会生产力的发展异常迅速。在短短的十几年里，基本上实现了国家工业化和农业集体化，改变了国家的落后面貌，也提高了人民的物质生活和文化水平。苏联人民创造的"工业化奇迹"使其综合国力大为提高，并为后来取得反法西斯战争胜利奠定了强大的物质基础。苏联的工业生产水平，由1913年的世界第五位和欧洲第四位，提高到1937年的世界第二位和欧洲第一位。当时社会主义苏联的欣欣向荣气象，与资本主义世界的经济大危机形成了鲜

---

① 《列宁全集》第40卷，人民出版社第2版，第137页。
② 魏泽焕：《苏共兴衰透视》，广东人民出版社，1998年版，第25－27页。

明的对照，使得全世界进步人民都热烈向往社会主义。

当时苏联之所以能取得这样巨大的成就，除了社会主义制度的优越性外，领导人对发展生产力的重要性的认识，是一个重要的原因。斯大林是十分重视发展生产力的。他曾经多次指出，社会主义社会必须有高度发展的生产力。他说："如果不在工业和农业方面不断提高劳动生产率，我们就不能解决改造的任务，就不仅不能赶上并超过各先进资本主义国家，而且连自己的独立生存也不能保住。因此，提高劳动生产率问题对于我们具有头等重要的意义。"① 斯大林有关这方面的论述还可以举出很多。他不仅在理论上这么认为，在实践中也是这么做的。

二、执政党必须有科学的领导方法和领导艺术

革命胜利后，列宁十分重视党的领导方法和领导艺术。他指出：随着党的环境和任务的改变，必须"在日常生活中改变党的工作方式，改造党的日常工作"②，以适应变化了的新形势。在坚持执政党领导的实践中，列宁探索出了一套行之有效的领导方法和领导艺术，从而保证了党的正确领导。

1. 解放思想，不能束缚自己的手脚

开放思想，不能束缚自己的手脚，是党的领导方法。早在十月革命以前，为了推翻沙俄专制制度，争取政治自由，在斗争的方法和形式上，列宁告诫俄国社会民主党人不要束缚自己的手脚。列宁指出："社会民主党不能用某种事先想好的政治斗争的计划或方法来束缚自己的手脚，缩小自己的活动范围。它承认一切斗争手段，只要这些手段同党的现有力

---

① 《斯大林全集》第12卷，人民出版社，1956年版，第287页。
② 《列宁文稿》第9卷，人民出版社，1979年版，第31页。

量相适应,并且在现有条件下能够使我们取得最大的成绩。"①

列宁根据不能束缚自己的手脚这一领导方法,在领导苏俄人民进行社会主义革命和建设的实践中,从本国的国情出发,大胆实践,勇于创新,找到了一条适合苏俄国情的新路子,极大地丰富和发展了马克思、恩格斯的科学社会主义理论。

在向社会主义过渡的指导思想和具体形式上,列宁发展了马克思、恩格斯关于过渡时期的理论。十月革命后不久,列宁根据马克思、恩格斯关于从资本主义向社会主义过渡的理论,打算在全国范围内建立单一的生产资料公有制,对劳动和消费实行严格的监督,对生产和分配实行全国的统一计划,建立一个没有阶级、没有商品货币的社会。1918年实行了战时共产主义政策(诚然,国内外阶级敌人向苏维埃国家政权进攻,造成国内严重饥荒,也是迫使俄国共产党实行战时共产主义政策的原因),对工业实行高度集中的不用货币结算的管理制度,对农民实行余粮收集制,禁止粮食自由买卖,对主要消费品实行严格的配给。但这一政策实践的结果,证明是错误的。列宁在总结这一教训时指出:"在经济战线上,由于我们企图过渡到共产主义,到1921年春天我们就遭到了严重的失败,这次失败比高尔察克、邓尼金或皮尔苏茨基使我们遭到的任何一次失败都严重得多,重大得多,危险得多。这次失败表现在:我们上层制定的经济政策同下层脱节,它没有促成生产力的提高,而提高生产力本是我们党纲规定的紧迫的基本任务。"② 列宁从失败中认识到,在一个小农国家里直接按共产主义原则向共产主义社会过渡是不行的,必须通过一些中间的途径、方法和手段。1921年俄共(布)中央制定了新经济政策,取代了战时共产主义政策,用粮食税代余粮收集制,恢复贸易自由,建立工业与农业间正常的商品交换关系,使社会主义经济与小农经济结合起来。在此基础上,列宁提出了初级形式的社会主义和发达形式的社会主义的思想。根据苏俄生产力落后、小农经济占优势的特点,列宁认为,苏俄推翻了地主和资本家的统治以后,只获得了向初级形式的社会主义过渡的可能性。

---

① 《列宁选集》第1卷,人民出版社,1995年版,第287页。
② 《列宁全集》第42卷,人民出版社第2版,第184页。

在对生产资料所有制的看法上，列宁突破了马克思、恩格斯关于社会主义社会实行单一的全民所有制的理论。工人阶级夺取政权以后，生产资料归全民所有，这是马克思、恩格斯对整个共产主义社会（包括初级阶段和高级阶段）所有制结构的基本设想，也是他们作为适用于所有资本主义国家的一般公式提出来的。他们认为，消灭资本主义的私有制，承认现代生产力的社会本性，必然要求把全部生产资料转为全民所有。恩格斯这样指出："生产资料的占有只能有两种形式：或者是个人占有，……或者是公共占有"，"社会主义的任务，不如说仅仅在于把生产资料转交给生产者公共占有。"① 列宁通过实践认为，在经济比较落后、小农经济占优势的苏俄，必须存在社会主义国有制和合作社所有制这两种公有制形式。列宁指出："合作社的发展也就等于社会主义的发展，与此同时我们不得不承认我们对社会主义的整个看法根本改变了，""要是完全实现了合作化，我们也就在社会主义基地上站稳了脚跟。"②

总之，列宁在社会主义实践中深刻地认识到，在落后的国家如何进行社会主义建设，这是一桩在书本上找不到的、历史上没有过的新事业，因此必须把马克思、恩格斯创立的科学社会主义理论与苏俄的具体情况相结合，在实践中摸索和探讨，千万不能照搬照抄，束缚自己的手脚。列宁明确指出："对俄国来说，根据书本争论社会主义纲领的时代也已经过去了，我深信已经一去不复返了。今天只能根据经验来谈论社会主义。"③

2. 实事求是，要有调查研究的求实精神

在列宁看来，俄国共产党的任务不仅在于认识世界，更重要的还在于改造世界；而改造世界则必须根据对客观世界及其规律的认识，即对自然发展规律和社会发展规律的认识来进行自觉的有计划的斗争，才能取得预期的效果。因此，列宁要求党的领导者在制定战略和策略时，坚持实事求是，从客观存在的事实出发，找出事物本身所固有的规律性，

---

① 《马克思恩格斯选集》第4卷，人民出版社，1995年版，第490、492页。
② 《列宁选集》第4卷，人民出版社，1995年版，第773页。
③ 《列宁全集》第34卷，人民出版社第2版，第466页。

作出正确的决策，因势利导地去夺取胜利。列宁认为，马克思主义要求我们在确定任何重大政策的时候，必须以经得起精确的客观检验的事实作为政策的基础和依据。基于这种情况，列宁在革命胜利后面对问题层出不穷、矛盾纷繁复杂、思想异常活跃的新形势，向全党提出，当前的"首要任务，就是仔细地收集和十分细心地研究地方上的实际经验"①。

革命胜利后，俄国共产党的首要任务转移到经济建设方面来。这时，党如何领导全体苏俄人民进行经济建设，是一个崭新的课题。一方面，过分谨慎会犯错误；另一方面，又不应忘记，如果只凭"热情"或挥舞小红旗而不冷静地估计客观情况，那就会犯无法纠正的错误。面对这种情况，列宁认为，只有通过调查研究，了解苏俄国情，才能把马克思主义同本国的实际情况相结合，使党制定出的战略和策略建立在唯物主义的基础上，夺取经济建设的胜利。

列宁不仅要求党的领导者重视调查研究，而且还亲自作调查研究。苏俄在1920年粉碎国内外反革命武装干涉后，战时共产主义所实行的余粮收集制已引起了农民的普遍不满，他们强烈要求废除无偿地征收他们粮食的政策。在这转变时刻，列宁除了认真研究农民的来信和其他材料外，还多次到农村了解农民的情绪，找农民谈话，仔细考察在农民中间发生的各种情况。同年12月，列宁召集了出席全俄苏维埃第八次代表大会的非党农民代表进行座谈，细心倾听他们的发言，并亲自作记录。然后，把记录送给全体中央委员和人民委员，使他们对农民的意见和要求有所了解。1921年1－2月，列宁还接见了特维尔省、唐波夫省、弗拉基米尔省、西伯利亚和其他地方的农民。这些农民都对列宁说，只有废除余粮收集制，才能使农民从物质利益上关心农业生产。通过调查，列宁掌握了农民的真实情况，认为必须立即废除战时共产主义政策，并很快起草了以粮食税代替余粮收集制的提纲，提交政治局讨论。1921年3月，在党的第十次代表大会上通过了这个提纲。这样，苏俄就实现了由战时共产主义政策向新经济政策的转变。

---

① 《列宁全集》第43卷，人民出版社第2版，第129页。

3. 善于"抓住主要环节"

列宁指出，党的领导是具体的，对于发挥党的领导作用来说，善于"抓住主要环节"是很重要的。

善于"抓住主要环节"是党的领导者必须掌握的领导艺术，符合马克思主义矛盾学说。马克思主义认为，世界上的万事万物都包含着矛盾。每一事物中的许多矛盾是不平衡的，它们的地位和作用也是不一样的。其中有一种矛盾规定和影响着其他矛盾的存在和发展，在事物的发展过程中处于支配地位，起着主导的、决定的作用。这种矛盾就是主要矛盾，其他是次要矛盾。解决问题，就要集中精力抓住主要矛盾。主要矛盾抓住了，并用正确的方法加以解决，其他矛盾也就迎刃而解了。政治生活也是这样。党的领导工作，涉及各个方面，不能只注意一部分问题而把别的问题丢掉；也不能不分主次，平均使用力量。列宁指出："政治事态总是非常错综复杂的。它好比一条链子。你要抓住整条链子，就必须抓住主要环节，不能你想抓哪个环节就挑哪个环节。"① 党的领导者在革命斗争的每个阶段都要抓住该阶段的主要环节，制定出正确的战略和策略，使整个工作卓有成效地胜利进行。

在长期的革命斗争中，列宁在历史的每个关键时刻，都善于"抓住主要环节"，并把它作为党的首要任务。1917年十月革命以前，党的主要环节是夺取政权。19世纪末20世纪初，资本主义发展到帝国主义阶段。这时，帝国主义国家内部的无产阶级与资产阶级的矛盾加深了，殖民地人民与帝国主义国家之间的矛盾进一步尖锐化，各帝国主义国家的经济力量、军事力量对比也发生变化，这就必然导致重新瓜分世界、争夺世界霸权的剧烈斗争。无产阶级革命已成为直接实践的问题。列宁这时根据对帝国主义和无产阶级革命时代的考察，提出了在帝国主义最薄弱的环节上首先取得一国或数国胜利的理论。列宁的这个思想主要体现在《论欧洲联邦口号》和《无产阶级革命的军事纲领》这两篇文章中。列宁指出："经济和政治发展的不平衡是资本主义的绝对规律。由此就应得出

---

① 《列宁全集》第43卷，人民出版社第2版，第107页。

结论：社会主义可能首先在少数甚至在单独一个资本主义国家内获得胜利。"① 这里，列宁把社会主义在少数或者甚至在单独一个资本主义国家内获得胜利只看成是"可能"。后来，列宁又发展了这一思想。他指出："资本主义的发展在各个国家是极不平衡的。而且在商品生产下也只能是这样。由此得出一个必然的结论：社会主义不能在所有国家内同时获得胜利。它将首先在一个或者几个国家内获得胜利，而其余的国家在一段时期内将仍然是资产阶级的或者资产阶级以前的国家。"② 俄国共产党正是依据列宁这个理论制定了本国革命的战略和策略，从而取得了十月革命的巨大胜利。革命胜利后，党在各个时期的主要环节是什么呢？根据列宁1922年3月在俄共（布）第十一次代表大会上的发言，1917年十月革命初的主要环节是摆脱战争；1919年和1920年的主要环节是武装抵抗；1921年的主要环节是实行有秩序的退却；1921年退却后的主要环节是挑选人才。列宁经常指出："仅仅一般地做一个革命者和社会主义拥护者或者共产主义者是不够的。必须善于在每个特定时机找出链条上的特殊环节，必须全力抓住这个环节，以便抓住整个链条并切实地准备过渡到下一个环节"。③

4. 把原则的坚定性和策略的灵活性结合起来

在长期的革命斗争中，列宁始终把原则的坚定性和策略的灵活性结合起来，签订布列斯特和约就是一个突出的例子。

十月革命初期，苏俄仍处在同德奥开战的状态。三年的帝国主义战争使国民经济遭到极其严重的破坏。粮食、食盐等物质供应十分困难，人民饥寒交迫，士兵疲惫不堪，不愿再战，人民希望获得和平。因此，退出帝国主义战争，对于新生的苏维埃国家政权来说，是非常必要的。苏维埃国家政权从诞生之日起，就为结束战争和缔结和约进行了积极的斗争。而国际帝国主义者在积极策划对苏俄武装干涉的同时，还力图使它继续陷入战争状态，企图拖垮新生的苏维埃国家政权。

---

① 《列宁选集》第2卷，人民出版社，1995年版，第554页。
② 《列宁选集》第2卷，人民出版社，1995年版，第722页。
③ 《列宁全集》第34卷，人民出版社第2版，第185页。

列宁坚持认为，为了巩固新生的苏维埃国家政权，必须退出帝国主义战争，迅速同各交战国缔结和约。签订和约不是为了向帝国主义投降，而是为了准备同它进行严肃认真的战斗，这是采取的暂时退却的策略。1917年底，苏维埃政府同德国在布列斯特进行单独谈判。但是，党内以布哈林为首的"左派共产主义者"拼命反对这一方针，又由于当时担任首席谈判代表的托洛茨基的态度，致使德军于1918年2月28日发动全面进攻，直接威胁到彼得堡。以后，在重新恢复谈判的时候，德国提出了十分苛刻的割地赔款条件。1918年3月3日，布列斯特和约终于签订。1918年11月11日，德国在第一次世界大战中战败，苏维埃全俄中央执行委员会于同年11月13日宣布废除这个掠夺性的和约。

布列斯特和约对苏俄来说是一个"不幸的和约"，根据和约规定苏俄必须向德国割让大片土地，付给德国巨额赔款。但是，由于这个条约的签订，使苏俄退出了战争，以空间换取了时间，赢得了一个非常必要的暂息时机。利用这段时间，苏俄加紧调整和恢复国民经济，建立和扩大红军，整顿国内秩序，加强同劳动农民的联盟，巩固了工人阶级专政，为镇压国内敌对阶级的反抗和粉碎帝国主义后来的武装干涉，创造了有利条件。1920年，列宁回顾这一段斗争历史时指出："布列斯特和约的重大意义，在于我们能够在困难重重的情况下第一次在很大的范围里利用了帝国主义之间的矛盾，从而归根到底有利于社会主义。"① 布列斯特和约的签订，是列宁把对共产主义的无限忠诚同实行必要的妥协结合起来，把原则的坚定性和策略的灵活性结合起来的光辉范例。

三、执政党要密切联系群众

执政党要密切联系群众，只有密切联系群众才能聚集人民群众的力量搞建设，求发展。苏俄早期，特别是列宁领导下的俄共时期，密切联

---

① 《列宁全集》40卷，人民出版社第2版，第59页。

系群众这一路线得到较好的贯彻，积累了不少密切联系群众，同人民群众打成一片的做法和经验。

1. "善于接近群众"

执政党要密切联系群众，就要"善于接近群众"，同人民群众打成一片。列宁非常重视联系群众。在联系群众的方法方式上，列宁认为首先要做好群众的来信来访工作。在他看来，做好这项工作是党"接近群众"的桥梁。1918年12月，列宁写了《关于苏维埃机关管理工作的规定草案》，明确规定：每个苏维埃机关，都要张贴接待群众来访日期和时间的规定，不仅贴在屋里，而且贴在人人可以看到的大门外面。接待室必须设在可以自由出入、根本不需要什么出入证的地方。每个苏维埃机关都要有登记簿，把来访者的姓名、意见要点和问题性质最简要地记下来。星期日和假日也要规定接待时间。后来根据列宁的指示，成立了人民委员会接待室。人民委员会接待室秘书负责将群众的文件和申诉交代处理，每两周向列宁报告一次总的情况。1921年底，列宁得知接待室转给苏维埃机关的一些群众意见和上诉信没有下落，立即写信给中央有关的领导同志，指出：要认真处理群众的来信来访问题；对于严重问题，应该同有关的负责同志联系及时加以解决。①

2. 反对党的干部搞特殊化

为了使党密切联系群众，1917年11月，在列宁的领导下人民委员会颁布了决议，规定"采取最有力的措施以降低一切国有的、公有的和私人的机构和企业中高级职员和官吏的薪金"。人民委员每月最高薪金不得超过500卢布，无劳动能力的家属每人补贴100卢布。决议责成财政人民委员部削减一切过高薪金和优抚金。半个月后，俄共（布）中央在给各级党委的指示信中，又强调指出，要控制薪金和津贴的发放，发放的数额不得超过当地熟练工人的平均工资。即使在国内战争异常激烈、物质供应极端困难的条件下，俄共（布）中央和苏维埃政府还严格要求党的领导干部不搞特殊化，要和人民群众同甘共苦。列宁经常告诫党的领导

---

① 魏泽焕：《苏共兴衰透视》，广东人民出版社，1998年版，第121—122页。

干部，不能够也不应该为自己要求特权，不能把入党看作向人民谋取地位、待遇的手段，要警惕和防止党内腐化堕落分子的产生。1922年召开的俄共（布）第十一次代表大会作出规定：要坚决结束共产党员在工资方面的巨大差别，委托中央委员会定期解决党员工资过高的问题，强调缩小党内物质待遇不平等现象，对党的干部的"个人发财企图必须无情地加以制止"。

在贯彻俄共（布）中央和苏维埃政府的决议中，列宁总是严格要求自己，带头执行。他的薪金同当时的技术工人相仿，每月500卢布。1918年3月，人民委员会总务处处长出于对领袖的爱戴，擅自把列宁的工资由每月500卢布提高到800卢布。列宁得知后，马上给他写信，严厉指出这是"破坏了人民委员会1917年11月23日的法令"，是"公然违法行为"，并宣布给他"以严重警告处分"。①

建国初期的俄国共产党对干部搞特殊化、贪污受贿等现象给予严厉的处置。1918年5月，人民委员会用法律的形式颁布了一项法案，明确规定对于利用职权而犯罪、接受贿赂的国家职员，给予法律制裁，判处5年以上剥夺自由和强制劳动的徒刑。面对行贿者，及向职员行贿的教唆犯应当同受贿人员一样受到法律制裁。1922年，全俄中央执行委员会又颁布了《苏俄刑法典》，对以权谋私、贪污腐化的国家职员作了严格处罚的规定。

3. 反对个人迷信

列宁坚决反对个人迷信。十月革命胜利后，列宁反对为他祝寿。1920年4月5日，俄共（布）第九次代表大会要闭幕了，代表们要在闭幕会上热烈庆祝即将到来的列宁50寿辰，可是遭到列宁的拒绝，列宁请大家唱国际歌。在大家坚持要庆祝并已经致祝词的情况下，列宁不得不退出会场，在会场外打电话给会议主席，要求他进行劝阻。4月23日，党的莫斯科委员会为列宁50寿辰举行庆祝大会，邀请列宁参加。一向准时到会的列宁这一次故意直到会议将结束的时候才到，告诫同志们不要

---

① 《列宁全集》第48卷，人民出版社第2版，第156页。

为已取得成就而陶醉，不要骄傲自大，要根本免去这种祝寿仪式。①

列宁还反对在报刊上发表对他个人或他的功绩作出任何颂扬的宣传。1918年8月30日列宁遇刺后，全国人民处在焦虑不安之中，各报登载了关心列宁、歌颂列宁的文章。当列宁刚脱离危险，看了半个多月没有看到的报纸后，为人民群众的真诚关怀而感动，但坚决要求马上停止这种宣传，要报纸登载更需要更有意义的东西。

四、执政党必须努力锻炼出一个好的作风

十月革命后，列宁经常提醒全党必须保持和发扬共产党在长期的革命斗争中锤炼出来的优良作风。为了保持和巩固这种优良作风，应该采取以下做法：

1. 开展批评与自我批评

开展批评与自我批评是改正错误的一种行之有效的方法，但是，要正确地实行这种方法是很不容易的。其具体要求是②：

其一，要坚持原则，敢于开展批评。列宁认为，为维护真理敢于斗争而没有任何畏惧，为坚持原则开展批评而毫不苟且调和，是每个共产党员应有的品质。在1920年《共产国际》杂志上，在作为社论发表的高尔基的《弗拉基米尔·伊里奇·列宁》一文和同期发表的高尔基致赫·威尔斯的一封信中，高尔基充满了对列宁爱戴和对列宁的活动无限钦佩的感情。然而，它是站在个人迷信的错误立场上写的，其中有一系列政治上有害的论点。高尔基在文章和信中对列宁的作用、苏俄人民的作用、苏俄革命的性质做了极其主观的、实质上是唯心主义的评价。高尔基完

---

① 魏泽焕：《苏共兴衰透视》，广东人民出版社，1998年版，第127页。
② 参考魏泽焕：《苏共兴衰透视》，广东人民出版社，1998年版，第139－142页。

全没有提到俄国共产党在革命中的领导作用，苏俄工人阶级和劳动农民的决定性作用。当列宁看到这篇文章和信后，很快写了《俄共（布）中央委员会政治局关于〈共产国际〉杂志登载的阿·马·高尔基文章的决议草案》，对高尔基的错误观点进行了尖锐的批评。指出："中央政治局认为在《共产国际》第十二期上登载高尔基的两篇文章，尤其是那篇社论，是极为不妥当的，因为这些文章不但没有任何共产主义的东西，相反有许多反共产主义的东西。今后，此类文章无论如何不得在《共产国际》上刊登。"①

其二，应当慎重、合乎分寸，做到实事求是。列宁指出："每一个党的工作人员在工作上都有缺点，但是在批评缺点或向党的各个中央机构分析这些缺点时，应当慎重、注意分寸，否则就成为搬弄是非。"② 这也就是说，在分析和批评错误时，既不能大事化小，也不能无限上纲，而是实事求是；既要肯定成绩和功劳，又要指出存在的问题和错误，坚决反对那种肯定一切和否定一切的错误做法，更不能从个人的恩怨出发，进行打击报复，开展不符合实际的批评。只有这样做，才能使人心服口服，克服和纠正自己的缺点和错误。

其三，要出以公心，用一个掌握是非的尺度。要做到实事求是，除了要有事实的出发点以外还有一个感情的出发点的问题，那就是对批评的对象的爱憎建立在什么思想基础之上。同样一件事情，发生在与自己亲近的人或者有利益关系牵连的人的身上，可以这么评断；发生在另一个与自己素昧平生，不关痛痒或者挟有私嫌的人身上，又是那样的评断。这就不是实事求是，而是凭亲疏感情用事。列宁指出："在衡量一个事物时，如果根据是涉及自己的'下级团体'（对党而言）还是涉及他人的'下级团体'而使用两个不同的尺度，——这是很糟糕的。这正是庸俗观念和小组习气，决不是党性的态度。"③ 在开展批评与自我批评时，如果不是出以公心，用两个掌握是非的尺度，就是庸俗观念和小组习气，是党性不纯的表现。

---

① 《列宁文稿》第10卷，人民出版社，1979年版，第435页。
② 《列宁全集》第45卷，人民出版社第2版，第78页。
③ 《列宁全集》第8卷，人民出版社第2版，第216页。

其四，对愿意改正错误的人要既往不咎，不能抓住不放。列宁认为，在开展批评与自我批评的过程中，对那些犯过错误也愿意改正错误的人，就要既往不咎，不能抓住不放。这样做，可以使犯错误的人有改正错误的机会，使他们增加改正错误的信心。1905年，俄国共产党在政治上处于困难时期，党内一些知识分子立即对马克思主义发生了动摇。"造神派"要求马克思主义同宗教合二为一。其主要成员卢那察尔斯基甚至认为，社会主义就是宗教，是有关未来的最崇高的宗教。"造神派"的言论和活动直接破坏了马克思主义理论对工人阶级革命运动的指导作用，列宁为此同他们展开了论战。后来，卢那察尔斯基放弃了自己错误的政治主张和思想观点，他仍然得到了列宁的器重。列宁对卢那察尔斯基的才华一直怀有敬意，认为他是一个罕见的聪明人，一个非常优秀的同志。列宁对他回到俄国共产党的立场上来充满着喜悦心情。十月革命后，卢那察尔斯基担任了苏维埃第一任教育人民委员，一直到1929年。在任期内，他成了一位才华横溢的文艺理论家，在传播马克思主义文艺理论方面作出了卓越的建树。

2. 克服官僚主义作风

革命胜利后，俄国共产党的地位和环境起了根本的变化，党的思想作风中的一个带有普遍性的现实问题就是克服官僚主义。列宁认为，要改革国家机关，达到克服官僚主义的目的，必须采取一些强有力的具体措施。①

（1）精简机构。列宁认为，为了克服官僚主义，使之更加紧密地联系群众，应当把国家机构精简到最低的限度。1922年，他在给工农检查人民委员部部务委员的信中指出，你们现在的人员编制已由9000人编减到8000人，可不可以减到2000人而发6000人的工资（即增加两倍），并提高他们的业务水平？

（2）选拔人才。列宁指出：要克服官僚主义，应当把具有真正现代水平的人才，即不亚于西欧优秀模范的人才选拔到国家机关中来。列宁选拔人才的原则是：宁可数量少些，但要质量高些。在选拔人才的过程

---

① 魏泽焕：《苏共兴衰透视》，广东人民出版社，1998年版，第131－132页。

中，它要求除了有人介绍外，主要是经过极严格的考试，如必须通过国家机关知识的考试，必须通过国家机关基础理论、行政管理和公文处理等等基本知识的考试。

（3）建立个人工作责任制。列宁认为，国家机关管理的基本原则是：一定的人对所管的一定的工作完全负责。只有这样，才能使每一个国家机关工作人员职责分明，发挥其积极性和主动精神，才能增加工作责任心，避免官僚主义。1922年2月27日，列宁在给瞿鲁巴的信中指出：当前的首要任务不是发指令，不是改组，而是挑选人才，建立各项工作的个人负责制，检查实际工作。否则，就无法摆脱窒息着我们的官僚主义和拖拉作风。

（4）改进工作作风。为了克服官僚主义，列宁经常教育国家机关工作人员多接触实际，解决实际生活中出现的各种问题。他痛斥一切脱离实际的空谈家，不断劝告工作人员多做些日常平凡的事情。1921年，列宁在写给中央统计局的信中，要求他们拿99%的力量去研究我们建设中实际上迫切需要解决的问题。

（5）实行奖惩制度。列宁认为，要改革国家机关，达到克服官僚主义的目的，除了采取上述措施外，还必须实行奖惩制度。对表现好的国家机关工作人员，要给予奖励，对犯有严重官僚主义的国家机关工作人员，要加以"法律制裁"。1921年12月8日，列宁在俄苏维埃第九次代表大会上指出，人民法院要更加注意对官僚主义、拖拉作风和经济方面的失职事件加以法律制裁。审判这类案件是必要的，这样可以提高人们的责任心，反对当前很难消灭的坏事，可以引起工农群众对这一重要问题的注意，可以达到实际目的：取得更大的经济成就。

五、党政职能要明确划分

列宁非常重视俄国共产党与苏维埃国家政权的职能划分。早在十月革命前，俄国的无产阶级在1905年革命中刚刚创立苏维埃时，针对当时有人提出要工人代表苏维埃还是党这一问题时,列宁指出:"这个问题的答案无疑应该是:既要工人代表苏维埃,又要党。问题(而且是最重要的问题)仅仅在于,如何划分苏维埃的任务和俄国社会民主工党的任务,以及如何把二者结合起来。"① 尽管这时的苏维埃还不是完整的国家政权,列宁所说的党和苏维埃的关系还不是完整意义上的党政关系,但列宁这时显然已经具备了夺取政权之后正确划分党政职能的思想基础。

革命胜利后,作为执政党的俄国共产党与作为正式国家政权的苏维埃的关系便成为完整意义上的党政关系了,党政职能划分也显得日益重要了。列宁在1919年4月写的《苏维埃政权的成就和困难》一文指出:"现在,我们特别需要这样更普遍、更广泛地看问题,因为现在党内的人由于下述情况而有时感到苦恼,发觉自己的工作有缺点,有毛病,不能令人满意。这种情况就是,为了实际执行苏维埃政权过去和现在所面临的那些刻不容缓的、日常的、当前的、迫切的国家管理任务,我们的注意力常被转移,被分散,尽管我们尽了各种努力,还是常常不得不去过分注意管理中的琐事,忘记了整个无产阶级专政在世界范围内的总的发展进程,忘记了整个无产阶级专政是通过苏维埃政权,正确些说,是通过苏维埃运动,通过无产阶级群众在苏维埃内部的摸索,通过在苏维埃内部实现专政的尝试而发展起来的。"接着,列宁还指出:"我们应当特别注意这些总的任务,这样才能使自己尽量超脱一些从事苏维埃实际工作的人都会遇到的国家管理中的琐事,才能了解我们作为世界无产阶级大军的一支部队还要采取什么样的重大步骤。"② 这里,列宁充分论述了党政职能划分的必要性,提醒全党"应当特别注意这个问题",不要"过分注意管理中的琐事"而"忘记了整个无产阶级专政在世界范围内的总的发展进程"。在列宁亲自主持和指导下,俄共(布)第八次代表大会根据当时存在的党政职能不分的状况,作出了相应的决议。决议决定:无论如何不应把党组织的职能和国家机关即苏维埃的职能混淆起来。这种混淆会带来极危险的后果,特别是在军事方面。

列宁关于党政职能划分的论述和实践活动比较多,特别是在1921年

---

① 《列宁全集》第12卷,人民出版社第2版,第55页。
② 《列宁全集》第36卷,人民出版社第2版,第36页。

以后。列宁认为，俄国共产党要摆脱当时的困境，迅速恢复遭受严重破坏的国民经济，必须把党的首要任务转移到经济建设方面来。根据列宁的意见，俄共（布）及时把党的首要任务转移到社会主义经济建设上，开始从战争过渡到经济建设。随着国民经济恢复工作的开展和新经济政策的实行，迫切需要加强和改善党的领导，充分发挥苏维埃国家政权的职能作用。但是，在战争时期形成的不正常的党政关系仍然存在。其主要表现在：党政机关的职能界限不清，党组织对国家政权机关的工作细节进行过分频繁的干涉；苏维埃机关及其工作人员缺乏足够的责任心和主动性，把一些应由国家政权机关处理的具体事情都搬到政治局里来，政治局和中央处理了很多属于国家政权机关办理的具体工作。这种党政不分，妨碍了各级苏维埃国家政权行使自己的权力，不利于调动苏维埃国家机关的积极性和主动性。1922年3月，列宁就党的第十一次代表大会政治报告提纲给维·米·莫洛托夫并转俄共中央全会的信中，针对当时党政职能不分的状况，明确指出："必须十分明确地划分党（及其中央）和苏维埃政权的职责；提高苏维埃工作人员和苏维埃机关的责任心和独立负责精神，党的任务则是对所有国家机关的工作进行总的领导，而不是像目前那样进行过分频繁的、不正常的、往往是琐碎的干预。"①列宁还指示，要根据党政职能划分的原则草拟相应的决议案，提交代表大会讨论通过。

执政党必须划分党政职能，但是划分后执政党的领导职能是什么？列宁在这个问题上提出：党的任务是对所有国家机关的工作进行总的领导。也就是说，执政党的领导职能就是对所有国家政权机关的全部政治经济工作进行"总的领导"。根据列宁的论述，执政党"总的领导"包含着以下内容：

1. 制定战略和策略

战略是指党在特定的历史阶段、历史时期的总路线、总政策。策略是指完成战略任务的斗争形式、组织形式、策略口号等问题。列宁和俄共中央长期以来在实施这一领导职能过程中，在如何正确制定战略和策

---

① 《列宁全集》第43卷，人民出版社第2版，第64页。

略问题上，积累了丰富的宝贵经验。他们提出，为了保证战略和策略的正确性，必须做到"三个依据"，即须依据马克思主义理论制定党的战略和策略；依据时代的特点、本国的国情来制定党的战略和策略；依据革命斗争的实践经验制定党的战略和策略。

2. 开展思想政治工作

当党的战略和策略制定后，党的主要任务就是在人民群众中开展思想政治工作。在国内战争结束、进入恢复经济建设时期后，列宁要求把思想政治工作作为党的基本任务来抓。为了有效地开展思想政治工作，俄共（布）中央和人民委员会在列宁倡议下，建立了政治教育总委员会。同时，俄共（布）建立了一支专门在人民群众中开展思想政治工作的坚强队伍。

3. 挑选干部

党的干部与党的战略和策略是密切相关的。党的战略和策略是党的干部制定的，又是由党的干部执行的。列宁认为，在挑选和使用干部问题上，既要打破陈规旧套，破除思想禁锢，又要严格掌握被挑选干部的条件，以保证干部各方面具有较高的素质。

4. 发挥共产党员的带头作用

在开展社会主义经济建设中，列宁要求共产党员像战争年代一样，发挥自己的模范带头作用。为此，列宁十分重视提高党员的素质。在思想上，列宁要求共产党员努力学习马克思主义；在业务上，要求共产党员刻苦学习专业知识；在组织上，要求严格入党条件和善于纯洁党的队伍；在作风上，要求共产党员防止骄傲自大，克服官僚主义，密切联系群众，开展批评和自我批评。

5. 实行监督

党制定了正确的战略和策略后，还必须实行监督，使工作在各条战线上的党员、干部和苏维埃国家政权机关真正贯彻执行党的战略和策略。

六、执政党要强化监督机制建设

为了实施党的这项领导职能,列宁和俄共(布)中央十分重视建立和健全党的监督机构。

1920年9月,在列宁亲自主持召开的俄共(布)第九次代表会议上,通过了《关于党的建设的当前任务》的决议,在党的历史上第一次宣布成立中央监察委员会。决议规定:中央监察委员会与中央委员会是平行的机构,是党的代表大会选出来的,直接对党的代表大会负责;中央监察委员会由党内最有修养、最有经验、最大公无私并能严格执行党的监督的同志组成;有权接受和协同中央委员会审理一切控诉,必要时可以同中央委员会举行联席会议或把问题提交党的代表大会;一般来说,中央委员不能参加中央监察委员会,除非得到全国党代表大会的批准;参加中央监察委员会的中央委员,在中央监察委员会专门讨论与他主管部门或工作范围相关的问题时,不能参加表决。虽然这个决议对中央监察委员会的规定还不够完善,但阐述的这些原则中已经包含了中央监察委员会独立行使监察权的思想,标志着俄国共产党监督机构的建立。

1921年3月,列宁在召开的俄共(布)第十次代表大会上充分肯定了俄共(布)第九次代表会议决议的正确性,通过了著名的《关于监察委员会》的决议,健全了党的监督机构。

列宁在重视建立健全党内监督机构的同时,还十分重视建立健全党外的监督机构。十月革命后不久,列宁就提出,苏维埃政权机关应该在全国范围内对生产和消费立即实行工人监督。随后,在资本家企业中建立了工人监督小组。列宁亲自起草《工人监督条例草案》。其中规定:凡拥有职工5人以上或周转金1万卢布以上的一切工、农、商和银行企业中均需要设立工人监督小组,负责监督企业的生产、统计和分配,防止资本家破坏经济和颠覆苏维埃国家政权。随着工业国有化的逐步实现,1918年6月撤销了工人中央监督委员会,建立了国家监督机关,即国家监察人民委员部，用以监督党的战略和策略的执行情况。1920年，根据列宁的指示，把国家监察人民委员部改组成工农检察院。1923年，列宁要求把中央监察委员会同工农检察院合并起来，以便加强对苏维埃国家政权监督机构的领导，充分发挥劳动人民的监督作用。同年4月，俄共（布）十二大根据列宁的提议，成立了党政合一的监督机构，即中央监察委员会和工农检察院的联合机构。

第七章 东欧国家执政党探索人民民主道路、经济政治体制改革的经验

在第二次世界大战之后，领导人民进行反抗法西斯英勇斗争的东欧各国（包括波兰、匈牙利、捷克斯洛伐克、民主德国、保加利亚、南斯拉夫、罗马尼亚、阿尔巴尼亚）共产党，在苏联红军胜利进行反攻形势下，相继执掌政权，使这些国家走上了社会主义道路。东欧各国共产党都是在争取工人阶级自身解放的斗争中建立起来，并以马克思主义作为指导思想，经历了长期考验的党。虽然在其发展过程中，由于具体历史条件的不同，有的党曾受到过较多社会民主主义的影响，有的受反动政府迫害曾长期流亡国外，带来了某些先天的不足，在执政期间，也曾犯过不少的错误，但总体上讲，东欧各国共产党仍然是有着光荣斗争历史，对人民解放事业和社会主义建设作出过巨大贡献的党。

在如何建设社会主义国家方面，东欧共产党在战后初期选择了"人民民主道路"。所谓"人民民主道路"实际上就是东欧各国共产党把马克思主义的基本原理同本国国情结合起来，提出的一条向社会主义过渡的国家政权形式。保加利亚共产党领导人季米特洛夫是人民民主思想的一位重要的倡导者和实施者，他于西班牙内战时期提出"人民民主"的概念。1936年9月18日，季米特洛夫在共产国际执委会书记处一次会议上讲到西班牙事件时说："问题已不再这样提出来：要么资本主义，要么社会主义，要么苏维埃国家，要么法西斯专政……在目前的过渡阶段，（西班牙）共和国……将是一个具有真正人民民主的特殊国家。它还不会成为苏维埃国家，而是反法西斯、有资产阶级真正左派参加的左翼政府。"季米特洛夫还指出，这种"新型议会共和国"政权属于反法西斯力量的联合政府，人民阵线在政府中具有决定性影响。"人民民主国家"的特点

之一，是"在组织生产时，用不着彻底消灭资本主义私人所有制"。在理论上，可以称这个阶段为"工人阶级和农民民主专政的一种特殊形式"①。季米特洛夫在1945年11月从苏联返回保加利亚后就强调，目前要解决的任务只能是人民民主性质的，并且对人民民主的特征作了高度概括："人民民主制度和人民民主国家的性质是由四个最重要的特征决定的：（1）人民民主国家是在工人阶级领导下的劳动人民——绝大多数人民的政权；（2）人民民主国家是过渡时期的国家，其使命是保证我国沿着社会主义道路发展；（3）人民民主国家是在同社会主义国家苏联合作和友好中建立起来的；（4）人民民主国家属于反帝国主义的民主阵营。"② 其他东欧国家的共产党领导人也把人民民主作为通往社会主义的新道路。例如，波兰工人党总书记哥穆尔卡提出的"通向社会主义的波兰道路"，捷克斯洛伐克共产党主席哥特瓦尔德提出的"捷克斯洛伐克的特殊道路"都是结合本国国情的人民民主道路。

东欧国家共产党结合本国国情的"人民民主道路"的执政方式虽然后来随着冷战的开始和美苏两大国的对峙而受到种种阻碍，乃至停滞，并在苏联的压力下照搬照抄苏联模式。然而，进入50年代之后，东欧各国领导人进一步意识到苏联模式与本国国情的不适应性，采取了一系列的经济政治体制改革措施，继续探索适合本国国情的人民民主道路。这些改革和探索为后来的社会主义国家共产党的执政实践提供了良好的理论基础和实践基础，为后来中国共产党建设"有中国特色的社会主义"的发展道路提供了丰富的借鉴意义。

---

① 转引自马细谱：季米特洛夫：关于人民民主思想的转变，《世界历史》，1997年第4期。

② 转引自马细谱：季米特洛夫：关于人民民主思想的转变，《世界历史》，1997年第4期。

一、东欧国家共产党探索人民民主道路、进行经济政治体制改革的共同做法

在战后初期,东欧各国共产党充分认识到,鉴于东欧与苏联十月革命后的社会、政治、经济和文化条件不同,人民民主制度是不同于苏联模式的走向社会主义的道路。1946年2月26日,季米特洛夫在保加利亚工人党索非亚州委扩大会上说:"现在,争取社会主义斗争的原则已跟1917—1918年沙皇俄国不同了……我们作为马克思主义者应该很好地懂得这一点:各个国家的人民向社会主义过渡,将不会走一样的刻板公式道路,不会完全按照苏联的样板,而是取决于各自的历史、民族、社会、文化和其他条件走自己的道路。"① 哥特瓦尔德也告诫捷共干部说:"捷克斯洛伐克不是要照抄苏联的社会主义,在苏联取得胜利以后形势又有了变化。再说,我们的传统和需要也不同于苏联。有一天,我在莫斯科的一条大街上掉了一只鞋后跟,但我找不到修鞋的鞋匠,因为在苏联所有手工业者都消失了。……我们为什么要去消灭我国大批的小手工业者呢?让他们继续工作要好很多。"② 1946年11月,哥穆尔卡在华沙波兰工人党和波兰社会民主党积极分子大会上明确地阐述了"通向社会主义的波兰道路"与苏联模式的区别:"第一个区别是,社会政治制度的改变在俄国是通过流血的革命道路实现的,而在我国是和平实现的。第二个区别是,苏联必须经过无产阶级专政的阶段,在我国没有这个阶段,并且可以避免这个阶段。表明两国发展道路不同的第三个区别是,苏联的政权是由代表会议,即苏维埃来行使,它把立法和执行职能联结起来,苏维埃是社会主义政府的一种形式。我国立法和执行职能是分开的,国家政权建

---

① 转引自马细谱:季米特洛夫:关于人民民主思想的转变,《世界历史》,1997年第4期。

② 转引[捷]伊日·贝利康:《永无尽头的春天——一个布拉格共产党人的回忆》,北京出版社,1983年版,第52页。

立在议会民主道路上。"①

东欧各国共产党领导人从本国国情出发,制定适合本国的政策纲领,对东欧冷战前的巩固政权起到重要作用。东欧各国共产党提倡的人民民主道路、进行经济政治体制改革的共同做法,归纳起来有以下几个主要内容②:

1. 主张通过议会民主制逐步实现社会主义

季米特洛夫提出,人民民主国家应该建立自由选举产生的议会。这是由东欧解放后的客观条件决定的。战后的东欧面临着向资本主义或社会主义发展的两种可能性。然而,两次大战期间资本主义出现的经济危机使它丧失了吸引力,人们对资本主义制度产生怀疑;另一方面,苏联社会主义建设取得的伟大成就举世瞩目,而且苏联赢得了对德战争的胜利,其政治地位不断上升;各国共产党为反法西斯斗争付出了巨大的牺牲受到各国人民的尊敬,整个世界都出现了左的倾向。尤其在东欧国家,共产党和社会主义的声誉和影响都大大提高,再加上苏联红军解放了东欧的大片领土,并且战后东欧部分地区仍然驻扎着红军,它们给予当地的共产党以政治、经济、军事和道义上的帮助与支持。东欧共产党人认为,在这样的情况下,通过和平民主的议会道路过渡到社会主义是完全可能的。而且东欧大多数国家有议会民主传统。波兰早在16世纪就形成了两院制议会。保加利亚1879年制定和通过了特尔诺沃宪法,从此确立了君主立宪制度。捷克斯洛伐克在第一次世界大战后也确定了西方式的资产阶级议会民主制度,一直持续到二战爆发。议会传统使广大人民形成了较强的法律意识和参加选举的自觉性,特别是法西斯势力实行独裁的惨痛教训,使人民更意识到议会机构存在的必要性。

2. 不实行苏联的一党制,保留多党执政形式

正如匈牙利共产党领导人赫格居斯所说的:"人民民主意味着多党

---

① 转引自刘邦义:《哥穆尔卡评传》,中共中央党校出版社,1995年版,第98页。

② 黄宗良等主编:《共产党和社会党百年关系史》,北京大学出版社,2002年版,第128-131页。

制,而不是那种一党独霸的制度。要在党和党之间建立一种伙伴关系。"①早在 40 年代中期,保加利亚共产党领导人季米特洛夫就告诫全党说,保加利亚共产党面临的任务十分艰巨复杂,单独一个党或一个阶层是无法胜任的。他还说,那种认为各政党已经完成了自己的政治和历史使命,从而可以取消的观点是错误的和有害的。同一时期,捷克斯洛伐克共产党领导人哥特瓦尔德也强调指出:"我们不能自己单独进行统治,他们也不能自己单独进行统治。他们没有我们不能进行统治,我们没有他们也不能进行统治……这就产生了同另一个政治集团合作的必要性,尽管这一集团同我们的合作是被迫的。"1946 年 8 月 18 日,哥穆尔卡在《人民之声报》上发表题为《我们的立场》的文章,指出:"我们生活在这样一个历史发展阶段,任何一个政党都不能独立举起人民团结的旗帜,只有所有民主政党共同的行动,才能够举起它、发展它。"②

这主要是由共产党在各国影响较弱造成的。波兰共产党于 1938 年被共产国际错误解散,直到 1942 年 1 月才成立波兰工人党。匈牙利共产党成立于 1918 年,在共产国际解散后,于 1943 年 7 月自行解散,组成和平党开展活动;1944 年恢复匈牙利共产党的名称,力量十分薄弱,解放前人数仅有 2000 - 3000 人。罗马尼亚共产党从 1924 年就被取缔,在 1944 年战争结束后开始崛起。保加利亚共产党在 1934 年成为非法组织,直到 1943 年与其他党派组成祖国阵线,共同抵抗德国。二战中,东欧国家共产党积极从事反法西所斗争,赢得了声誉,成为战后东欧的一支重要的政治力量。但是共产党在社会政治生活中尚未取得稳定多数,一些资产阶级和小资产阶级政党仍有广泛的社会基础。而且,战后的东欧客观上存在着不同的利益,这些利益之间也存在着差别和矛盾,多党制是协调不同利益的民主方式。

但是在多党联合政府中,共产党要起领导作用。"人民民主固然可以说成是议会民主,可是'人民'意味着共产党在'牵头'的基础上——

---

① [匈]赫格居斯·安德拉斯:《赫格居斯回忆录》,世界知识出版社,1992 年版,第 95 页。

② 马细谱主编:《战后东欧——改革与危机》,中国劳动出版社,1991 年版,第 65 页。

或者更甚于此——控制着军队"①。因为人民民主制度是向社会主义过渡的一种政权形式,实行共产党的领导是客观需要。列宁曾经说过:共产党是"唯一能把资产阶级革命进行到底并为进行社会主义革命创造有利条件的政党"②,"只有这个党才能领导工人阶级去深刻地根本地改变旧社会"③。在东欧当时的社会状况下,只有共产党才能抵制群众中的小资产阶级动摇性、狭隘性、旧传统和恶习,引导广大群众向社会主义过渡。但这种领导作用不应该是共产党宣称的一种权力,不应该强迫其他党派承认共产党的领导作用,而是共产党通过政治活动和斗争,不断扩大自己的影响来争取的。

3. 在经济方面,主张多种所有制形式并存,一些国家不实行农业集体化

1945年1月,季米特洛夫就指出,在保加利亚还存在"爱国工业家和商人",祖国阵线应当"支持这些爱国的工业家和商人,让他们有可能发展自己的企业"。各国共产党制定的纲领都提出对经济进行民主性改革,通过国有制的不断扩大,逐步将经济纳入社会主义。规定将法西斯分子、纳粹德国的帮凶、投敌分子的财产收归国有,使国营经济在全国经济生活中逐渐占有主导地位。不追求单一的公有制,对于私营工商企业,不急于实行全面国有化。波兰还曾设想利用国家资本主义的形式对私营企业逐步进行改造。在农村,各国共产党没有提出实行农业集体化,哥穆尔卡明确宣布,波兰工人党是农业集体化的坚决反对者。只提出进行土地改革,消灭大地主,把没收的土地分给无地和少地的农民。

---

① [匈]赫格居斯·安德拉斯:《赫格居斯回忆录》,世界知识出版社,1992年版,第95页。
② 《列宁全集》第42卷,人民出版社第2版,第49页。
③ 《列宁全集》第37卷,人民出版社第2版,第126页。

二、南斯拉夫——社会主义自治民主制的建立与发展

首先在经济方面，南斯拉夫确立了工人自治制度。1950年6月26日，南斯拉夫联邦国民议会通过了《关于工人集体管理国家经济企业和高级经济组织的基本法》（通称"工人自治法"）。这项法令规定，由企业的工人委员会管理企业。工人委员会由全体职工以无记名投票选出。工人委员会选举产生管理委员会，作为自己的执行机构。管理委员会委员任期一年，每次改选时只有1/3的委员可以连选连任，任何委员不得连任两次以上。工人委员会有权批准企业的生产计划、决算和规章制度，有权审查管理委员会的工作并罢免其成员。管理委员会根据国家法令、工人委员会的决定和主管国家机关的指示全面负责企业的管理工作。企业经理由主管国家机关任命，全面领导企业的业务工作，并对实现企业的生产计划和经济效果负责。工人委员会有权建议撤换经理。

在建立工人委员会的同时，宣布摒弃国家所有制，实行社会所有制。随着劳动者直接管理生产资料的开始实行，国家管理经济的职能也开始了其消亡的过程。1951年12月，联邦议会通过了《民经济计划管理法》取消原来的国家计划制度，实行社会计划制度。国家只规定诸如基本建设投资、积累与消费等主要比例关系。企业在这些比例关系的指导下，可以根据国家法令规定的权利和义务，独立地制定自己的计划并进行经营。联邦政府管理的企业全部下放给共和国管理。撤销了铁路、交通和所有的工业部，成立了企业性的管理总局和综合性的经济委员会，缩小了联邦政府管理经济的权限，扩大了各共和国和地方政府的权限。

改革迅速取得了积极的成果。1952年底，南斯拉夫结束了外国经济封锁和连年旱灾造成的经济停滞局面，走上了蓬勃发展的道路。工业的发展尤为突出，如1952年的产值为100，1953年为111，1954年为126，

1955年为147，1956年为162①。这种增长幅度当时在全世界是不多见的。

1957年后，继续推行经济体制改革，进一步扩大企业自主权，规定企业可以自订计划，自由经营，自负盈亏。同时，国家仍掌握大部分积累和扩大再生产的决定权，大约2/3的企业利润要以投资基金税的形式上交国家。国家以此建立社会投资基金用来向企业提供贷款。1957－1964年，工业产值平均每年递增12.2%，仅次于日本同期增长率。②

其次，在政治方面，南斯拉夫进行了宪政改革，以实现自治民主化。改革的过程集中体现在其宪法的修改修正上。在南斯拉夫第一部宪法中，规定南斯拉夫是一个高度中央集权的联邦制国家。联邦议会由联邦院和民族院组成。前者由人民直接选举产生；后者由各共和国自治省议会选出的代表组成。联邦议会选出的部长会议（政府）是最高执行机关。部长会议拥有很大的权力，议会的作用只是批准它的决策。在这种体制下，党和政府机构之间职责不清、职能重叠现象严重。

工人自治开始以后，为与经济体制改革相适应，1953年1月，联邦议会通过《关于南斯拉夫联邦人民共和国社会制度和政治制度的基础和联邦权力机关的宪法性法律》，确定联邦议会是国家最高权力机关，由联邦院和生产者院共同组成。原有的民族院并入联邦院内，在一般情况下与联邦院共同开会，只在修改宪法或讨论其他特殊问题时才单独开会。生产者院在工业、交通运输和商业部门的职工之间选举产生。

随后，南斯拉夫进一步实行自治民主化，并与此同时限制政府相关权力。1963年4月通过的南斯拉夫第三部宪法，限制了联邦政府的权限，加强了共和国、自治省和区以及自治机构的权限。规定联邦议会既是最高权力机关，又是社会自治机关。联邦院改称联邦民族院，生产者院变为4个院：文化教育院、经济院、社会福利院、社会政治院。这一重大变化，是同50年代初期开始的工人自治扩展为社会自治密切联系的。

随着1965年开始的经济体制方面改革的深入，1967年、1968年和

---

① 转引自刘勇民等：《苏联和东欧八国经济政治体制改革》，东北师范大学出版社，1988年版，第67页。

② 刘勇民等：《苏联和东欧八国经济政治体制改革》，东北师范大学出版社，1988年版，第68页。

1971年联邦议会先后通过了42条宪法修正案,对1963年宪法做了若干重大修改。1967年4月的修正案,缩小联邦在立法、投资和国家安全方面的权力,扩大共和国和自治省的权限,同时,扩大了民族院的职权,取消副总统一职,并规定在总统缺席时,由联邦议会主席代理总统职务。1968年的修正案,进一步削弱联邦政府的职权,扩大了共和国和自治省的权力。自治省与共和国一样,有权独立地调整自己的内部关系,使自治省也成了构成联邦的基本组成单位。这次宪法修正案还规定,取消联邦院,联邦议会由民族院和作为另一院的文化教育院、社会福利院、经济院、社会政治院组成。①

1974年南斯拉夫颁布了第四个宪法。新宪法规定:(1)工人阶级和全体劳动者行使权力并管理社会事务是南斯拉夫社会政治制度的基础。议会是最高权力机关和社会自治机关。联邦议会改为两个院,即联邦院、共和国和自治省院。联邦院主要讨论决定有关整个联邦的共同利益问题,共和国和自治省院着重讨论处理与各共和国、自治省利益密切相关的问题。共和国、自治省和区的议会分别设立三个院,即联合劳动院、社会政治院、区院(在区议会叫地方共同体院)。(2)各级议会均实行代表团制。代表团成员由劳动者通过直接选举产生,并负责向原选举单位报告工作。(3)联邦主席团为国家集体元首,由各共和国、自治省各派一名代表组成,任期5年,南共联盟主席为当然委员。铁托总统兼任主席,副主席由其他委员轮流担任,每年轮换一次。(4)联邦议会主席团和议员、联邦主席团委员、联邦执行委员会主席和委员均实行轮换和限制连任的制度。(5)联邦与共和国之间,各共和国之间的重大问题,要通过协商达成协议,并签订自治协议和社会契约。

南斯拉夫以上政治体制的多次变革,贯穿着一个中心思想,就是力图处理好各民族以及与民族关系相联系的各共和国和自治省之间的关系,以便增强全国的团结。但是,由于南斯拉夫各民族在宗教、历史、文化以及经济发展水平方面,都存在很大的差别,处理好这种关系是件很不容易的事情。正如南斯拉夫政治学家沃·斯塔诺夫契奇所说:"我们也有

---

① 刘勇民等:《苏联和东欧八国经济政治体制改革》,东北师范大学出版社,1988年版,第76页。

自己的南方和北方,更有东方和西方"。如何在尊重、照顾民族差别的同时,增强全国的团结一致,"需要在政治制度中为各组成部分与整体之间找到真正的解决办法。40年来,南斯拉夫已通过了4部宪法,其目的也正是为了寻求各组成部分之间的正确关系。遗憾的是,目前我们尚未成功地找到这种关系。"①

综上所述,南斯拉夫在进行经济政治体制改革时,其自治民主制在经济领域的建立和发展取得了巨大的成就,通过扩大企业权限,放宽管制使南斯拉夫的经济快速发展;与经济体制改革相适应,南斯拉夫所进行的政治体制改革也朝着增加地方权限、削减中央权力的方向发展。然而,这种政治改革的步伐过快,即过度、过早的政治自治化、民主化,使得国家的权威受到威胁,削弱了国家的团结一致,以致难以对南斯拉夫的社会主义建设进行有效的管理和控制,这也是导致南斯拉夫后来亡国的直接根源。

三、匈牙利——计划管理与市场的积极作用相结合

20世纪40年代末和50年代初期,匈牙利劳动人民党总书记拉科西·马加什等人照搬苏联模式,实行高度中央集权的国家计划管理体制,导致国民经济比例失调,人民生活水平相当长时间得不到提高,甚至下降。这种状况引起了人民的强烈不满。他们迫切要求改革经济体制,改变经济发展战略方针。在压力下,匈牙利进行了经济政治体制改革。

1. 在经济体制方面的改革

1957年初开始,新的匈牙利社会主义工人党中央认真吸取过去拉科西犯错误的教训,调整国民经济发展方针,大力发展农业,重视发展消

---

① 转引自刘勇民等:《苏联和东欧八国经济政治体制改革》,东北师范大学出版社,1988年版,第77页。

费品工业；积极参与国际分工，努力扩大对外贸易；调整积累和消费的比例，重视提高人民生活水平；等等。此后，经济状况迅速好转，从1958年到1960年，国民收入增长23％，职工实际工资提高12％，农民实际消费增加19％①。到60年代初，国民经济出现了初步繁荣的景象。

匈牙利在逐步改变经济发展方针的同时，着手对经济体制进行局部改革。首先，从改变不合理的农产品价格入手改革农业管理体制，取消对农业生产合作社下达指令性生产指标和农产品义务交售制，代之以合同采购制。对工业企业则减少指令性计划指标的数量，加强经济杠杆的调节作用，初步扩大企业自主权和地方管理机构的作用，给企业以确定职工工资的机动权，建立根据企业利润情况年终发放奖金的制度，对固定资产和流动资金实行征税等。这些局部改革措施积累的经验，为后来的全面经济体制改革打下了良好的基础。

在多年酝酿讨论的基础上，1964年开始了全面改革的准备工作。这年12月，正式成立了党中央的经济体制改革委员会，其主要任务是制定改革的总体方案。委员会成员共200人，其中1/3是经济学家，2/3是经济管理干部。委员会下设价格、税收、金融、外贸等11个专业性小组，对各种设想和方案进行了充分的讨论和辩论，于1966年制定出全面改革方案及其实施细则。1966年5月党中央通过了《关于经济体制改革的决议》，并在少数部门和地区进行试点工作。改革分为两步走：第一步是1966年起先在农业部门进行；第二步是从1968年1月1日起在全国各个经济领域全面展开。这是匈牙利社会主义建设史上具有重大历史意义的事件。②

2. 全面经济改革的基本内容

从1968年1月1日起实行的新经济体制（后来称"新的社会主义计划经济管理体制"）的主要内容是③：

---

① 转引自刘勇民等：《苏联和东欧八国经济政治体制改革》，东北师范大学出版社，1988年版，第94页。

② 刘勇民等：《苏联和东欧八国经济政治体制改革》，东北师范大学出版社，1988年版，第95页。

③ 刘勇民等：《苏联和东欧八国经济政治体制改革》，东北师范大学出版社，1988年版，第95-96页。

(1) 把集中的计划管理同市场的积极作用有机联系起来。在提高国家计划管理效能的同时,充分发挥商品货币关系和市场调节的积极作用。坚持计划制度,但取消了国家向企业下达指令性计划指标,实行指导性计划制度,即运用经济杠杆来贯彻和实现计划要求,把落实计划同市场调节结合起来。

(2) 在国家和企业之间明确划分决策权。国家在原则上有权支配企业,但是为了发挥市场的积极作用,又必须使企业作为独立的商品生产者出现在市场上,这就必须扩大企业自身的决策权。大体是:宏观经济的决策权属于国家,微观经济的决策权基本上属于企业;扩大再生产决策权大部分属于国家,简单再生产的决策权属于企业;分配由国家控制的多一些,生产权则更多的下放给企业。

(3) 对国民经济的管理以经济方法为主。取消国家下达指令性计划后,主要通过经济手段来保证国民经济计划的实现,保证国家对经济过程的调节。这些经济手段,可以为企业作出决策提供正确的依据,并创造条件使企业的利益和社会的利益协调一致。这些经济手段,有的是长期的,如企业利润的上缴比例,可以使企业有相对稳定的经营条件;有的是灵活的,即根据经济形势的变化不断加以调整,如信贷条件等,可以有效地指导企业的经营活动。

3. 在政治体制方面的改革

(1) 改革和完善社会主义民主制度。鉴于拉科西时期犯错误的教训,新任总理、匈牙利党主席卡达尔在1959年召开的党的七大上强调指出:"社会主义国家政权的实质是民主"。党把发展社会主义民主看做是完全建成社会主义的中心任务之一。为此,一是改革选举制度。过去,只有爱国人民阵线才有权提出候选人,公民只有建议和推荐权。公民投票时不能变动候选人的名字,只能同意或不同意整个候选人名单,不能分别选举或不选个别候选人。1966年和1970年两次修改选举法,规定候选人由选民大会提名,每个选民都有权评议和表决候选人。在有多数选民出席的会议上,只要得到1/3以上的选民同意就可以作为候选人参加选举。国民议会议员和市、镇、乡以及首都市辖区议会的议员,由所在选区的选民以无记名投票方式直接选举产生。各州议会和首都议会的议员则通过间接选举产生。通过修改选举法，扩大了选民的权利，加强了选举的普遍性和直接性。

二是精简国家机构，扩大地方议会的自主权。1957年政府明确提出："精简国家机构，大大减少最近几年膨胀起来的官僚主义机构的数目"，"应当逐步扩大地方国家政权机构的活动和经济自主性"①。根据这一精神，合并裁减了中央一些部，加强了地方议会的工作，扩大了它的权限。不仅负责管理本地区的农业和供应，而且要领导工、商企业，满足居民的福利文化需要。这一年，中央机关工作人员缩减45%，州、区议会机关缩减40%，而乡议会人员增加4500人。1970年制定议会法后，地方议会计划由议会自己制定，经济上的自主性增强了。从1970年到1980年，地方议会掌握的资金增长了三倍，它们管理全部国家预算的30%。1980年，党的十二大再次提出"简化行政管理工作"，使行政干部比1979年精简6.2%。1984年1月1日起，取消了区级行政单位，其职权移交给乡政府，直接受州政府领导，并扩大市和乡的自主权。从1978年起，国家开办行政学院，为地方议会培养管理干部，每个地方议会执委会里，都有具有大学毕业水平的法律工作者，显著地加强了地方的法制工作。②

三是建立人民监督制度。1957年匈牙利颁布了人民监督法。1958年建立了中央和地方的各级人民监督委员会。这个委员会吸收各级层人民参加工作，有广泛的群众基础，监督的权限也很广。对除部长会议、法院和检察院以外的一切机构和组织，它都有权依法进行检查，以便监督国家的经济、文化、卫生等各条战线的工作。如发现问题，人民监督委员会有权责成有关职能部门限期处理，并把处理结果向它报告。

四是改革干部制度。1957年党代表会议决定，除党的职务外，所有国家行政职务和社会职务，党外人士都可以担任。同时，党还提出党政主要职务不兼职的原则。1958年卡达尔不再兼任总理。在总结过去干部工作经验教训的基础上，对干部标准作了严格规定，即政治上合格、业务上称职和有领导才能，这三条标准是一个整体，不可偏废。

---

① 本社编：《关于匈牙利事件》，世界知识出版社，1957年版，第91页。
② 刘勇民等：《苏联和东欧八国经济政治体制改革》，东北师范大学出版社，1988年版，第106页。

(2) 加强和改善党的领导。党一贯强调要不断加强党在社会主义各项事业中的领导作用。1975年党的"十一大"通过的《匈牙利社会主义工人党纲领宣言》中指出:"在从资本主义向共产主义过渡的整个历史时期内,党的领导作用是社会主义改造的决定性的政治条件","在建设发达的社会主义的过程中,特别重要的是进一步增进党对社会的指导活动"①。其主要措施:一是发扬党内民主。1962年召开的党的第八次代表大会决定,中央监察委员会由代表大会选举产生,并决定重要的政治、组织和人事问题要经过党代会选出的3个中央机构(中央委员会、中央检查委员会和中央监察委员会)在联席会议上讨论。在这种会议上3个中央机构的成员权利平等,表决权都一样。为了从制度上切实加强集体领导,保证个人专断不再重演,党注意处理好中央政治局和中央委员会的关系问题,使中央委员会更好地监督政治局的工作。为此,中央委员会除选举政治局外,还要选出经济政策委员会和意识形态委员会,每个委员会由10－12名中央委员组成。在政治局作出决定以前,先由这两个委员会讨论研究有关的重大问题,并把他们的意见呈交给政治局。这种委员会既是政治局的助手,又监督政治局的工作。此外,还成立3个直属政治局的小组,即经济、合作社和文化教育小组。每个小组有20－30人,除中央委员外,还吸收党外一些知名人士参加。它们的工作任务、程序同上述两个委员会差不多。于是,大约有3/4的中央委员投身到这些委员会和小组的工作中,对党中央的决策发挥监督作用。②

二是加强党对经济工作的领导。匈牙利卓有成效的经济体制改革是在党的领导下进行的。但是,随着经济机构自主权的扩大也出现了"党要退出经济领域"的错误论调。对此,党中央坚定地表示,不是党要"退出"经济领域,而是要在使经济政策适应变化着的形势方面担负更大的责任。

如何在经济领域加强党的领导,该党逐步摸索出了一套做法,积累了丰富的经验。1966年中央全会通过的《关于经济体制改革的决议》中

---

① 转引自刘勇民等:《苏联和东欧八国经济政治体制改革》,东北师范大学出版社,1988年版,第109页。

② 刘勇民等:《苏联和东欧八国经济政治体制改革》,东北师范大学出版社,1988年版,第110页。

指出,"党在经济生活中的领导作用体现在政治指导、协调和监督上。党在对社会、政治和经济进程作科学分析的基础上制订社会经济发展的主要目标,并通过组织工作和宣传工作促进主要目标的实现"①。其具体作法是:中央委员会决定长期的经济政策方针以及制订中期和短期计划的经济政策设想和方针。地区和企业的各级党组织通过自己的组织、宣传工作以及党员的模范行动,推动企业计划与国家利益相一致并促其认真实现。1984年4月召开的中央全会肯定了上述作法和经验并再次重申:"党在经济建设中的基本任务是决定经济政策和监督经济政策的执行情况。各级党组织的主要任务是将经济政策的原则在本地区、本单位落实,通过政治工作保证这一政策的贯彻执行"②。

党强调,不能把厂长、经理等人同党组织的关系理解为一种分工合作关系,似乎前者的任务和责任只是在经济领域中,而后者的任务和责任则局限在一般的思想政治工作中。党组织必须深入经济生活的各个方面,检查、监督,促使党的经济政策的全面执行。特别要经常检查经理、厂长等人对经济政策、法令执行的情况。同时,应积极同各种危害国家和人民利益的错误倾向进行斗争。

三是实行党政、党与群众团体之间适当的分权。党认为,党的领导不应体现在事无巨细都由党的方针政策来指导,政府机构、经济单位、群众社团都有自己的职权和责任。匈牙利党十一大通过的"纲领宣言"中指出,"匈牙利社会主义工人党以其原则的和政治的立场对国家和社会机构给予协助和指导,同时鼓励它们进行独立的和负责的活动"③。1966年党中央《关于经济体制改革的决议》也规定:"党组织无论何时何地都不能取代经济机构的直接领导,……经济领导人的责任是根据党的政策

---

① 转引自刘勇民等:《苏联和东欧八国经济政治体制改革》,东北师范大学出版社,1988年版,第111页。

② 转引自刘勇民等:《苏联和东欧八国经济政治体制改革》,东北师范大学出版社,1988年版,第112页。

③ 转引自刘勇民等:《苏联和东欧八国经济政治体制改革》,东北师范大学出版社,1988年版,第112页。

精神来进行领导。他们在工作上应向委派给他们任务的组织负责"①。匈牙利还通过制订一些有关的法律,建立相应的制度,保障各种行政机构和社会团体行使他们的职权。党尊重它们的职权和责任,不用简单的行政手段加以干涉。党中央规定,党的决议对任何非党组织都没有约束力,党只通过在非党组织中工作的党员来贯彻党的决定。地方机关在处理地区性事物时享有充分的自治权。各群众团体也有自己的职权,如宪法和选举法规定,爱国人民阵线在选举议会代表时负有重要责任,有关选举的具体工作由爱国阵线负责组织;劳动法、农业生产合作社法等有关法令,明确规定工会、农业生产合作社全国理事会有权代表和保护本组织成员的合法权益。各级党、政府机构和群众团体定期举行联席会议,共同协调各方面的利益。在同本组织成员利益直接有关的问题上,该组织有否决权。

(3) 实行联盟政策,加强全民族的团结。1956 年十月事件以后,党认真纠正拉科西执政时期对农民推行剥夺,对知识分子不信任,对原剥削阶级分子不注意教育改造,并对其子女加以歧视等"左"的政策,用"谁不反对我们,谁就是和我们在一起"的口号,代替了过去的"谁不和我们在一起,谁就是反对我们"的错误口号,坚决实行广泛团结各阶级、各阶层的联盟政策。1962 年在党的八大上,卡达尔正式宣布:"现阶段的发展任务是完全建成社会主义。工人阶级为此同所有的劳动阶级与阶层结成联盟。"②党认为,联盟政策首先是政治联盟,是社会主义社会各阶级和阶层的联盟。其内容包括 3 个方面:第一,工人阶级在领导建设社会主义的过程中,争取那些愿意在共同利益的基础上为达到建设社会主义的共同目标而合作的各阶级、阶层和一切社会人士;第二,党和政府要采取各种切实措施,实现参加联盟者的利益;第三,社会主义工人党逐渐吸收社会上所有阶级和阶层以及各个社会集团参加党的政策的制定、落实和监督。

---

① 转引自刘勇民等:《苏联和东欧八国经济政治体制改革》,东北师范大学出版社,1988 年版,第 112 页。

② 转引自刘勇民等:《苏联和东欧八国经济政治体制改革》,东北师范大学出版社,1988 年版,第 113 页。

四、罗马尼亚——提高领导体制、计划管理体制的科学性

1. 改革计划管理体制，提高计划管理体制的科学性

1967年改革以前，罗马尼亚国民经济计划的指令性指标不但名目繁多，而且庞杂，这种国民经济计划体制，实际上起到了逐渐加强对企业的控制的阻碍作用，使企业在计划、生产和经营等方面都缺乏应有的自主权。由此，罗马尼亚决定对原有指令性计划体制进行改革。1967年2月，罗马尼亚颁布"改进国民经济计划的法令"，提出在国民经济管理和计划工作中消除过分集中的现象，加强企业和经济组织的作用，扩大企业权限；强调自下而上和上下结合制订计划的原则。自实行改革以后，全国实行统一计划，它的基本原则：一是始终坚持党对计划工作的领导；二是坚持国家统一领导和企业自治相结合的原则；三是从基层经济社会单位起，自下而上地制订计划，并强调合同是计划的基础，通过合同保证产供销衔接；四是把经济预测、长期计划同五年计划和年度计划结合起来，保证计划的连续性；五是保证价值、原材料和劳动力的综合平衡。根据这些原则，逐步形成一整套完整的计划体系和计划指标体系。

1972年，罗马尼亚成立全国经济社会发展委员会，任务是加强对集中计划管理的领导和分析研究国家经济发展战略，以及制订中长计划预测。同年，首次把社会发展和科学技术等发展纳入"计划法"，改革计划指标体系，把中央下达的指令性考核指标减少到7项，即产品产量、出口额、投资额、生产能力使用情况、劳动生产率、成本消耗、利润。1977年，开始实行以净产值作为考核企业的主要指标。

实行自下而上地制订计划是在计划制订程序上的重大改革。以前，国家计委根据党中央、国务委员会和部长会议的指示，编制各种类型计划。然后，由大国民议会立法通过，再以指令性文件逐级下达。这种制订计划程序很难避免脱离社会实际，它不可能把实际情况客观全面地反

映到计划中来。70年代初,罗马尼亚开始实行自下而上地制订计划程序,它分为三步:第一步,从中央起逐级下达指导性指标和计划指标,直至企业;第二步,企业以工业中心下达的指导性指标和计划指标作为依据,企业根据自己的生产能力,原材料供应状况,市场供求变化和经济合同签订情况,制定自己的生产计划建议,并上报工业中心。工业中心用同样的方式制订自己的计划建议,同时进行纵的和横的协调,最后制订出工业中心计划,并上报部。部也用同样的方法制订自己的计划建议;第三步,国家计委根据部、各地区和专业部门的计划建议,制订出全国计划草案上报大国民会议批准,并立法逐级下达,各级必须贯彻执行,违反者应绳之以法。

这种制订计划程序有下列特点和优越性:(1)扩大了企业计划权,使企业可以根据自己的生产能力,原材料供应情况,市场的发展变化和自己企业的优势,有效地发展生产和完成国家的计划任务,企业既要考虑到国家总体利益的要求,又要照顾到企业自身的具体情况和利益。这样,使企业有了生产积极性。(2)使全国计划具有科学性和扎实的现实基础,改变了过去那种单凭计委的主观意志决定计划的倾向,有效地克服了计划管理体制过分集中的弊病。(3)这种计划程序起到了突出经济合同的重要作用。法律规定"在制订计划文本的同时,就签订这个合同。对国内消费、计划在批准之时,就必须实际上完全以有效合同为基础"。合同保证产、供、销等环节衔接,也保证了计划调节和市场机制调节相结合的作用。

2. 改革财经管理体制,加强科学管理

1978年改革前,罗马尼亚实行高度集中的财经体制,企业收入和支出绝大部分权限都集中在中央,企业的盈利和折旧费中的绝大部分均要上交,而所需要的各种资金由国家统一调拨。虽然经过10多年的改革,但是,企业依然未能解决权力过分集中、经济效益不好、劳动报酬不能很好和企业经营效果挂钩等问题,从而影响和限制了企业和职工的生产积极性。针对上述问题,1978年3月党中央全会通过了《关于完善财经领导工作和计划工作的决议》,提出要进一步进行改革,同时强调这次改革的目的是:使劳动人民参加领导国民经济和整个社会生活,使每个集

体发挥自己对本企业良好运转的作用，提高经济效益，提高群众生活水平，使整个社会得到普遍发展。

1979 年，齐奥塞斯库在党的十二大上进一步指出，必须在所有领域坚决实施新的财经机制，执行工人自我管理、独立核算和劳动人民参加分红的原则，增强收支预算在企业活动中的作用，同时把重点放在完成经济计划的基本指标、净产值和实物量上。这就为财经管理体制改革规定了更加明确的方向、方针及其基本内容。

财经改革的中心内容是：确定以净产值和产品实物量作为考核企业经济计划完成好与坏的基本标准；规定了进一步完善计划工作，实行企业自我核算、财务自理，明确了实行工人自行管理，建立劳动人民分享企业利润制度；鼓励增加出口数量和提高出口产品质量，实行奖励的办法，鼓励发展对外贸易，实行地方财经自理措施等。

实行新的财经体制，使企业的利润留成由 10% 提高到 40%；折旧费也留给企业自理；超额计划的 60% 归企业支配，其余部分上交。但企业必须向国家上缴净产值税和报酬总基金税。前者占企业纯收入的 5% – 35%，全国平均为 25%，① 它的作用是调节企业因生产条件和技术水平的不同而获得的收入。这样，就促进了经济发展，保证了 "六五" 计划的顺利进行。

3. 改革和完善分配制度，实行总承包制

党的纲领指出，报酬制度要与经济收入发展水平相适应，个人收入要带有"鼓励性"差别。对于任务完成、原材料消耗、上缴利润等项指标完成好的，要发给奖金，年终还可以参加企业分红。对这些指标完成不够好的，无论是干部还是一般职工都要扣发工资（但不得超过本人基本工资的 20%）。这些原则规定，体现了"各尽所能，按劳分配"的分配原则。

为了进一步调动全体职工向社会多提供物质财富的生产积极性和责任心，以便提高劳动生产率和经济效益，1978 年 3 月，党中央作出决定，

---

① 转引自刘勇民等：《苏联和东欧八国经济政治体制改革》，东北师范大学出版社，1988 年版，第 131 页。

对各经济单位的职工除了获得报酬之外，还可以参加企业分红。分红基本来源分别从计划利润、超计划利润和超额净产位等项中提取。每年提取分配一次，由每个企业按照上一年实际经济效果计算。若没有完成计划，则按照未完成的百分比对等扣除分红基金，但最多不得扣除本人工资的25%。①

4. 在政治体制改革上，不断加强领导体制的科学性、合理性

罗马尼亚党和政府在积极稳步地推行经济体制改革的同时，也十分重视对与之相适应的政治体制的改革。罗马尼亚政治体制改革的主要内容如下②：

（1）改革领导体制，明确党政分工。由于理论上和管理上的种种原因，罗马尼亚的国家政治生活中，过去长期存在党政不分，以党代政的弊端。为了解决这个问题，1974年党的十一大制定的《罗马尼亚共产党建设全面发展的社会主义社会和罗马尼亚向共产主义迈进的纲领》中明确规定：在建设全面发展的社会主义社会和向共产主义过渡的时期内，党是整个社会的政治领导力量。1982年12月召开的全国党代会强调党政分工，党的使命就是要努力改善和加强国家的作用，发挥各级民主机构的作用。党不应该代替国家机关和社会团体的作用或使它们从属于自己。党提出切实可行的方针政策，党的政治作用不是命令，而是启发和教育。要充分发挥群众的监督作用。在领导体制方面，防止权力过多地集中于个人，强调集体领导，限制领导干部的兼职和任期。

（2）废除一长制，实行集体领导制。齐奥塞斯库指出："一长制"的领导已不能适应罗马尼亚的发展变化的形势了，必须代之以实行集体领导和工人参加管理的管理制度。他还强调要扩大社会主义民主，建立劳动人民委员会和劳动人民大会。因此，从基层企业、事业单位到地方和中央，都建立一套由生产工人代表参加的集体领导制度。在全国企业、工业中心都分别建立劳动人民委员会的组织机构，它是企业中最高权力

---

① 转引自刘勇民等：《苏联和东欧八国经济政治体制改革》，东北师范大学出版社，1988年版，第133页。

② 刘勇民等：《苏联和东欧八国经济政治体制改革》，东北师范大学出版社，1988年版，第138－139页。

机关，其主要职能是对企业、工业中心生产和生活的重大问题进行讨论，并通过集体决议或决定。但决议或决定的具体实施由企业的以经理或厂长为首的行政机构负责。劳动人民委员会还负责检查企业行政机构实施的情况和结果。这一劳动人民委员会的组织机构，从基层到地方，直至中央都有相应的机构，在中央设立全国劳动人民委员会及其执行局，齐奥塞斯库担任委员会主席。

（3）改革行政机构，提高办事效率。1967年开始批判和改革中央各部机构庞大、人浮于事、文牍主义和官僚主义的问题，改革组织机构，首先取消了部属专业局，其次，对原来中央—州—县—区—乡的五级管理体制进行改革，撤销了16个州和州辖区，在全国建立39个县和一个直辖市——首都布加勒斯特市，组成40个大行政单位。改革后的国家行政管理体制是：中央—县—乡三级，比原来减少了两级中间层次。同时把原来的四级工业管理体制，即：部—专业局—公司—企业改为三级，即部—公司—企业。通过这些改革，减少了层次，精简了机关人员，加强了基层领导力量，使领导机关深入基层第一线，大大克服了官僚主义和文牍主义，同时强调各级领导机关必须实行集体领导分工负责的制度。这样的领导体制既增强了中央的统一领导，又发挥了地方各级领导的积极性，提高了办事效率，促进了社会主义建设事业的发展。

五、波兰——简政放权、发扬民主

第二次世界大战前，波兰是一个落后的农业国。1937年，国民收入中农业占44.7%，工业和手工业则占30.1%①。从事农业生产的人数占全国人口的73.8%，工矿企业和运输业的职工仅占总人口的10.8%。全国一半以上的耕地掌握在地主和教会手中，农村中近70%的农民为无地

---

① 转引自刘勇民等：《苏联和东欧八国经济政治体制改革》，东北师范大学出版社，1988年版，第150页。

或少地的农民。国内外的垄断资本集团控制了最重要的经济部门，石油、冶金、采矿、化学、电机等工业的一半以上掌握在外国资本手中。在第二次世界大战中，波兰牺牲了600万居民，全国70%左右的工厂和1/3以上的耕地被毁。波兰人民几乎是在一片废墟上重建自己的国家的。到1979年，波兰的生产达到历史最高水平，工业在国民产值中的比重从1946年的23%上升到50.8%，农业的比重则从58%降至13.7%，人均国民生产总值已达3830美元。① 波兰从战前一个落后的农业国变成了具有相当水平的工业国。

波兰在50年代初期，按照苏联模式建立了中央集权的计划管理体制。随着经济的发展，这种体制的弊端越来越明显。虽然波兰党的领导人早在40年代末和50年代初就多次提出过改革经济和政治的设想，但是由于受到国内外和党内外的种种阻碍，这些改革设想并没有付诸实现。波兹南事件之后，1956年10月召开了党的二届八中全会，重新制定了党的政治路线，新当选的第一书记哥穆尔卡提出了"通向社会主义的波兰发展道路"的一系列政治经济改革的设想。从此，波兰开始了经济政治改革进程。②

首先，1956年10月-1970年12月，针对当时国际上批判个人迷信、批判高度集权之风盛行，国内因第一个六年计划没有如期完成而引起的社会不稳定，哥穆尔卡执政时期进行了改革。这次经济改革的主要内容有③：（1）缩小中央指令性计划范围，将上级给企业下达的指标减为4项；（2）简政放权，扩大企业自主权。把中央的部从14个减为7个；把中央对部分企业的领导权下放给地方，发挥地方和企业的积极性和主动性；（3）实行物质刺激体制，调动群众积极性。1958-1964年实行工厂基金体制，作为刺激全体职工的一种手段。1960-1964年实行脑力劳动者奖励基金，把重点转移到脑力劳动者奖金制度上。1970年7月至1971

---

① 中国苏联东欧学会：《苏联东欧问题探讨》，人民出版社，1983年版，第507-508页。

② 参考自刘勇民等：《苏联和东欧八国经济政治体制改革》，东北师范大学出版社，1988年版，第154页。

③ 刘勇民等：《苏联和东欧八国经济政治体制改革》，东北师范大学出版社，1988年版，第155页。

年 1 月实行实验性的物质刺激体制;(4)调整农业政策,放宽对土地买卖的限制,对购买土地者给予优惠贷款,对新购买的土地实行 3 年免税;将个人拥有土地最高限额由 20 公顷扩大到 50 公顷;调整土地累进税率,即降低对大农户的征收额,解散亏本的农业合作社,对基本上健全的农业合作社用要偿还的投资性贷款形式给予帮助,废止任何种类的国家津贴;(5)运用计量经济学观点拟定国民经济发展计划。用国民收入标准取代以总产值衡量企业经济状况的办法,进一步使用物质刺激手段。与此相适应,在行政方面,撤销了介于中央与企业之间的"中央管理局",代之以"联合公司",和"大型工业企业"。

其次,在政治体制改革方面,1956 年 6 月的波兹南事件之后,波兰统一工人党于同年 7 月举行了二届七中全会,全会通过了关于国家政治经济形势和党的任务的决议。决议在政治体制改革方面提出了如下几点①:(1)扩大工矿企业中工人民主,随着社会主义企业管理权限的扩大,应该扩大工会工厂委员会对行政机关的权限,发展职工直接参与有关实现计划、扩建企业、改善职工劳动条件和生活福利等问题讨论的有效形式。(2)扩大省、市、县、乡各级人民代表会议的权限和独立性,要求消除权力过分集中的倾向,大大扩大人民代表会议在经济方面的权限,扩大地方预算范围,并把地方预算与大多数社会主义企业的预算结合起来,为活跃人民代表会议的活动提供现实基础;要求人民代表会议定期开会,代表们要过问代表会议各个方面的活动;要求人民代表会议的各委员会有正常的工作秩序。(3)提高会议的作用和改进政府各部门的工作。为了保证会议执行它作为最高立法机关和其他一切国家机构的监督机关的职能,必须使议会对政府活动进行更有效的监督,限制政府发布命令并把法案交付议会讨论,改进议会各委员会的工作,更经常地召开全体会议,以及更广泛地向议员提供关于国家机关活动的情况。为了加强议员和代表对选民的责任感,应该根据宪法要求制定选民可以撤销自己在议会和人民代表会议中的代表的法律条例。继续改进政府工作的活动,部长会议主要解决基本问题,扩大各部部长的权限、独立性及

---

① 刘勇民等:《苏联和东欧八国经济政治体制改革》,东北师范大学出版社,1988 年版,第 158-159 页。

责任。(4) 加强社会主义法制。进一步加强检察机关建设，扩大它们对人民警察机关和公安部门的侦讯工作的监督；巩固法院的独立性，使法院的判决不受外来干涉；提高法官的业务能力和政治水平，改进法院的工作，在同国外敌对势力的破坏活动进行斗争中，改进公安机关的工作，提高警惕性和进攻性。(5) 要求实行政治生活公开化。党组织在支持开展有创造性的批评，首先是来自下面的批评的同时，应该反对一切压制批评、迫害批评者或轻视批评的企图。向全社会通报政府和议会的工作情况，以及公开阐明党和人民政权的政策及其动机和结果。

决议还要求整顿党的组织，纠正党包揽、干预国家政权和经济管理机关的行政和经济管理工作的倾向。

六、捷克斯洛伐克——计划经济、政治体制的深入改革

1. 在经济体制改革方面

捷克斯洛伐克为了探索出一条适合本国国情的发展道路，进行了多次经济体制改革。第一次是1958－1959年期间进行的，其改革的主要内容是扩大企业自主权，缩小中央集权和物资分配范围，对职工和企业实行长期物质鼓励和改变工业管理的组织机构等。在第一次经济体制改革取得一定成就之后，为了解决由于第一次经济体制改革中断和后退所产生的种种困难和问题，要求改革的步子迈得更大一些。1965－1968年又进行了第二次经济体制改革，其主要内容可以归纳为以下几点①：

(1) 改革企业组织结构。1965年7月，捷克斯洛伐克对生产经济单位组织机构进行了进一步改革。以专业化为原则，实现企业的重新组合。

(2) 改革计划工作。捷克斯洛伐克经过多年的讨论和实践，改变了

---

① 参考刘勇民等：《苏联和东欧八国经济政治体制改革》，东北师范大学出版社，1988年版，第175－180页。

以前认为计划是不可缺少的、主要的，而市场的作用是辅助的，指令性指标仍应保留的认识。这时认为，计划是手段而不是目的，不运用经济手段而只停留在物资分配的计划制度，是不可能制订高效率的生产计划，使之保持国民经济的平衡发展的。特别是1968年杜布切克执政后，认为计划应该适应市场形势。而且制订出科学的合理的计划是实现计划与市场结合的前提，应该取消年度的中央计划，发挥中长计划的作用，这种新的提法概括起来是计划要适应市场需要，计划要与市场相结合，实行计划引导下的市场经济。

（3）改革物价。在60年代初以前，实行中央统一规定的物价政策。每年调整一次某些零售价格和某些农产品的收购价格，每5年调整一次批发价格。这样，整个物价基本上处于稳定不变的状态。由于长期执行死板的物价政策，造成价格越来越背离价值，国家对价格补贴负担与日俱增，对发展生产很不利。因此，必须逐步取消中央的固定价格，实行自由价格，是这次改革价格的根本目标。具体做法分两步进行：第一步先改革批发价格，零售维持不动，第二步进行零售价格的改革。并把所有的价格分成3类：一类为中央固定价格；二类是自由价格；三类是限制价格。当时因中央领导人易人，物价冻结，改革就此中断。

（4）改革工资。原来工资实行两种限制：一是限制工资总额，二是限制个人最高收入。改革取消了最高工资限额，加强了物质刺激。把工资决定权下放到企业，每个企业都可以根据收入情况自行决定职工工资。为了防止工资增长太快造成通货膨胀，捷克斯洛伐克采取工资交纳稳定税的措施，即企业若增加职工人数，必须向国家交纳相应增长的总工额税。这种做法只能限制企业人数的增加，但不能阻止企业工资的增长太快问题。

（5）改革计划指标。把原衡量企业生产好坏的总产值指标改为企业总收入综合性指标。总收入，就是销售额减去物资费用。具体做法有三：一是取消按完成计划指标的情况来确定工资和奖金多寡；二是实行企业收入来支付工资和奖金；三是实行统一税收，取消国家补贴。这样就使得衡量指标更科学化、合理化。但是由于企业之间经营水平差别较大，发展很不平衡，在执行过程中遇到过不少问题，国家对不同水平企业失去必要的控制。1969年4月，胡萨克担任捷共领导后，否定这些改革，一切都回到过去老路上。

2. 在政治体制改革方面

与波兰等东欧国家相似，捷克斯洛伐克自从1948年后，其政治体制不仅在内容上，而且在形式上都不断效仿苏联模式，并产生了一些不良后果。为了改变这一状况，胡萨克在捷共十六大的报告中强调指出，要进一步完善社会主义的政治体制，发扬社会民主、提高文化教育……

1968年4月，捷共中央全会通过了全面进行社会主义建设和改革的《行动纲领》。这个《行动纲领》首先尖锐地抨击了以前的经济制度及其体制，尔后提出涉及社会各领域的改革建议。就其《行动纲领》的主要内容归纳以下①：

（1）强调共产党的领导作用的同时，主张党政分开。明确指出，党的领导作用是进步的社会主义发展的保证。它"不通过统治社会的方式，而是通过最忠诚地为社会自由、为进步的社会主义发展服务的行动来实现自己的领导作用"②。同时也不能把党的领导作用理解为党拥有垄断一切社会事务的决定权并采用行政手段去贯彻党的决定。党的领导作用主要是"民主地集中人民的意志，科学地反映社会的需要，并在此基础上为社会的发展提出正确的方向和目标，规定正确的方针和政策"③。在贯彻党的领导作用时，不能靠强迫方法树立自己的威信，而应当用自己的行动来赢得它。党的目的并不是要使自己成为社会的"大管家"，靠下达指示来束缚所有的组织及生活中的每一步，直接向其发号施令，而是要靠自己党员的工作和自己理想的正确来推行党的路线。

（2）发扬社会主义民主和党内民主，充分调动各个方面的积极性。《行动纲领》指出，"党曾多次把发展社会主义民主的要求放在首位，党的措施旨在提高选举产生的国家代表机构的作用，强调自愿的群众组织

---

① 参考刘勇民等：《苏联和东欧八国经济政治体制改革》，东北师范大学出版社，1988年版，第188－191页。

② 转引自刘勇民等：《苏联和东欧八国经济政治体制改革》，东北师范大学出版社，1988年版，第188页。

③ 转引自刘勇民等：《苏联和东欧八国经济政治体制改革》，东北师范大学出版社，1988年版，第188页。

及人民用各种形式发挥积极性的意义，……继续发展我国的民主的基本方向：社会主义民主体系——国家、群众组织作用和领导力量的党，……使劳动人民的不同利益以及对一些社会问题所持的不同态度能民主地表现出来。"①

为了真正达到充分发扬社会主义民主和党内民主。捷共在实践上采取了一些具体措施，在1968年"布拉格之春"时期，主要做了3件事：一是充分发扬党内民主和人民言论自由，人民可以自由地在报刊、集会上发表批评意见，揭露政府和党内的弊病，同时可以提出各种建议，并取消新闻、书刊、广播、电视的检查制度，还通过一个关于赔偿由于国家机关的非法决议给公民和组织带来损失的法律；二是为50年代大清洗中受迫害者进行平反恢复名誉，努力消除由于过去非法措施给受害者家庭和亲属造成的一切不良后果；三是实行真正的经济改革。

（3）发挥民族阵线作用，建立联邦制国家体制。捷克斯洛伐克民族阵线是在捷共领导下的"政治基础"，其中各政党都是"伙伴"的关系，而不是"争权的对手"，无论是一个政党，还是政党的联盟都不能独霸社会主义国家政权。"整个民族阵线的各个政党和群众组织都参与国家政策的制定，彼此要协商、合作"②。整个民族阵线和它的各个组成部分，既要获得独立的权利，又要在管理国家和社会方面负起自己的责任，在国家政治体制中发挥积极作用。

捷克斯洛伐克国家体制的基础是"捷克人与斯洛伐克人的自愿的、平等的共处"。因此，捷克族和斯洛伐克族应该同样享受一律平等的权力和利益，对于过去存在着不平等的现象，必须坚决纠正，建议修改宪法，建立起两个民族真正平等的联邦制，在新宪法制定之前，必须制定和通过一个具有宪法性的法律。这个法律规定两个民族平等权力的各项细则等，以便于在实践中实施。

---

① 转引自刘勇民等：《苏联和东欧八国经济政治体制改革》，东北师范大学出版社，1988年版，第188页。

② 转引自刘勇民等：《苏联和东欧八国经济政治体制改革》，东北师范大学出版社，1988年版，第182页。

七、民主德国——探索党和政府、企业之间关系和变革干部体制

在 50 年代国民经济迅速恢复并获得发展的形势下，民主德国的统一社会党内出现了一股急于求成、盲目冒进的情绪，制定了一个庞大的七年计划（1959－1965 年），提出要在几年内在人均消费水平上赶超联邦德国的主要经济任务。但事与愿违，由于脱离实际，计划于 1962 年不得不中断执行。60 年代初，民主德国的国民经济发展速度明显减缓。

1962 年秋，苏联《真理报》发表经济学家利别尔曼的建议，在民主德国的经济学界引起了强烈反响，围绕本国的经济体制展开了热烈讨论，绝大多数人主张实行经济体制改革，并提出了许多建议和改革方案。1963 年 1 月，德国统一社会党六大决定在全国实行经济改革。同年 7 月，民主德国政府正式作出实行经济改革的决议，颁布了《国民经济计划与管理的新经济体制准则》，强调科学技术的决定性作用和专家对经济的领导作用，经济管理机关要充分利用经济规律，要用经济的方式和方法管理经济，大力推行完整的经济杠杆体系，决定从 1964 年 1 月 1 日起在全国范围内逐步推行国民经济计划与管理的新经济体制。1967 年 4 月，党的七大把新经济体制改称为社会主义经济体制。[①]

在经济体制改革过程中，德国统一社会党也努力探索过正确处理党和政府、企业关系的途径。1963 年党的六大宣布了新经济体制，与此相适应，党组织按照生产原则进行了改组，按基建、农业、工业和意识形态等部门的工作性质组织统一社会党，党组织同经济组织平行。这一改组把一批年轻的在技术上内行的党员输送到中层领导岗位。但在苏联的影响下，1966 年即放弃生产原则，恢复在全国和地方党组织按地区建立的原则，1967 年党的七大审议了党和国家机关的相互关系，强调了党政

[①] 刘勇民等：《苏联和东欧八国经济政治体制改革》，东北师范大学出版社，1988 年版，第 225 页。

分工的原则。大会文件指出:"社会主义国家及其机关是建设发达的社会体制的决定性工具。因此,我们党非常重视完善国家机关工作的问题,但不承担它们的职能。党的任务有明确的规定:它要研究和讨论社会发展的基本问题,并通过对所有机关的活动施加影响来表示关心,使之能够作出正确的决定,通过对决定的贯彻以保障劳动人民的广泛的主动精神。党为国家的活动规定原则性方针。同时,党的领导机关在自己活动领域的基层组织里促进党员积极性的提高,以便实现党的总路线和由此而提出的任务。"①

60年代初新经济体制的实行,也要求变革干部体制。统一社会党为了更加有效地领导经济改革,越来越强调选拔和培训德才兼备的干部的重要性。针对当时的干部队伍离党的要求有很大差距、干部的知识结构不能满足新的经济社会发展的需要等突出问题,急需培养一批优秀的干部。为了尽快培养具有专业知识,政治上忠诚可靠的干部队伍,统一社会党和政府抓紧干部的选拔和培训工作。1963年9月,部长会议通过决议,决定建立经济领导干部进修体系。民主德国经济干部的进修有两大类②:一是经济部门的干部进修,参加者是各个工业部门的企业领导干部,他们的进修以解决技术问题为主。二是综合经济学科的干部进修,这类进修的中心任务是探讨新经济体制的各种问题,提高制定国民经济计划和长期规划的水平,学习经济杠杆的运用,如价格、信贷、工资等。党和政府也很重视对年轻干部的选拔和培养,规定从企业到机关,从地方到中央各级领导干部,都须承担选拔、培养和考核接替领导职务的青年干部的任务,负责考核的领导干部除对被考核的年轻干部进行指导和帮助以外,需定期同行政、党组织和工会三方面领导核心成员交换意见,并规定每年年终作一次书面评语,评语内容包括:业务能力,完成工作任务的状况;政治表现,对党和各项活动的态度;进修成果;品德表现。由于党和政府重视干部的选拔和培养工作,民主德国的干部队伍在实现革命化、年轻化、专业化和知识化方面取得了较大进展。

---

① 转引自费·米·布尔拉茨基、维·叶·齐尔金编:《当代的政治制度》,广东人民出版社,1984年版,第160页。

② 刘勇民等:《苏联和东欧八国经济政治体制改革》,东北师范大学出版社,1988年版,第229-230页。

八、保加利亚——既克服中央过分集权，又防止分散主义

1963年5月保共中央作出改组国民经济计划工作和改革经济体制的决议，1964年4月起，在50家企业进行新体制试点。1965年12月正式通过了《国民经济计划和领导工作新体制》的基本条例，在国民经济各部门分期分批实行。强调在坚持中央计划管理的原则下，运用经济手段管理经济，加强经济核算。主要内容有：减少计划中的指令性指标，主要考核指标由总产值改为净产值；改善物质鼓励制度，使职工的收入与企业经营效果挂起钩来；强调利润和盈利率是评价企业工作的主要标准；把生产上有关联的企业按地区原则组建成联合企业等等。1969年9月颁布第二个条例，并决定从1971年起全面贯彻。其基本内容是在专业化基础上实行生产集约化，在一定程度上加强了集中。

从1965年起，各行各业普遍建立"国营经济联合公司"。这种联合公司是按部门和行业跨地区组织起来的经济组织，单独进行经济核算，实行自负盈亏。整个公司是一个独立的"法人"，它与其他经济组织的关系是建立在合同制的基础上。联合公司根据国家下达的控制指标制定自己的具体发展计划。它有权出售自己多余的固定资产，有权进行投资建设，这两点是与过去不同的。联合公司向国家交纳税款和利润，可以无偿使用国家的基金，但强调逐步增加自有资金和银行贷款在投资中的比例。[①]

此外，在政治体制改革方面，保加利亚也采取了一系列措施。建国初期，保加利亚建立了人民民主国家的政治体制。保加利亚共产党认为，这种人民民主制度是无产阶级专政的又一种形式。当时，参加人民民主政权的除了处于领导地位的保加利亚共产党以外，还有保加利亚农民联盟，社会民主党、激进党和资产阶级民主党派"环节"联盟。后来，随

---

① 刘勇民等：《苏联和东欧八国经济政治体制改革》，东北师范大学出版社，1988年版，第196页。

着国内形势的变化，社会民主党的一部分党员加入了保加利亚共产党，另一部分加入了祖国阵线。"环节"联盟和激进党自行解散，它们的大部分成员加入了祖国阵线。仍然存在的只有保共和农民联盟。1947年颁布的第一部宪法（通称"季米特洛夫宪法"），确立了社会主义的政治体制，发展和巩固了社会主义革命的成果，促进了社会主义建设的发展。但是，1948年后的一段时期，由于国内外许多因素的影响，个人崇拜盛行，社会主义民主和社会主义法制遭到破坏，给社会主义建设事业造成多方面的损失。1956年2月召开的苏联共产党二十大揭露批判了斯大林大搞个人崇拜的错误，促进了保加利亚共产党改革、完善政治体制的主动性。保加利亚改革、完善政治体制主要抓以下几个方面的工作①：

1. 发扬社会主义民主，扩大人民参与政治管理的权利

1956年4月召开的党的中央全会，批判了契尔文科夫等人搞个人崇拜的错误，力图纠正因过分集权、违背和破坏民主集中制，违反集体领导原则造成的严重后果。会议通过的决议要求加强社会主义法制，精简国家机构，扩大国民议会和地方人民会议的权限，积极发挥人民群众和各个社会团体在管理国家事务中的作用。这次中央全会，对于完善、改革政治体制具有重大的历史意义。

1962年11月召开的党的八大通过的决议指出，在保加利亚，无产阶级专政的任务尚未彻底完成，但"已开始从无产阶级专政转变为全民社会主义国家的过程"。因此，必须扩大民主，加强人民群众对国家机关的监督，扩大人民参与国家管理的权利。此后，根据这些原则采取了许多具体措施，收到了一定的效果。

60年代中期，保加利亚开始进行全面的经济体制改革。经济改革要求政治体制改革必须配合进行。为此，1968年党的中央全会，再次强调提高国民议会和社会团体在政治体制中的作用。日夫科夫在这次会议上的报告中说，保加利亚在建设成熟社会主义社会阶段，完善、丰富、加深社会主义民主的基本方向是：（1）进一步提高国家政权的代表机关——国

---

① 刘勇民等：《苏联和东欧八国经济政治体制改革》，东北师范大学出版社，1988年版，第205-208页。

民议会和人民会议的地位和作用；（2）在代表机关中更彻底实现列宁提出的"国家立法和执行工作的统一"；（3）在计划、协调和监督保证社会有计划发展的全部工作中，人民代表机关应有必要的机会进行更有效、更积极的活动。全会决议提出要给地方人民会议更大的自主权，使它们领导和监督整个地区的各组织和企业的活动，加强协调当地的政治、经济、社会、文化机构的活动。

在发扬社会主义民主、扩大人民自治的同时，党和政府十分注意处理好民主与集中的关系，决不放松必要的集中领导，强调发扬社会主义民主和加强民主集中制，是社会政治制度的基本原则。

2. 国家的某些职能转交给社会，逐步发展社会管理

自60年代以来，保加利亚政治体制变化的中心内容是改变国家管理的方法，扩大人民参加国家管理的权利，将国家的某些职能转交给社会，为将来向共产主义社会自治过渡准备条件。

在政府机关的设置方面，先后将中央政府的一些部所属业务和职权转交给有关的社会组织管理。1959年撤销了最高体育运动委员会，将其工作转交给最高体育运动协会这个社会团体。1960年将卫生部主管的社会保险和劳动保护工作交给工会管理。1967年召开了全国文化工作者代表大会，选举产生了全国文化艺术委员会，并选出领导机构，负责领导全国的文化艺术工作。这样文艺界的领导工作就由政府机关交给了社会国家机关，民主选出的全国文化艺术委员会主席参加部长会议，相当于部长级。1974年又在文化艺术委员会下成立各级文艺创作、文化活动和群众宣传报道综合体。此后，国家对文化宣传工作的领导仅限于干部配备和经费支援，不再负责具体管理。党认为，这种社会—国家机关，是一种新型的机关。它保留着国家机关的基本权力和义务，同时又建立在广泛的社会基础上，把有关文化工作的创作人员、创作协会和社会团体吸引到这些活动的管理工作上来，从而保证管理工作有更大的内行权威性和创造性，限制本位主义和官僚主义产生的条件。

3. 加强保加利亚共产党在政治体制中的领导作用

保加利亚共产党是社会主义政治体制的领导核心。它对政治体制的

各个组成部分实行全面的领导,并且根据国家机关、经济组织和社会团体的特点,在政治体制的所有环节和所有社会管理机关中进行多方面的政治、组织和教育工作。党不仅是政治体制行使职能的政治保证,而且是使这个体制获得发展和完善的政治保证。

在改革和完善经济管理体制的过程中,保加利亚共产党特别强调改善党的领导方法。它要求坚决而彻底地克服官僚主义的领导方法,杜绝对客观经济规律、对劳动集体的权利和利益的任意侵犯。党组织不仅要同这种侵犯行为作斗争,而且要深刻领会新经济机制的实质,保证新经济机制的正确运行,善于及时解决各个劳动集体同较大的经济单位之间的矛盾,以及企业利益同全国人民利益之间可能产生的矛盾。特别强调党组织支持保护那些勇于探索和开辟新道路的人。党还特别强调在领导工作中必须采取政治方法。首先是提高各级党组织和广大党员在人民群众中的说服教育工作和先锋模范作用,彻底克服官僚主义的行政领导方法,严格尊重客观规律,善于研究分析各种社会矛盾,并在尊重各个劳动集体或各方面劳动者利益的基础上,正确处理好这些矛盾。其次是加强和改进党的监督作用。在党的政策和基本方针确定之后,党的主要任务就是帮助和监督它的贯彻执行。

九、阿尔巴尼亚——坚持自力更生

综观建国后阿尔巴尼亚的经济发展,从纵向方面作比较即同解放前比较,经济发展不能说不快。虽然计划规定的任务没有完成,但在1981年国民生产仍增长6%。到1980年工业总产值约147亿列克(合21亿美元),1979年农业总产值为71亿列克(合10亿美元),比1938年增长4倍。粮食年产量在85万-90万吨之间,人均粮食为330公斤左右,达到低标准的基本自给程度。1979年人均国民收入为840美元。从横向方面作比较,阿尔巴尼亚仍然是欧洲最不发达的国家之一。究其原因,主要有两个:一个是始终坚持斯大林的计划经济模式,对国民经济统得过死,把市场商品经济看做是资本主义的,因此,企业缺乏生产活力,人民群众缺乏生产的积极性和创造性;另一原因,就是对外实行"自我孤立"的政策,片面地强调和曲解"自力更生"方针,把对外开放同自力更生对立起来。劳动党认为要根据自力更生的原则,高速度地建设社会主义,强调阿尔巴尼亚是"世界上唯一没有任何外援,也没有任何外债的国家"。宪法中还规定禁止出让租界,禁止成立外国的经济财政公司和其他机构,或者同垄断组织、资本主义、资产阶级和修正主义国家建立联合公司,禁止获取外国的贷款。认为,获得资产阶级和修正主义者的贷款是把自己的经济纳入世界资本主义的经济体系,是为资本主义经济法制的泛滥和社会主义制度的蜕变打开了大门。正是基于这种极"左"的指导思想,阿尔巴尼亚的经济受到种种束缚,不能得到更大的发展。

第八章 西方发达国家政党执政经验

当代西方的政党体制是竞争性政党体制。所谓竞争性政党体制是指在一个国家中一般存在两个或两个以上具有平等竞争关系的政党，这些政党通过在选举中竞争而形成一党单独执政或由两个或两个以上的政党联合执政的模式。在正常情况下，体制内政党不可能通过"宫廷政变"或其他暴力手段谋取国家政权。政党存在和竞争的根本目的就是：通过选举，依法、有序地夺取国家执政权。

一、西方发达国家政党的共同执政规律

一个政党赢得大选，执掌政权之后，就要兑现自己的竞选诺言，把本党的政策主张付诸实施，以此来赢得选民的信任，以保证自身的执政地位。不同的政党为了保证自身的执政地位，各自根据本国的政治、经济、社会发展状况采取不同政策，但是纵观西方发达国家的政党执政历史，可以看到它们有着一些共同的执政规律，这些规律性的经验可以概括为以下五个方面。

1. 执政党通过控制议会或赢得总统选举，间接介入政府，将其主张上升为法律，得以贯彻

西方资本主义政党中，只有在选举中获胜才是合法执掌国家政权的

唯一途径。西方政党一般都是以竞选和组阁为中心。只有获得一定数量选民的支持和拥护，赢得选举，才有资格组建政府、掌握国家最高的政权而成为执政党，同时，还要通过议会活动，将政党的主张上升为国家法律而贯彻执行。在这其中，竞选也就成为西方政党通往权力顶峰的必经阶梯。由于政体的不同，西方国家政党竞选的形式和重点是不完全一样的。在以英国为代表的欧洲议会制国家，竞选的重点主要集中在争取议会席位的多数上。而在以美国为代表的总统制国家，竞选的重点则主要放在总统的竞选上。

在议会制国家中，政党必须在议会竞选中获得多数议席，才能成为执政党。无论是执政党想继续执政，还是在野党要想取代执政党执政，唯一的出路就是争取议会多数。其中最典型的是英国的议会制，又称责任内阁制，由工党和保守党互相竞争，轮流上台执政。而在法国、德国等实行多党制的国家，由于在大选中很难有一个政党能够取得绝对多数，因而一般需要相对多数议席的政党联合其他政党形成联盟，联合执政。

在总统制国家，是通过直接选举总统来控制政府行政机构，并由总统负责政府的组建工作，议会政党对组建内阁和政府的影响力较小，所以，只有在总统大选中获胜的政党才能成为执政党。美国是典型的总统制国家，美国总统候选人是由政党推荐的，其执政理念受所在政党的制约。

此外，西方执政党不能直接介入政府，而是通过间接介入政府以贯彻和体现政党的主张。在西方，政党赢得选举，成为执政党的标志，就是掌握国家最高行政权，执掌政府。但是，由于西方政党以竞选为自己的中心任务，政党与政府之间有较明确的职能划分，因此，执政党一般都不直接参与政府决策和政策执行，而是以执政党的领袖出任政府总理或总统的形式发挥间接作用。尽管这种间接作用的形式，使作为执政党领袖的总理或总统有了很大的自主权，政党对他们难以实行领导和约束，然而，为了赢得本党在各方面的支持，特别是为了使政府提出的议案能够在议会中讨论通过，一般来说，在实行重大决策前，执政党领袖都要征询本党议会内外领导集团的意见。所以，这种间接介入政府的形式，也多少体现了执政党组织一定的指导与影响作用。

2. 根据本国国情和变化着的发展环境，寻求合适的发展模式

西方国家执政党的一个共同的成功经验，就是根据本国具体国情和发展着的环境，寻求适合本国的发展模式。一个国家，在不同的发展时期，其经济发展状况、社会、政治的稳定程度、所处的国家环境各不相同，所以执政党要根据实际情况作出正确判断，从而选择适合自己发展的发展理念和实践模式。而在同一时期的不同国家中，由于各国的国情不同，不同国家之间在选择发展理念和实践模式时，都以自身的历史文化背景、经济社会发展程度等国情为依据，寻求真正适合自己的理念和模式。

例如在英国，第二次世界大战结束到1979年撒切尔夫人上台执政前，英国最大的政党保守党和工党之间建立了"共识政治"，即通过议会斗争方式达到社会保障制度、混合经济、充分就业、工会和外交、防务等一系列政策方面的一致，相互妥协。当然，实行"共识政治"并不意味着保守党和工党之间消除了意识形态的分歧和政治冲突，而是为了适应社会的发展和选民的要求，两党采取了一致的立场。经过70年代的经济危机之后，1979年上台的撒切尔领导下的保守党认识到凯恩斯主义的弊端之后，根据本国经济、社会和政治发展状况，进行了撒切尔主义的政治实践，新的发展模式唤起了英国经济社会发展的新高潮。同样，90年代后在英国兴起的"第三条道路"，也是英国执政党从本国国情和世界形势出发，寻求的适合英国的发展模式。

北欧式的民主一向被世人所关注，其中瑞典的民主模式尤为突出。瑞典的民主模式是合作主义。瑞典社民党在长期的执政中逐步建立和完善合作主义的执政民主模式，即由政府、工会代表和雇主代表共同协商国家大计，然后由政府实施。合作主义最初称为"人民之家"，共同讨论"普遍的社会福利、接济合作和民主"；中间经过"汉森民主"的阶段，使合作主义制度化；自20世纪70年代以来，以社民党为主推行的合作主义已经定期化和制度化，并推广到政府各个部门。合作主义实际上是执政党和在野党之间、官方与民间共谋国家大计，相互妥协达成共识，出台的政策较为温和，各方都能接受。这就是为什么瑞典社民党自1932年

以来能够连续执政和长盛不衰的主要原因。①

3. 在政治上，推行宪政改革，促进民主化进程

第二次世界大战后，西方政党在执政期间的主要任务之一，就是推行宪政改革，进一步推动民主化进程。法国、北欧国家等纷纷恢复了战前的民主制度；而德国、意大利等战败国也建立了民主政体。20世纪70年代中期以后，西方国家，无论是君主制或者共和制国家，都普遍建立起了以自由选举制、议会制、多党制和分权制衡制为主要特征的民主制度，并随着经济和社会的发展进行宪政改革，进一步推进政治民主化。在这一民主化进程中，有以下共同特点②：

（1）推广直接民主和半直接民主。为了满足选民直接参与政治决策的愿望，激发广大公民参与政治的积极性，西方政党逐渐推广直接民主和半直接民主，即"公民投票"和"公民复决"。"公民投票"也称为"公民表决"，在美国、英国、法国、德国、意大利、瑞士、瑞典、丹麦等国的宪法和成文法中都有明确的规定。公民通过直接投票来批准宪法和法律、决定内外交政策、政体、国土变更、国家独立等。"公民复决"也称"公民倡议"，是指议会通过的法律和决议，由于公众提出异议而提交公民表决。西方执政党通过直接民主和半直接民主可以绕过议会中的党派之争，为推行某项政策赢得时间。

（2）加强地方权力。20世纪80年代以来，无论是实行中央集权制或联邦制的西方国家都在加强地方权力，以便调动地方积极性，抑制地方主义、地方民族主义和民族分裂主义的抬头。例如，1997年英国工党竞选纲领中关于宪政改革的主要内容之一，就是对苏格兰和威尔士实行分权。布莱尔上台后提出了"包容性"的口号，积极把苏格兰和威尔士的分权作为宪政改革重点，于1997年9月就该两个地区设立地方议会举行公民投票并获得通过。从此，苏格兰和威尔士的新议会管理地方事务，在文化教育、医疗保健、环境、交通和农渔业等方面拥有权力。此外，

---

① 顾俊礼主编：《欧洲政党执政经验研究》，经济管理出版社，2005年版，第13页。

② 参考顾俊礼主编：《欧洲政党执政经验研究》，经济管理出版社，2005年版，第12－16页。

法国、比利时等国也纷纷加强地方自主权力。

（3）政党规范化。第二次世界大战前，西方国家的宪法和法律对政党没有作出特别的规定，相反的倒有党禁的法律规定。第二次世界大战之后，西方国家为了深化政治民主，明确政党的地位和作用，改变在法律中对政党和社团不加区分的传统做法，在立宪或修宪时都增加了关于政党制度的条款，如美国、意大利、德国、法国、希腊、西班牙、葡萄牙宪法都对政党及其组织活动作出了原则性的规定。英国通过宪法惯例以及具有法律效力的最高法院裁决，使英国政党获得了明确的法律地位和法律保障。

（4）强调民主监督。第二次世界大战后，随着西方进入国家垄断资本主义以及国家加强对经济和社会的干预，欧洲国家普遍扩大了行政权，从而使以立法权为中心的三权平衡（立法、行政、司法）转化为以行政为中心的三权平衡。为了防止行政权的过分膨胀和防范权力的腐败，西方国家建立了民主监督体系。西方国家对政党权力的监督和制约采取多种方式，包括通过宪法或立法建立起民众监督政党和国家公务人员的渠道，通过反对党的监督制约执政党，通过公共舆论、新闻传播媒介对政党进行有效监督制度，等等。在层层监督之下，执政党为了保证自己的公众形象，并在后来的竞选中继续立于不败之地，往往选择遵守法纪、严格执法。

（5）以法理主导党政关系。西方国家普遍实行职能分开的党政关系模式。在这种模式下，党对政府的领导，主要是一种间接领导，表现为执政党通过党的组织和立法程序控制政府人事和重大决策，但执政党不具体介入政府的行政运作。政党与政府首脑、与议会之间的关系，都是在法律主导下运作活动。

4. 在经济上，不断完善公共政策，促进经济发展

经济发展是人们最为关注的热点问题，是西方各执政党在竞选纲领中必然涉及的一个关键问题。经济发展的好坏已成为西方民众评价执政党政绩的主要标准，是执政党赢得选票、保持执政地位的必要条件。为此，二战以后，西方各国执政党，根据本国发展的实际，不断推进经济民主进程、完善经济政策，以图促进经济发展。

(1) 注重推进经济民主进程。二战结束后,西方国家为了缓解经济上的劳资矛盾、官商矛盾、官方与工会矛盾,不断地推进经济上的民主进程。其突出表现为两个方面:一是政府与各利益集团建立起社会伙伴关系。第二次世界大战前,西方各国政府与利益集团的关系,特别是官方与工会的关系是对抗性的关系,因此,利益集团又称为"压力集团"。第二次世界大战后,西方国家在扩大民主化的过程中,普遍加强了官方与利益集团的联系,并确立了政府与雇主和工会的社会伙伴关系。社会伙伴关系是在国家干预下劳资关系通过对话和协商,在相互让步和妥协下达成相互可以接受的协议,因而有利于缓和官方与资方、雇主和雇员之间的矛盾和冲突,从而保持西方社会和政局的相对稳定。二是推行企业职工参与制。在西方老牌资本主义国家里,工人和资本家、劳动与资本是一对对抗性的矛盾,在早期经常爆发激烈的冲突,工人游行、罢工、甚至占领工厂企业,实现自主管理和经营。正是迫于工人阶级的压力和为发挥职工的积极性,西方国家在第二次世界大战后普遍建立了企业职工参与制,发挥职工参与企业管理的积极性,弱化劳资双方的被剥削与剥削的关系,缓和西方社会的阶级对立和矛盾。

(2) 注重适时调整经济政策。以促进经济发展为目的,西方不同执政党在执政时根据本国国情和当时的经济发展环境,不断调整和完善经济政策,促进经济和社会的发展。这些不断调整的经济政策可以概括为以下两条规律[①]:

一是从凯恩斯主义、新自由主义到两者的融合。这一过程包括三个阶段。第一阶段,从第二次世界大战结束到70年代石油危机前,西方执政党先后推行凯恩斯主义的经济政策,创造了"经济奇迹"。第二阶段,从石油危机到80年代末,西方执政党改弦更张,推行新自由主义的经济政策。第三阶段,从90年代起,西方执政党推行凯恩斯和新自由主义相融合的经济政策或称为"第三条道路"的经济政策。这些政策演变过程在英国得到突出表现。在英国,第二次世界大战结束不久成立的工党政府推行凯恩斯主义的经济政策。1951年上台执政的保守党虽然与工党的

---

① 顾俊礼主编:《欧洲政党执政经验研究》,经济管理出版社,2005年版,第19—21页。

价值观不同，但也推行同样的经济社会政策，因此，人民把两大政策的统一称为"巴茨克尔主义"。1979年保守党的新右翼执政，推行新自由主义的经济政策，即撒切尔主义。它强调发挥市场机制的作用，减少国家干预，推行私有化和货币主义，改革福利政策。1997年工党及其领袖布莱尔上台执政，大力推行"第三条道路"的经济政策，既不放任自由也不是一味的国家干预，政府的作用是促进宏观经济稳定，建立实施税收和福利政策，通过改善教育和基础设施促进企业发展。

二是从国有化到私有化。第二次世界大战后初期，西方国家大多数是社会党单独或联合执政，为了实现民主社会主义的目标和加强国家干预手段，他们带头掀起了国有化的浪潮。通过扩大的国有化进一步提高了国家垄断资本在国民经济中的比重，一定程度上削弱了私人垄断资本的势力，从而加强了国家对全国的生产、流通、分配和消费的干预能力。20世纪70年代末西方右翼政党相继上台执政后，推行新自由主义的经济政策，减少国家干预，增加政府财政收入，开展了私有化运动。由右翼政党掀起的私有化浪潮，既反映其治理国家的经济政策主张，同时也是其对左翼政党执政时国有化行动及由此产生并扩大的政治影响所采取的反制措施。

5. 在社会发展方面，不断调整公共政策，促进经济与社会的协调发展

西方国家执政党注重社会政策的制定和完善，充分实现利益平衡，努力协调社会矛盾。当一个政党成为执政党后，必须考虑如何保持整个国家、社会的稳定与发展。在西方绝大多数国家，由于不断完善社会政策，努力协调社会矛盾，使西方国家步入了经济社会相对稳定的发展时期。

（1）注重推进社会民主、社会公正建设。为了缓解阶级矛盾、维护社会稳定，西方国家非常注重社会民主、社会公正建设。首先，在民主建设方面，各国纷纷推行社区居民参与制，通过建立社区居民参与制，促进公民参与实践，促进所有居民区与地方议会之间的联系和沟通。此外，西方各国纷纷提高妇女的地位和作用。第二次世界大战后西方国家的妇女普遍拥有了选举权和被选举权。随着西方社会的发展和女权运动

的兴起，西方政党，尤其是左翼政党越来越热衷于解决妇女深层次的问题。其次，在社会公正建设方面，自20世纪70年代以来，随着西方社会两极分化越来越严重，为了改变这种社会状况，西方执政党纷纷注重追求社会公正，向低收入者倾斜。英国首相布莱尔把追求社会公正作为"第三条道路"的核心，借以重塑社会团结的动力。德国也把解决低收入作为新政的核心。法国社民党提出"要市场经济，不要市场社会"。

（2）不断完善社会保障、劳动就业等方面政策。社会保障制度被称为是西方国家三大支柱之一（另两个是市场经济和民主政治）。第二次世界大战结束后，西方国家为了在缓解贫富差距引起的社会矛盾与国家财政能力之间找到平衡点，都非常注重健全和完善社会保障制度、就业制度等。如20世纪90年代以来，欧洲各国执政党根据欧洲联盟1998年的《社会宪章》和《马约》中的《社会政策协定》的要求，加速各自的社会保障制度改革。其主要措施是：改善社会保障制度，在领取失业救济金方面，领取期限缩短，领取金额普遍下降。2001年，英国医疗救济制度的改革对"失去工作能力者"定期体检，查明已恢复工作能力者不再享受疾病救济，只能领取事业救济金。降低社会福利标准，压缩社会保障开支，增加税收来弥补社会保障财政的亏空。这样做有利于减少欧洲国家的财政赤字，减轻企业负担，降低产品的成本，增加就业人数，提高劳动积极性。其次，失业问题是西方国家最为突出的社会问题，因而各国执政党非常重视调整就业政策。西方各国执政党都把与失业作斗争作为头等任务，作为优先的政治目标，如，欧洲联盟在1997年11月卢森堡特别首脑会议上确定了共同的就业战略，把大力促进就业和努力降低失业率的工作纳入经常性和规范化的轨道，要求成员国开展合作和协调。2000年3月，欧洲联盟里斯本特别首脑会议又进一步提出到2010年达到充分就业的目标。①

---

① 顾俊礼主编：《欧洲政党执政经验研究》，经济管理出版社，2005年版，第22-23页。

二、美国百年老党的执政方式与经验

美国两党（民主党和共和党）都是百年老党，在过去近一个半世纪的历史中它们共同垄断了美国的政治权力，在执政中积累了相当丰富的经验。美国政党是靠获得选举胜利取得政权的，又是靠赢得连任来保持政权的。因此执政能力总是要经受选举的考验。提高党的执政能力就与提高政党候选人的当选能力紧密地联系在一起。也就是说，党的执政能力频繁地、周期性地受到选举压力的考验。一个政党执政能力的高下与政党的候选人能否成功地竞选为总统、能否保持住在国会的多数党地位、能否在50个州州长职位中占据多数、能否在50个州的州议会两院中保持更多的多数党地位有关。因此，谈到政党的执政能力，其前提首先就是它的候选人要赢得选举的胜利，要赢得执政的地位。而一个政党的执政表现与它赢得选举的方式（政纲、支持率、政治基础、胜选联盟、政治理念）又有密切关系，而这些表现反过来又部分地决定了下一次竞选中它能否成功，它的候选人能否保住政权。

纵观美国政党政治史，我们可以发现，美国两党"长寿"的"秘诀"有以下方面①：

1. 政党自身改革（以万变求不变）、体制创新、党内民主扩大、政党领袖常新

由于美国的政党制度是两党制，而取得政权的唯一方式是选举，因此美国政党的"生存"始终面临着反对党的竞争压力和周期性的选举压力。

政党自身的改革首先是总统候选人的提名制改革，这一改革主要分

---

① 张立平：美国两党的执政经验及其借鉴意义，《当代世界与社会主义》，2005年第5期。

为三个阶段：第一阶段，从1790年至1824年政党非正式地选举总统用的是国会党团会议提名制。政党的总统候选人的提名由政党在国会的议员来决定，国会领袖在党团会议中起了很大作用，杰斐逊、亚当斯、麦迪逊、门罗都是国会党团会议挑选的候选人并最终赢得了总统职位。

第二阶段，从1831年至1968年的全国代表大会提名制。在全国代表大会提名制下，政党领袖在总统候选人提名程序中起决定性的作用。党代表大会提名制有如下特点：（1）被提名为总统候选人的人要被绝对多数（即一半以上的多数）接受。1832-1936年，民主党代表大会规定：被提名者要得到2/3的与会代表的超级多数支持。（2）大会前，候选人要赢得公众（透过民意测验）、州和地方政党精英、市政领导的支持。大会的活动可能受舆论的影响，但大会是最终的决定者。

第三阶段，1968年至今的预选提名制。预选制在20世纪初在有些州开始实行，但直到20世纪60年代都未被广泛采用。由预选来决定提名的制度又被称为"公民表决制"。它的特点是：（1）选民直接参与党的候选人的挑选并选举出承诺支持某个候选人的党代表。（2）代表大会仍然保留着，但其提名功能降为批准或登记预选结果的功能。（3）总统预选由各州（而不是政党）负责，州议院规定预选日，州政府出钱准备预选的选票。（4）候选人在预选活动中的费用部分由联邦政府承担。（5）各州采取的预选方式各不相同，如"关门预选"（预选投票只限于本党的选民，即所谓党内选举）、"开门预选"（预选投票对任何人开放，不问党籍）、"一揽子预选"（两党候选人均列于选票上，所有选民在所有候选人中挑选他们喜欢的候选人）。

从以上政党改革总统候选人提名程序可以看出，这些改革是与社会发展相适应和相平行的，它们遵循着三个原则：一是分权的原则。由国会领袖来决定总统候选人的提名本身与三权分立的原则相忤逆，因而就产生了代替它的党代表大会提名制。二是民主的原则。随着选举权的扩大，普通选民对于由一小撮党的领袖关起门来进行权力交易越来越不满，于是直接预选制逐渐代替了代表大会制的提名功能。三是公开的原则。在代表大会制下，普通党代表不清楚党的领袖所进行的幕后交易，腐败丑闻时有发生。

其次，两党全国代表大会的名额分配改革。随着选举权逐渐扩大到妇女、黑人、青年，美国两党的全国代表大会的代表构成越来越反映了人口构成中各类人群所占的百分比，越来越突出了代表性和广泛性、参与性等特点，使政党本身更加开放。

再次，政党改变提名程序中的游戏规则。1936 年民主党终于废弃近一个世纪之久的以"超级多数"（2/3 的多数）来提名民主党候选人的办法，因为这一办法常常使民主党代表大会上的提名人"难产"，有时甚至投了三十几轮票还不知道哪一位候选人获得民主党的提名。在预选制实行后，民主党候选人在各州获得的党代表支持者按比例代表制的原则分配，即按他所获得预选票的百分比来分配；而共和党候选人在各州所获得的党代表支持人数则按"胜者通吃"的原则确定归属。即谁获得某一州选民票的多数谁就获得该州全部党代表的支持。

最后，为适应选举制度变革的需要和政党在选举政治中地位下降的形势，政党不断转变职能，从高高在上的候选人遴选者变成选举服务的提供者，从竞选运动的经管者转变为竞选运动的咨询者和辅助者，全国性政党组织的主要功能更是变为筹款者。职能的转变是为了在迅速变化的政治市场上保留自己的身份，为了在与利益集团、媒体、候选人本身的竞选组织、政治顾问公司的竞争中争得一席之地，从而不在选举政治中被边缘化。

2. **政党领袖的远见卓识，如准确判断时代主题（奴隶制、关税、民权），观念更新思想上创新，站在历史发展的正确一边**

翻开美国的民主党史或共和党史，人们发现一个政党的显赫时期总是与引领时代潮流、具有远见卓识、准确把握时代主题的政党领袖相联系的，如民主党的杰弗逊时代、杰克逊时代、罗斯福时代，共和党的林肯时代、老罗斯福时代、里根时代等。这些政党领袖不仅仅确立了他们统治的一个时代的主题，而且通过关键选举确立了一个反映两党实力对比的政党体制。这样的政党体制有五次变迁：

（1）1800－1824 年为第一政党体制，即"弗吉尼亚王朝"阶段。在美国处于农业社会发展阶段时，以杰弗逊为首的代表小农业主、债务人、贫民及主张州权的民主共和党战胜了代表金融资本家、债权人及主张建立强大中央政府的联邦主义者，成为多数党，并在选举中接连获胜。来自弗吉尼亚的总统主导美国政坛达28年之久。

（2）1824-1856年为第二政党体制，即"杰克逊的民主"时期。随着资本主义的发展，不同的利益集团产生了，原来的民主共和党因此分化重组。在1828年的关键选举中，杰克逊的民主党获胜。杰克逊大胆地进行了一些民主改革，他认为"政府掌握在人民手里"，"无论是富人还是穷人，都可以担任官职和显赫职务；诚实、正直和能力构成唯一和独一无二的检验标准……"在乡绅阶级统治时期，他提出了卑贱者有权管理政府的思想，深受当时选民欢迎。结果是杰克逊的民主党成为多数党，而辉格党成为少数党，这一时期权力交替是在民主党和辉格党之间进行的。"杰克逊联盟"包括西部的自由土壤分子（主张平均地权）和南方权利分子（蓄奴派）、天主教教徒、外来移民和普通的下层人士，而民主党的公职人员与辉格党的一样富裕（民主党很少从穷人中提拔他们的领导人）。

（3）1856-1896年为第三政党体制。南方种植园经济与北方现代化工业经济的极大矛盾、南方的蓄奴制与北方的废奴运动的抵触，使得在经济问题和奴隶问题上的政策产生了冲突，并促成了主张废除奴隶制的共和党的诞生。林肯就是共和党的代表人物，他与民主党的道格拉斯激烈辩论，从而形成了共和党与原来主张州权、现在主张蓄奴的民主党的竞争态势。结果是共和党成为多数党，内战的结束使共和党在此后40年的时间里有32年的时间执掌政权。民主党成为少数党。这一时期共和党的胜选联盟由美国本土出生的居民、北部浸礼会教徒、美以美教徒、公理会教徒和长老会教徒等组成，新英格兰及由那些新英格兰人开拓的西部是共和党力量最强大的地区。

（4）1896-1932年为第四政党体制。西奥多·罗斯福是共和党进步主义的象征，他大力推进反托拉斯法，保护中小企业。共和党成了改革党，它吸收了平民党的不满和进步主义的改革共和党的联盟包括白领工人和技术工人、富裕农民、中产阶级和上层中产阶级的城市居民、小商人、专业人员和一般受过教育的人、实业家、金融资本家和大公司经理等，地理区域上仍然是东部和中西部的联盟。共和党主导了总统职位：除威尔逊任职八年外，民主党与白宫无缘。

（5）1932-1968年为第五政党体制，即"新政联盟"时期。富兰克林·罗斯福是民主党的"形象代言人"。他关心经济发展、社会保障、工会福利等。罗斯福的"新政"大联盟是由北方大都市的黑人、天主教选民、犹太裔选民、南方白人、乡村农民组成,形如一个马赛克式的联盟。这一时期,除艾森豪威尔八年任期外,其余时间均由民主党当政;民主党成为多数党,共和党为少数党;民主党成为进步党/改良党,而共和党成为保守党。

同一个民主党,富兰克林·罗斯福的民主党不同于杰克逊的民主党,杰克逊的民主党也不同于杰弗逊的民主党,但这三位民主党领袖都很好地完成了他们的时代任务,并且以其符合潮流的政治理念吸引广大选民,从而组成了一个相对持久的胜选联盟,分别开创了民主党在政党体制中的新时代。在这样的时代里,民主党是多数党,是进步党、改革党,是保持先进性的政党,是推进历史进程的政党。然而,曾几何时,这个党成了主张蓄奴的政党,成了保守的政党,成了政治分肥、卖官鬻爵的政党,成了阻挠历史前进的政党。它的地位被林肯的共和党、西奥多·罗斯福的共和党所取代,共和党成为进步的、改革的、推动历史前进的政党。历史反复证明,哪一个政党拥有杰出的、高瞻远瞩的、具有人格魅力的领袖,哪一个政党就能够吸引优秀人才,就能够吸引广大支持者,就能够赢得选举的胜利,就能够将它的政纲付诸实践。

三、战后英国的两党政治与执政经验

英国政治是较为发达和成熟的典型的两党制。整个20世纪,英国的两党政治模式并没变化,只是随着社会结构和阶级关系的变化,政党力量此消彼长,工党崛起而自由党衰落,政党格局发生了重大变化。1924年大选,工党取得胜利,组成了少数党政府,由此开创了由自由党和工党控议会多数、轮流组织政府的新局面,并一直延续至今。不过,第二次世界大战以前,由于社会基础有限,政治经验不足,工党执政只是"小试牛刀"而已,保守党基本上控制着英国政坛。但是第二次世界大战以后，工党真正开始了与保守党轮流执政的新的历史阶段。

考察战后英国两党政治的执政经验，可以以执政时间先后为顺序，分析战后不同时期英国政党执政的经验。具体而言，根据执政方式的不同，可以将战后英国政党执政分为三个时期：

第一个时期（1945－1979年）"共识政治"时期。

战后到1979年撒切尔夫人上台执政前，英国最大的政党保守党和工党之间建立了"共识政治"，即通过议会斗争方式达到社会保障制度、混合经济、充分就业、工会和外交、防务等一系列政策方面的一致，相互妥协。当然，实行"共识政治"并不意味着保守党和工党之间消除了意识形态的分歧和政治冲突，而是为了适应社会的发展和选民的要求，两党采取了一致的立场。而以下几个方面是两党达成政治共识的基础[①]：

（1）凯恩斯主义。从1945年到70年代中期，工党和保守党两党的经济政策大多出自凯恩斯的经济学说。凯恩斯于1936年发表了其主要著作《就业、利息与货币通论》，在英国产生了广泛的影响。凯恩斯认为，由于有效需求不足，市场供求作用的自动调节无法达到充分就业水平，因此，政府应该发挥更大的干预作用，通过"需求管理"（把税收、公共借贷和公共开支结合在一起），来调整经济的总需求水平，从而刺激经济增长，实现充分就业。凯恩斯主义的矛头直指对市场力量和自由放任资本主义的陈旧信念，转而奉行"管理资本主义"的新模式。

（2）"混合经济"。两党都认为，除了对私有工业加强管制，意义重大的工业部门以及主要的公共服务部门应该归国家所有，即实行"国有化"。因此，在"混合经济"体制下，国有企业和私有企业并存，"计划经济"与自由竞争并立。政府不直接从事经济活动，但它下达"计划"，进行"指导"，用行政的力量调节经济发展的方向。

（3）福利国家。"福利国家"是由阵后工党政府提出建立的。即通过公民住房、教育、社会救济、家庭补贴等法案的实施，使得英国人处在"从摇篮到坟墓"的社会保障体系之中。随着"福利国家"建设所取得的成绩越来越大和人民越来越欢迎这一理念，随后的历届保守党政府也逐

---

① 顾俊礼主编：《欧洲政党执政经验研究》，经济管理出版社，2005年版，第81页。

渐接受这一政策,"福利国家"成为英国的长期国策。这些服务和救济反映了两党的一个共同信念,即国家应对公民的福利负主要责任。

第二个时期(1979—1997年)撒切尔主义的政治实践时期。

70年代中期,西欧社会面临经济危机,另外一些诸如地方经济发展不平衡、分权主义、收入分配与经济效率之间的矛盾等困扰英国经济和社会的根本性问题日益暴露出来,而在工党不知所措之时,撒切尔主义逐渐在西欧抬头。撒切尔主义是英国保守党领袖,担任英国首相后提出了一系列特定的纲领、方针和政策。可以说,"撒切尔主义就是20世纪80年代的'保守主义'('新保守主义'),即运用国家的权威和实际的控制权去最大限度地维护财产私有权和相应地征税制度"[1]。从思想渊源上看,撒切尔主义可以追溯到英国国教的教义哲学、洛克关于个人财产权力的学说以及艾德蒙·伯克对古典保守主义的阐释,而60年代末主要在英美两国兴起的"新右派"思潮则为撒切尔主义提供了更为直接、有力的思想背景和理论支持。新右派有时被人们称为"新自由派",有时被称为"新保守派",实际上是"新自由主义"和"新保守主义"两大派系的结合,即经济上的自由主义和政治上的保守主义的合流。新自由派和新保守派在许多问题上并不完全一致,甚至各执一词,针锋相对,但他们都反对凯恩斯主义,抨击福利国家政策,主张重新界定国家与市场的关系,以市场力量调节经济和社会生活,减少国家干预,呼吁加强法治,维护社会秩序,增强国家和政府的权威。而撒切尔主义正好涵盖了这两方面主张。新自由主义和新保守主义不仅体现在撒切尔主义的意识形态上,也体现在撒切尔主义的政治实践上。[2]

撒切尔主义的兴起改变了战后英国,乃至西欧政治的基本走向,它扬弃凯恩斯主义,振兴了英国经济,恢复了整个社会的活力。[3]

首先,在宏观经济政策方面,撒切尔政府试图收缩国家对经济的干预范围,以利于市场机制下的个人和私营企业。其新经济战略包括两个

---

[1] 陈乐民:《撒切尔夫人》,浙江人民出版社,1997年版,第115页。
[2] 王皖强:《国家与市场——撒切尔主义研究》,湖南教育出版社,1999年版,第13—15页。
[3] 顾俊礼主编:《欧洲政党执政经验研究》,经济管理出版社,2005年版,第83—87页。

层面：一是货币主义的宏观经济政策，即彻底摒弃凯恩斯主义的需求管理，以抑制通货膨胀而不再是充分就业为首要目标；二是在经济运行的世纪领域，则在于恢复市场机制的作用，放宽对经济活动的限制，改善劳动力供应状况，为此推出了私有化、税制改革以及扶植中小企业发展等一系列政策和改革举措。

反通货膨胀是撒切尔夫人新经济战略的核心内容。其主要手段是第一届撒切尔政府于1980年提出并实施的"中期金融战略"，中期金融战略改变了第二次世界大战后历届英国政府以财政政策为主、货币政策为辅的宏观经济政策的旧模式，首先确定货币目标，财政政策是货币政策的辅助工具，并且强调政策的连续性，以对价格水平的中期控制取代过去的短期管理。尽管中期金融战略初始颇遭非议，但反通货膨胀却取得了迅速成功。此外，为了调动和鼓励个人和企业从事生产经营活动的积极性，撒切尔政府对税收制度进行了改革。一方面降低高、低端的所得税率，降低公司税；另一方面简化和提高间接税。

其次，撒切尔政府实施了私有化的经济政策。其中，国有工业的私有化是核心。撒切尔政府推行国有企业私有化，直接动机就是鼓励竞争和增加效益，而根本目的则是改变国家与市场、国家与市民社会之间的关系。总的来说，私有化取得了一定成功。但是私有化也存在两个明显的问题：一是就英国电讯公司、英国煤气公司这样的企业来说，私有化进程变成了由国家垄断向私人垄断转换的过程；二是私有化的本意是为了减少国家干预，但私有化进程本身却有赖于政府持续地发挥积极的、干预的作用。结果，在撒切尔时代，国家干预依然存在，所不同的只是干预形式发生了显著的变化，从直接干预转变为间接干预。

再次，工会战略和地方政府改革。撒切尔主义存在的一个最大的矛盾是：一方面实现经济自由化的目标，另一方面，国家对社会生活的干预不仅未被削弱，反而大大加强。经济自由主义并不意味着政治上的自由主义，恰恰相反，撒切尔政府长达十年之久的统治"异常鲜明地显示出权威主义、中央集权主义以及反民主的倾向"[①]，撒切尔主义这种新特

---

① 王皖强：《国家与市场——撒切尔主义研究》，湖南教育出版社，1999年版，第242页。

征，主要表现在其工会和地方政府改革两个方面。撒切尔政府对二战后权力日益高涨的工会进行打击和限制。在整个20世纪80年代，撒切尔政府先后制定了一系列工会立法，对工会的权力和法律地位加以限制。并以强硬的、毫不留情的态度对付工会组织的罢工，拒绝作出任何妥协。而在地方政府改革，主要通过削减地方政府的开支、控制地方财政、将市场机制引入地方服务业等措施达到对地方的强有力控制和恢复地方市场活力。

第三个时期（1997年至今）"第三条道路"的兴起与发展时期。

90年代末以来，随着信息技术的飞快发展和全球化进程的不断加速，各国政治面临了新的环境。面对新的国际形势，西方资本主义政党为了适应环境，不断实现执政理念的创新，于是，应资本主义社会发展所需而产生的"第三条道路"的政治实践逐渐兴起。而且"第三条道路"执政理念首先是由英国的工党所掌握。70年代中期，工党在失去执政地位之后，力求在党的理论、政策和战略方面有所突破和创新，而"第三条道路"理论可以说是工党在思想和政策方面调整和变革的尝试，是工党的一次重大转型。

"第三条道路"作为两种对立道路或政治主张之间的一种折中主义或改良主义思潮，它在国际社会主义和共产主义运动史上并不鲜见。然而，当代的"第三条道路"具备了不同于以往的理论内涵和思想特征，从内容上看，它试图超越老派的社会民主主义和新自由主义，超越传统左与右的框架，在传统左与右的理论与政策主张中提出一种新的综合，具有一定的创造性。在价值观上，继续接受"社会公正"的核心价值观，坚持民主、自由、公正，但放弃阶级政治和左右划分，反对将社会主义作为对资本主义的替代，也就是说不再寻求以社会主义制度取代目前的资本主义制度。

安东尼·吉登斯被誉为"第三条道路"的精神导师。1998年，他发表了《第三条道路：社会民主主义的复兴》一书，对"第三条道路"做了一番条理清晰而又简明扼要的阐释。吉登斯明确表示，他用"第三条道路"这个术语来指称社会民主的复兴。他认为，无论是古典社会民主主义还是新自由主义的政治实践，在不断变化的社会运动面前都暴露出了严重的缺陷和不足。它们存在一个共同的、基本的理论预设，即市场与公正的背离。"第三条道路"则试图在坚持社会公正这一左派传统的价值准则的基础上，将市场与公正有机结合起来，超越老派的社会民主主义和新自由主义，回应上述种种变化和挑战，并为社会民主主义的复兴指出中左的思想坐标，提供政策框架。为此，吉登斯提出并阐述了"第三条道路"的政治纲领，它们包括：新型的民主国家；积极的公民社会；民主的家庭；新型的混合经济；作为包容的平等；积极的福利政策；社会投资型国家；世界性的国家；世界性的民主等①。

英国新工党的领袖布莱尔是"第三条道路"的主要倡导者和代表人物。为了结束长期的在野地位，布莱尔等新一代工党领导人顺应时代变化，进行了党内改革。新工党通过澄清党的思想纲领，进一步改变党的性质，彻底实现从工人党向全民党转变，重塑党的形象，实现社会基础的多元化；进一步削弱工会对工党事务的影响和作用，加强工党领导机构独立决策的权力；实现党员结构的年轻化和多样化，大力吸纳个人党员；组织沟通信息化，等等，实现党的变革。

1997年5月，布莱尔上台后就赋予新工党政府一个总的政策基调：现代化。多年来，布莱尔政府的政策措施主要围绕着"现代化"开展。②首先，宪政改革。宪政改革是从下放权力开始的。为了推进地方政府改革，焕发地方民主的活力，在工党政府的支持下，苏格兰和威尔士分别于2000年和1999年设立了地方议会，各自自治地方事务，并在文化教育、医疗保健、环境、交通和农牧渔业等方面享有广泛权力。

其次，在宏观经济政策方面，布莱尔政府接受了撒切尔主义私有化和自由市场的遗产，保持了宏观经济政策的稳定和连续性。通过下放国有企业决策权调整工业关系，同工商业界建立伙伴关系，使用适度从紧、灵活的财政政策来实现英国这些年来的经济持续增长和良好就业态势。

再次，社会保障制度改革。布莱尔政府在经济上继承了撒切尔主义，但它决心避免撒切尔主义的负面影响，把自由市场同基本的社会保障结合起来，强调在市场经济的范围内实现公平、机会均等和照顾社会弱者

---

① 安东尼·吉登斯：《第三条道路：社会民主主义的复兴》，北京大学出版社、三联书店，2000年版，"作者序"第2页。
② 顾俊礼主编：《欧洲政党执政经验研究》，经济管理出版社，2005年版，第96-100页。

的理想。

此外，在外交上的战略方面，布莱尔政府上台后，迅速采取行动，试图在外交上打开新局面，结束英国多年来的孤立处境，使它重新处于国际事务的中心，成为一支主导力量。为此，英国继续坚持并强化了以英美关系、英欧关系和英联邦国家为架构的、传统的三环外交目标，并开始把前两者作为对外政策的重心。

四、法国社会党和戴高乐政党的执政经验

法国社会党是有一个多世纪历史的老党，在法兰西第三共和国（1875－1940年）、临时政府（1945－1946年）、法兰西第四共和国（1946－1958年）、法兰西第五共和国（1958年至今）等时期多次上台单独或联合执政，积累了丰富的执政经验。戴高乐政党即保卫共和联盟（2002年被人民运动联盟所替代），在法兰西第五共和国时期长期单独或联合执政，也具有较为丰富的执政经验。

1. 法国社会党和戴高乐政党是如何获取政权的

（1）党纲要与时俱进，竞选纲领要迎合选民要求。法国社会党和保卫共和联盟的党纲和竞选纲领，既要忠于两党的基本理论和思想（前者打着民主社会主义的旗号；后者则打着戴高乐主义的旗号），又要反映时代的特征，迎合选民的要求。例如法国社会党经常是通过每年举行的一次全国代表大会，特别是"大选年"所举行的全国代表大会，综合各个政治倾向的动议和意见，在某个标题下提出党的行动纲领和竞选纲领。如在1972年提出的《改变生活》的纲领性文件，1980年的《法国80年代的社会主义草案》，1981年通过的《争取社会主义、实现变革》等。在2000年通过的《原则声明》的最新纲领中，法国社会党指出了资本主义的种种弊端，如不平等和不公正，两极分化加剧，对第三世界的剥削，等等，并在对策中突出照顾中下层的利益，加强社会保障制度，通过再

分配努力缩小贫富的差距。这样明确的、具体的、带有倾向性的纲领，自然而然地对中下层，特别是劳动人民十分有诱惑力。

（2）党的社会基础应随着社会结构的变化而进行调整。第二次世界大战后，特别是20世纪70年代以来，随着教育、科技和经济的发展，法国社会阶级结构如同西方其他资本主义国家一样，发生了巨大的变化。法国社会党和保卫共和联盟为了适应法国新的社会阶级结构，为了党的生存，为了争取选民的支持，特别是争取当代法国社会中坚力量新中产阶级的同情和支持，相继调整了党的社会基础。

20世纪60年代，法国社会党走向衰退，特别是党的老年化使其社会基础日益缩小，党组织处于四分五裂的状态。60年代后期，党内有识之士在反思中认识到只有进行深刻的变革才能扭转党的颓势。一方面，各个派别进行了大换血，一半以上的党员都是在1967年以后吸收进来的，35岁以下的年轻人占56%。这样，不仅使各个派别年轻化，而且党员的成分有了明显的变化。而保卫共和联盟作为戴高乐派政党，随着第五共和国诞生而诞生。它开始时重点吸收高、中级管理人员、商人、农民、自由职业者入党。为了适应法国社会结构的变化，目前保卫共和联盟大力吸收中产阶级、特别是新中产阶级入党，以便进一步扩大党的社会基础，吸引中产阶级的选民。

（3）党的联盟方针是上台执政的必要条件。法国社会党和保卫共和联盟分别是左翼和右翼的主要政党，都必须制定正确的联盟方针，以便壮大自己的势力，才能进一步获得被结盟党的选民支持和赢得多数选票，上台执政。

例如法国社会党于1934年与共产党等结成人民阵线，导致1936年上台执政。1947年，将三党联合执政（法国社会党、共产党和人民共和党）的共产党驱逐出政府，其结果大大缩小了政府的政治基础和导致该政府的垮台。1971年，法国社会党举行的埃皮内代表大会决定联合共产党的方针，1972年，两党签订了《共同施政纲领》，并于1981年联合执政。1984年，共产党因反对社会党的紧缩政策退出政府，使法国社会党执政的政治基础大大缩小，导致了1986年议会选举失败。直到1997年，两党又第三次联合执政，并在左翼联合政府中协调相互关系。而对戴高乐政党而言，70年代中期起，保卫共和联盟结盟的主要对象是法国民主联盟。

尽管这两大政党在政见上的分歧使两党矛盾重重，经常发生争吵，但在大选（包括总统选举和议会选举）的第二轮见分晓的投票中，为了战胜左翼对手都能够抛弃前嫌达成让票协议，一致把票投向在第一轮中得票最多的一方。①

2. 法国社会党和戴高乐政党是如何执政的

（1）创建适合国情的政体，并不断地进行改革。法兰西第三共和国和第四共和国都实行多党议会制。随着时间的推移，这两个共和国政体的弊端日益严重起来，议会、总统和政府之间的权力难以平衡。正是在第四共和国走投无路的情况下，戴高乐获得了制定新宪法和新政体的权力。也正是在戴高乐主义关于新政体的思想指导下，戴高乐派于1958年制定了第五共和国宪法，创建了第五共和国政体。第五共和国政体既不是美国式的总统制更不是英国式的议会制，而是符合法国国情的半总统半议会制。在这种政体下，总统是国家权力的中心，完全摆脱了议会的控制；政府的权力和地位得到加强，而对议会的例会和特别会议、议事程序和方法都做了明确的规定和限制；另外，还规定政府必须对议会负责。

1981年，法国社会党上台执政后，立即对第五共和国政体进行大刀阔斧的改革。其改革集中在3个方面：②①实行以权力下放为主要内容的地方管理制度的改革。法国社会党把地方管理制度的改革作为"法国式的社会主义"的主要内容是使各级地方政权"非国家化"，以民主监督、自治管理、人民参政为中心内容的权力下放方式来改变几个世纪以来法国高度中央集权的模式，实现地方自治、民间团体参与地方管理的"新的公民制度"。②改革司法制度。为了贯彻"司法民主"以及在司法中的"人道精神"，法国社会党对司法制度中一直为人所关注的弊病实施摘除手术，法国社会党政府于1981年9月经过议会批准废除了死刑，于1982年6月废除了常设军事法庭，于1983年进一步废除了"佩雷菲特法"

---

① 顾俊礼主编：《欧洲政党执政经验研究》，经济管理出版社，2005年版，第106－109页。

② 顾俊礼主编：《欧洲政党执政经验研究》，经济管理出版社，2005年版，第112－114页。

(即"安全和自由法"),重新肯定了无罪推定的基本原则。③将总统7年任期改为5年任期。

(2) 公共政策是执政党成败的关键。法国社会党和保卫共和联盟在多次执政的过程中,逐渐意识到在制定和实施对内和对外政策的一般情况下,对内政策应处于优先的地位,而在对内政策中,应当把公共政策放在头等重要的地位。因为,对内政策,特别是公共政策直接关系到法国人民的切身利益,反映执政党对选民的愿望和要求关心的程度。

在这方面,保卫共和联盟的经验教训尤为深刻。戴高乐总统在位前10年中,把主要精力放在对外关系上,他所建立的、他人不得染指的总统"特权范围",使阿尔及利亚问题、外交和国防,都不属于公共政策的范畴。他严重地忽略了国内问题(对国外问题比较而言),特别是公共政策和老百姓的日常生活问题。国内问题的日积月累终于导致了1968年的"五月风暴"。最初是巴黎大学学生起来造反。他们对教育管理体制、教育制度和教学方法的陈旧极为不满,要求彻底改革。后来学生运动向全国和各阶层蔓延,从学潮发展到工潮。面对波澜壮阔的工人和学生运动,以及法国经济和社会生活几乎陷入瘫痪的危机局势,法国当局惊慌失措。反对派利用学潮和工运,打算逼迫戴高乐和执政党下野,从而把运动提升到政治斗争的阶段。正是在这关键时刻,戴高乐总统及其政府采取了妥协的姿态,一方面表示要对国家进行改革;另一方面满足了工人关于大幅度提高工资,缩短劳动时间,增加家庭补助和改善福利待遇的要求。与此同时,支持戴高乐派和那些希望恢复正常社会生活和社会稳定的人们也动员起来,组织巴黎50万群众上街游行进行反击,学潮和工运才逐渐平息下来。①

(3) 扩大民主,满足法国公民参与的愿望和要求。第四和第五共和国宪法确认1789年的《人权宣言》和"主权在民"的原则,并实行政治民主、经济民主和社会民主。但是,随着法国政治、经济和社会的发展,以及法国人文化素质的提高,法国公民强烈要求扩大民主范围,参与当代法国的政治、经济和社会生活。为此,法国社会党和保卫共和联盟都

---

① 顾俊礼主编:《欧洲政党执政经验研究》,经济管理出版社,2005年版,第115页。

在扩大民主方面采取了措施,以便满足法国公民参与的愿望和要求。

首先,建立和扩大政治参与制,以便体现"主权在民"的原则。20世纪80年代初法国社会党实行地方权力下放,基本上实现了地方自治和民众团体参与地方管理的"新的公民制度",从而使公民政治参与制在各级地方政权中得到很大的发展。

其次,推行企业参与制和居民参与制,缓解社会矛盾和冲突。早在1945年临时政府执政时,就指示在工厂和企业中建立企业委员会,吸收工人参加管理。1965年7月颁布的戴高乐派左翼提出的《瓦隆改革法》,加强了企业委员会的职能。法国社会党上台执政进一步吹响了推进企业参与制的号角。另外,在居民参与方面,自20世纪80年代以来,法国社会党大力提倡公民参与制,并成立了居住区委员会,就该居住区的治理、社会和文化活动与市政管理当局进行协商,共同治理。

再次,建立与工会和雇主的"社会伙伴"关系,以和缓政府与劳资的矛盾和冲突。戴高乐总统时期,蓬皮杜政府为了平息工人运动由官方出面积极和主动地组织工会和雇主三方进行对话和协商,达成提高工资和改善劳动条件的"马提翁协议"(马提翁是总理府所在地)。从此,政府、工会和雇主代表三方的定期对话和协商成为扩大第五共和国社会民主的重要组成部分。德斯坦总统进一步确认所有的工会、农业组织、雇主公会等社会团体为"社会伙伴",除了进行三方对话和协商外,还展开"一对一"的对话方式,即社会团体一方与官方直接的对话。

第四,提高妇女的地位,发挥她们的参与作用。第二次世界大战后,戴高乐的临时政府决定,鉴于法国妇女在第二次世界大战中所作出的杰出贡献,吸收妇女参加政治生活,参加竞选和参加投票,实现真正意义上的普选制度。1974年,法国民主联盟领袖德斯坦总统进行改革,将妇女享有公民权和政治民主的年龄降至18岁,在政府中增设妇女地位部和增加政府成员中女性的比例。①

---

① 顾俊礼主编:《欧洲政党执政经验研究》,经济管理出版社,2005年版,第125-128页。

五、瑞典社会民主党长期执政的主要经验

瑞典社会民主党工人党,通称瑞典社会民主党,是瑞典现代历史上具有重大影响的政党。该党于1889年4月19日成立。建党之初,全国约有党员3100人。建党后,在欧洲各国工人运动纷纷兴起的背景下,瑞典社会民主党得到了迅速发展,1917年10月首次入阁。1920年3月,首次组成一党内阁。1921年,党员发展到13.5万人,在议会选举中获全部选票的36.4%,成为瑞典第一大党。此后,该党一直保持瑞典第一大党的地位。直到2002年9月中旬的大选为止,瑞典政治中社会民主党一党独大这一长期格局基本未变。瑞典社会民主党之所以能长期执政,与其根据时代要求制定适合本国国情的纲领和政策密切相关。[①]

1. 审时度势,及时反思与调整党纲

瑞典社民党110余年历史上只制定过7份纲领,冷战结束后,由于国际国内形势发生重大变化,2001年底党从多个方面对1990年通过的党纲作了大幅修订[②]:

(1)更加强调思想的多元性,不再把"社会主义"作为奋斗目标,新纲领指出,其理论要受到现实的反复检验,以民众是否认同为弃取。在新形势下社民党要求重新认识和理解"自由、平等、公正、互助"这些核心价值观,要求根据情况的变化,赋予新的内涵。党塑造的是建立在民主理想和所有人同等价值基础之上的社会。

(2)表示要消灭阶级差别、争取平等,但其重点在个人对工作场所和政治生活的充分参与。认为该党是通过建设"人民之家",即实现平

---

① 本书编写组:《兴衰之路——外国不同类型政党建设的经验与教训》,当代世界出版社,2002年版,第364页。

② 本书编写组:《兴衰之路——外国不同类型政党建设的经验与教训》,当代世界出版社,2002年版,第364-366页。

等、福利与合作而不是阶级斗争改善了社会和劳动人民的生活条件,社会民主主义的基本目标应当是实现无上层和下层、无阶级界限、无性别隔离、无人种差距、无偏见和歧视的社会,使所有的人有同等的权利和价值驾驭自己的日常生活,以平等和互助合作精神为共同的利益寻求社会解决办法。认为要实现真正的平等,仅采取措施反对阶级的不公正是不够的。强调要通过扩大民众对工作场所和政治生活的参与,逐步改造社会,而瑞典社会的政治改革和技术发展为此创造了新的条件。

(3)表示要反对资本主义,但需要市场经济。资本主义是利润先于利益的权力制度;市场经济则是分配商品和服务的制度,它对社会发展起着巨大的推动作用。市场经济只是社民党所主张的混合经济制的一部分,肯定市场的重要调控作用,但强调不能对其放任自流,要通过立法对市场经济的消极加以限制。社民党致力于建立一种生产秩序,使每个人都有权利和能力对生产方向和分配施加影响。

(4)在传统的公共服务部门引入竞争机制,提高效益和服务水平。新党纲认为,传统的瑞典社会福利模式虽仍运行良好,但面对经济全球化在这一领域带来的挑战,应在公共部门的非核心机构引入竞争机制,并可实行合作和个人的多种经营形式,以提高公共部门的效益,但不赞成由利润支配医疗、保健和学校等领域。应当扩大消费者选择服务单位的自由,服务也可采取灵活的多种经营形式,但不应由此引起社会差别扩大。

(5)重视扩大党的群众队伍和社会基础。不再沿用阶级概念简单地进行阶级划分,随着社会和经济的发展,工人中的许多人都已拥有一定的资产、别墅、股票、基金股份。信息社会的发展改变了社会和阶级结构,雇主和工薪阶层、工人和职员以及选民间的区别日趋模糊。投谁的票已不取决于选民的阶级背景,社民党需寻找新的基础。赞同社民党价值观的群体都是党的基本力量。党需要革新和更加开放,需要改变工作方式方法,加强同工会的传统合作,重视在新兴的和平、环保、"反全球化"及移民等利益团体中开展工作,以争取广泛的选民支持。吸收新党员时应考虑党的选民的多样化,社民党是跨越各社会各阶层和集团的党,为吸引众多的妇女入党,首次将社民党是个"女权主义"的党写入党纲。

瑞典社民党党纲上述新提法在党内得到积极响应,特别是关于党的性质的提法已获得党内比较一致的认可。新党纲总体上体现了该党要求革新的愿望,具有明显的务实精神,势必对党的未来发展具有重要的意义。

2. 调整经济政策,放弃"社会化"提法,承认市场经济的积极作用

瑞典社民党在理论政策调整中比较务实,即以争取选民为要务,调整政策作先行。90年代初,瑞典经济陷入危机,连续3年负增长,失业率急剧上升,国家财政恶化。1994年社民党重新上台后,为扭转颓势,不得不放弃扩张经济以刺激经济增长、扩大公共部门以增加就业的传统政策,采取一系列措施,探索新的发展模式。①

(1)加大经济政策和产业结构的调整力度,减少政府干预,发挥市场的积极作用。随着社民党政府放开对电信等产业的管制,新兴的商业、信息技术和服务业取代了传统制造产业,成为新的经济增长点。扩大进出口贸易和国内投资拉动了经济增长,进出口贸易各占国内生产总值的40%,国内固定资产投资总额每年以6%左右的速度增长。

(2)大幅度削减财政开支和福利支出。1994年社民党重新上台伊始,采取紧缩措施,减少政府雇员,压缩公共开支1255亿克朗。1995年通过对公共服务和福利部门进行市场化改革,鼓励失业者工作,打击福利中的舞弊、滥用待遇和浪费现象,在失业救济和医疗保健等方面进一步削减社会福利开支390亿克朗。

(3)把扩大就业、教育培训作为经济政策的主要目标,鼓励中小企业的发展以增加就业门路。政府每年投资10亿克朗用于职工技能培训,鼓励工会发挥工人业余教育和培训的作用;增加劳动市场弹性,放宽就业规定,允许企业雇用临时工;简化约束企业的规章制度,实施有竞争力的企业税,每年新建企业3万个。同时,通过失业救济制度的改革,逼迫懒汉重回劳动市场。社民党于1996年提出将8%的失业率到2000年下降到4%、2001年提出将77.2%的就业率到2004年提高到80%的具体

---

① 本书编写组:《兴衰之路——外国不同类型政党建设的经验与教训》,当代世界出版社,2002年版,第367-368页。

目标。

（4）实施科教立国政策，增加对科研、教育和信息技术领域的投入。提出促进机会平等的口号，采取措施全面提高劳动者素质。同时，扩大科研投入，提高经济增长的科技含量。目前，瑞典科研投资额占 CDP 比重为经合组织各国中最大，高达 3.8%。国家每年开展研发项目 5300 多个，通过减税鼓励企业开发科技新产品。瑞典文盲率下降为零，科研人员占全国劳动人口的比例不断上升，已达 12.7%，拥有新式电脑的家庭超过 70%，网民已占人口（860 万）半数以上，移动电话用户达 640 万。瑞典已成为世界上信息化程度最高的国家之一。

（5）注重环境保护，努力实现可持续发展战略。主张运用现代生态循环技术和节能措施调整能源结构，更有效、更清洁地利用能源，扩大利用生物能、风能和太阳能。发展公共交通，提高人们的"绿色意识"，增强全社会生态循环观念，发展乡村和生态旅游业。广泛开展国际合作，对付全球环境威胁，使瑞典成为促进可持续发展的先进国家。

（6）迎接新经济和经济全球化的挑战，鼓励本国企业参与国际竞争。扩大对外投资，同时欢迎外国企业来瑞投资。瑞典外贸的 50% 以上是同欧盟国家进行的，对外投资的大部分投向欧盟国家。通过公司的并购，不断扩大规模效益。瑞典企业的并购大部分发生在国外，北欧各国占40%，其他欧洲国家占 29%。据世界经济论坛报告，2001 年瑞典的综合竞争力在全球排名第六位。

3. 坚持社会公正，维护福利国家的原则，同时调整社会政策，强调福利改革要确保公民的平等权利

瑞典社民党创建和发展了瑞典福利制度，其"瑞典模式"成为福利国家的样板，对保持社会稳定和促进经济发展曾发挥了重要作用。但 80 年代以来，其福利制度弊端凸显，社民党自 80 年代中期开始进行福利制度改革[①]：

（1）从指导思想上统一认识，坚持福利制度是社会和文明发展的成

---

① 本书编写组：《兴衰之路——外国不同类型政党建设的经验与教训》，当代世界出版社，2002 年版，第 369－370 页。

果。社民党在福利制度改革之初，大幅减少各种待遇，受到各既得利益群体的责难和攻击。此后，该党逐渐认识到民众仍希望实行互助、公正和平等的政策，因此对较激进的改革进行小幅回调，强调仍要在全社会提倡团结互助原则，维护社会福利制度，保障公民就业和再就业以及住房、社会保险和医疗等各种权利。1998年决定将社会保险恢复提高到80%，并先后提高了补充养老金、提前退休金、儿童补贴、住房补贴及改革了养老退休金制度等。

（2）主张为实现"福利社会"目标，必须采取与以往迥然不同的作法。放弃了完全由国家财政投入，无偿包办福利的作法，主张实行个人权利与义务的统一，增加个人对福利支出贡献的比重。在社会福利的管理中，减少国家干预，注重市场作用，引进竞争机制，以提高效益，节约开支。在保险部门增加个人投保，但反对私人成分无限增长，强调只有普遍的社会保险制度才能保障公民的需求。同时鼓励创业和敬业精神，要求企业、个人分担责任，力图克服由于长期实行社会福利待遇发放的平均主义而形成的依赖国家、不思进取的社会心理。

（3）强调经济增长与社会公正密切相关、互为条件。主张蛋糕做大才能多分，要通过经济增长保障和提高福利待遇。缩小经济差别的前提是从根本上缩小教育、文化、企业精神和民主参与方面的差别，解决男女工资和社会权利的差别。同时，采取措施照顾社会弱势群体，并鼓励"被社会排斥者"通过接受培训和参加工作回归社会，以消除新的贫困。

（4）在税收上，不再坚持以高税收、转移支付来调节分配的传统模式。在经济全球化的条件下，瑞典的高税收造成资本外流。针对这种情况，社民党政府逐步采取各种措施，减少税收。目前，税收占GDP的比重已由90年代初的75%降至55%。

瑞典福利制度的总框架虽未发生根本性改变，但实质内容已明显不同。党内不少人认为，有关改革离传统相去太远，以至于"对自己的党认不出来"。面临福利改革的党内阻力，社民党在做出某些妥协的同时，坚持了上述改革原则。总的看，社民党对社会政策的改革得到了选民的支持。

第九章 战后发展中国家政党长期执政的经验

冷战结束以来,在西方多党制浪潮的冲击下,许多国家长期执政的政党在实行多党制后,丧失政权,有的还土崩瓦解。而包括中国、新加坡、马来西亚、叙利亚、伊拉克等在内的一些发展中国家,虽然也实行各种类型的多党制,但执政党却能克服来自国内外的种种困难和挑战,在各自的政坛上处于无与匹敌的优势地位。中国共产党(成立于1921年,自1949年中华人民共和国成立以来,中国共产党一直处于执政地位)、新加坡人民行动党(自1959年新加坡自治以来,连续以绝对优势执政)、马来西亚马来民族统一机构(简称巫统,成立于1946年,是马执政党联盟国民阵线中第一大党,一直在马政坛上起主导作用)、叙利亚阿拉伯复兴社会党(简称复兴党,成立于1947年,1963年执政至今)。这些政党在长期执政过程中,在治党治国方面积累了许多丰富的经验。

一、战后发展中国家长期执政政党的共同执政规律[①]

1. 根据形势变化,适时更新和确定党的政治纲领,不断调整党的方针政策,推动经济和社会协调发展,逐步改善人民生活

中国、新加坡、马来西亚、突尼斯、叙利亚等国在独立之前都曾是西方列强的殖民地,因此,争取国家独立和民族解放是这些国家民族民主政党最初的目标。在取得国家独立后,这些民族民主政党就成为组织、领导并推动本国经济政治和社会发展的主要力量。面对建国之初落后的经济状况,面对过渡型的经济形态,振兴民族经济,提高人民的生活水平,始终是这些国家的执政党政治纲领的重要内容。根据不同历史阶段的具体情况,不断调整、完善或更新党的纲领、方针和政策,以推动社会进步和经济发展,使人民得到更多的实惠,是这些国家执政党赢得民心的关键。

这些国家的执政党为实现民族独立、经济繁荣所作出的贡献是国内其他政党无法比拟的,这些执政党领导国家生存和发展的能力,也是其他政党所不具备的,这是它们长期保持执政地位并建立起稳固政治统治的根本原因。

2. 随着社会结构的变化,及时调整和拓宽党的社会基础和成员构成,加强社会整合力,巩固执政党的执政基础

近些年来,在全球化和新经济浪潮的冲击下,随着信息技术的发展和现代化进程的演进,中国、新加坡等一些经济发展迅速的发展中国家的产业结构发生了变化,在就业结构中,知识型的劳动者迅猛增加,由

[①] 参考《兴衰之路——外国不同类型政党建设的经验与教训》,当代世界出版社,2002年版,第201－220页。

这些受过良好教育的就业者队伍所构成的中产阶级不断扩大，他们不仅在经济活动中起着日益重要的作用，而且在政治生活中也扮演着越来越重要的角色，是各国政党主要的选票来源。面对重新组合的选民基础，这些国家执政党及时调整自己所依靠的社会基础和成员构成，大力吸纳包括中产阶级在内的各阶层的新生力量和精英入党，努力塑造大众政党的形象以寻求跨阶级的支持，巩固自己的执政地位。这样就尽可能地减少反对派的力量，这对保持政治稳定大有益处，使这些国家一党独大的政党制度在该国不但继续存在下去，而且在政治生活中更具生命力。

3. 注意加强党的自身建设，逐步规范党的组织体系，加强党的制度化建设，使党内做到思想和步调一致

首先，体现在这些发展中国家长期执政的执政党重视党的理论建设，采取多种形式培训党员和干部，以统一党内思想。如中国共产党重视对全党的思想教育，每当重要政策出台之前，要在基层广泛讨论，并逐级收集党员意见，供决策参考。中国共产党还非常注重对党员干部进行培训，加强对党的领导干部的知识更新和理论培养，增强他们适应新形势的能力。其次，体现在它们注重党员质量，做好接班人的培养和选拔。如叙利亚复兴党严把入口关，党章规定，凡要求入党者，需经组织多方考察，基本符合条件者，由 2 名正式党员推荐，方可成为"党的支持者"；3 年后，经组织审查无问题，并经党组织领导人亲自面试合格，才能转为正式党员。

4. 采取多种措施约束党员行为，保持执政党的自身廉洁，努力塑造党在民众心中的良好形象，以提高群众对党的信任程度

对致力于实现现代化的广大发展中国家来说，防腐反腐是一个具有普遍意义且亟待解决的课题。有一种论调，认为一党执政或一党独大的执政党监督不了自己，似乎只有实行西方的多党制，才能实行有效监督。中国共产党、新加坡人民行动党等的实践，否定了上述结论。例如新加坡人民行动党成立时，李光耀就提出"打倒贪污"的口号，把党旗的基本色调定为白色，象征廉洁。该党要求广大党员干部严于律己，包括李光耀在内的党的高官以身作则，不图私利，为其他官员树立了榜样。新

加坡还成立了由总理直接领导的贪污调查局,为切实执行《反贪污法》,政府赋予反贪局广泛权力,该局可以在没有逮捕证的情况下,拘捕涉嫌贪污受贿的嫌疑犯,有权没收贪污犯罪的全部赃贿。

5. 在保证"一党独大"的前提下,逐步推行有限民主,既给反对党以一定的生存空间,又采取多种手段限制反对党,防止其力量壮大

一个国家采取何种民主模式,从根本上讲是由本国的历史文化传统、经济发展状况和社会制度所决定的。这些国家在独立之初,民主体制都不发达,尚不具备实行多党民主的最基本的经济前提。但是经过几十年的发展,尤其是在70年代中期勃兴的民主化浪潮的冲击下,这些国家纷纷开始实行多党制,但执政党均强调民主必须适合本国国情,在保证一党独大的前提下推行"有控制的政治多元化"。如中国共产党在处理与其他政党关系时采取"长期共存,互相监督,肝胆相照,荣辱与共"的十六字方针。显然,按照这个方针实行的团结合作,具有独特的持久性。

6. 视本国的实际情况,设计符合本党利益的执政方式,选择适宜的政体来处理党与政、党与立法和司法等部门的关系

这些国家的执政党均根据各自国家的历史和国情,选择适宜的政体来处理同立法、行政和司法等部门的关系。如马来西亚在摆脱英国殖民统治后,政治上曾经一度按照英国君主立宪制进行运作。然而由于马来西亚民族关系复杂,实行西方议会民主使代表不同种族利益的政治势力争权夺利,易造成民族分裂和政局动荡。1969年发生了大规模的马华种族冲突,造成大量人员伤亡。事发后,马来西亚成立了以拉扎克为首的全国行动委员会,宣布全国进入紧急状态,国会暂停活动。拉扎克认为英国式的民主不适合本国国情,于是在1974年成立了以巫统为核心的"国民阵线",废除英国式的民主体制,而重新建构一套权威政治体制,确立了巫统的盟主地位。英国式的君主立宪制最终为一党独大的集权制所代替。

7. 提倡多民族、多宗教、多元文化的融合，主张宗教信仰自由，提倡宗教间和谐与容忍

在任何一个多民族、多宗教、多元文化并存的国家里，社会稳定、国家统一的基础是多民族的团结和睦、各宗教之间的和谐包容。执政党只有制定并实施一整套切实可行的民族宗教政策，才能有利于促进民族团结和减少各宗教之间的隔阂，才能保证国家长治久安。这些国家的执政党在处理国内的民族宗教问题上，都提倡多民族、多宗教、多元文化的融合，主张宗教信仰自由，提倡宗教间和谐与容忍，使国内的民族、宗教问题得以妥善解决。

二、中国共产党长期执政的经验

中共十六届四中全会回顾55年来党执政的历程，从认识和把握执政规律的角度，总结阐明了长期执政所积累的六条主要经验，即"六个必须坚持"：必须坚持党在指导思想的与时俱进，用发展着的马克思主义指导新的实践；必须坚持推进社会主义的自我完善，增强社会主义的生机；必须坚持抓好发展这个党执政兴国的第一要务，把发展作为解决中国一切问题的关键；必须坚持立党为公、执政为民，始终保持党同人民群众的血肉联系；必须坚持科学执政、民主执政、依法执政，不断完善党的领导方式和执政方式；必须坚持以改革的精神加强党的建设，不断增强党的创造力、凝聚力、战斗力。这些主要经验也是加强党的执政能力建设的重要指导原则。四中全会《决定》对党的执政经验的总结，也是从认识和把握执政规律的角度来强调的，体现了我们党对执政规律的科学把握。

1. 坚持党在指导思想上的与时俱进，用发展着的马克思主义指导新的执政实践

80多年来，一代又一代的中国马克思主义者，从时代条件和我国实际出发，不断丰富和发展马克思主义，从而使马克思主义始终保持蓬勃的生机和旺盛的活力。在马克思主义中国化的历史进程中，产生了毛泽东思想、邓小平理论、"三个代表"重要思想这三大理论成果，党在这三大理论指导下，取得了社会主义建设的辉煌成就。毛泽东把马克思主义基本原理同中国革命具体实际相结合，成功地开辟了一条农村包围城市、武装夺取政权的新民主主义革命道路，创立了毛泽东思想，建立了社会主义制度。邓小平根据马克思主义基本原理和社会主义的实践经验，围绕什么是社会主义、怎样建设社会主义这个根本问题，创立了邓小平理论，使中国社会主义现代化事业步入了蓬勃发展的新时期。党的十三届四中全会以来，以江泽民为主要代表的中国共产党人，在建设中国特色社会主义的实践中形成了"三个代表"重要思想，标志着我们党对共产党执政规律、社会主义建设规律和人类社会发展规律的认识达到了一个新境界。实践表明，与时俱进是马克思主义的理论品格。作为科学的理论体系，马克思主义既不会一成不变，也不会停滞不前，必将随着时代的发展而发展。

2. 坚持抓好发展这个党执政兴国的第一要务，把发展作为解决中国一切问题的关键

党的指导思想的成效，必须放在党领导发展能力的实践中去检验。紧紧抓住发展这个执政兴国的第一要务，党才能实现新世纪的历史使命，才能发展党的指导思想。发展在当前中国意义重大。党领导人民建设社会主义的根本任务是解放和发展生产力，增强综合国力，满足人民群众日益增长的物质文化需要。十一届三中全会前，中国共产党有过把发展生产力摆到重要位置上，但方法不对头，对党执政后领导社会主义建设根本任务的模糊认识，致使我国在很长一个时期没能集中力量发展生产力，实际上危及了党的执政地位。十一届三中全会后，中国共产党坚持以经济建设为中心，全面推进社会主义现代化，各项事业有了长足进步。

同时应当看到，我国仍然处于并将长期处于社会主义初级阶段，与发达国家相比在经济、科技等方面还存在较大差距。只有抓住机遇，加快发展，紧紧扭住经济建设这个中心，才能不断增强综合国力，更好地体现党的先进性和社会主义制度的优越性。鉴此，中国共产党明确提出把发展作为党执政兴国的第一要务，党的全部理论、路线、纲领、方针、政策和各项工作，都要符合不断推动生产力的解放和发展的要求。

3. 坚持立党为公、执政为民，始终保持党同人民群众的血肉联系

立党为公、执政为民是工人阶级政党先进性的集中体现，也是工人阶级政党区别于其他任何政党的显著标志。密切联系群众是我们党的优良作风和政治优势，也是党始终赢得人民群众支持和拥护的政治基础。中国共产党建立之初，就把实现人民的利益作为自己的奋斗目标，在其纲领中宣布，除了工人阶级和广大人民利益，没有自己的特殊利益。在新民主主义革命时期，中国共产党本着立党为公的原则，代表全国人民的根本利益，前仆后继、浴血奋战，赢得了民族的独立和国家的富强。新中国成立后，中国共产党本着执政为民的要求，致力于改变中国落后的经济文化状况，开始了社会主义现代化建设的伟大实践。现在，中国已进入全面建设小康社会的发展新阶段，不断解放和发展生产力，不断提高物质文化生活水平，是人民群众的迫切愿望，也是中国共产党执政的根本目标。执政党最大的危险是脱离群众，丧失执政的群众基础。国际社会主义运动的经验说明，共产党逐渐脱离了人民群众，领导干部逐渐脱离了党员群众，党的领导机关逐渐脱离了基层组织，这"三个方面"的严重脱离，将会把执政党引向毁灭。因此，中国共产党的全部任务和责任，就是为实现人民群众的根本利益而奋斗。

4. 坚持科学执政、民主执政、依法执政，不断完善党的领导方式和执政方式

中国共产党在长期的革命、建设和改革实践中，形成了深入实际，联系群众，民主集中制等一整套科学的领导方法和工作方法。改革开放后建立和发展社会主义市场经济，使我国社会经济成分、组织形式、利益分配和就业方式呈现多样化，社会的阶级阶层结构和矛盾更加复杂，

经济和社会的运行及管理方式也发生了深刻变化，一些计划经济体制时期的老办法难以适应处理新问题、新矛盾的要求。社会处于激烈的改革变动之中，党的执政方式不能一成不变。这就要求我们在坚持党的领导的同时，根据党的任务、地位和环境的深刻变化改善党的领导，解决好为人民执政的问题。从根本上说，就是通过不断完善党的领导方式和执政方式，坚持科学执政、民主执政、依法执政，深刻把握和自觉运用党的执政规律，既要为人民执政又要依靠人民执政。坚持科学执政，就是要用科学的理论、制度和方法领导中国特色社会主义事业，不断探索共产党执政规律、社会主义建设规律和人类社会发展规律，把提高党的执政能力建立在自觉运用客观规律的基础之上。坚持民主执政，就是要为人民执政、靠人民执政，坚持和完善人民民主专政，坚持和完善人民代表大会制度，以发展党内民主带动人民民主，不断推进社会主义民主政治建设。坚持依法执政，就是要加强制度和法规建设，坚持依法治国，领导立法，带头守法，保证执法，不断推进国家经济政治文化和社会生活的法制化、规范化。

5. 加强党的基层组织建设和干部队伍建设，提高党的凝聚力和战斗力

基层组织是党的全部工作和战斗力的基础，是党领导和执政的基础，担负着直接联系群众、宣传群众、组织群众、团结群众，把党的路线、方针、政策落实到基层的重要责任，改革的推进、经济的发展和社会的稳定，都要依靠基层党组织的战斗堡垒作用的充分发挥。十六大报告明确指出，要坚持围绕中心、服务大局，拓宽领域、强化功能，扩大党的工作的覆盖面，不断提高党的基层组织的凝聚力和战斗力。通过建立有效的激励和协调机制，把基层组织中的优秀人才吸引到基层组织理论宣传队伍中来，推动马克思主义理论研究和建设的完成。通过党的基层组织密切联系群众，充分发挥党的基层组织的战斗堡垒作用。党的基层组织和人民群众有着直接的、经常的、密切的联系，能够直接倾听群众的呼声，掌握群众的思想脉搏，了解群众的情绪，熟悉群众的生产、工作和生活状况，能及时准确地向上级党组织反映群众的愿望、要求和呼声，为领导机关的决策提供重要依据。

6. 加强党风廉政建设和反腐败斗争，为加强党的执政能力建设提供重要保证

党的作风和廉洁状况，直接影响党的执政能力的发挥，影响党在群众中的形象。中国共产党在长期执政的条件下，在对外开放和发展社会主义市场经济的环境下，十分注重防范各种腐朽思想的侵蚀。中国共产党根据形势的发展变化，提出了建立健全教育、制度、监督并重的惩治和预防腐败体系等目标。党从加强思想道德教育和纪律教育入手，筑牢拒腐防变的思想防线，并以各级领导干部为重点，使广大党员树立马克思主义的世界观、人生观、价值观和正确的权力观、地位观、利益观；从加强党风廉政制度建设，建设反腐倡廉的制度体系入手，紧紧抓住易于滋生腐败的重点环节和重点部位，综合运用党内监督、国家专门机关监督、群众监督和舆论监督等多种形式，努力形成结构合理、配置科学、程序严密、制约有效的权力运行机制。①

三、新加坡人民行动党长期执政的做法和经验

新加坡人民行动党由李光耀创立于1954年，现有党员两万多名。自1965年建国以来，一直是以绝对优势一党执政，利用30多年的时间，把一个贫穷落后的国家建设成为现代化程度相当高的都市国家。人民行动党在近50年的实践中，不断探索，不断发展，并根据形势的变化适时修正自己的方针和政策，推动社会经济向前发展。其发展战略和管理模式，既吸取了西方国家的合理成分，又包容了东方国家固有的价值观念。②

---

① 刘意：改革开放以来党加强执政能力建设的历史考察和基本经验，湖南师范大学硕士学位论文，2006年5月，第35-41页。

② 本书编写组：《兴衰之路——外国不同类型政党建设的经验与教训》，当代世界出版社，2002年版，第224-228页。

1. 加强党的建设，强化党的领导

人民行动党根据新加坡的特点，制定了一套适合国情的发展战略。政治上，提出要建立一个平等、公正的社会，通过代议制与民主政府促进新加坡人的福利。经济上，强调市场经济和国家宏观调控相结合，把极大地促进国家的繁荣与发展作为立国之本。外交上，奉行和平、中立和不结盟方针，推行以依靠美国为主的"大国平衡"政策。

人民行动党坚持从严治党。规定党员干部不论级别高低，均不享有特权，不能违法乱纪。次长以上干部不能进行经济活动，如事前有投资，必须交给家属或别人管理。高级干部须向总理申报财产，且定期清查，如有问题则严惩不贷。

人民行动党重视塑造党的良好形象。首先，党员干部以身作则，树立榜样。人民行动党要求广大党员干部严于律己，遵纪守法，乐于奉献，廉洁奉公，树立党的权威。其次，注意党的影响。人民行动党影响无处不在，但又很注意做事的方式方法。党总部设在居民区的一栋小楼里，面积只占这栋小楼的一小部分。政府不给党拨经费，日常开支由社会募捐。全国只有9名党务工作者在党总部主持党的日常工作。每个参选议员的竞选经费不能超过2.5万新元。在现实生活中人民行动党很少正面出现，目的是想以此减少老百姓的心理负担，赢得好感。

人民行动党通过政府、职工总会和人民协会等实施对全国的控制。政府里内阁成员均为人民行动党党员，党通过他们以及党的其他高级干部，牢牢把持着司法机关、军队、警察、重要的国营企业、金融机构、高等院校、大众传媒和宗教团体等。职工总会下设69个分会，新加坡大部分员工是职总的会员。人民协会是新加坡全国性的基层组织，在每一个选区都有下属机构——民众联络所，它既是党在基层的一个耳目，又是党与基层民众沟通的桥梁。职总秘书长和人协主席都由内阁成员担任，人民行动党的议员充当这两个组织的顾问。

2. 重视选择和培养接班人

人民行动党把能否吸引富有才华和诚实可靠的人才作为国家兴衰存亡的关键问题，每一次大选结束后，党就着手进行下一届候选人的发掘

和筛选工作。党从全国各行各业中挑选出两三百具有潜能的候选人，对他们进行摸底和考察。而后经过六七关的考试，最后留下20人作为下届大选的议员候选人。候选人还必须到其层锻炼，培养实际工作能力和领导才能。如果表现欠佳，候选资格将被取消。

候选人不限于从党内挑选，而是从全国范围的各行各业精英人才里选拔。事实上，每届候选人不少为非党人士，入选后再动员他们入党。人民行动党对候选人实行高标准、严要求。首先论品行，候选人必须诚实、洞察力强、充满活力、意志坚强和富有献身精神。其次强调知识化、年轻化。规定候选人必须受过高等教育，同时必须年富力强，具有健康的体魄和充沛的精力。对于可能成为部长以上领导人的候选人，要求必须思维敏捷、灵活，能够提出解决全国性问题的办法。人民行动党不断进行自我更新，形成领导层的梯形结构。党要求各级官员应设法在任内完成把任务交给新人的过程。李光耀主动让贤，在其之后，现已形成第二梯队和第三梯队的领导层。

3. 体察民情，心系百姓，走群众路线

人民行动党规定，党的议员每周必须安排一个晚上走访选民、一个晚上接待群众上访。议员一般于周日晚上访问选民，形式很简单，走家串巷，逐家敲门，向选民说明来意，有问题、有建议就记录下来，无问题递张名片则离开，每家一般不超过十分钟。周一晚上为选民接待日，议员在选民支部办公室接见来访选民，切实为群众排忧解难。

人民行动党的上下级经常交流，加强沟通。上从总理，下至科长，每天均须与下层沟通。一方面检查下属的工作，对他们进行监督；另一方面听取他们的意见。通过这种方式，下层人民的意见很快便能反映到最高领导层，有利于高层领导的决策。

4. 立法全，执法严，建立廉政高效的公务员队伍

新加坡政府十分重视法治，制定了一套世界上最完备的法规法律制度。现行的法律、法规多达400余种，大到政治体制、小到穿衣打扮，都有相应的法规法律。对于公务员还制定了《公务员指导手册》，为公务员的行为规范作了十分详尽、明确的规定。

在新加坡，不论是平民百姓还是达官显贵，也不论是新加坡人还是外国人，只要触犯法律，都将严惩不贷，一视同仁。前国家发展部部长郑章远贪污案和美国青年迈克菲斯鞭刑案就是两个典型的例证。新加坡对公务员的处罚比普通百姓重，政府有一个贪污调查局，针对公务员。该局权重效高，直属总理办公室。它既是行政机构，又是执法机关，可不通过司法机关直接处置违法乱纪的公务员。

为了稳住公务员队伍，同时也是为了避免公务员贪污腐化，新加坡政府推行"高薪养廉，厚禄养贤"政策。政府总理年薪150万新元，部长100万左右，公务员几万至几十万不等。这么高的薪水在世界各国是少有的。为了留住精英人才，近年来还实行了类似"给红包"的制度，最高为一年的工资总额。实行公积金制度是新加坡政府管理公务员的一个杀手锏。所谓公积金，是指在职人员每月将一定比例的薪金存入银行，用人单位也将同等金额存入该职员名下，这笔钱供公务员退休后或关键时刻使用。公积金对公务员十分重要，他们退休后的衣食住行全靠它，而法律规定，公务员如犯法，公积金将被没收，因此，很少有人敢越雷池一步而放弃公积金。

5. 重视教育，科技兴国

首先，实行强制性基础教育和开展职业教育。新加坡政府以法律形式强迫所有国民接受基础教育。不仅适龄儿童须进校学习，没有受过教育的成年人也必须走进学堂，否则将会受到法律制裁。除正规教育外，政府还开展职业教育，对官员、职员、工人进行各种形式的专业培训。其次，重视"精英"教育。所谓"精英"，是指天资聪颖、才华出众的杰出人才。政府每年从南洋理工大学和新加坡国立大学挑选数百名优秀人才送到欧美深造，为政府各部门培养后备力量。第三，以重金吸纳高科技人才。新加坡政府成立国际人力资源小组，以高薪吸收世界各地的高科技人才。该小组把中国在欧美的留学生作为重点公关对象，对博士生的出价，月薪可高达8000新元。此外，该小组每年还到国外高薪招聘科技人员，把他们充实到新加坡的各高科技领域。

6. 加强民族团结，促进社会安定

新加坡人口由华人、马来人、印度人组成；建国初期民族矛盾相当突出。后经几十年的努力，终于化解矛盾，实现民族和谐。在这方面新加坡有几条经验：第一，利用"组屋"政策促进各民族的融合。为了解决居民住房困难，政府建造"组屋"平价卖给贫困户。规定每个居民区，华人不得超过84%，马来人不得超过22%，印度人不得超过10%，这就使得每个居民区三个民族的居民都有，有利于各民族人民相互往来，搞好团结。第二，实行民族不分大小一律平等的政策。新政府在上学、就业、参政等方面，不歧视少数民族，且稍向少数民族倾斜。在议员和内阁成员名额分配上，给少数民族一定的比例。第三，通过各种活动，加强各民族的接触和交流。促进种族和谐是人民协会的一个主要任务，各选区里的民众联络所经常组织联谊活动和体育竞赛，让各族人民在活动中相互了解，增加友谊。

四、马来西亚巫统长期执政的做法和经验

马来西亚是个多种族、多宗教和多元文化的国家。马来人及其他土著人占62.68%，华人占26%，印、巴人约占10%。过去长期存在着马来族（包括其他一些土著民族）、华族和印度族之间相互歧视、宗教纷争等种族矛盾。暴力冲突时有发生，造成社会动乱，严重影响经济发展。自1946年马来西亚民族统一机构（以下简称巫统）成立并执政以来，特别是1981年马哈蒂尔出任巫统主席和政府总理之后，以巫统为主导的马来西亚国民阵线（以下简称国阵）执政联盟在马哈蒂尔的领导下，从本国实际出发，摸索出一条协调种族政治与经济关系，缓和政党矛盾，实现社会稳定、经济持续发展的治国之道，把马来西亚建设成为政局长期稳定和经济增长最快的国家之一，其做法和经验主要有[①]：

---

① 本书编写组：《兴衰之路——外国不同类型政党建设的经验与教训》，当代世界出版社，2002年版，第231－236页。

1. 确立协调种族利益、防止党争激化机制

以巫统为主导的国阵 13 个执政党联盟 1974 年成立以来，抵制西方式的民主包括多党制、选举制和代议制，认为权力分散和制衡将会引起政治运营混乱，而采用了强大的政治集团集中权力的运作方式，既不是一党制，也不是传统意义上的多党制，参加国阵的各党保持相对的独立性，因此实际上国阵既是存在着一定组织形式的统一的政治实体，也是各种族、主要政党实现协商一致的合作组织。国阵的主要成员是代表马来族的巫统、代表华人的马华公会和代表印度族的印度人国大党，另有 10 个影响较小和地方性的党。巫统代表占人口六成的马来族充当国阵的主导党。巫统主席是当然的国阵主席，同时出任总理。巫统建立这一政治体制的主要做法是：（1）大权独揽，小权分散。由于国阵各党的种族性质十分明显，巫统通过这个政治协商组织，实现了把宗族、宗教之间的矛盾与冲突转换为执政党之间的内部矛盾，最终形成了"大权独揽，小权分散"，"大党得大头，小党得小头"的利益分配格局，在内阁成员的分配中，巫统控制内政、外交、新闻等主要部门，其他部委则同各党协商，按大选中所获议席分配，各得其所。巫统是政府的核心，处处体现"主导"，但不"独断"，赢得了代表各民族利益的各政党的认可。（2）建立有本国特色的民主制度。马来西亚没有像菲律宾、泰国等东南亚国家那样，基本上照搬西方的议会民主制度，而是从本国实际出发，建立有本国特色的民主制度。其具体操作是按各成员党传统势力范围协商分配选区，各成员党在所分配选区中提名本党最有影响的候选人，报国阵主席马哈蒂尔亲自审定后参选。各州议会也照此办法产生。选举获胜后，内阁成员和州首席部长的名额分配均由国阵各成员党内部协商确定，无论哪个党成员担任州首席部长，都被当然确定为该州国阵主席。国阵内部高层决策不是采用投票方式，而是通过说服、协商和讨价还价达成最后妥协。这一过程主要在以巫统为中心的基础上进行，各政党在此基础上争取更多的权益。如果国阵内部意见不统一，则由国阵兼巫统主席马哈蒂尔拍板定案，避免了成员党之间的争斗，从而有效地消除了各民族之间的纷争。（3）提倡多民族、多宗教、多元文化融合。马哈蒂尔出任巫统主席后，巫统改变过去执行"一种语言、一种文化"的政策，在继续

保持马来语为国语的同时，积极鼓励学习和使用英文、华文，提倡通过多种途径提高国民文化素质，并拨款发展华、印族文化教育。

2. 坚持独特的发展模式，经济出现高增长、低通胀的良好态势

经济上马来西亚反对一切由市场机制操作、企业自由竞争和西方高收入、高消费、高债务、高赤字、高通膨的经济运作模式，认为这种模式不适合东亚国家，尤其是马来西亚，只有根据国情选择发展道路才是明智之举。

首先，主张各民族共同发展，平等分享国家财富。巫统在70年代强调马、华两大民族间存在着经济鸿沟，华人由于善于经商比马来人等其他民族人富裕，贫富差距拉大将造成民族矛盾和隔阂。呼吁要把马来人从贫困中解救出来，使马、华族的经济状况达到平衡，从而在70年代初制定了向马来人倾斜的"新经济政策"。其目的是"重组马来西亚社会"和重新分配社会财富，以让马来人尽快富起来，尽量做到均衡分配国家财富，让各民族共享"经济蛋糕"。其次，实行强有力的政府宏观调控。马来西亚的经济体制是政府指导下的混合经济，特别强调政府实行有效的宏观调控。这种调控以市场为基础，通过政府适时的政策法规实施，渗透到整个经济领域，表现在采取务实开放的投资政策、保持财政预算和国际收支平衡、高度集中税收政策等方面。再次，在遭受金融危机重创后，根据本国特点，采取自救措施渡过难关。1997年爆发的东亚金融危机严重震撼了马多年苦心经营的政经大厦，给马来西亚带来切肤之痛。马来西亚不接受附加苛刻条件的国际货币基金组织（IMF）的援助。在东亚其他国家纷纷求救于IMF时，该国独树一帜实施货币管制和固定汇率制等自救措施，率先提出管制国际货币投机和改革国际金融体系的建议，并大力推动建立亚洲货币基金，致使经济复苏势头强劲，2000年经济增长率达7.5%，2001年受世界经济减缓的影响，东亚不少国家经济出现负增长，而该国仍取得0.4%的增长。

3. 塑造巫统良好形象，扩大国内外影响

巫统是马来西亚最大的政党，拥有270万党员，均为马来人，分布在全国9000多个支部中。巫统认为自身形象的好坏直接影响到国阵的其他

12个政党和关系到巫统本身的生死存亡。因此,长期以来,巫统十分注意自己的形象,以树立主导党的绝对权威。

首先,高举爱民爱国旗帜,着眼未来统一思想。巫统强调党内思想统一和步调一致。在思想上,党的各级领导言传身教,向广大党员灌输爱国主义,反对西方的价值观,突出民族和国家的利益。巫统从上到下,强调要"面向未来",并制订中、长期奋斗目标。此外,为统一党员思想,巫统还强调,巫统党员如对党的政策有不同看法和意见,不许在党外宣扬和散布,可在党内不定期召开的"闭门会议"上畅所欲言发表不同意见。其次,健全监督机制,加强廉政教育。巫统成立以来,十分重视党内反腐倡廉工作,其主要的做法:健全反腐败的专门监督机构,党内设有反贪委员会,各级政府设有反贪局;建立群众监督机制,自觉接受群众监督,对一些群众关心的重大问题在全国范围内进行公示,尽可能使之透明化;重视对党员进行反腐败教育。此外,公务员实行高薪制,各级公务员级差较大,以"高薪养廉"作为反腐败的一项辅助政策。再次,重视青年和妇女工作。以巫统为首的国阵各党均设立党的青年局和妇女组。40岁以下的党员均参加青年局。巫统认为,巫统要长久不衰,就必须得到广大人民群众特别是广大青年和妇女的长期拥护。因此,巫统各级领导平时十分重视做好青年和妇女党员的工作,与他们打成一片,帮助他们解决实际问题,少说空话。第四,重大问题态度鲜明,有自己的声音,树立巫统国际形象。巫统在处理国际事务中,特别在重大的问题上,都有自己的声音。马哈蒂尔等巫统领导人屡次对以美国为首的西方国家说"不",态度坚决,旗帜鲜明。巫统领导人经常在不同的场合抨击西方在亚洲推行西方价值观包括西方民主,以及西方对马来西亚国内人权的批评等等,反对霸权主义和强权政治,呼吁建立公正合理的国际政治经济新秩序。这不仅提高了巫统的国际地位和影响,还有利于统一党内的思想。此外,巫统为扩大自己在国内外的影响,十分重视国际交流,与许多国家的主要政党保持交往关系,一年一度的巫统党代会,都邀请国外有影响的政党代表出席。

五、叙利亚复兴党长期执政的主要经验

叙利亚阿拉伯复兴社会党（简称复兴党）成立于 1947 年，1963 年通过政变上台执政。该党执政近 40 年来，在叙利亚政坛上经久不衰，处于无以匹敌的优势地位。在国际形势风云变幻、地区形势错综复杂的情况下，复兴党领导国家实现了多年的政局稳定，社会进步和经济发展，在治党治国方面积累了丰富的经验。

1. 加强自身建设的主要经验和做法

叙利亚复兴党在叙政坛执政多年，把一个政局动荡的叙利亚变成中东地区政局稳定的国家之一，其中一个重要原因是，复兴党作为叙利亚政权基石，在加强党的自身建设方面形成了一套行之有效的方法。

（1）组织建设毫不放松。叙利亚复兴党在组织建设方面主要采取以下做法：一是始终严把入党关。党章规定，凡要求入党者，需经组织多方考察，基本符合条件者，由 2 名正式党员推荐，方可成为"党的支持者"；3 年后，经组织审查无问题，并经党组织领导人亲自面试合格，才能转为正式党员。二是建立健全从中央到地方的严密组织系统。叙利亚复兴党建有一套严密的组织系统，中央领导机构为地区领导和中央委员会，地区领导为党的最高领导机构，下设若干专业局。复兴党和中央政府的方针政策正是通过这些组织系统下达，保证了政令畅通。三是实行一元化的领导体制。复兴党党内实行书记领导下的分工负责制，各级党的组织负责各地区各部门的全面工作，书记既是各级党组织的第一责任人，同时又对本地区、本部门的工作负总责。

（2）思想理论建设常抓不懈。复兴党从成立之日起就十分重视思想理论建设，前总书记阿弗拉克、党内元老比塔尔等人都是党内知名的思想理论家。叙利亚复兴党执政后更加重视加强对党员，特别是党的各级领导干部的思想理论培养和教育，成立了党直接领导、专门培训党的干

部的"高等政治学院",以提高党的领导干部的思想理论水平。

(3) 抓党的作风建设毫不懈怠。叙利亚复兴党十分重视加强党的作风建设。为确保党内生活民主化,复兴党党章规定,党内实行民主集中制、集体领导、批评与自我批评和下级服从上级的组织原则。同时要求各级党员领导干部必须密切联系群众,帮助群众解决实际困难和问题,使党真正成为广大人民群众可以信赖和依靠的朋友。

(4) 抓廉政建设重在建立机制。叙利亚复兴党纪律严明,规定凡违反党纪屡教不改者、腐化堕落者,以权谋私者,个人行为严重影响党在群众中的信誉者,无论其职位有多高,一经发现并查实,都将严惩不贷直至开除出党。

2. 加强政权建设的主要做法和经验

叙利亚复兴党之所以能够执政 40 年,加强政权建设,巩固执政地位是一个重要因素。叙利亚宪法在基本原则中明确规定:"阿拉伯复兴社会党是社会和国家的领导党"。也就是说,叙利亚复兴党不仅是执政党,而且享有宪法所赋予的领导国家、领导社会,其中包括领导全国人民和一切社会组织的权力。正是依据宪法所赋予的这种权力,该党建立起了一党执政、多党参政、高度集中、严格控制的国家领导体制,确立了党与国家机构之间的关系是领导与被领导的关系。其主要做法是[①]:

(1) 确保国家权力牢牢掌握在复兴党手中。叙利亚宪法规定:"共和国总统在宪法规定的范围内代表人民行使最高行政权力","总统为军队和武装力量的最高统帅"。总统享有任命副总统、政府总理以及政府部长、军队将领和最高法院法官等权力。但宪法又明确规定:"总统候选人根据复兴党地区领导机构的建议,经议会发布命令进行总统选举,然后提交全体公民投票选举产生"。总统候选人在复兴党地区领导机构的建议下由议会提名,为党掌握国家最高领导权提供了法律依据。此外,议长、总理均由地区领导成员(相当于政治局委员)担任。一切重大决定,均经地区领导讨论后作出。各省书记、省长均由党的领导干部担任,从而

---

① 本书编写组:《兴衰之路——外国不同类型政党建设的经验与教训》,当代世界出版社,2002 年版,第 260－262 页。

保证国家权力掌握在复兴党手中。

（2）建设好人民议会和全国进步阵线两大政权机构，实行复兴党领导下的有限民主。叙利亚复兴党政权于1971年和1972年先后成立了人民议会和全国进步阵线两大机构，两个机构的作用作为扩大民主政治、吸收各界志士仁人参政议政的重要标志。其具体做法：一是按各主要党派事先达成的协议分配议席。即通过民主投票选举产生议会250名议员，其中复兴党占135席，独立人士占83席，其余32席由参加全国进步阵线的其他6党按比例分配。这既保证了复兴党在议会中的相对多数，又吸收了大量的其他党派和无党派人士进入议会参政议政。二是发挥复兴党领导下的全国进步阵线的作用。全国进步阵线是由复兴党、阿拉伯社会主义联盟党、叙利亚共产党两派、社会主义统一分子党等7党和工会总联合会、农民联合会等组成，是叙利亚最具权威和代表性的统战机构。阵线中央领导（20名）成员几乎囊括了该国政坛主要精英人物，成员包括议长、总理和其他各党的第一把手。

（3）加强党对军队的绝对领导。复兴党执政伊始，就提出要建立一支有信仰的军队，使叙军成为复兴党实现"统一、自由和社会主义"纲领的支柱。为保证军队置于复兴党的绝对领导下，军队和武装部队总司令历来由党的总书记、国家总统担任，叙军政治部接受总司令部和复兴党总部的双重领导，负责全军的政治教育和宣传工作。军队师一级建制中建立党委，营以上单位设复兴党基层组织并配有负责政治工作的专职干部。与此同时，复兴党政权严禁其他党派在军队中建立组织、开展党或团体的活动，保证"枪杆子"牢牢掌握在复兴党手中。

（4）使群众组织成为复兴党的强大社会基础和后备军。叙利亚复兴党历来重视做群众组织的工作，地区领导下设的工人、农民、青年、学生等局专门对口负责群众组织的工作，重要的群众组织均由地区领导成员兼任第一把手。目前，叙利亚工联、农联、妇联、学联、青联、复兴少年先锋队等主要群众组织均受复兴党直接领导。其中青联和复兴少年先锋队已成为党的外围组织和后备力量。青联在全国14个省均有分会，拥有成员120多万。叙利亚基本形成了复兴党的影响遍及各个角落，党的领导作用无处不在的局面。

中外执政教训比较

以史为鉴,可以知兴替。在政党政治日益发达的今天,执政党的执政能力建设已经成为一个不容忽视的全球性问题,从世界各国和地区范围内选取一些有代表性的执政党总结其执政的教训,对于我们党正确认识和把握执政规律,做到科学执政、民主执政、依法执政,具有重要意义。

事实上,我们党一直就非常重视"洋为中用"、"拿来主义",毛泽东以来的几代领导和领导集体都曾明确表达过吸收全人类文明成果的思想。毛泽东在《论十大关系》中指出,"我们的方针是,一切民族、一切国家的长处都要学。"① 邓小平经常告诫全党同志,要吸收和借鉴当今世界各国包括资本主义发达国家的一切反映现代化生产规律的先进方式、管理方式。江泽民也一再要求,"必须树立一个明确认识,不管是哪种社会制度下创造的文明,只要是积极进步的东西,都应积极学习和运用。"② 以胡锦涛为总书记的新一届中央领导集体更加明确地表达了这种思想,中共十六大首次明确提出,要"借鉴人类政治文明的有益成果"。无疑,"文明"当然包括"政治文明","政治文明"就包括政党制度、执政规律等。后来,胡锦涛在中共中央政治局2003年11月24日进行的第九次集体学习会上,进一步明确:"要坚持以辩证唯物主义和历史唯物主义为指导,认真学习我们党的历史、中国历史、世界历史,深入思考,科学分析,不断提高对共产党执政规律、社会主义建设规律和人类社会发展规律的认识水平,不断提高自觉运用这三个规律的能力,更好地促进社会主义物质文明、政治文明和精神文明的协调发展"。在以研究如何加强党的执政能力为主要议题的十六届四中全会上,作为全会的一项重大成果通过的《中共中央关于加强党的执政能力建设的决定》中指出:"党的执政地位不是与生俱来的,也不是一劳永逸的。我们必须居安思危,增强忧患意识,深刻汲取世界上一些执政党兴衰成败的经验教训,更加自觉地加强执政能力建设,始终为人民执好政、掌好权。"

从世界政党政治的实践看,执政党从政党类型上大致可分为共产党、

---

① 《毛泽东文集》第七卷,人民出版社,1999年版,第44页。
② 江泽民:《论有中国特色社会主义》,中央文献出版社,2002年版,第206页。

右翼的资产阶级政党和处在西方社会左翼的改良主义的社会民主党。虽然各国政党的执政模式不同，它们的性质、信仰、纲领、执政理念、社会基础等都千差万别，但作为执政党，这些党在执政能力建设方面仍存在一些共同的规律①。一些国家执政党的执政历史的确值得我们认真研究和借鉴，学习他们的经验的同时，更要汲取其教训，有时候汲取教训比总结经验更有价值。基于这种认识，对苏共垮台、东欧剧变、独联体国家颜色革命、几个大党、老党相继衰落的过程进行深入研究，总结出值得我们必须警惕和防止的教训，用以指导我们党的执政实践。

苏共垮台和苏联解体是20世纪重大的历史事件。一个建党93年、执政74年、拥有1900万名党员的老党、大党，最后不仅丢失了政权，而且连自身都陷于瓦解的境地。苏联共产党丧失执政党地位的教训为我们敲响了警钟：无产阶级政党夺取政权不容易，执掌好政权尤其是长期执掌好政权更不容易，党的执政地位不是与生俱来的，也不是一劳永逸的。但从另一方面说，苏共垮台、苏联解体也是留给世界社会主义运动乃至全人类的一笔十分宝贵而丰厚的遗产。我们党要从国外政党执政中汲取教训，首当其冲的当然是苏联共产党，因为我们党与苏共有着较深的历史渊源，受其影响较大、较多、较直接，其间具有相当的相似性和可比性，从而应成为借鉴的重点。

其次要重点关注的就是东欧各国的共产党，这些党基本上和我们党一样，是跟随苏联共产党的模式的，但在这些国家执政四五十年后纷纷丧权亡党。我们党加强执政能力建设，很重要一点就是紧紧围绕着执政党建设这一主旨对东欧国家共产党丧失执政党地位的原因和教训做进一步的思考和研究，才能从中吸取最根本的教训，促使全党同志特别是党的各级领导干部警惕起来，居安思危，增强忧患意识，切实加强党的执政能力建设。

社会民主党，提倡社会民主主义或民主社会主义，典型代表是所谓"第三条道路"，既否定资本主义又否定共产主义。到目前为止，社会民主党或社会党已经在27个国家执过政或正在执政，是世界政党政治的重

---

① 参见王家瑞：国外政党的执政经验教训值得研究借鉴，《学习时报》，第261期，2004年11月15日。

要参与者,其执政过程和丧失政权的教训当然成为我们的研究对象。由此我们选取东欧剧变后执政于东欧国家的社会民主党又在短时间内遭遇颜色革命而下台的教训进行深入研究,以期从这样活动一个多世纪、对社会的发展和进步起过相当推动作用的主要政治派别执政的经验教训中获得正面的有益的借鉴。

20世纪末期,世界政党政治中最为引人深思的现象,就是在一些国家和地区,曾经长期单独连续执政的老党、大党纷纷丢失了执政地位,这些老党、大党既包括右翼的资产阶级政党,如日本的自民党、我国台湾地区的中国国民党,也包括发展中国家的民族民主主义政党,如印度的国大党、墨西哥的革命制度党。曾经在我国执政后又执政于我国台湾地区的中国国民党,以及与我国同属发展中国家、在历史传统、社会结构、社会发展程度和政治文化与我国有较多共同点的民族民主主义政党印度的国大党、墨西哥的革命制度党,其丧失执政地位的经验教训对我们党加强执政能力建设将有所启示。

第十章　苏共垮台和苏联解体的教训

1991 年，对于前苏联是一个灾难性的年头。8 月 23 日，叶利钦——已当选为俄罗斯联邦总统的前苏共党员，发布命令："停止俄共的活动"，并同时宣布查封苏共中央大楼和莫斯科市委大楼；禁止政党组织机构在俄罗斯境内的苏联军队、克格勃、内务机构及军事院校中的存在；暂停《真理报》、《苏维埃俄罗斯报》、《工人论坛报》、《莫斯科真理报》、《列宁旗帜报》等苏共报纸的发行；苏共中央总务部长、地方党委以及克格勃的档案转交俄罗斯档案机关；苏共和俄共的动产和不动产均为俄罗斯所有。就在这一天苏共中央大楼楼顶的红旗被降下，取而代之的是十月革命前俄罗斯的红白蓝三色旗。第二天，即 8 月 24 日，戈尔巴乔夫在无奈中宣布辞去苏共总书记职务，"交出相应的权力"，并建议苏共"自行解散"。有 74 年执政经历、拥有 1900 万党员的苏联共产党，顷刻间彻底解体。12 月 21 日，苏联独立国家首脑会议在哈萨克斯坦共和国的首都阿拉木图举行。会议通过了《阿拉木图宣言》和《关于武装力量的协议书》等文件，宣告成立独立国家联合体。于 1922 年 12 月 30 日成立的苏维埃社会主义共和国联盟不复存在。12 月 25 日，戈尔巴乔夫被迫宣布辞去苏联总统职务。同日，克里姆林宫上的国旗被降下，取而代之的同样是红白蓝三色旗。一个有着 2240 万平方公里领土、2 亿 9 千万人口的，曾经是那样强大的，世界上第一个社会主义共和国联盟就这样土崩瓦解。

一个有着 93 年悠久历史，一千多万党员的大党，是什么使它这么轻易地就彻底解体。一个曾经令全世界无产阶级为之骄傲的世界上第一个苏维埃社会主义共和国联盟，在既无强敌的军事入侵，也无大的自然天灾降临的情况下，为什么会在一夜之间轰然崩塌？这个党曾在 74 年前领导工人阶级取得了十月革命的胜利，建立了世界上的第一个无产阶级政权；这个党曾在十月革命的胜利后带领广大工农兵群众忍饥挨饿、出生入死打垮了高尔察克、邓尼金的白卫进攻，战胜了十四个帝国主义国家联合的武装干涉；这个党曾率领伟大的苏联人民，以惊天地、泣鬼神的英雄气概，以916万红军将士和1740万人民的牺牲为代价，战胜了法西斯德军，取得了卫国战争的辉煌胜利，为人类和平作出了永不磨灭的贡献；也是这个党曾在短短几十年中，将一个刚刚从沙皇统治下解放出来的、落后的封建帝国，建设成为一个在世界上唯一可以与美国平起平坐，在军事上、经济上都可以与美国抗衡的超级大国。为什么到了1991年，这个党就这么不堪一击，这么经不起风雨呢？世界各国的学者（包括俄罗斯的学者）在其后的十几年间，一直都在探讨这个问题的答案，可谓仁者见仁，智者见智，莫衷一是。

一、执政理念从僵化到自由化

政党之所以成为政党，在于其有一整套区别于其他政党和政治团体的思想、理论和政策主张，并以其较高稳定性作为该政党赖以存在的基础和理由。也只有通过这样形成思想上的一致，从而达成组织上的统一和行动上的一致，否则，政党就将走上组织上的分裂，直至最后自行垮台。这已为不少党的历史经验所反复证实，作为历史上执政时间最长的一个执政党，苏共又再次以自行垮台的惨痛教训为这一历史经验提供了有力的证据。

1. 僵化成为自由化的土壤

苏联共产党当年凭借着马克思主义和发展的马克思主义——列宁主义，应者云集，创造出无数举世瞩目的辉煌。然而，从斯大林时代开始，马克思主义被以教条主义方式来对待，逐渐形成高度集中的政治体制，个人专权、个人崇拜盛行，长期突出阶级斗争、政治高压，把"克格勃"

当作维持这种体制运行的重要手段,思想上开始故步自封、日渐僵化。理论思想僵化的实质是"左倾化","左倾化"的关键是指导社会发展的思想脱离了社会现实,这与马克思主义的真谛完全背道而驰。正是这种"左倾化"的社会发展思想,将苏联共产党带入意识形态的死胡同,党内精英乃至普通百姓都开始置疑"斯大林式的马克思主义"。其后,赫鲁晓夫也曾试图纠正左倾思想,但由于跳不出教条主义的怪圈,不能客观判定社会所处阶段的性质,致使80年代末期右倾思想与反社会主义的势力陡然成长。

2. 走向民主社会主义化

戈尔巴乔夫出任苏共总书记后不久,为了给改革开辟道路,便于1988年提出"新思维"、"公开性"、"民主化"等口号,倡导意识形态多元化,公开背叛马克思列宁主义,之后又逐渐形成与西欧民主社会主义思想极为类似的"人道的、民主的社会主义"的系统的、完整的主张。这套主张的推行,使苏联共产党思想政治上彻底解除马克思主义的武装,苏共在意识形态、组织原则和政治地位上向着民主社会主义的政党方向演变,并最终导致苏共的瓦解和苏联解体。

戈尔巴乔夫改革初期最引人注目的是引入了"全人类利益高于一切"的观点,同时修正了传统社会主义的一些主要理论。1985年他在就职讲话中提出"一切为了人,为了人的幸福"[①]的观点;在与西方人士会谈时又提出"人类的需要比无产阶级的任务更重要"。在《改革与新思维》一书中,提出:"改革的最终目的,……就是最充分地揭示我们的制度在各个决定性方面,即经济方面、社会政治方面和道德方面的人道主义性质"[②]。戈尔巴乔夫在书中称苏共与西欧社会党的合作是"欧洲新思维的萌芽",并称赞西欧社会民主党在经济上的成就。戈尔巴乔夫的另一个重大举措是在"公开性"的旗号下倡导思想文化领域的"多元化",用后来俄共中央第一书记波洛兹科夫的话说,改革"一开始就人为地培植了反对派"。

---

① 《戈尔巴乔夫言论选集》,人民出版社,1987年版。
② 戈尔巴乔夫:《改革与新思维》,新华出版社,1987年版。

1988年的苏共第十九次全国代表会议标志着苏共改革进入一个新的转折点。会议把公开性、民主化和多元化列为苏共"三大革命性倡议",认为政治改革的成功关键在于实现"人的尊严"。在否定现实社会主义政治体制之后,戈尔巴乔夫提出社会主义应该具有七个基本特征:真正的、现实的人道主义制度;有效而活跃的经济制度;社会公正制度;具有高度文明和道德制度;真正的人民政权制度;各民族真正平等,各民族的社会与精神全面繁荣,互相充实的制度;渴望和平,同各国建立正常和文明关系的制度。

在"人道的、民主的社会主义"执政理念指导下,戈尔巴乔夫采取实质性措施,改变苏共在国家政治生活中的地位,中心内容是把"民主化"的原则植入原有的政治运作方式中去。一方面,限制党组织的权力,扩大苏维埃的权力;另一方面,提倡党内民主化,限制党的机关和党的上层的权力,扩大党的基层组织和普通党员的权利。一时间,许多形形色色的民族主义组织和罢工委员会纷纷填补苏共退出留下的政治空间。由于戈尔巴乔夫同时是最高苏维埃的主席,党内政治局大多数与其作为总书记的较量并没有影响他把政治力量转移到苏维埃。1989年在苏共中央全会对政治局和书记处进行了改组,除戈尔巴乔夫外,原来政治局的成员全部下台。这样,戈尔巴乔夫成功地把民主社会主义思想移植到了苏共的肌体上。

3. 从一党制转向多党制

虽然,戈尔巴乔夫在一党制上始终没有松口,在1989年11月26日发表了《社会主义思想与革命性变革》一文时仍然坚持苏共的使命是"成为苏联社会的政治先锋队",但局势已经无法控制。立陶宛率先冲开向多党制转变的口子,戈尔巴乔夫被推上了激进的道路。1990年他在立陶宛访问时公开表示愿意在苏联实行多党制。从一党执政到实行多党制,是苏共社会民主党化过程中的最重要转折点。

随后,1990年3月苏联人民代表大会通过了实行多党制和总统制的决议,戈尔巴乔夫似乎也登上了权力顶峰,但苏共的政治权力遭到了毁灭性打击。1990年7月2日苏联共产党召开了其历史上的最后一次代表大会——苏共二十八大,通过了名为《走向人道的、民主的社会主义》

的"纲领性声明"和《苏联共产党章程》，通篇未提以马克思主义作为党的指导思想，并声明坚决放弃政治和意识形态的垄断权。在后来苏共中央全会通过的《苏联共产党纲领草案》中，便公开坚持意识形态的多元化，标志着其"社会民主党化"的完成。戈尔巴乔夫在1991年11月出版的《八月政变》中，更加露骨地提出了要"彻底修正马列主义的理论原则"。最后，他还通过法律的形式对"意识形态多元化"加以肯定，强调"不允许垄断任何一个舆论工具"，并使之合法化。思想领域一旦打开闸门，对教条主义的强力反弹，国外各种思潮的蜂拥而人，使党原有的意识形态堤坝一下子被冲垮了，不可避免地造成极大的思想混乱，此后苏共作为执政党就已经瘫痪了。

二、党内干部"大换血"结恶果

为了配合"新思维"政治路线的加速实施，戈尔巴乔夫上台后就开始在全党全国实行组织路线的所谓"自我革新"。从1985年3月17日起，在《真理报》上开辟"各地召开党代会讨论苏共中央对干部要求"专栏，连续报道各加盟共和国、各州、市、区召开党代会对干部的处理情况。仅从1985年3月到9月，就改组了中央政治局和书记处，撤换了部长会议和苏共中央的20余名部长及几十个部级领导人、30余名州委第一书记和大批市、区领导人。

通过干部调整贯彻政治路线，作为苏共一贯传统并无可非议，也打击了一批贪赃枉法者。但其干部政策仍然体现了依靠行政命令方式的特点。戈尔巴乔夫以是否拥护他的"新思维"，是否支持"自我革新"作为标准来选定干部，对持不同意见的干部则视为"教条主义"、"保守主义"和"传统势力"，以此对干部进行"大换血"。他通过让老人退休、改革选举制度和选举办法、改组苏共中央和地方机构、调整苏共中央政治局和书记处等办法撤换和更新干部。前苏共中央总务部长博尔金对此有过确切描述："戈尔巴乔夫当选总书记后不久便请来了几位中央书记、他的助手和他所信任的其他一些人，共同商讨新的领导班子所要采取的实际行动。我记得，当时所有的议论可归纳为三点：第一，尽快更新干部队伍，撤换那些曾与前几任总书记关系密切、又不能胜任所在部门工作的领导者。其实，这显然是随意任免干部的一种借口……"①

到苏共垮台前一年的1990年，412名苏共中央委员已换掉96.4%，24名苏共中央政治局委员已换掉91.7%，11名苏共中央书记已换掉75%，150个边疆区、州和直辖市的书记已换掉92.5%。这种"大换血"使一些缺乏工作经验、素质低下、甚至是一些投机分子进入了各级领导岗位，造成干部队伍不成熟、不稳定、难以应对突发情势的局面。以致在后来面对苏共垮台的突发形势时，从上到下各级党组织都未能有所作为，其中有的干部就是始作俑者，或推波助澜者。

戈尔巴乔夫选任的前苏联部长会议主席雷日科夫后来对这种大规模的干部撤换政策进行了反思。他说，戈尔巴乔夫所有关于干部的挑选和安排政策都具有消极的、甚至是居心不良、发泄私愤的性质，"我们所亲眼看见的干部政策，是共产党人连做梦都没见过的"。以前培养干部的原则是忠于党的理想，忠于国家，现在则完全取决于对个人的忠诚。前俄共领导人波洛兹科夫在总结干部问题上的教训时写道："改革一开始就出现重大失误，夸大了党内、党员干部中和国家机关中保守主义的危险性，拼命攻击党，人为地培植反对派。本应从党抓起，使之成为社会主义改革的有力工具，本应用加强组织性来促进民主化，可是戈尔巴乔夫的做法却背道而驰，这个教训十分深刻。"②

三、经济社会发展现危机

前苏联在工业化时期和二战后的50－60年代经济发展的速度普遍比

---

① 瓦·博尔金：《戈尔巴乔夫沉浮录》，中央编译出版社，1996年版。
② 转引自王韶兴：苏共党建模式历史考，《马克思主义研究》，1999年第3期。

较快。但是，自70年代起，前苏联的速度优势大约每五年递减一个多百分点。20世纪50年代，苏联经济年平均增长接近10%，到了60年代下降为约8%，70年代约为5%，80年代已不到3%，到80年代末期，经济增长接近停止。

前苏联之所以出现这种停滞不前的局面，主要因为苏共在斯大林时代开始在经济决策上出现了一系列重大的失误，背离了经济建设为中心的大政方针，未能实现社会经济的协调发展。列宁时期，苏共一直不断调整经济政策以适应形势的变化，由"战时共产主义"向新经济政策的转变就是典型的例证。斯大林上台后逐步放弃了新经济政策，在全苏强制推进集体化和工业化，建立起了高度集中的计划经济体制。在经济发展战略上片面强调重工业，造成农轻重比例的严重失衡，轻工业发展缓慢直接影响了人民生活的改善，社会不满情绪与日俱增。在经济增长方式上以粗放式经营为主，主要依靠政府加大投入和资源的巨大浪费实现经济的高速增长。赫鲁晓夫上台后急躁冒进，违背自然条件盲目开荒，开展玉米大生产运动，结果劳民伤财、怨声载道。勃列日涅夫时期延续了斯大林经济模式，生产发展长期停滞不前，到其执政末期苏联经济已江河日下、病入膏肓。很显然，前苏联这种在经济发展上一直以速度和数量为追求目标，长期实行粗放型的赶超发展战略，终于使其经济增长力陷于衰竭。与此相反，西方资本主义经济，由于科学技术的突飞猛进，自20世纪70年代以后迎来了一段较快发展的黄金时期。相比之下，人们面对收入减少、生活必需品缺乏、生活水平下降的现状，不满情绪更加与日俱增。

在苏联，经济发展的目的并非为了社会进步和人民生活水平的提高，增强经济实力为的是与美国争夺世界霸主。因此，与经济发展的目标相比，政治和军事目的始终主导着社会发展及其战略。在苏联建设社会主义的20-30年代，斯大林关于经济建设的至理名言是"延缓速度就是落后，就要挨打"，"赶超资本主义"和"防止帝国主义的进攻"才是当时的苏联高速发展经济的最主要目标。直到二战后，苏联仍然坚持与美国抗衡和进行军备竞赛，以实现争霸世界之目的。这与社会主义"最大限度地满足人们的物质和文化需要"的根本目的完全相悖。正因为此，苏联在社会进步方面更加表现出危机重重，在社会发展、科技创新、生活质量、消费水平等诸多方面都与西方发达国家距离越来越大。据俄罗斯学者的统计,苏联1989年人均国内总产值是美国的40%,工业总产值是美国的50%,农业产值是美国的38%。据联合国的资料,苏联1987年人均国内生产总值(按购买力平价计算)为美国的34.06%,实际国内生产总值为美国的39.67%;苏联1990年人均消费水平是美国的20%。至于国民的生活水平就相差更远,在消费结构方面,苏联80年代中期饮食消费占全部支出的比重为40%,而在美国只占10%,日本占15%;苏联1990年的人均住房面积为16.3平方米,日本为30平方米,美国为50平方米,联邦德国为41.5平方米。① 在实行封闭的体制条件下,社会发展和生活水平的巨大反差对苏联的影响还不太明显。进入80年代中后期,随着门户的开放,这些差距就越来越在广大民众的心理上产生了强烈的反响。

为了改变这种状况,戈尔巴乔夫上台后进行了一系列的改革,然而事与愿违,苏联的经济反而出现了下降。到苏共垮台前的1991年的上半年,苏联经济恶化已经到了令人难以忍受的地步。生产急剧下降。1991年上半年,苏联国民总产值比1990年同期下降10%,国民收入下降12%,社会劳动生产率下降11%。物价大幅上涨,1991年上半年商品与服务价格比1990年同期上涨80%,而其中6月份工业部门的批发价格与1990年同期相比为222%。商品奇缺,以食品生产为例,1991年上半年与1990年同期相比下降8.5%,肉产量下降13%,香肠制品下降10%,一些基本生活必需品如面包、蔬菜、水果、香烟等均严重脱销。失业率上升,到1991年7月1日,全国到安置局求职的有1300万人,其中莫斯科超过100万,列宁格勒约25万。经济学家们预测,照此发展,全国失业人数可能达到3000万。与此同时,外贸进出口减少,财政赤字剧增,外债上升,整个国民经济面临崩溃。面对危急,戈尔巴乔夫不得不发布总统令,他在总统令中承认:"国民经济处于危急状态,生产下降,国民收入已减少31%。经济联系的中断实际上使几千家企业有停产的危险,千百万人可能失业"。为此,他提出了六项措施,但是,由于苏共执政地位的动摇,他的所有政令都全部落空。

---

① 参见田春生:原苏联东欧国家社会制度剧变的原因探析,《东欧中亚研究》,1997年第3期。

四、高度集权专制终异化

1. 高度集权的优势转化为劣势

众所周知,苏联共产党高度集权的体制结构形成于特殊历史时期和特定历史条件。苏共首先在中心城市通过武装暴动取得政权,这就在客观上造成这样一种状况:党在中心城市掌握了领导权,但其他城市、地区和广大乡村的政权还不在苏共手中。因此,为了巩固全国政权,俄共不得不任命和委派大量党员到这些地方去开展工作,其中包括领导和组建地方组织,也包括领导和推动这些地方的经济和社会工作全面发展。后来,到建国初期,在外部国际环境的压力之下,高度集权体制又更多体现为明显的先进性:苏共领导权威和政治威信,党的各级组织对工作的高度责任感和优良的管理,党组织严密的组织性、纪律性和集中制等等。应该说,这在当时特殊情况下是必要的,并被无可否认地证明为是行之有效的。然而,随着国内社会经济状况的不断好转和战争威胁日渐减弱,苏共的上述先进性随之下降,尤其是在有着一千多年封建君主专制沃土之上,这些优势几乎被诸如过度集权、个人独裁和个人崇拜、缺乏民主和搞特殊化等等一系列严重问题取代殆尽。过渡到长期和平建设的环境和条件之时,这种封建集权特点的管理机制,就更加难以适应经济和社会的发展,只能使执政党越来越异化,直至在关键时刻失去抵抗能力。

2. 以党代政导致脱离群众

苏共高度集权,党政融为一体,以党代政,看上去貌似强大,但从政党的功能来看,一方面苏共实际上执行了许多本不属于政党的功能,这些功能表面上是加强了党,实际上却是削弱了党。例如,党直接作为整体行使行政权力,虽然给党贯彻自己的意志带来了便利,但国家机器的异己因素却使这个党远离了群众，大大缩小了自己的根基；苏共直接掌握官员资源的分配权，虽然为它贯彻政治路线提供了充分的组织保证，但由于人们逐渐发现自己作为国家的主人却对自己的"公仆"无任何发言权，政权的合法性基础就大大地削弱了。另一方面，苏共还因过多行使政权功能而丧失了相当一部分政党功能，这些功能对于政党的存在和发展是不可缺少的。例如：政党应当是反映民意的工具，有着把群众的愿望和要求反映上去、沟通政府与群众信息和联系的功能。但是，当苏共把政府功能接受过来，党的各级组织都变成了贯彻政府机关意图的工具时，沟通信息的功能就强烈地萎缩了。因为，如果信息继续沿这个渠道来反馈，那就要么这种反馈会遇到来自各方面的阻碍，要么就是信息质量的严重失真。再如，政党担负着动员和教育群众的功能。在列宁时代，俄国党的这种功能是履行得非常成功的。但到后来，由于政党过多地借助了行政、经济和镇压手段，从而使说服越来越变成了强迫服从，表面看上去是群众更易被说服了，实际上是群众产生了越来越多的离心甚至敌对倾向。

党成了国家机器的一部分，成了凌驾于社会之上力量的一部分。由此出发，党和国家机关的工作人员形成了自己的特殊利益，形成脱离群众的官僚阶层。这个官僚阶层只听命于上，因而使普通劳动群众无法感受到这些人是在代表他们掌权，反而在"党切实代表人民利益"的宣传下感受到一种巨大的反差。它使人们加深了被欺骗感和对苏共的失望。所以，从改革一开始，就有相当一部分人不是希望通过改革把苏共改好，而是希望通过改革剥夺苏共的垄断权。

3. 党内民主缺乏造成官僚主义严重

党内高度集权、上级决策下级执行的行政命令体制，使党内民主空气缺乏，严重妨碍了基层党组织和党员积极性的发挥，也丧失了在社会主义建设中进行各种探索的可能性。在这种体制下，党的领导往往被理解为党事无巨细地管一切事情，同时为了保证党的所有指示都得到执行，基层组织和党员就必须事事听从上面的安排，党内不允许存在任何不同意见、只准相信党的领袖是绝对正确的。这样做的结果是，党员都成了唯唯诺诺的听差和没有自己思想的传声筒，进而使整个党的素质、创造性和威信全面下降,反过来,用"听话"的标准来衡量和接受党员,又进一步加重了这一病征,这在党内造成了一种思想空前僵化、政治空气保守、创新全无必要的气氛。这种僵化和保守不但在80年代中期以前妨碍苏共在建设社会主义问题上任何新思想的形成,而且在改革中也充分体现出来;改革缺乏系统的理论,特别是缺乏有自己特色的理论,在不断出现新问题的情况下回天乏术。此外,高度集权的体制还使中间环节增多,使上下沟通的渠道不畅。难怪苏联人总是说:我们的领导人除了空谈之外什么都不会。

苏共的执政体制鲜明的集权专制色彩,在社会上形成了一个既得利益阶层亦即特权阶层,构成了腐败产生的温床。党内既不实行选举制,又不允许存在不同意见,也基本排除了普通党员参与决策,剩下的唯一渠道,就是党的监察机构。如果说,列宁时期还有让选举产生的监察委员会来监督同级执行机关的设想的话,那么从斯大林1953年把党的监察委员会变成隶属于中央委员会的工作机构开始,苏共党内就完全丧失了普通党员对党的领导的监督。这种体制一直沿用下来,伴随它的就只能是官僚主义、以权谋私等不正之风和腐败现象泛滥。

到了80年代后期,苏共终于不得不面对党的组织结构和机制的危机。所以,在戈尔巴乔夫把问题的根源归咎于"形成了某种阻碍社会经济发展的机制"时,他是说出了相当一部分真理的。他强调,在经济、政治、社会、文化、意识形态等等方面,都存在这样一个"障碍机制",结果使党的领导削弱了,严格要求、纪律性、责任心削弱了,人民参与国家事务管理的权利被剥夺,官僚主义和官僚阶层不断繁衍。这个机制落后于时代和生活本身的要求,对社会失去驾驭能力①。戈尔巴乔夫认识到了党的结构与机制在造成整个国家危机状况中的作用,因而在上台后不到两年的时间里就把党的结构与机制的改革提上了日程。以1987年在苏共中央一月全会上的"关于改革与党的干部政策"的报告为标志,戈尔巴乔夫先后开始了党内民主化、党政分开,直至改变苏共在整个国家政治体制中地位的一系列改革。这一系列改革,不但改变了苏共70多年一贯的高度集权机制,还改变了党的目标,并最终使得苏共不仅未能得

---

① 参见戈尔巴乔夫:《改革与新思维》,新华出版社,1987年版。

益于这场变革,反而直接导致苏共的瓦解。因为,苏共在经过这些改革后,事实上已经处在一种政治上和其他党派平起平坐、实行公平竞争的环境之中。而苏共党内的民主早已经被曲解成了不要任何纪律约束,党内各派别也把对党的忠诚感抛在九霄云外。所以,苏共从二十八大开始,除了保留着一个大党的外形之外,作为一个真正意义上的政党已不复存在,存在的只是这个党的一些组织和一些个人的各自为战。这样的一个党要在与其他新近为选民所认同而迅猛发展、并表现出较强整体实力的政党的激烈竞争中胜出几乎是不可能的。

五、党在军队和民众中权威遭动摇

由于高度集权导致的大量弊病,也由于在苏联社会经济发展中造成的不利局面,曾经得到过民众衷心拥戴的苏共,到了其执政后期,已经彻底丧失了民众基础。工人阶级已经对这个党彻底失望,对这个党没有任何信任可言,甚至在军队中的威望都大大下降,乃至军令都无人执行。

从 1987 年开始,就有大批苏联共产党员退党,这一年的前 9 个月,就有 11714 人退党,到 1988 年的前 9 个月,又有 26016 人退党。这个党人数最多时党员曾达到 1900 万人,但到了 1991 年 7 月,党员人数却锐减到 1500 万人,其中 1990 年到 1991 年 7 月退党的人数就达到 420 万人。莫斯科市的 113.5 万党员中,1991 年 7 月以前退党的就达 30 万人,而其中近 50% 是工人,17% 是退休者。1989 年,叶利钦作为一名共产党,公开走出来与苏共推荐的正式候选人利哈乔汽车厂的总经理布拉科夫竞选,然而他却以得票 89.44% 的压倒多数票当选。1991 年 6 月,他在公开声明反共反社会主义后,又以得票 60% 以上的优势,当选为俄罗斯联邦的总统。这些都是颇为令人深思的。1991 年苏联解体之前,库兹巴斯、顿巴斯和沃尔库特曾发生了声势浩大的煤矿工人联合大罢工,而大罢工并不是为了保卫苏联,却是与反对派相呼应反对苏联的。当苏共被取缔时,也没有一个工人、一个共产党员自发地去保卫共产党的区委、市委和中央，这个党已经被工人阶级彻底抛弃了。

勃列日涅夫时期，苏联为争夺中亚战略要地，于1979年至1989年出兵打了十年的阿富汗战争，付出了高昂的军费和五万苏军士兵伤亡的代价，却未能赢得战争。其结果是拖垮了国内的经济，引起了军队和人民的不满。那些失去亲人的家庭都把苦难归咎于苏共及其政府。特别是戈尔巴乔夫推行他的"新思维"之后，更是造成了军队的思想混乱。很多官兵怀疑共产主义，动摇了党对军队的领导，以致军令无人执行。在1991年的"8·19"事件中，由苏联副总统亚纳耶夫、总理帕夫洛夫、国防会议第一副主席巴克拉诺夫、国防部部长亚佐夫元帅、内务部长普戈、克格勃主席留奇科夫、国营企业和工业联合会会长季贾科夫、农民联盟主席斯塔罗杜布采夫等八人组成的"国家紧急状态委员会"宣布在苏联部分地区实行为期六个月的紧急状态，企图依靠军事力量来挽救苏共。然而他们的"最后尝试"却以军令无人执行而归于失败。8月18日是个周末，叶利钦等人都在他们的别墅度假。但是被派去逮捕叶利钦的本应最忠诚的克格勃反恐特别部队"阿尔法"的小分队，除组长一人外其余的人都拒绝执行命令。直到第二天叶利钦闻讯后从容进入"白宫"布置反击，而派去攻打"白宫"的军队也按兵不动，甚至发生倒戈。叶利钦还登上坦克，向欢呼的人群发表演说。这个"国家紧急状态委员会"只存在三天就失败了。其成员除普戈自杀外，其他人均被解除职务和逮捕。具有讽刺意味的是，苏共垮台时的情景与当年布尔什维克发动十月革命时临时政府所面临的情景颇为相似。当年的资产阶级临时政府面对工人的起义时，也是派不出一支500人的部队，甚至调动不了一辆汽车。

第十一章　东欧剧变的教训

20世纪80年代末，在苏联政局风云变化之际，东欧的政局也同时发生动荡，而且这种变化之快、变化之大简直令人瞠目。在1989年这短短一年中，波兰、匈牙利、捷克斯洛伐克、罗马尼亚、保加利亚和民主德国的共产党相继丧失政权。随后，阿尔巴尼亚重蹈覆辙，南斯拉夫解体。这是国际共产主义运动的一次严重挫折。

一、东欧剧变的共同教训

东欧剧变，原因复杂，教训深刻，我们至少可以从如下八个方面得到启示：一是反和平演变斗争的任务长期而艰巨。作为社会主义国家的执政党应对西方的和平演变战略提高警惕。除了西方的"和平解放战略"外，东欧国家执政党在所谓"全人类利益高于一切"的新思维影响下，放弃了对西方和平演变的警惕，用尼克松在1988年出版的《1999：不战而胜》中的话来说，"当前，东欧进行我们所希望的和平变革的条件已经成熟。"执政的共产党领导人期望通过迎合西方国家扶持反对派的政治要求，以换取经济援助，缓和国内的政治、经济危机，结果反而丧失了执政地位。

二是民主社会主义思潮在党内严重泛滥。东欧国家共产党在历史上受社会民主主义的影响较深，共产党与社会党曾有过几度合作和分裂的历史，一段时间里社会党的力量和影响曾大于共产党。由于苏联红军的进军，东欧各国共产党被推上的执政舞台。随着"苏联模式"和"斯大林模式"的失败，正如布热津斯基在《大失败》中说的，"民主社会主义和福利国家，常常是同共产主义学说的吸引力进行斗争和为共产主义模式提供另一种民主选择的最有效方法。"当苏联提出实行"人道的、民主的社会主义"时，东欧各国就把民主社会主义当作摆脱危机的出路和良方。结果，东欧各国都经过了同样的一个过程：接受民主社会主义思想，搞公开性、多元化、多党制，实行议会民主，人为地扶植反对派，然后宣布放弃马列主义的指导原则，改名为社会党，导致党的削弱和分裂，最后反对派夺取政权，执政的共产党下台变成在野党。

三是在国家政权问题上放弃无产阶级专政和党的领导。受民主社会主义思潮影响，东欧共产党在推行"民主政治"的政治体制改革时同意分权给反对派，使反对派合法化，希望以此达成民主和解，克服社会经济危机。但是，反对派通常都伪装接受共产党的妥协退让，达成分权的秘密协议，然后利用街头政治，将共产党赶下台，夺取政权后又对国家机器全面清洗，并把共产党领导人纷纷投入监狱。

四是在党的高层领导中发生重大分化。有的东欧国家共产党员比例占到总人口的七分之一，却在反对派进攻面前不堪一击。关键是党的领导层发生了重大分歧，领导核心内出现了少数政治投机分子，打着"改革"旗号要用民主社会主义来改造党，甚至不惜进行公开的派别活动以夺取党的最高权力，造成党在组织上的涣散和分裂。但具有讽刺意味的是，这些人夺取党的领导权后，最后也被反对派赶下了台。实际上，他们成了西方和平演变的内应力量。正是他们取消了宪法中规定的党在国家的领导地位和马克思主义的指导地位，而这是西方和平演变势力办不到的。

五是在长期不解决政治、经济体制中的弊端的情况下，又突然走向另一个极端。在"新思维"的影响下，错误地提出"无限度的公开性"、"不留历史空白点"的口号，使改革走上了自己否定自己、自己打倒自己的道路。共产党要善于正确地总结执政的经验教训，坚持完善社会主义制度的改革。

六是发展经济不力。东欧不少国家的共产党在引领经济发展的工作中出现大的失误，未能有力地促进社会生产力的发展和人民群众生活水平的提高，使社会主义制度优越性无法得以体现，执政党渐渐失去了民心。用一位波兰党的负责人的话来说，"对于执政的共产党来说，经济建设搞好了，一切都好办。经济搞不好，群众不拥护，说话没人听，就有丧失政权的危险。"①

七是执政党的党风建设问题突出。党脱离群众的倾向日益严重，党自身建设存在的问题，使党在与反对派的斗争中丧失了主动权。一些党的领导人贪污腐败，大搞个人崇拜，实行家长制，而这些被反对派加以利用，蛊惑人心，煽动群众，使党处于十分被动的地位。自身能力建设不足，党就经受不住执政和开放的考验。

八是缺乏一条将马列主义与本国具体实践相结合的政治路线。在思想和政治路线上追随苏联，不仅使党丧失了独立自主的品格，而且也丧失了独立自主解决自己问题的能力，经不起大风大浪的冲击。因而，在"新思维"的冲击下，手足无措，乱了阵脚，终至分裂、瓦解。

东欧各国的共产党在第二次世界大战后，他们都先后建立了社会主义的国家政权，走上了执政的地位。在执政初期，他们积极领导全国人民进行社会主义建设，取得的成绩令全世界刮目相看，渡过了一段被誉为凯歌行进的辉煌时期，都显示了这些新兴政党较强的革命和执政能力。然而令人遗憾的是，到了20世纪80年代末、90年代初，这些长期执政的共产党中的大多数先后由强盛走向衰败。它们有的丧失了政权，沦为在野党；有的改弦易帜，面目全非；还有的虽在积极活动，但沉浮不定，昔日的无限风光荡然无存。人们不禁会问，社会主义政权为什么会得而复失？共产党为什么也会垮台呢？

穿越历史的风云，透视这些政党的兴衰存亡，不难得出一个结论：一个政党，不管它的性质如何，不管它的规模多大，如果执政能力不强或执政能力丧失，就必然会被淘汰。反思这些党的执政实践，它们不同程度地分别存在着一些共同的问题：一是在执政理论上，它们没有从根本上搞清楚什么是社会主义、如何建设社会主义和建设一个什么样的党、

---

① 转引自黄宏、谷松主编：《东欧剧变与执政党建设》，红旗出版社，1991年版，前言。

怎样建设党这样一些根本问题，而是采取超越阶段、僵化的、忽"左"忽右的态度，从一个极端走向另一个极端，最终迷失了方向；二是在执政体制上，它们长期坚持在革命和战争时期形成的高度集中的领导体制，个人独断专行、"家长制"、一言堂在党内盛行，党内缺乏必要的民主气息；三是在执政基础上，它们不仅不能及时把握民心民意，不能代表人民群众的根本利益，而且脱离了广大党员和人民群众，官僚主义、滥用职权、以权谋私等腐败现象大量滋生，形成凌驾于人民之上的特殊利益集团；四是在执政方略上，它们缺乏统筹的、长远的考虑，致使社会经济发展失衡、经济持续恶化、社会差距拉大，党的社会基础动摇，反对势力蜂起，改革演变为改向；五是在执政资源上，它们看不到"历史就是我们的一切"，而是割断党的理论和党的历史的连续性，否定党的领导人的伟大功绩，数典忘祖、自我贬损、自毁长城；六是在执政外部环境上，它们有的长期坚持穷兵黩武、热衷于搞军备竞赛，结果经济实力受到严重削弱，不得不受制于人，也有的长期受到大党大国主义的粗暴干涉，自身难保。在长期执政的岁月里，这些党自身存在的弱点、失误、腐败和分裂等弊病，归根到底都严重削弱了党的执政能力，使党的执政之基变成了废墟，使党的事业毁于一旦。

二、波兰统一工人党在与团结工会的较量中成为东欧剧变的带头羊

波兰，领土面积31.27万平方公里，人口3800多万，是当年东欧社会主义国家中国土面积最大、人口最多的国家。波兰统一工人党是在1984年12月由波兰工人党和波兰社会党联合而成，到20世纪80年代有党员212.6万人，其中工人占40%。

1. 经济政策失误引发不满

波兰工人阶级政党的建立和发展经历了一个曲折和坎坷的过程。它的历史最早可追溯到1882年波兰的第一个工人阶级政党——"第一无产

者党"的建立,但不久就于1886年被沙皇俄国所瓦解。1888年,波兰工人阶级又建立了"第二无产者党",五年后的1893年与波兰人联盟合并成波兰社会党,但又由于沙皇政府的迫害而停止活动。俄国十月革命胜利后,受俄国工人阶级胜利的鼓舞,波兰工人运动再次兴起,成立了波兰共产主义工人党,1925年改名波兰共产党,并积极参加共产国际的创建。然而到了1938年,这个党又被共产国际以"领导队伍中混入敌人的奸细"为由而解散。到第二次世界大战时,原波共的坚定分子在全国各地建立了共产党人小组,领导人民展开对德斗争。1941年,波兰共产党重新建立。1944年,波兰共产党与社会党、农民党及其他进步组织积极分子组成了波兰民族解放委员会,并在已被解放的地区成立了波兰人民政权。随着第二次世界大战的反法西斯力量的逐步胜利,波兰人民政权最终在全国掌权。1948年,波兰工人党和社会党联合组成了波兰统一工人党。

在波兰统一工人党的领导下,波兰人民医治战争创伤,开展了轰轰烈烈的社会主义建设。在20世纪50年代和60年代,波兰的经济得到了较快的发展。到70年代,原来经济落后的国家进入了世界上工业较发达的几十个国家的行列。人民生活水平得到了较大的提高。

但到了70年代末,盖莱克的经济政策出现失误,国内经济出现一系列的问题,引起了人民的不满情绪。1980年7月1日,波兰政府宣布副食品大幅度提价,激起了全国性的大罢工。格但斯克列宁造船厂一名叫瓦文萨的电焊装配工发起成立了工人罢工委员会,向政府提出了带有明显政治色彩的21条复工条件。在压力下,波兰政府不得不同意成立自治工会。随后,在全国各地出现了各种自治工会。9月,在格但斯克,各地工会联合组成了以瓦文萨为主席的团结工会,号称有1000万工会会员。这个独立于共产党权力中心之外的团结工会的成立,可以说是世界共产主义运动史上的一次巨变。有评价说:世界共产主义运动史上只有两件事,即十月革命、铁托与斯大林决裂可以与波兰成立团结工会之事相比。可以说,从那时起就埋下了后来东欧剧变的伏笔。

2. 宗教政策失误损害了群众基础

这里还值得一提的是波兰的天主教会,波兰是个天主教盛行的国家,全国人口中90%是天主教徒。波兰统一工人党在处理教会问题上,一开始就出现了一系列的失误。在建国之初，波兰对宗教实行了严厉打击的政策，对教会的首领和神甫软禁或关押。对信教群众也没有进行耐心、细致的思想教育工作，而是一概否定民间的宗教习俗，因而伤害了广大的信教群众。1956年，波兰统一工人党的新领导哥穆尔卡上台后，提出"把上帝的交给上帝，把皇帝的交给皇帝"的新的宗教政策，全盘否定了原先的宗教政策，造成了天主教会的抬头和人民的思想混乱。70年代，盖莱克进一步放宽对天主教的政策，为教会公开从事反共、反社会主义活动大开了方便之门，致使后来教会势力扩张，与反政府势力互相呼应，成为加速波兰社会制度更迭的重要力量。

3. 团结工会的兴起成为统一的反对派

1981年7月，波兰团结工会召开第一次全国代表大会，通过了《纲领决议》，公开表明自己的政治主张，推进反政府活动。全国出现不稳定的局面，经济面临崩溃。面对这一情况，波兰国务委员会于12月13日通过了《关于实行战时状态以维护国家安全的公告》，宣布全国进入战时状态。以雅鲁泽尔斯基为首的救国军事委员会宣布实施军管，暂时禁止行使或限制波兰宪法规定的公民的某些基本权利，如通信、结社、言论、出版、集会和示威游行的自由，暂时停止各工会组织及各社会团体的活动，各大城市实行宵禁。收缴平民手中的武器弹药，军队进驻200多家重要企业等等。团结工会被取缔，瓦文萨等团结工会的领导人和骨干被拘留或逮捕，波兰团结工会转入地下。实行全国军事管制后，局势开始稳定，到1982年经济回升，到1983年7月21日，波兰国务委员会正式宣布取消军管。军管起到了稳定局势，遏制危机的作用。但却遭到了西方国家的谴责，西方国家在对波兰实行经济制裁的同时，通过本国的民主基金会、工人协会，以及波兰的天主教会等组织，暗中给予波兰团结工会数百万美元的经济支持，提供了电台、传真机、发报机、摄像机、复印机、印刷机、计算机等设备，使团结工会得以继续与政府对抗。1988年5月开始，在团结工会的策动下，波兰全国发生罢工浪潮。8月份，波兰内务部长基什查克与瓦文萨举行了不带任何先决条件的圆桌会议，这极大地鼓舞了西方和波兰国内的反对派。而波兰统一工人党内部却出现政局动荡。1988年12月至1989年1月，召开的十四中全会通过了《波兰统一工人党中央委员会关于政治多元化和工会多元化立场》的决议,改组政治局,前总理梅斯内尔等被解除政治局委员职务。这些措施搅乱了党内的思想、涣散了党的斗志。1989年2月6日至4月5日,基什查克与瓦文萨等再次举行圆桌会议,通过了《有关工会多元化问题的立场》、《有关社会和经济政策体制改革问题的立场》、《有关政治改制问题的立场》等文件。团结工会恢复了合法地位,随即准备投入大选。在此期间,英国、法国和美国的首脑先后访波,与瓦文萨会谈,为团结工会出谋划策和打气。

1989年5月4日和18日,在分两轮进行的新议会选举中,波兰统一工人党与团结工会分别得票37%和35%,而在参议院的选举中100个席位被团结工会夺走99个。在随后举行的总统选举中,圆桌会议上已商定由雅鲁泽尔斯基出任总统,但团结工会出尔反尔,要求瓦文萨当总统。在此关键时刻,雅鲁泽尔斯基声明退出竞选,但波兰统一工人党不接受,竞选无法进行。后在瓦文萨妥协的情况下,雅鲁泽尔斯基以仅比当选总统所需选票多一票而当选波兰总统。在瓦文萨与雅鲁泽尔斯基会谈两小时后,7月29日,雅鲁泽尔斯基声明辞去波兰统一工人党第一书记的职务。但此举并未换来团结工会的合作,在通过总统对基什查克的总理任命时,团结工会再次发难反对基什查克组阁,要求由团结工会、统一农民党、民主党组成联盟,组成不包括波兰统一工人党在内的联合政府。最后,雅鲁泽尔斯基不得不提名由瓦文萨的顾问、团结工会刊物《团结周报》的创始人和主编、天主教徒马佐维耶夫茨基任总理。

1989年9月,一个以团结工会为主体,以团结工会、统一农民党、民主党联盟为基础,有波兰统一工人党参加的联合政府成立。东欧战后第一个由反对派当权的政府,终于在波兰登台执政。1990年1月27日,波兰统一工人党召开十一大宣布停止活动,一个执政40年、曾拥有近200多万党员的党就这样终止了它的历史。就在同一年,出任总统不到一年的雅鲁泽尔斯基被迫辞去总统。1990年11月,瓦文萨在大选的第二轮投票中当选为总统。提出"建设自由、民主富裕的新共和国",经济上发展以私有制为基础的市场经济。波兰人民共和国改名为波兰共和国,国徽上也恢复了君主制时期戴着皇冠的白鹰。波兰政权的更迭和政治制度的改变终于成为不争的事实。

三、匈牙利社会主义工人党在多党制形成过程中失去执政地位

1. 党多次合并的历史为多党制留下了伏笔

匈牙利社会主义工人党的前身是成立于 1918 年 11 月 24 日的匈牙利共产党。在匈共历史上曾两次与社会民主党合并，1919 年 3 月 21 日合并为匈牙利社会党，建立匈牙利苏维埃共和国。4 月，原社民党右翼发难，要求取消苏维埃政权。8 月 1 日，匈牙利苏维埃政权被颠覆，合并后的社会党又分裂。此后共产党重新组建，在第二次世界大战中领导匈牙利人民进行反法西斯斗争。1945 年 4 月 4 日，匈牙利全国解放，建立了人民民主政权。1948 年 6 月，匈共与社民党第二次合并，改名为匈牙利劳动人民党。1956 年 10 月"匈牙利事件"后，卡达尔领导重建党的队伍，更名为匈牙利社会主义工人党，卡达尔任第一书记，并担当起领导匈牙利人民建设社会主义的伟大历史任务。

2. 党内派别斗争引发多党制之争

1988 年 5 月以前，匈牙利社会主义工人党一直坚持实行一党制和坚持加强党的领导。1988 年 5 月，被西方誉为"激进改革者"的波日高伊进入政治局，党内在政治改革和实行多党制问题上开始出现分歧。波日高伊等人主张尽快"实行多党制"和"确立三权分立的西欧式议会民主"。在 1989 年 2 月 10 – 11 日举行的匈党中央全会上，党内两派政治力量展开了激烈的斗争。为避免分裂，总书记格罗斯被迫作出让步，主张实行多党制的意见占了上风，通过了名为《匈党中央关于政治体制改革几个迫切问题的立场》的文件，"民主政权可以在多党制范围内实现"，但"需要逐步过渡"，并且"在向多党制过渡的过程中，党希望在社会上起决定性作用"。

3. 在多党制的形成过程中失去执政地位

1989年4月，8个政治组织成立"反对派圆桌会议"，同社工党倡议的"民族圆桌会议"相对抗，向执政党施加压力。6月13日，由执政党、反对派和社会团体三方面参加的政治协商圆桌会议开始举行，经过三个多月的会谈，初步协议：决定取消社会主义工人党的领导，改革国家的社会主义性质，更改国名。社工党在会谈中作出这样的让步，是因为会谈期间的6月23-24日，匈牙利社会主义工人党的中央全会上，涅尔什、内梅特、波日高伊等"激进改革派"夺取了党的最高领导权。1989年10月6-10日，匈牙利社会主义工人党召开第十四次代表大会，大会决议把社会主义工人党改建为社会党，并宣布把民主社会主义作为党的目标，主张建立以混合所有制为基础的市场经济和以自治制度为基础的多党制议会民主。这一决定遭到多数党员反对。总书记格罗斯、前政治局委员拜莱茨和"马克思主义统一纲领派"主席、前驻华大使罗伯特·里班斯基，于12月18日和1990年1月27日重新召开社工党第十四次代表大会，宣布社工党仍然存在。说社会党成立是"匈牙利革命运动和工人运动史上的大倒退"，指责社会党是"在民主社会主义口号掩盖下为复辟资本主义服务的党"，提出社工党的长远目标仍是在匈牙利建设社会主义。截至1989年底，登记加入社会党的只有5.5万人，参加社工党的也只有6.5万人，原有72万党员的社工党分裂为不足10万人的两个小党。1990年3月，匈牙利举行大选，社会党惨遭失败，在新的国会386个席位中只赢得33个席位，沦为议会中的少数派；社工党则因未获得4%的选票未能进入国会，原来的反对派民主论坛获胜，取得组阁权。

四、阿尔巴尼亚劳动党成为"左"倾教条主义和自我封闭的牺牲品

阿尔巴尼亚，位于巴尔干半岛西南部，国土面积2.87万平方公里，

人口300万。阿尔巴尼亚是一个经济文化落后的小国，历史上很少有党派的活动。阿尔巴尼亚劳动党是东欧剧变前该国唯一的政党，到20世纪80年代，有党员14万多人。在第二次世界大战的1941年11月，由几个持马克思主义观点的团体组合建立了阿尔巴尼亚共产党，1948年11月改名为阿尔巴尼亚劳动党。阿尔巴尼亚共产党一成立就领导阿尔巴尼亚人民开展反意大利和德国法西斯占领者的斗争。随着第二次世界大战的结束，国土被解放。1946年1月11日建立了阿尔巴尼亚人民共和国。阿共产党带领人民克服长期的落后，完成了经济和文化的社会主义改造，社会主义建设取得了较大的进步。

1. 严酷的党内斗争形成政治禁锢局面

但是，由于阿尔巴尼亚劳动党的主要领导人恩维尔·霍查，思想僵化，陷入"左"倾教条主义不能自拔，在党内独断专行，打击异己，而他又在阿党主政达40年之久，给阿尔巴尼亚党和国家带来了灾难。

霍查在阿党内多次进行所谓"路线斗争"，对不同意见的人进行残酷打击，其中比较大的就有四次。第一次是1941年建党前后进行的清除党的创始成员阿·卢洛、萨·普莱姆特的斗争，即反对"宗派主义"的斗争。第二次是1948年前后进行的清除政治局委员兼党中央组织书记屠·雅可瓦等"反党集团"的斗争。第三次是1955年以后清除中央政治局委员利·塔什科等"反党集团"的斗争。第四次是1972年以后进行的清除以政治局委员托·卢鲍尼亚为首的"文化反党集团"，以政治局委员兼国防部长贝·卢巴库为首的"军事反党集团"，以政治局委员兼部长会议副主席阿·凯莱奇为首的"经济反党集团"，以政治局委员兼部长会议主席穆·谢胡为首的"反党集团"的斗争。通过这些斗争，对持不同意见的建党元勋、开国功臣从政治上和肉体上予以消灭，使人们不敢表达自己的意见，造成党内万马齐喑的局面，从而使霍查的思想被视为不容讨论的禁区，将对他的个人崇拜推向极致，致使阿劳动党长期坚持"左"倾教条主义的路线成为国际共产主义运动中的另类。

2. 偏执的政治理念自绝于国际社会

霍查长期追随斯大林路线，将其视为社会主义的"金科玉律"。1948

年与南斯拉夫断交，斯大林去世后，赫鲁晓夫批判斯大林，霍查又与苏联断交。其后转为亲华，当1977年中国进行改革开放以后又攻击中国。在对世界形势的认识上，始终坚持"世界形势孕育着解放战争和革命，孕育着全面战争和局部战争"的估计，整天惶惶不可终日。大搞全民皆兵、大搞"备战"，要把阿尔巴尼亚建成"一座坚不可摧的军事堡垒"，要"御敌于国门之外"。在本来就资源匮乏、经济落后的国家到处修建防御工事。一个只有3万平方公里的狭小国土上竟修了数十万个钢筋混凝土的碉堡，成为全欧洲之最。走到阿尔巴尼亚，到处可以看到人们警惕的目光，到处可以遇到黑洞洞的射击口，成为国际上的一大笑料。而与此相反，他却夜郎自大，自诩为"国际共运的旗手"、"世界革命的中心"、"欧洲的一盏明灯"。

3. 经济的封闭引发人民强烈不满

在阿尔巴尼亚的经济建设上，建国之初由于苏联和东欧集团的援助，其后又有中国的大量援助，其发展速度较快，人民的生活水平不断提高，阿劳动党尚能得到人民的拥护。70年代中期以后，几乎与所有的社会主义国家断绝了来往。于是不得不"关起门来建设社会主义"，实行所谓"完全自力更生"的政策，致使其经济与全球经济严重脱节，大大落后于周边国家的发展水平。到了80年代，毛驴和牛车还是这个国家不少地方的主要的运输工具，进入90年代，经济反而出现了倒退。1991年，工业总产值反为1990年的58%，农业总产值仅为1990年的50%，而通货膨胀率却达到200%－600%，出现了资金短缺、物资匮乏、科技落后、设备陈旧、生产率低下等一系列经济问题，人民生活必需的食品和日用品供应紧张，生活水平下降，与周边国家的差距不断扩大，人民的不满情绪不断增长，动乱正在孕育之中。

80年代末，东欧局势发生动荡，游离于东欧集团之外的阿尔巴尼亚希望能抵抗住这个浪潮。在1989年9月，阿劳动党九届八中全会上，党的第一书记阿利雅强调：为了避免阿尔巴尼亚重蹈波兰和匈牙利的覆辙，阿劳动党必须坚持四个不许削弱的原则："不许削弱公有制、不许削弱党的领导、不许削弱无产阶级专政、不许削弱民族自由、独立和主权"。然而事与愿违，1990年7月，5000名阿尔巴尼亚人闯入外国使馆，要求逃往西方，引燃了社会动荡和政权更迭的导火索。进入 1990 年，公民出走的浪潮继续冲击着这个国家，15 万人非法越境逃往希腊，占全国人口的 5％，2000 多人冲击港口企图夺船逃往意大利。1991 年 2 月 20 日，10 万人聚集在地拉那市中心推翻了阿劳动党前主要领导人霍查的纪念碑，其他城市的示威者也推翻了霍查的雕像。示威民众与警察发生了冲突。

4. 在推行多党制中失去政权

在国内外的压力下，阿劳动党不得不于 1991 年 3 月 31 日举行了多党参加的议会选举。在选举中，阿劳动党得到三分之二的选票，阿劳动党希望与反对党组成联合政府，但遭到以民主党为首的反对党的拒绝。4 月 2 日，斯库台的市民上街示威，与保安部队发生冲突，死 4 人、伤 23 人。在反对派的压力下，议会解除了总检察长、侦察总局局长的职务。4 月 10 日，新宪法草案公布：国名改为"阿尔巴尼亚共和国"，去掉了"社会主义"的定义，取消了关于劳动党领导地位的规定、马列主义是指导思想的条款，同时还规定在军队、司法、公安、监察、新闻、外交等部门实行非党化。1991 年 5－6 月，独立工会发动全国总罢工，在巨大的压力下，阿劳动党主政的政府不得不辞职，提前举行新大选。也就在 1991 年 6 月，阿尔巴尼亚劳动党更名为社会党，表明这个党放弃了马列主义作为指导思想，放弃了共产主义奋斗目标。在提前举行的新大选中，民主党获得了议会的多数席位，组成了共和党和社民党参加而唯独不包括社会党的联合政府。1992 年 4 月，民主党人当选为国家总统、议长和部长会议主席。从此结束了共产党在阿尔巴尼亚执政的政治制度。

五、德国统一社会党在统一过程中失去政权

德意志民主共和国，位于中欧，有国土面积 10.83 万平方公里，人口 1670 万人。德国统一社会党是民主德国的主要执政党，于 1946 年 4 月由德国共产党和德国社会民主党合并而成。到 20 世纪 80 年代有党员 230 万

人,其中工人占58.2%。

1. 在与资本主义的竞争中落后丧失执政威信

德国统一社会党的前身是1869年8月在爱森纳赫城建立的德国社会民主工党(即爱森纳赫派)。这个党在建立和发展过程中曾得到过马克思、恩格斯的直接指导和关怀。著名的《哥达纲领批判》就是为指导该党而写的。1918年12月,在其基础上成立了德国共产党,该党曾加入列宁领导的第三国际。希特勒上台后,对德共残酷镇压,中央主席台尔曼于1944年惨遭杀害。第二次世界大战结束后,在德国苏占区的德国共产党与社会民主党于1946年4月合并成立德国统一社会党。1949年10月7日,德意志民主共和国成立。民主德国是实行多党合作制的国家,参加联合执政的政党还有德国民主农民党、德国自由民主党、德国国家民主党和基督教民主联盟。这些党与德国统一社会党一起加入德意志民主共和国的民主联盟和全国阵线。它们都承认工人阶级和德国统一社会党的领导,积极支持民主德国政府的政策。

民主德国建国以来,在德国统一社会党的领导下,经济发展一直比较好,人民的生活水平不断提高,社会稳定,人民对统一社会党也比较拥护。但是,由于受苏联经济政策的影响,始终坚持以优先发展重工业的军事工业为重点,忽视轻工业和农业的发展,致使经济发展和人民生活水平与西方国家的差距越来越大。民主德国和联邦德国原为一个国家,两国的文化传统相同,人民受教育程度和各项基本素质大体相当,战前都建立了相当的现代工业,人均工业产值和收入、人民的生活水平和生活质量也大体相当,但是经过40年的发展,两国差距却明显扩大。以1988年为例,民主德国的人均国民收入为9309美元,联邦德国为15881美元,前者仅相当于后者的58.6%。而与此同时,负债却猛增,到1989年底,民主德国向西方国家借债高达184亿,人均负债已超过1000美元,这必然引起人民的不满,自然让人们产生对共产党的领导和社会主义制度的优越性的怀疑。

2. 在统一过程中失去政权

1989年,东欧各国发生局势动荡,民主德国也出现了大规模的公民外逃和游行示威，全国出现了各种类型的反对派组织，德国统一社会党内部矛盾也日趋激化。面对内外交困的局面，党中央总书记昂纳克不得不于 1989 年 10 月 18 日辞职，由国务委员会副主席克伦茨继任。克伦茨面对咄咄逼人的反对派一再退让，决定开放两德边界，然而游行示威的规模却越来越大。不到两个月的时间，统一社会党便于 12 月 3 日召开十二中全会，决定中央委员集体辞职。随后，在提前举行的特别代表大会上，取消了原来的中央委员会和政治局，改为执行委员会。41 岁的律师居西当选为执行委员会主席。会议还提出："坚决摒弃斯大林主义的社会主义"，走"第三条道路"，即民主社会主义的道路。会议决定将党改名为德国统一党—民主社会主义党。1990 年 2 月，干脆改名为"民主社会主义党"。这意味着党从根本上改变了性质。广大党员对党已完全丧失信心，大批党员退党。短时间内，一个 230 万党员的党就退得只剩下 70 万党员，后来又减少到 30 万人，最后至 1989 年底改名时党员数量仅为 19 万。

在 1990 年 3 月的大选中，"德国联盟"获胜。当年 10 月，民主德国并入联邦德国，整个德国全部实行原联邦德国的政治、经济制度，沿用原联邦德国的国庆、国徽、国旗和马克。民主德国最终成为历史遗迹。

3. 统一后遭遇"大清洗"

两德统一后，原民主德国统一社会党政治局 21 名成员中，13 人先后被捕，连年迈体弱、百病缠身、不久于人世者，也不放过。从 1971 年一直担任民主德国党总书记、国务委员会主席的昂纳克，刚刚被迫辞去全部职务，就被总检察院以"滥用职权"为由下令收审，并对其住宅进行搜查。昂纳克患有肾癌，1990 年 1 月 29 日肾癌手术后尚未恢复就被从医院带往柏林姆默尔监狱审讯，囚禁 36 小时。后因昂纳克找不到栖身之所，被一牧师收留，几经周折，方住进一家苏军医院，在那里凄惨地度过了他 78 岁的生日。当局还取消了昂纳克的反法西斯战士养老金，还一再扬言，要逮捕、审讯他。1990 年 11 月 30 日，德国司法部对昂纳克发出逮捕令，只因碍于苏德协议，苏军驻地不容侵犯，才未能逮捕他。昂纳克的一个女儿随在智利的丈夫移居国外，智利政府出于人道主义考虑，同意昂纳克夫妇与女儿团聚，但德国政府以案子未了为由，禁止昂纳克夫妇出境。后由于昂纳克病情发展，苏方将昂纳克转至莫斯科住院治疗，德方向苏提出了抗议，坚持要昂出庭受审。原民主德国议长辛德曼被收审，于2003年4月20日去世。原民主德国部长会议主席斯多夫，也已76岁了，且患有严重的心脏病，也被关押收审。原国家安全部长马尔克更是以83岁的高龄两次被捕，1990年10月，他与1989年12月被捕的前民主德国党政治局委员、工会联合会主席蒂施一起被转移到西柏林的莫阿比特监狱。

联邦德国成立"审查委员会"，凡是在国防、外交、内务等部门工作的共产党员均被解雇。东德的国家安全部被撤销后，85000个工作人员全部被解雇，100多名骨干先后被捕，曾与安全部合作过的普通群众也被清洗、打击，谋职十分艰难。原东德外交部在国内的2500人和派驻国外的800多人，基本上都是统一社会党党员，因而原则上一律解雇，驻外人员全部调回，其中尤以大使和政务参赞的处境最惨，有的沦落街头。司法部门的法官、律师等均以"不能胜任工作"为由全部解职。原东德人民军被联邦国防军收编，12万人压缩到5万人，将校级军官几乎一个不留，统统退役。

德国统一社会党机关撤销后，数以万计的工作人员求职无门，能找到看门人和仓库保管员工作的就算很幸运了，前东德党第一书记克伦茨失业在家，只能写回忆录换一些稿费度日。清洗不仅限于党政机关和领导干部，就连学校、科研机关也不能幸免。社会科学院被解散，高校的政治理论教研室被撤销，上千名高校教师，包括600多名教授被解雇，国家电视台被取缔，6000名工作人员大多进入失业大军行列，有的只能到地铁售票或当清洁工。

总之，在"统一"过程中，前东德8000多家工厂倒闭，1991年60万人失业；1992年失业人数变为了300万；1993年更增加到了350万。几千名东德法官、检察官一一接受审查，117名东德将军提前退休，10%的东德官员被"留用"，其他都被辞退。

六、罗马尼亚共产党在个人崇拜中政息人亡

罗马尼亚位于东南欧，有国土面积 23.75 万平方公里，人口 2270 万人。罗马尼亚共产党是东欧剧变前该国唯一的政党，到 20 世纪 80 年代有党员 350 万人。

1. 曾经成为领导人民的中坚力量

罗马尼亚共产党建党于 1893 年，最初名为社会民主工党，后改为社会民主党。俄国十月革命胜利后，马列主义的影响深入罗马尼亚，在社会民主党的左派中产生了共产主义小组，对全党影响极大。1921 年 5 月，在布加勒斯特召开了党的代表大会，决定正式转为共产党并加入第三国际。从此，罗马尼亚共产党就在罗马尼亚的政治舞台上发挥了无比杰出的作用。

1924 年，罗马尼亚共产党被当局宣布为非法组织，罗共在秘密状态下，仍成功地领导 30 年代的石油和铁路工人的大罢工等一系列斗争。在第二次世界大战中，罗马尼亚被拖入希特勒德国一方，罗马尼亚共产党高举反法西斯的大旗，于 1944 年 8 月组织武装起义，推翻了安东尼斯库的军事法西斯独裁，使罗马尼亚共产党成为反法西斯战线的一支英勇的战斗力量。因而在广大人民中享有很高的威望。1947 年 12 月，罗马尼亚废除君主制，在全国进行包括土地改革在内的一系列民主改革，成立了人民共和国。1948 年 2 月，罗共与社会民主党在马列主义的基础上合并为罗马尼亚工人党。1965 年 7 月，在党的第九次代表大会上，决定恢复罗马尼亚共产党的名称。

2. 经济失败导致群众生活困难

在建立人民共和国后，罗马尼亚共产党领导全国人民开展社会主义建设，取得了举世公认的成就，从第二次世界大战后到 80 年代，全国的

社会产品增长 27 倍，国民收入增长 31 倍，消费总额增长 21 倍，为全国 80% 的居民提供了新住房。但是，在发展的同时也出现了问题。那就是东欧各国都普遍存在的高积累和大借债，而这其中罗马尼亚则尤为突出。70 年代以后，东欧大多数国家的积累率都在 30% 左右，而罗马尼亚一度曾高达 36.3%。这些积累的资金大都投入到生产资料的生产部门，这就影响了人民生活水平的提高，其生活质量与西方发达国家的差距越来越大，引起了人民的不满。80 年代后，还债进入高峰期。为了还债，罗马尼亚不得不大量出口农副食品，老百姓日常生活食品供应都难以保证。不但肉、蛋、糖、油、奶制品奇缺，甚至连最基本的面包也不能保证供应，有的地方有时每人每天只能供应 300 克面包，这让人感到似乎回到了战争年代或战后初期。由于能源缺乏，而且能源又必须优先用于工业生产，给居民的生活带来了极大的不便。煤气不足，人们只能半夜或凌晨起来做饭；汽油供应紧张，人们的小汽车只能在周末分单双号轮流使用。

3. 领导人生活奢侈、任人唯亲、个人崇拜

而与此同时，罗共的最高领导人齐奥塞斯库却过着帝王般的奢侈生活。他在布加勒斯特和市郊以及全国各地都占据和修建了多幢官邸和别墅，他的别墅竟然建到了原国王的夏宫旁。他甚至干脆将旧皇宫据为己有，就连他使用的烛台也是纯金的。不仅他的住处周围戒备森严，在他上下班和出行的路段也实行戒严，禁止其他车辆的通行。齐奥塞斯库在党内和国家大搞个人专断和家族统治。他个人将罗共党的总书记、共和国总统、国务委员会主席、武装部队总司令等全党全国最高机构的最高领导职务全部据为己有。他的夫人在他上台后，由一名化学工程师一路攀升，最后成为掌管干部大权的中央政治局委员兼任政府第一副总理，成为实际上的第二把手。他的儿子当上了政治局候补委员、团中央第一书记，准备作为齐的接班人。他的儿媳是中央委员、共青团中央书记、全国少先队的主席、全国妇联的副主席。他的三个弟弟，一个是国防部的副部长兼总政治部主任；一个是国家计委副主任；还有一个是内务部高级警官学校的校长。就连他那位文化不高、农民出身的妹夫，也担任了中央委员、中央主管农业的书记。他的亲属在各党政军部门担任要职的就有数十人。

齐奥塞斯库搞"一言堂",事无巨细,都由他一个人说了算,甚至连每平方米种几棵玉米也由他规定。对持不同意见的同志则进行残酷的打击,前总理毛雷尔因反对他在经济建设方面的冒进政策而被迫辞职。罗共一位元老因批评他不民主、凌驾于党之上而被遣往外地软禁。他在罗担任最高职务达25年之久,到后期个人迷信到了无以复加的地步。将什么"英明的伟大领袖"、"杰出的民族英雄"、"英雄中的英雄"、"罗马尼亚当代历史的缔造者"、"罗马尼亚社会主义运动的天才舵手"、"国际共运和工运的楷模"等桂冠戴在他的头上,颂扬他的语言无所不用其极。每逢他的生日,祝寿活动要持续一个月。1988年在他70大寿的那一天,首都花店的鲜花统统被收去用于他的祝寿大厅,以致全布加勒斯特市买不到鲜花。就在齐奥塞斯库倒台前的最后一次罗共党代会上,他的报告中间被全体起立的代表们雷鸣般的掌声打断数十次。有人对他这么快就倒台感到很不理解,其实正是这种所谓的"绝对拥护"、"至高的威望"孕育了后来的祸起萧墙。

4. 军队谋反、群众叛乱

党的政治生活的不正常和由于经济工作失误造成的人民生活水平的大幅下降,引起了广大党员、干部和人民的极大不满,对共产党和社会主义制度的怀疑,改变现行制度的要求在党内和人民中逐渐蔓延。此时,东欧其他国家已开始进行了一轮又一轮的改革,罗马尼亚都始终坚持苏联模式不变。当民主浪潮已席卷东欧各国时,罗共仍岿然不动。在1989年11月,罗共"十四大"上,仍坚持过去的路线和政策不变,拒不进行改革。这就必然导致矛盾激化,最终造成危机的总爆发。

1989年12月16日,在罗马尼亚与匈牙利边境的蒂米什瓦拉发生了反政府的工人、市民、学生与警察保安部队、军队之间的流血冲突。起因是当地一名持不同政见者、新教神父、匈牙利族的特凯什·拉斯洛在当年7月接受匈牙利电视台记者采访时,发表了批评齐奥塞斯库的言论,当地法院判决将他驱逐出该市。在罗当局要强制执行时,遭到抵制。12月15日,蒂米什瓦拉市数百名教徒和群众围住他所在的教堂,反对强制迁居,16日,更多的人加入到保护拉斯洛的行列。当晚,抗议活动演变成数千人的反政府示威游行,人们撕毁齐奥塞斯库的画像、烧毁他的著作。到17日凌晨,防暴警察与游行群众发生冲突。下午,示威群众增至上万人,晚上,冲突扩大,军队和保安部队出动坦克和装甲车并向示威群众开炮,很多人受伤,一些人被逮捕,边界被关闭,蒂米什瓦拉与外界的交通和电讯联系被切断。

蒂米什瓦拉事件后,传闻很快传到首都布加勒斯特,12月20日,首都爆发了要求彻查蒂米什瓦拉事件真相的集会,保安部队出动镇压,发生了死伤。事件的场景通过电视传播到全国,引发了全国性的反齐奥塞斯库的运动。当晚,齐奥塞斯库从德黑兰回国就到电视台发表讲话,第二天,他又在首都的群众大会上发表讲话,呼吁全国保持稳定。而就在这一天,布加勒斯特爆发了反齐奥塞斯库的示威游行。同一天,以伊利埃斯库为首的罗马尼亚"救国阵线"宣告成立,宣布解散齐奥塞斯库的全部政权机构,反齐奥塞斯库的军队和群众与支持齐奥塞斯库的保安部队展开激烈的枪战,12月22日,占领了电台和电视台。

就在街上激烈枪战之时,齐奥塞斯库夫妇乘飞机出走。罗马尼亚领空已被封锁,他们无法飞到国外,后下飞机改乘汽车,但一连到了六个地方,没有一个人愿意帮助他们。当他问一名工人:"你们为什么要推翻我们?"那名工人回答:"我们为什么不推翻你?一是面包不够吃,二是寒冬腊月没暖气取暖。"最后,司机把他们交给了反齐奥塞斯库部队的士兵。两天后,当欧洲的千万个家庭正围坐在五彩缤纷的圣诞树旁欢度圣诞节时,罗马尼亚人在激烈的枪声中等待着局势的发展。这天下午两点,在一个军营的餐厅里对原罗马尼亚总统、罗共中央总书记尼古拉-齐奥塞斯库和夫人埃列娜进行了秘密的军事法庭审判。"在控诉书上写到了齐氏夫妇的五大罪行:(1)大量屠杀人民,牺牲者超过6万名;(2)利用秘密警察来对付人民和国家,损害了国家力量;(3)在各个城市制造爆炸事件,破坏建筑物和公共财产;(4)把国家经济搞得一团糟;(5)在国外银行存款超过10亿美元,并企图利用这笔款外逃。"最后的判决是:没收被告所有财产,并处以死刑。宣判一完,齐氏夫妇就大声抗议,但法庭马上加上一条:"此项判决不准上诉!"审判后不久,齐氏夫妇即被带赴刑场。齐奥塞斯库夫妇被判处死刑后,罗马尼亚共产党随即自行解散。一个党员人数占全国人口六分之一,有350万党员的党就这样退出历史舞台。

七、保加利亚共产党在应付社会危机中丧失政权

保加利亚共产党的前身是成立于1891年的保加利亚社会民主党。1894年与保加利亚社会民主同盟合并为保加利亚社会民主工党。1903年，工党分裂为"紧密派社会主义者"和"广泛派社会主义者"。1919年5日，"紧密派社会主义者"改名为保加利亚共产党。1944年9月9日，共产党领导武装起义，推翻保加利亚法西斯政权，建立了保加利亚社会主义共和国。近半个世纪，共产党领导保加利亚人民取得了社会主义革命和建设的巨大成就，使保加利亚由一个贫穷落后的农业国变为具有现代化工业和机械化农业的工业农业国。

1. 经济失调、民族矛盾引发社会动荡

但70年代中期以后，由于保加利亚共产党政策上的失误，导致国民经济比例失调，外债内债负担沉重，农业萎缩，经济状况日益恶化。但对共产党政权形成真正的冲击还是从保籍土耳其人出走开始的。土耳其奥斯曼帝国统治保加利亚近500年，保加利亚境内土耳其人占1/10。由于保共民族政策上的错误，伤害了土族人的民族感情。1989年4、5月间，在东欧"民族化"潮流冲击下，土族人不断举行游行示威，多次与警察发生冲突。在此情况下，5月29日当局宣布开放边界，大批保籍土族人出走土耳其。至8月底，出走者已达31万人，使国内劳动力骤减6.5%，农业、畜牧业减产，一些工厂停工，市场供应紧张，物价上涨，加重了本已十分严重的经济危机。人民生活下降，不满情绪增长，加之民族矛盾尖锐，社会动荡不安。

2. 党内分歧与党外反对派形成联动

1989年东欧剧变在年末影响到保加利亚。1989年10月16日欧洲国家生态讨论会在保加利亚首都索菲亚召开，有30多个国家代表参加会

议。会上,西方国家代表就保加利亚的生态政策和人权问题谴责了保加利亚当局。反对派势力乘机向保党进攻,他们连续组织游行示威,许多西方国家的代表、记者和外交使节到现场观看和支持。10月19日,索菲亚市人民会议执委会决定只允许在南郊公园举行群众性活动。26日当局由于部分群众未遵守这一规定,出动警察强行驱散集会者,这立即引来西方国家"侵犯人权"、"破坏人的平等生活环境"的纷纷指责。11月3日事态进一步扩大,在外部势力支持下,各反对派采取一致行动,向议会递交了万人签名的请愿书,要求实行"波、匈式改革",实行政治多元化,并呼吁日夫科夫让权。11月10日,保共召开中央全会,在党内外压力下,日夫科夫辞去担任了35年之久的总书记和政治局委员职务,选原外长姆拉德诺夫为总书记。姆拉德诺夫是公开性、民主化、多元化的积极支持者和拥护者。在他当上总书记的第三天便接见了一些著名的"持不同政见者",要他们"在改变国家面貌方面发挥巨大作用"。

3. 在实行多党制的过程中被迫失去执政地位

在姆拉多诺夫纵容支持下,"生态公开性组织"等10多个反对派于1989年12月7日联合成立了"民主力量联盟"。与此同时,保共于12月11日前已先后召开3次中央全会,大规模改组中央领导机构,除日夫科夫以外还有7名政治局委员,4名候补委员,6名中央书记,30多名中央委员被解除职务,同时又新增选了2名政治局委员和9名中央委员,同意建立联合政府并同反对派举行圆桌会议。在1990年1-3月期间举行了多次"圆桌会议",并在1990年3月12日的"圆桌会议"上保共与民盟等主要政治组织签署了三个重要文件:《关于保加利亚政治体制的协议》、《关于保障向民主政治体制和平发展的全国协议》和《关于全国"圆桌会议"作用和规定的声明》。三个文件的主要内容改变了国家性质和政治体制:取消保共对国家的领导;军队、警察、法院、检察院和外交机构实行"非政治化";各政党的基层组织不得按工作单位建立支部,而按居民点建立组织;实行三权分立,实行多党制、议会制和总统制。

1990年1月30日至2月2日,保共提前召开"十四大",大会对党的性质、理论基础和指导思想、组织原则、任务都作了带有实质性的修改,会议决定把保共改造成民主社会主义的党。1990年4月3日就保共改名问题进行全党投票，86.71%的投票者赞成将保共更名为保加利亚社会党。6月，保加利亚举行了45年来首次多党选举。40个政党、团体参选，90.79%的选民投了票，保社会党获选票占52.75%，占议会400席中的211席，作为多数党组阁。以"民主力量联盟"为首的反对派不甘心失败，组织抗议活动，迫使姆拉德诺夫于7月6日辞去总统职务。8月1日，民盟主席热列夫当选为总统。11月29日，社会党人卢卡诺夫任总理的政府被迫辞职。无党派人士迪·波波夫组成联合政府，民盟人士纷纷入阁占据关键部门。

不久，总统下令军队、警察、司法、检察、外交"非政治化"，使社会党失去对这些重要部门的控制。随之，社会党失去了对国家政权的领导。1991年7月12日保加利亚第七届大国民议会通过了新宪法，这是自保加利亚自1944年9月9日解放后制定的第三部宪法。该宪法确定了现行政治体制的基本原则：国家的权力分为立法权、执法权和司法权，三权分立；国家的政治生活建立在政治多元化原则的基础上；国家经济建立在"自由经济积极性"基础上。至此，保加利亚的社会发展方向完全发生改变。

八、捷克斯洛伐克共产党的民主社会主义化导致国家分裂

1. 受邻国事变影响引发危机

民主德国和保加利亚发生突变后，捷克斯洛伐克也受到猛烈的冲击。1989年11月17日，布拉格大学生为纪念反法西斯斗争举行游行。反对派纷纷出面，提出为"布拉格之春"平反与政治自由化等要求，将游行发展成反对捷共的示威。之后，反对派又进一步利用捷克斯洛伐克共产党40多年来一党垄断招致的广大人民群众的不满，将这次示威扩展成席卷全国的罢工和示威浪潮。11月19日，早在1977年开始以"七七宪章"为名从事反政府活动的反对派同其他党派和教会等12个组织联合成立了

"公民论坛"。"公民论坛"要求取消宪法中关于共产党领导作用的条款,要求政府承认反对派的合法地位,实行以多党制为基础的议会民主,举行自由选举,在经济上则实行市场经济。由"公民论坛"发起,成千上万的人聚集在布拉格市中心进行抗议活动,要求对1968年策划苏军入侵负有责任的捷共领导人雅克什、胡萨克等人下台,并号召公众于11月27日实行总罢工。局势日益激化,社会陷入了危机。

在这种情况下,11月24日和26日,捷共中央两次举行全会,以雅克什为首的原领导班子辞职,新当选的总书记马尔班内克表示愿意与反对派对话,并组成了以政府总理阿达麦茨为首的政府代表团与"公民论坛"等反对派组织会谈。会谈中捷共领导节节退让,一一答应满足反对派的要求。最后组成了以恰尔法(原第一副总理)为首的捷共占少数的民族谅解政府,阿达麦茨辞去了总理的职务,总统胡萨克在任命新政府之后也随即辞职。新政府上台之后,立即提出了实行政治多元化、经济市场化和与世界各国广泛往来的施政纲领。

2. 党的全面民主社会主义化

12月20日,捷共召开非常代表大会,大会通过了《在捷克斯洛伐克实现民主社会主义社会》作为捷共在政治多元化的新条件下的行动纲领。《纲领》指出,捷共的目标是建立社会公正、民主、人道的社会主义,捷共要成为参与捷克斯洛伐克社会民主化进程并对社会发展起积极影响的现代化政党,要同党和社会的"斯大林模式"彻底决裂,反对对马克思主义理论的歪曲,赞成创造性的理论思想,放弃任何形式的教条。《纲领》提出的主要任务是:建设民主社会主义,实现政治多元化;在保持社会所有制占决定比重的同时,各种形式的所有制平等,但反对分割社会所有制,反对将其私有化;建立社会主义市场经济机制,但有必要由国家对市场进行调节;主张捷克斯洛伐克经济向世界开放并尽早加入欧共体,加强捷克斯洛伐克在国际关系中的作用,尊重现行国际法律和条约,继续履行华约的义务,反对对国家主权和民族自由的威胁,反对经济上对外国的依赖及可能带来的政治上的依附。《纲领》还宣布,1970年12月捷共中央全会通过的《从捷共第十三次代表大会以来党内和社会危机局势发展中吸取的教训》这份文件无效。

3. 党的分裂演变为国家的分裂

与此同时，捷各派政治力量在圆桌会议上讨论了总统和联邦议会主席的人选，会议一致意见，由"公民论坛"代表、剧作家哈韦尔担任总统，由1968年时捷共领导人杜布切克担任联邦议会主席。捷克斯洛伐克的政权实际上已经落到"公民论坛"手中。1990年6月8-9日，捷联邦议会举行"自由选举"。在总共300个议席中，"公民论坛"和"公众反对暴力"组织获得170席，捷共获47席。6月27日，哈维尔总统任命了新政府，恰尔法继任总理（已退出捷共），政府中没有捷共成员。捷共成了在野党。1990年11月8日，捷共召开"十八大"，将党的组织形式改为联邦制，由捷克和摩拉维亚共产党与斯洛伐克共产党（后改称"斯洛伐克民主左派党"）两个平行组织组成，领导机构是联邦委员会，主席是帕·卡尼斯。反对派上台之后，共产党人受到歧视、排挤和迫害，共产党的人数也大为减少。

在这次选举后，一直困扰着捷克斯洛伐克的民族矛盾问题在1991年1月联邦政府开始实行激进的经济改革方案后愈演愈烈。由于捷克和斯洛伐克两共和国经济发展水平不一，推行私有化、全面放开物价这一政策的消极面在斯洛伐克更为明显。争取民主斯洛伐克运动主席梅恰尔说："我们受到经济崩溃的威胁，斯洛伐克将走自己的道路"。

1992年6月，捷克斯洛伐克进行了1989年政局剧变后的第二次大选。结果是，投票率捷克为85%，斯洛伐克为84%，与第一次大选95%的投票率下降了大约10%。在第一次大选中占绝对优势的"公民论坛"和"公众反对暴力"组织内部已经分裂，选举结果是，在捷克以克劳斯为主席的从原"公民论坛"中分裂出来的右派党"公民民主党"获胜，成为联邦第一大党；在斯洛伐克是以梅恰尔为主席的从原"公众反对暴力"组织分裂出来的左派民族主义党"争取民主斯洛伐克运动"获胜，成为联邦第二大党。

大选后，获胜的两大政党主席克劳斯和梅恰尔就组阁问题举行了4轮会谈均无结果。面对两党严重对立的情况，7月2日哈韦尔总统任命了联邦政府。但这个政府仅向联邦议会提出了一个为期3个月的施政纲领，这实际上是为分家做准备。捷克和斯洛伐克两个共和国政府分别在7月

13日和14日向本国的民族议会提出了施政纲领。克劳斯在施政纲领报告中强调,为独立的捷克国家奠基是以他为首的政府的首要任务。为此,他要尽快地起草《捷克共和国宪法》。梅恰尔所拟定的斯洛伐克共和国政府施政纲领把谋求斯洛伐克的主权和独立摆在最突出的地位。7月17日斯洛伐克民族议会宣布了《主权宣言》,强调"《宣言》是斯洛伐克民族主权国家的基础"。

1992年8月27日,公民民主党主席克劳斯和争取民主斯洛伐克运动主席梅恰尔,分别以捷克共和国和斯洛伐克共和国新总理的身份,商定从1993年1月1日起,这两个联邦成员共和国正式成为两个独立国家。11月25日,捷克斯洛伐克联邦议会通过了《捷克和斯洛伐克联邦共和国解体法》,决定联邦共和国于1992年12月31日自动解体。1993年1月1日起,捷克和斯洛伐克联邦共和国正式分成捷克共和国、斯洛伐克共和国两个独立的主权国家。至此,具有74年历史的统一国家宣告解体。

九、南斯拉夫共产主义者联盟的分裂导致国家分裂

1. 经济发展不平衡导致民族矛盾加深

南斯拉夫的前身是一战后成立的"塞尔维亚人—克罗地亚人—斯洛文尼亚人王国",1929年改称南斯拉夫王国。二战后,铁托再次将各民族人民团结在一起,建立起了南斯拉夫联邦人民共和国,1963年又更名为南斯拉夫社会主义联邦共和国。联邦由塞尔维亚、克罗地亚、斯洛文尼亚、波黑、马其顿和黑山6个加盟共和国,以及伏伊伏丁那和科索沃2个自治省组成。20世纪60年代开始,南斯拉夫实行国有化和土地改革,创立了自治的社会制度,人民生活水平迅速提高。1979年南斯拉夫的人均GDP已达到2635美元,在当时东西方集团严重对峙的冷战时期,南斯拉夫百姓的生活令东欧各国羡慕不已。

虽然南斯拉夫的经济在总体上获得了较快的发展,但其地区经济发

展的不平衡问题却非常突出。克罗地亚和斯洛文尼亚发展比较快，尤其是斯洛文尼亚。这两个共和国的人口占原南斯拉夫的27.6%，面积占30%，但社会产值却占全国的42.1%，出口占全国46.3%。他们与南斯拉夫的不发达地区（塞尔维亚共和国的科索沃自治省、黑山共和国、马其顿共和国和波黑共和国）的差距悬殊，如以1989年南斯拉夫人均社会产值指数为100，而斯洛文尼亚为203，克罗地亚为128，最落后的科索沃只有23，斯与科的差距为8.8比1。由于原南斯拉夫规定各共和国和自治省都要为不发达地区提供资金（从每个就业人员的每月工资里扣除一定比例），这样年复一年，这种经济发展的不平衡在很大程度上加深了民族矛盾和政局动荡。在1980年铁托逝世后，南斯拉夫国内久已存在的矛盾就开始暴露和激化。

2. 党的分裂导致国家分裂

80年代末期，苏联动荡，东欧剧变，显然对南斯拉夫局势造成了重大影响。1989年，南共联盟宣布将在南实行多党制，一时各地各种政党纷纷成立，分离倾向加剧，政局更加动荡。1990年1月，南共联盟召开第14次非常大会，由于争吵激烈，斯洛文尼亚代表团擅自离开会场，此后在南斯拉夫战后执政40多年的南共联盟实际上已解体，不再作为一个全国性政党存在。各共和国共盟开始独立活动，并纷纷改名。7月，南联邦议会联邦院通过《政党结社法》，正式实行多党制。11－12月，南各共和国分别举行自由大选，除塞尔维亚、黑山两共和国共盟继续执政外，克罗地亚、斯洛文尼亚、波黑、马其顿4个共和国的共盟均大权旁落，结果出现共产党政权（塞尔维亚和黑山）、非共产党政权（斯洛文尼亚和克罗地亚）和民族主义政权（波黑和马其顿）三种政权并存的局面。

3. 国家分裂引发内战

此后各共和国围绕修改宪法和政体的矛盾日趋激化，独立与反独立的斗争不断尖锐。1991年6月25日，克罗地亚和斯洛文尼亚同时宣布独立；4个月后，即10月15日和11月20日，波黑和马其顿也宣布独立。然而，多年的统一使民族混居成为既成事实，为独立和反独立，为复杂的民族矛盾，南斯拉夫人民军、塞尔维亚族武装与斯洛文尼亚武装、克罗地亚武装之间发生激烈的武装冲突，南斯拉夫联邦陷入内战。1991年，克罗地亚境内的武装冲突造成了两万多人死亡和三万多人失踪，此外还有五十多万人无家可归，财产损失更是超过700亿美元，南斯拉夫的国民生产水平仅1990年一年就下降了15%。1992年1月底，欧盟不顾国际社会有关全面和平解决南斯拉夫危机的主张和努力，继德国和梵蒂冈之后承认斯洛文尼亚和克罗地亚为独立国家。一直主张南斯拉夫统一的美国也突然同欧共体达成一致，在4月6日欧共体承认波黑共和国独立时，美国也采取同样的行动，于4月7日承认三个共和国为完全独立国家。

在南斯拉夫解体已成为定局的形势下，塞尔维亚和黑山两个共和国决定组成一个"保持南斯拉夫连续性的共同国家"。1992年4月7日，南斯拉夫联邦议会举行最后一次会议，以绝对多数票通过了由塞尔维亚共和国和黑山共和国组成南斯拉夫联盟共和国的宪法，宣告一个新的南斯拉夫国家——南斯拉夫联盟共和国正式成立。新国家定都贝尔格莱德，新国旗仍为红白蓝三色，只是去掉了中间的五角星，至此存在了47年的南斯拉夫联邦共和国彻底解体，分裂成5个独立的国家。

4. 民族政策的失误埋下祸根

南斯拉夫内战爆发和联邦解体的政治地理背景与苏联有惊人的相似之处，但就其复杂程度来讲却比苏联有过之而无不及。除了各共和国间经济发展不平衡的原因外，复杂的民族构成，日益激化的民族矛盾是南斯拉夫解体的主要因素。南斯拉夫的主要民族虽然都是斯拉夫人的分支，但在长期的发展过程中，逐渐形成了不同的民族，历史上，这些民族先后处于周边国家的统治之下，数度处于四分五裂的状态，使各民族形成了大杂居、小聚居的地域分布状况，内部纷争几乎没有间断过，二次大战后成立的南斯拉夫联邦，虽然6个共和国均是按照主体民族成分建立的，但各共和国并不只有一个单一的民族，以人数最多的塞尔维亚人为例，他们不仅集中在塞尔维亚共和国，而且还有300万人在克罗地亚、波黑等共和国内，其他民族也有类似的情况。加之二战以后南斯拉夫联邦在民族政策上也先后出现过一系列失误。最典型的如70年代，当时的南斯拉夫领导人出于削弱和牵制最大的共和国塞尔维亚的考虑，把波黑境内信仰伊斯兰教的塞族列为单独的"穆斯林族"，于是占波黑人口绝大多数的原塞族人按信仰分成了两个民族,占总人口40%的穆斯林族成了波黑最大的民族,而塞族人口只占1/3,这种按宗教信仰人为划分的民族,不仅在世界上独一无二,而且形成波黑独特的民族矛盾。正是这样,长期以来形成的各民族之间的宿怨在80年代末90年代初国际大气候和民族分裂浪潮席卷苏联东欧的形势下迅速迸发出来,各民族固有的凝聚力使其居民在各共和国独立与统一的选择上观点相背,并进而爆发武装冲突,武装冲突的升级加速了联邦解体的进程。

5. 国外势力干涉加重国内危机

虽然南斯拉夫联邦解体主要是国内的政治思想、社会经济和历史上形成的民族矛盾造成的,但外部因素的参与也起了不小的作用。西方国家对南斯拉夫的战略一直是:让铁托后的南斯拉夫四分五裂。为了实现这一战略目标,长期以来,西方国家在竭力宣传对南斯拉夫的威胁来自东方、来自苏联和华约军事干涉的同时,千方百计煽动南斯拉夫的社会冲突、宗教冲突和民族冲突,尤其是1990年南斯拉夫实行多党制以后,出现"一国三制"的复杂局面,更为外界干涉提供了机会,西方舆论工具大力宣传斯洛文尼亚和克罗地亚新政权是"年轻的民主政权",极力贬损塞尔维亚,说塞是"欧洲最后一个布尔什维克堡垒"。德国、奥地利、匈牙利等国鉴于斯、克两国曾受奥匈帝国统治近两个世纪,与德、奥、匈有着深远的历史渊源,全力支持斯、克两共和国的独立要求,并借助民族主义者要求独立的愿望在科索沃、斯洛文尼亚和克罗地亚成功地扩大自己的地盘,并向闹独立的斯、克两共和国提供大量武器,并提供资金、物质和其他援助,所有这些在很大程度上加剧了南斯拉夫的紧张局势,并最终促成南斯拉夫联邦的解体。

第十二章 颜色革命的教训

从 2003 年开始,"颜色革命"在不到两年的时间内席卷了三个独联体国家,成为在 2004—2005 年的国际政治词汇里使用频率最高的术语之一。"颜色革命"一词是来源于西方的说法,是指独联体国家近两年来发生的以和平的、非暴力方式进行,不存在以往社会变革的激烈对抗,在不发生流血冲突的情况下实现的政治变革,同时又因为格鲁吉亚、乌克兰、吉尔吉斯斯坦的"革命"都是在某种颜色的标志下进行,从而得名。

一、在选举争议中发生"革命"

先是在格鲁吉亚。2003 年 11 月,反对派领导人以当局在议会选举中舞弊为由拒绝承认选举结果。11 月 22 日下午,当格鲁吉亚前总统谢瓦尔德纳泽在新议会的成立大会上讲话时,反对派"逼宫",要求总统辞职,28 小时后,谢氏宣布辞职,萨卡什维利在随后的大选中当选为格新总统。由于萨氏冲入议会大厅时手举玫瑰,所以该事件又被称为"玫瑰革命"。

接着是乌克兰。2004 年底大选,选举失败的反对派领导人尤先科以大选存在舞弊为由拒绝承认选举结果,其支持者则举行示威并围困了政府。在国内外的双重压力下,2004 年 12 月 26 日乌克兰进行了第二次总统选举,尤先科顺利当选。由于乌克兰首都基辅市市花为橙色的栗子花,尤先科的支持者都以橙色标识参加活动,所以该事件被称为"橙色革命"

或"栗子花革命"。

再是吉尔吉斯斯坦。2005年3月,反对派在各地举行示威,指责政府在议会选举中舞弊,示威很快演变成骚乱。3月24日,阿卡耶夫总统被迫逃离祖国吉尔吉斯斯坦,3月28日,吉尔吉斯斯坦新议会举行会议选举巴吉耶夫为新总理。因为吉尔吉斯斯坦首都比什凯克的市花是黄色的迎春花,发生革命的时间正好是迎春花开的季节,所以吉尔吉斯斯坦的变革被称作"黄色革命",也叫"柠檬色革命"。

这些国家都是前苏联的加盟共和国,获得独立后都制定了自己的宪法,在法律层面上仿照西方模式建立起了三权分立的民主制度,向着他们向往的"民主社会主义"缓步前行。然而这些国家新上台的执政党却没有走得太远,在较短的时间内就在政权转移的过程中出现了不正常的现象,引发了政治危机,造成了政局的动荡。这其中的原因和教训非常值得分析和借鉴。

二、执政党发展经济能力不强导致居民生活艰难

苏联解体前,由于改革的连续失败,盲目不自量地与美国军事竞争,发达的重工业和不断的军备竞赛拉动着GDP,反映在经济上则是表面持续增长,人民的生活水平却一直不高。这不符合人民大众的利益,也因此导致了苏联人民的强烈不满。苏联解体后,独立出来的前加盟共和国都面临着大力振兴国内经济的重大任务。然而,随着苏联解体,加盟共和国国与国之间密切的经济联系中断,这些国家的经济发展面临很大的困难,要完成振兴经济的历史任务并不容易,特别是有的国家还发生了内战,战争和动荡使本来就比较弱的经济遭受更大的打击。这样的形势就对执政党的执政能力提出了很高的要求,显然这些发生"颜色革命"的国家的执政党在经济发展方面都未能有特别突出的表现,经济发展长期停滞不前,有的甚至出现一定程度的倒退。

1. 动乱破坏了经济稳定和发展

在苏联解体前,格鲁吉亚的生活水平在各加盟共和国中名列前茅。格鲁吉亚宣布独立后,当时的总统加姆胡萨季阿因独裁失去民心,被赶下台,但不久即组织武装反对现政府,企图重新掌权。由于政局不稳,格鲁吉亚的经济出现了雪崩式下滑。格鲁吉亚当时的政府无力收拾局面,遂决定请谢瓦尔德纳泽回国掌舵。于是,人们把希望寄托在了谢瓦尔德纳泽身上,期望他能够带领国家摆脱动乱,恢复稳定。从1992年3月起,谢瓦尔德纳泽开始负责国家的领导事务,并于同年11月被确认为国家元首。谢瓦尔德纳泽依靠西方国家提供的大量援助先后平息阿布哈兹局势和加姆胡萨季阿的抵抗,使国家进入稳定恢复时期。格鲁吉亚经济下滑到最低点时,1994年国内生产总值比苏联解体前的1990年下降72%,工业下降84%,农业下降46%,基础建设投资减少95%。

从1995年起格鲁吉亚经济开始恢复,然而这种恢复进展缓慢,人民生活水平没有得到预期的显著改善,实际上还没有超过苏联解体前的水平。世界银行公布的统计数据显示,格鲁吉亚2002年国内生产总值为33亿美元,是1990年的40%;外债总额为20亿美元,而其外汇储备只有2亿美元。至2003年国内生产总值仍没有超过独立前的水平。格鲁吉亚的贫困现象极为普遍,2001年,国家财政收入约4.5亿美元,人均月工资约23美元,平均日工资不到1美元,最低月工资约为10美元,退休的人每天更是只能领到25美分;到2002年为止,格鲁吉亚90%-95%的家庭收入处于贫困线以下。[①] 百姓生活艰难,很多人为了生存,不得不举家迁往国外。尽管国际社会提供了大量援助,但仍然国库亏空。独立十多年,与人民利益直接相关的经济没能得到快速发展,人民的生活仍旧窘困,人民在经历了一定时间的期待和忍耐之后,必然对执政党产生不信任感和求变的心态。

2. 激进的"休克疗法"改革失误

曾被称为原苏联粮仓的乌克兰,原本有着雄厚的工业基础和良好的

---

① 参见赵华胜:原苏联地区"颜色革命"浪潮的成因分析,《国际观察》,2005年第3期,第3页。

农业条件，但苏联解体后，独立了的乌克兰却陷入了长期的经济衰退，百姓生活艰难。其经济改革从一开始就铸成大错。改革的最初几年，由于推行激进的货币主义改革方针，机械模仿俄罗斯的"休克疗法"，经济急转直下，通货膨胀创下了世界纪录，生产下滑幅度为前苏联各共和国之首。到1994年，GDP比苏联解体前缩水了三分之二，多数居民陷入贫困。到1999年，约70%的人生活在贫困线下。这个原本文化发达、生活富足的国家，却有数百万人背井离乡，到俄罗斯和其他国家去打工，民众怨声载道。有乌克兰学者认为，在所有独联体国家中，就其所拥有的条件和潜能来说，乌克兰经济是搞得最差的。直到上世纪末，大多数独联体国家的经济开始复苏时，乌克兰的经济下滑仍未停止。尽管从2000年起乌克兰经济开始恢复，国民经济状况好转，但多年积累下的问题不能一下子消除。因此，苏联解体后的乌克兰执政党及其政府在发展经济方面的不得力，已为该国和国际舆论所公认。

3. 长期落后使人民在贫困中绝望

吉尔吉斯斯坦在苏联时期就是经济最落后的共和国之一，苏联解体后，持续的经济衰退给吉尔吉斯斯坦造成的社会灾难更加严重。1999年，在吉尔吉斯斯坦全国500万人口中，生活在贫困线以下的居民占到60%。1999年之后，吉尔吉斯斯坦经济开始缓慢恢复，不过仍是独联体最贫穷的国家之一，到2002年全国的贫困人口仍达52%；到2004年人均国内生产总值也仅为429.1美元，贫困人口所占比例仍达38%，外债高达19.2亿美元，为全年税收总额的5倍。[①] 吉尔吉斯斯坦居民的生活水平普遍很低，居民的基本工资少得可怜，月收入一般不过20-30美元，一些人的月收入甚至不到10美元，他们的收入只够购买食物，只能维持最基本的生存。吉尔吉斯斯坦工业化程度比较低，农村人口占全国人口的66%，农村的贫困现象更加普遍，70%的乡村没有自来水，41%没有医院和保健机构，60%没有交通服务和公路。国内经济发展缓慢，人民生活水平难以显著改善，导致人民对执政党产生强烈的不信任感和求变的心态。

---

① 参见王正泉：千龙专稿"吉尔吉斯新政权面临三大难题"，http://www.qianlong.com/，2005年8月9日。

三、执政党政治腐败严重导致社会秩序不稳

在仅仅1年多的时间里,格鲁吉亚、乌克兰、吉尔吉斯斯坦先后因"颜色革命"而出现急速的政权更替。从表面上看,三国"革命"的发端无一例外是大选舞弊,但一个深层次的原因是,这些国家近些年来腐败现象泛滥成灾。格、乌、吉三国是世界腐败排行榜上"名列前茅"的国家。苏联解体后的10余年来,原苏联时期的国家机器和政治精英绝大部分都保留下来,原有的各种弊端和转型过程中的丑恶现象,包括个人集权、权力寻租、法律虚设等现象都无法从这些国家的机体中得以较好的根除。同时,独联体各国政府在经济发展状况不佳的形势下也无力平衡社会利益,未能加强财产权和其他法律契约的制定,私有化与腐败问题一直相生相伴。与其他独联体国家一样,格鲁吉亚、乌克兰、吉尔吉斯斯坦三国的国家机器漏洞百出,腐败成为政治、经济和社会生活中的一部分。这三个国家转型后虽然性质相同,但各国腐败问题的表现却各有不同:在格鲁吉亚和吉尔吉斯斯坦,勾结政府的利益集团控制油田,侵占石油收入,扰乱了正常的市场竞争,少数人迅速致富;在乌克兰,转型撼动了原来的社会体制,高层人士腐败与低级官员腐败共存。腐败问题所造成的结果是,大多数人无法从本国资源中获得经济利益,在导致多数人生活水平下降的同时,也使某些小集团获得巨大的财富,这又直接导致了社会秩序的不安定,刑事犯罪高发,治安形势较差。

1. 反腐成为获得民心的重要手段

自从格鲁吉亚1991年宣布独立以来,这个曾是原苏联最富有加盟共和国之一的中亚国家跌入了贫困国家行列:人民穷困不堪,电力短缺,绑架和腐败案件丛生。政府官员的贪污腐败将格鲁吉亚经济推到崩溃的边缘,按照廉政与反腐败国际组织监测机构的说法,格鲁吉亚是世界上最腐败的国家之一,这些都大大降低了国外投资者的信心,并且抑制了

本地企业的发展。在格鲁吉亚，贪污腐败是谢氏时代老百姓最痛恨的现象，老百姓抱怨，许多国外援助都落入了"硕鼠"的私囊，而能去到实处和老百姓手中的却少之又少。有资料称，谢氏政府已经烂到了"根子里"，格鲁吉亚的大企业大多控制在包括谢瓦尔德纳泽家族在内的经济寡头手中，"影子经济"猖獗，占国内生产总值的40%以上。萨卡什维利就是因为力主反腐未得到谢瓦尔德纳泽的支持才辞职，也是因为力主反腐才得到老百姓极力拥护的。萨卡什维利曾公开指责："谢瓦尔德纳泽在任时为自己打造了一个'氏族公社'，它垄断了格鲁吉亚石油产品出口、沿海大港口和手机通讯等等，所有与此有牵连的人都将被绳之以法。"① 到萨卡什维利上台执政后，谢氏政府高官中确实被纠出不少腐败分子，其中包括前能源部长、前电信部长、前副总检察长、前全国铁路公司总裁、前第比利斯市林业联合会主席、前第比利斯"德拉西"电力公司总裁等人。

2. 官商勾结导致社会生活的全面腐败

乌克兰的情况有过之而无不及，官商勾结、任人唯亲、利用私有化侵吞国有资产、逃税漏税等腐败现象比比皆是。乌克兰反腐官员指出，乌克兰处于银行控制外的货币流通量占全国货币总量的43%，而在其他经济转轨国家，这个比例不超过25%。乌克兰金融资本的50%都是来源于灰色经济。在商业活动中，乌克兰几乎每位行政领导和业务执行人员都绕过公司索取个人回扣。2000年，库奇马总统的一个前保镖泄露了几百个小时的总统私人谈话录音带，显示大量的徇私舞弊、收受贿赂、阴谋镇压反对派的事实。② 国家安全局的一些官员，指责亚努科维奇犯有盗窃和袭击罪，并与攫取了乌克兰许多国有财产的腐败商人有密切联系，他们不想为这样一个人服务，暗中给反对派提供支持。从事腐败现象研究的顿涅茨克大学教授马赫姆多夫认为，由于乌克兰多年来腐败盛行，当今乌克兰人已从心理上适应了腐败，人们在办事前自然地会想到送钱

---

① 关键斌："玫瑰英雄"萨卡什维利，《人物》杂志，2004年第3期，人民出版社。

② 转引自邵峰："颜色革命"论析，载李慎明、王逸舟主编：《2006年：全球政治与安全报告》，社会科学文献出版社，2006年版。

或礼品。从腐败现象突出的部门来看，警察局位列榜首，医疗、教育、海关、政府机关、议会、法院、检察院紧随其后。商人贿赂官员则是乌克兰最普遍的腐败现象，一般情况下，贿赂金额一次至少200美元。①

3. 假公济私严重败坏国家机关形象

吉尔吉斯政府官员贪污受贿，腐败之风盛行。他们借改革初期法制不健全，社会秩序混乱之机，利用自己手中的权力，或搞钱权交易，或侵吞和挥霍国家资财，聚敛钱财。在私有化过程中，政府官员以权谋私，抢先低价购买效益好、有发展前途的项目而一举暴富。据吉尔吉斯报刊披露，伊塞克湖州前州长仅花1000索姆（约合100多美元）就将一幢四层小楼私有化了。一些政府部门的官员利用掌握的特殊权力，索贿受贿。吉尔吉斯海关部门是最腐败的部门之一，海关人员对过往的国内外商人和旅客公开敲诈勒索，几乎个个暴富，民众怨声载道。政府多次改组海关，撤换人员，但新换人员更甚于前任。

阿卡耶夫总统公开承认吉贪污受贿行为泛滥，各种违法犯罪滋生，而国家机关软弱无力，对犯罪行为的破坏力估计不足，他强调要加强国家权力，将打击犯罪作为吉尔吉斯政府的主要任务之一。政府多次开会讨论打击贪污腐败、经济违法等犯罪行为，采取措施整顿有关部门，频繁调动干部，但收效甚微。此外一些公司经理和商人们通过花钱收买选票而跻身议会，当上议员后他们首先关心的不是立法工作，而是尽快"收回投资"，并使其"增值"，大捞特捞。曾任立法院副主席的普罗年科自称看不惯一些议员的所作所为而提出辞职，她揭露一些议员不讨论法律文件，关注个人福利问题，向议会要房子、要汽车、要待遇。他们中的很多人都有住房，但采取欺骗的手段向议会要房，还要求对房子进行装修，装修所花费用几乎等于房价。一些议员则干脆明说，给每个议员来一套新房子，让他们把旧房子出租出去，以便"养家糊口"，他们的工资是如此之"少"——平均2100索姆，相当于最低工资标准的25倍。这些人要住国家房子的用意不言自明，这些房子一旦到他们手里，过不

---

① 参见黄晓东：乌克兰打击腐败出奇招，禁止官员到公共浴室泡澡，《环球时报》，2005年3月30日第四版。

了多长时间便会被他们花点小钱给"私有化"了。因为他们可以利用手中权力,通过法律来做到这一点。总之,政府官员贪赃枉法,索贿受贿,借私有化侵吞国家资财;议员们不务正业,追逐个人私欲,严重败坏了国家机关的形象,受到反对派的严厉抨击,民众的不满情绪正因此而迅速扩散与蔓延。吉尔吉斯斯坦反对派领导人巴吉耶夫在评价他参与领导的革命时说,贪污腐败是吉尔吉斯斯坦许多社会灾难和经济问题的根源,也是引起民众愤怒的主要原因。

四、贫富两极分化严重导致执政党在民众中的支持日益离散

格鲁吉亚、乌克兰、吉尔吉斯斯坦三国从苏联独立出来进行社会转型的过程中,在社会贫困现象十分严重的背景下,都出现了国家阶级迅速分化、少数权力集团和新生资本家相互勾结、大肆掠夺人民财产的现象,造成少数人暴富、多数人贫困的两极分化。这招致民众对当局极为不满,未排解的积怨像地层下汹涌的岩浆一样蓄势待发,老百姓纷纷把希望寄托在执政党和政府的更迭上。很快,这三个国家的政权果然发生更替,执政党终于在反对派的攻击中迅速垮台。

1. 官商勾结,两极分化严重

在格鲁吉亚,谢瓦尔德纳泽的家族以及其他官僚家族势力操纵、控制着该国的经济命脉和大部分财富,格鲁吉亚的通讯、移动电话服务等几个比较赚钱的行业都被谢瓦尔德纳泽的女儿、女婿等亲戚控制。一项统计调查结果显示,格鲁吉亚1.5%的人控制着60%多的国家财富,10%最富有居民的收入超过10%最贫穷居民收入的2530倍[①]。与此相反,普通的格鲁吉亚人仅靠日均不足1美元的工资收入来勉强维持生活,甚至

---

① 参见中共中央统战部研究室:执政党腐败是导致"颜色革命"的重要原因,《中国党政干部论坛》,2005年第11期。

连这点可怜的工资和退休金国家也没钱发,就连基层军人和警察的军饷也难以保证按时发放。在格鲁吉亚有绝大部分的居民生活在贫困线之下,全国失业率高达15%。由于生存条件不断恶化,占人口五分之一的格鲁吉亚居民不得不背井离乡逃往国外谋生。

2. 政治家经商,反对派一呼百应

乌克兰几乎所有的大银行领导层都是过去的各级干部,原来议会的450名议员中大多是富翁。在民众的眼里,政治家不是国务活动者,而是一些过客,他们只是想尽快捞一把。乌克兰总统库奇马的女婿平丘克拥有电视台、银行和数个重工业企业,是乌克兰最富有的人。在官僚资本和买办资本的控制下,乌克兰的经济急转直下,失业者达数百万之多,占工人总量近一半的人出国打工谋生,劳动者的收入普遍低下,66.7%的职工收入低于100美元/月,农业工人不足70美元/月,并且拖欠劳动者的工资已成为普遍现象。许多乌克兰人将自己的贫困归咎于政治家的腐败。因此,当国家的政治生活出现动荡时,他们就跟从反对派参加抗议活动,发泄不满。①

3. 腐败与贫穷叠加导致穷人暴动

吉尔吉斯斯坦的情况与上述两国是大同小异。该国人均工资只有每月53美元,而南部贫困地区的人均月工资只有20美元左右,有的小学教师月薪不足15美元,许多人根本无法养活家人,不少人家吃不起肉,许多贫困人口连温饱都成问题。然而,就在普通劳动人民处于水深火热、痛苦不堪的时候,那些大权在握的贪官污吏、脑满肠肥的"暴发户"和形形色色的新贵们,却贪婪地掠夺财产,剥削人民,过着花天酒地、骄奢淫逸的生活。在贫富分化如此严重的社会形势下,矛盾积累,一触即发,社会动荡、政权更迭就势在必然了。一家接受美国赠款并受美国操控的报纸刊登了一幅正在修建中的豪华住宅的照片,豪宅的主人是总统阿卡耶夫。照片一经刊出,立即激起了普遍的愤怒,成为大规模街头抗

---

① 参见何卫:乌克兰政治危机的根源分析,《中国社会科学院院报》,2004年12月21日。

议事件的导火索。有报道说，是腐败和贫穷摧毁阿卡耶夫政权。的确，贫富两极分化的社会因素在吉尔吉斯斯坦的革命中尤其突出，在某种意义上说，吉尔吉斯斯坦的革命与其说是民主革命，不如说在民主化革命浪潮中发生的一场主要有穷人参加的传统意义上的社会革命。即使是在西方学者中，亦有这种评价和看法。由于革命的参加者中有大量贫穷民众，他们对现实生活和国家政权充满愤怒，因此破坏欲望强烈，加上极端势力的因素，因此以民主为旗帜的吉尔吉斯斯坦革命发展成了一场破坏性的暴力行动和社会骚乱。独联体国家研究所中亚和哈萨克斯坦研究室主任安德烈·格罗津表示："南部不满情绪的大规模爆发实际上是穷人暴动。居住在这些州的居民一直是吉尔吉斯斯坦最贫困的人口，他们没有什么社会和经济前景"。"大多数劳动力移民，包括前往俄罗斯的移民，传统上正是来自吉尔吉斯斯坦这一地区"，"这些州工业落后，没有什么工作岗位。这里的农业发展水平也很低"①。

五、照搬西方模式建构"民主政治"的"走样"实践导致社会动荡不安

1. 选举成为执政党的"高危时期"

苏联解体后，独联体各国都不同程度地接受了被西方国家视为衡量"民主"尺度的议会民主、多党制、民主选举、言论自由等政治要素，各国在形式上采用西方政治体制。这种"移植民主"与自身政治生活的强行嫁接要生根长叶必定艰难，传统的影响、习惯的思维、社会的条件、政治文化的成熟程度等等，都极大地影响着各国新政治形态的形成，一

---

① 国际文传电讯社：吉爆发危机原因：贫困诱发动荡，外部势力争夺，《参考消息》，2005年3月23日。

切都显得矛盾和不协调。这使得选举这样一个普通平常的程序,在这些国家却成为执政党眼中的"洪水猛兽"和社会的"定时炸弹"。每逢选举,各国的政党数量就出现大规模的增加,执政党一副如临大敌的架势,执政党和反对党都要根据其自身利益需要与其他政党进行各种联合和妥协,近年来选举更是成为独联体各国政局的"高危时期"和各国领导人面前一道难过的"坎"。格鲁吉亚、乌克兰、吉尔吉斯斯坦三国就是在这样的情况下发生的"颜色革命",出现了社会的动荡。

2. 引进西方民主,执政党内生出了反对党

在格鲁吉亚,最初谢瓦尔德纳泽以国务委员会主席执政,当时谢瓦尔德纳泽的权力基础主要是反加姆胡萨尔季阿联盟,该联盟政见不一,矛盾深刻,并无长期合作基础,谢瓦尔德纳泽的政策往往难以实施。此后,谢瓦尔德纳泽逐步削弱反对派势力,扩大自己的政治力量,并组建格鲁吉亚公民联盟,自任主席,公民联盟在他的经营下不断发展壮大。1995年,在美国访问的格鲁吉亚执政党公民联盟秘书长日瓦尼亚邀请萨卡什维利回国工作,萨卡什维利于是毫不犹豫地结束了在美国的律师生涯,回到祖国。回国不久,精力旺盛的萨卡什维利立即马不停蹄地投入了"公民联盟",参加1995年议会大选的备选工作。1995年11月5日,"公民联盟"在议会大选中一举获胜,取得了议会的多数席位,谢瓦尔德纳泽以此加强了对议会的控制能力。通过新宪法的实施,格鲁吉亚实行总统制,谢瓦尔德纳泽作为新总统,掌握了更大的权力。而萨卡什维利也"牛刀小试、出手不凡",出任议会宪法、法律问题及立法委员会主席。在议会工作期间,萨卡什维利力主推进法制改革,并亲自参加了诸多立法的起草工作。由于表现出众,萨卡什维利很快便得到了谢氏的赏识和信任,谢瓦尔德纳泽把萨卡什维利视为自己的门生和亲信。

萨卡什维利是一位激进的、强烈亲西方的改革者,希望按照西方的民主模式改造格鲁吉亚政治体制,主张对政府官僚机构进行大刀阔斧的改革,严厉打击官员的贪污腐败行为。他的主张得到了公民联盟部分成员的支持,但遭到处于多数的保守势力的强烈抵制。为了平衡公民联盟内部各派势力,谢瓦尔德纳泽于1999年辞去公民联盟主席职务,大胆启用萨卡什维利担任主席一职,后又于2000年秋把萨卡什维利调到政府中

工作，任命他为司法部长。2001年9月，任司法部长不到1年的萨卡什维利在一次政府工作会议上，当着谢瓦尔德纳泽和众部长的面，公布了司法部对个别高官贪污问题的调查报告，并当场展示了一些罪证和照片。他对这些贪官点名道姓，历数他们的犯罪行径，并要求谢氏立即解除他们的政府职务。但谢瓦尔德纳泽并没有这样做，萨卡什维利一气之下愤然辞职，就此与谢分道扬镳，并于2001年9月建立了反对党——民族运动党，戏剧性地从执政党成员变成了反对派。

3. 反腐败成为反对党号召群众的旗帜

成立自己的政党后，萨卡什维利更加猛烈地抨击政府官员的各种腐败行为，并通过更加猛烈地抨击谢瓦尔德纳泽和官员们的腐败行为，博得了民众的欢迎和好评。由于民族运动党惩治腐败的口号迎合了很多普通老百姓的心理，该党势力不断壮大。2003年11月20日，格鲁吉亚中央选举委员会宣布支持总统谢瓦尔德纳泽的两个政党在议会选举中获胜，格鲁吉亚反对派领导人萨卡什维利以当局选举舞弊为由拒绝承认选举结果，引发政局动荡。22日下午，当总统谢瓦尔德纳泽在新议会发表讲话时，萨卡什维利率领示威者冲进国会，要求谢瓦尔德纳泽下台。不久，谢瓦尔德纳泽被迫下台，萨卡什维利当选总统。这场耗时不足30个小时的"街头民主革命"，不仅推翻了格鲁吉亚政权，而且推倒了独联体国家"颜色革命"的第一块多米诺骨牌。然而，政权更迭之后，国内局势并没有出现多少改观。在格鲁吉亚，经济愈发恶化，通胀率达到5年来最高的9.6%，失业率增加，人民生活水平下降。在政治上，萨卡什维利修宪之后，总统的权力越来越大，总统有权解散议会和政府，象征着政治民主的议会变成了"点缀"，况且议会中90%的议员都是总统的亲信。2005年4月德国《法兰克福报》一篇评论认为格鲁吉亚的"革命玫瑰"正在凋谢。

4. 多党制乱象凸现总统权力

乌克兰社会则表现出明显的以政党数量的不断增加来迎接选举的态势。1990年在乌克兰司法部登记的新政党只有一个——乌克兰共和党；1991年就有7个新的政党获得登记；1992年又有6个新的政党踏入乌克兰的政治舞台；1993年则是乌克兰政党政治的丰收年，当年共有16个新党派在乌克兰司法部获得登记；到1994年共有30个政党参加了议会选举，其中14个政党的代表得以进入国家议会。由于在议会中没有一个政党具有构成多数派的实力，1994年选举出的议会在结构上非常薄弱，从而客观上助长了总统的权力、巩固了其地位。只有当总统试图让议会通过某些决议、而这些决议又正好侵犯了议会的全权时，议会才有可能成为总统的对立面。1998年共有40个政党组织参加乌克兰议会大选，这40个政党中有5个政党是在1996年登记的，有10个政党是在1997年登记的，有15个政党或者是在大选前、或者是距选举不长的时间内创建的。最终8个跃过4%门槛的政党和选举联盟在这次选举中总共才获得65.79%的选票，得票最多的乌克兰共产党仅为24.65%，这说明乌克兰政党制度进展非常缓慢，议会的作用仍难以发挥出来。从1998年议会选举到2002年选举前这段时期内，乌克兰政党的数量又突飞猛进，增加了一倍，到2002年选举时国内已有120个政党。在2002年议会选举后，乌克兰政党终于开始区分为"亲总统"的党派和"反总统"的政党。2004年12月，乌克兰反对派发动了大规模为期17天的"街头斗争"，抗议在总统第一轮选举投票中存在舞弊行为，迫使当局作出让步，重新举行投票，反对派领导人尤先科在第二轮总统选举中顺利当选。然而，新生的橙色政权俨如其前任的翻版，腐败和政治倾轧使得政局更加动荡。2005年9月，总统尤先科的三名高级助手因为受到腐败指控而被迫辞职。随后，尤先科以内阁缺乏"团队精神"为由宣布解散季莫申科政府。作为策动"橙色革命"的亲密战友彻底决裂。

5. 多党制与国家领导人无党派的冲突

吉尔吉斯斯坦按西方民主模式构建国家政治体制，但西方的"民主"及意识形态、价值观念在吉尔吉斯斯坦基本无根基，实际上成为"装饰品"，许多西方的民主原则和模式，在吉尔吉斯斯坦要么难以推行，要么实施得大打折扣。随着苏联解体和国家独立，吉尔吉斯国内政党组织更如雨后春笋般涌现，截止1996年，在司法部登记注册的各种政党、组织、文化中心、运动等已超过550个。但由于吉尔吉斯独立以后经济形势不断恶化、通货膨胀率居高不下、就业艰难，居民的基本生存都成问题，政治热情难以激发出来，对党派活动不甚关心。如此数量众多的政党组织基本都处于人数不多、影响甚微的状况。在1995年春天举行的议会选举中，各党得票率均不高。在议会两院110名议员中，各政党力量分散，形不成建设性的反对派，缺乏能与阿卡耶夫总统争雄的有影响有威望的领袖人物。

国家主要领导人均为无党派人士，如总统阿卡耶夫、总理朱马古洛夫、立法院主席乔尔蓬巴耶夫、人民代表会议主席马图布拉伊莫夫、宪法法院院长巴耶卡娃和外长奥冬巴耶娃等人均未加入任何政党，但为保持民主形象，阿卡耶夫总统有意识地让一些政党成员在历届政府中任职。这实际上就意味着在吉尔吉斯政党基本是未发挥作用的，在一个政党政治都没有生根的国家谈何推行多党制。不仅如此，国家领导人不加入党派，反而成为其在政治斗争中以示超脱、能够便于在各党派间进行协调的重要身份，从而无党无派似乎已是吉尔吉斯选拔干部不成文的一条指标，这似乎距离真正意义上的多党制越走越远。

6. 现任总统利用行政资源打压其他候选人

民选总统是西方民主制的一条重要原则，各候选人公平竞争，吉尔吉斯也搞总统大选，但其他候选人要与在任总统平等竞争似乎不太可能。在1995年总统大选的过程中，阿卡耶夫控制了国家大部分舆论工具，电视、广播和报刊大量介绍总统的活动，为总统大搞竞选宣传，对其他候选人则很少介绍。大街小巷到处可见阿卡耶夫的竞选广告，其他候选人的竞选材料则很少见到。其他候选人曾不断抱怨电视广播对他们宣传太少，而且难以寻找合适的竞选活动场所。中央选举委员会甚至通过决议，规定每个候选人需要征集到5万个选民签名，而且必须在全国各州按该州所占选民比例征集。此决议立即遭到竞争对手的尖锐批评，因为它有利于阿卡耶夫而不利于其他候选人，他们在全国各州知名度远低于现任总统，获得签名时难度增加。竞争对手还抨击执行权力机关出来公开帮总统竞选。国务秘书伊布拉伊莫夫主持在国家历史博物馆召开了"联合社会力量支持阿卡耶夫竞选总统大会"。竞争对手称全国正在"展开了一场推举阿卡耶夫的社会竞赛"，"这极像过去推举总书记或政治局成员"。此外，中央选举委员会已经确认了阿曼巴耶夫、阿伊巴拉耶夫和杰克巴耶夫候选人资格,但最高法院民事庭却作出决议:以三人未按比例征集选民的签名而取消了他们的总统候选人资格。三名被免资格的总统候选人认为最高法院的决议是违反宪法和总统选举法的,他们在政府大厦进行无限期"政治性绝食"以示抗议。这在世界其他国家比较少见,随着总统集权的确立,形式上的民主制与总统集权形成鲜明对照,民主原则的实施更是大打折扣。

六、外国势力干涉建设发展进程导致执政党更迭

1. 大国势力增添了"颜色革命"的色彩

格鲁吉亚、乌克兰、吉尔吉斯斯坦三国独立后均照搬美国模式,以西方为蓝本构建政治制度,并且一直都积极推进西向战略,与西方国家搞好关系,意图获得以美国为首的西方国家的各种支持。至于俄罗斯方面,包括这些国家在内的大部分独联体国家虽然都与俄罗斯存在一定程度的矛盾和冲突,但由于地域上和经济上无法切断的联系,这些国家都必须重视发展与俄罗斯的关系,在很多问题上必须顾忌俄罗斯的利益和态度,不能一味地亲美疏俄。由此,美俄的较量与渗透已成为影响包括这三个国家在内的大部分独联体国家的外部常规因素,格鲁吉亚、乌克兰、吉尔吉斯斯坦三国发生"颜色革命"的过程和根源都处处闪现着大国的身影。特别是美国政府和非政府组织的积极推动,不仅仅构成了"颜色革命"发生的国际环境,而且在很大程度上卷入了这场斗争,对政局的发展方向和进程起到了很大的推动作用。因为美国认为这些国家的领导人绝大多数是前苏联政府的高官,他们仍然具有亲俄罗斯倾向,在领导方面过于专制和集权,最终确立的"总统集权制"并不符合西方的标准。当各国出现更加符合美国口味的反对力量时,美国就从自身的利益出发,积极支持反对派夺权,希望通过选举,让这些已任两届的前苏联"共产党高官"自然退出,让接受过西方教育的、亲西方的年轻一代上台。

2. 大国战略利益影响下的政权更迭

格鲁吉亚虽然是个国土面积不足7万平方公里、人口仅500多万的小国，但它地处欧亚交通要道和北约与俄罗斯之间，有着极为重要的战略位置。格鲁吉亚是中亚和外高加索各国中唯一有出海口的国家，亚洲的货物可以经过里海、阿塞拜疆，通过格鲁吉亚再经过黑海或土耳其运到欧洲；俄罗斯及许多中亚国家的输油管道都要经过该国进入里海。这就决定了格鲁吉亚必然引起大国的重视和争夺。

谢瓦尔德纳泽执掌的公民联盟执政期间，为获得经济援助，十分重视发展与美国等西方国家的关系，甚至表现出强烈的"亲美"倾向，格鲁吉亚是独联体中第一个正式申请加入北约的国家，还是美国发动反恐战争后同其签订军事协议、接受美国军援并允许美军进驻的第一个外高加索地区独联体国家。在与俄罗斯的关系上，则因为矛盾与利益共存表现为时紧时松，有分歧也有合作。苏联解体后，俄罗斯在格鲁吉亚境内保留了4个军事基地，根据1999年在伊斯坦布尔欧安组织峰会期间签订的协议，俄已撤了其中两个；但在另外两处军事基地的撤军时间表上，俄格双方分歧严重：俄方原来希望继续使用25年，后又提出将基地使用期缩短为11年，但格方一直坚持俄方只能用3年。此外，有报道说，格鲁吉亚的南奥塞梯和阿补哈西亚两个地区，正是在俄罗斯支持下试图脱离格鲁吉亚政府的控制。另一方面，格鲁吉亚需要的电和天然气几乎都由俄罗斯提供，格鲁吉亚出口产品的绝大部分市场也在俄罗斯。格俄关系一紧张，俄罗斯就施以颜色，断电断气，格鲁吉亚只能重视发展与俄罗斯的关系，谢瓦尔德纳泽曾反对格鲁吉亚加入独联体，后认识到格鲁吉亚离不开独联体才改变立场，作出加入独联体和独联体经济联盟的决定。故他反对煽动反俄情绪，主张妥善处理格俄关系中的难题，但在涉及格鲁吉亚民族利益和国家统一的问题上，则坚持原则，决不让步，同时也反对俄罗斯提出的关于在独联体范围内建立军事联盟以对付北约东扩的设想。尽管这样，美国并不领情，眼见谢瓦尔德纳泽年事已高，大势已去，在格鲁吉亚出现政治危机时转而扶持议会反对派，在对反对派积极提供支持的同时还一直指责其在议会大选中舞弊。

谢瓦尔德纳泽就曾表示，是美国方面的支持才将其赶下了总统职位，他认为美国驻格鲁吉亚大使迈尔斯扮演了很不好的角色,正是他向格鲁吉亚反对派提供了支持,他还向当地的积极分子提供了资金上的援助。谢氏强调说:"某人有一个计划。虽然我没有拿到证据,但是我怀疑迈尔斯先生,他积极地卷进去了,非常积极,也许他参与制造了第比利斯发生的事端。"① 2003 年 11 月 30 日,谢瓦尔德纳泽在接受俄罗斯电视台采访时又指责美国"金融大鳄"索罗斯是导致格鲁吉亚政变的主要"罪人"之一,说政变是索罗斯计划的:花多少钱,资助哪个反政府组织,与谁合作等等。索罗斯手下的一名资深顾问在媒体的追问下也承认,谢氏所言不虚。几乎同时,反对派领导人萨卡什维利也曾透露,他在 2003 年访问了贝尔格莱德,研究推翻米洛舍维奇的行动,他的这次访问是由全国民主协会赞助的,而该协会同美国民主党的关系非常密切。在这种情况下,谢瓦尔德纳泽临时抱佛脚,转而求助于俄罗斯,两次致电俄总统普京。出于自身利益的考虑,俄罗斯对谢瓦尔德纳泽表示了支持,并迅速派外长伊万诺夫抵达格鲁吉亚首都第比利斯进行斡旋,但俄罗斯毕竟经济长期不振,实力衰落,当"玫瑰革命"爆发后,俄罗斯显得有些不知所措,无可奈何。当看着自己支持的反对派已经成功夺权,美国国务院当即发表声明表示支持。美国国务院发言人理查德·鲍彻说:"格鲁吉亚临时总统布尔扎纳泽正努力确保政府的交替按照宪法进行,我们期望与她在保持格鲁吉亚民主的完整性方面合作。"② 就这样,沸沸扬扬的格鲁吉亚政坛危机,最终以门生推翻导师、美国如意、俄罗斯失算宣告结束。

3. 非政府组织成为大国干预的工具

乌克兰是欧洲唯一地处独联体、西亚和中东欧三大集团接合部的国家,它的外交政策对于这个地区的安全形势具有特殊的意义。美国和欧洲的领导人都谈到,乌克兰能够"完整地"保持独立,俄罗斯就不可能有重新扩张的机会,欧洲就获得了安全的屏障。换言之,只要乌克兰不是全部或者部分地被纳入俄罗斯的势力范围,俄罗斯就难以向西威胁欧

---

① 关键斌:"天鹅绒革命"后的格鲁吉亚不平静,《中国青年报》,2003 年 11 月 28 日。

② 综述:被门生逼宫遭盟友暗算,格总统黯然辞职,《中国日报》,2003 年 11 月 25 日。

洲和向南控制黑海，只能作为一个"二流国家"发挥作用。从 1992 至 1999 财政年度，美国承诺向乌克兰提供的援助总额达 23.2 亿美元。从克林顿时期开始，美国在减少对俄罗斯援助的同时，逐渐增加了对乌克兰的援助，使乌克兰成为美国对外援助中仅次于以色列和埃及的第三大受援国。其中，大量的支持、帮助反对派的工作是由非政府组织具体实施的。

美国官员承认，美国资金虽然从没直接提供给乌克兰政党，但大多数情况下，资金都是通过欧亚基金会这种非官方组织、选举培训组织或人权论坛送出，其中部分资金间接用于帮助培训乌克兰反对派组织和个人。在非官方组织中，索罗斯基金会也许是最大的资金提供者。1990 年索罗斯基金会在乌克兰创建国际复兴基金会，大搞"民主渗透"，截至 2004 年，共投入经费 8200 万美元，除了在首都基辅设立基金会总部外，还在 24 个地区开设了分支机构①；2004 年索罗斯基金会向乌克兰提供的资助达 540 多万美元②。另一方面，俄罗斯为了阻止乌克兰加入北约，防止完全失去黑海地区局面形成，避免几个世纪夺来的进入地中海的通道被彻底斩断，也对乌克兰展开前所未有的外交攻势，在经济上给予很多实惠，两国领导人频频互访，关系越来越紧密。及至乌克兰总统选举时，俄罗斯积极支持亲俄的亚努科维奇竞选总统；美国国会于 2004 年 10 月 4 日通过了一项声明，呼吁美国行政当局利用所有的影响力和渠道向乌克兰施加压力。美国总统特使卢格在基辅推波助澜，赞扬上街示威的反对派"为公正和自由而战"，相信他们可以取得胜利。在小布什获得连任后，议会上议院国际关系委员会主席理查德·卢卡尔在 11 月 20 日拜会库奇马总统时转交了小布什的信件。在信中布什希望乌克兰的总统选举没有被操纵和被欺骗。他意味深长地强调，和平地转移总统职权有利于乌克兰、欧洲和世界，将为建立两国之间新型关系打开大门；同时威胁，如果出现相反的情况，美国将不得不重新考虑与乌克兰以及与涉嫌舞弊者的关系。最后，亲西方的尤先科通过"橙色革命"上台，俄罗

---

① 参见唐勇等：索罗斯基金会全球推"体制改造"助"颜色革命"，《环球时报》，2005 年 4 月 18 日第七版。

② 转引自赵华胜：原苏联地区"颜色革命"浪潮的成因分析，《国际观察》，2005 年第 3 期，第 3 页。

斯陷于被动。

4. 全面渗透维护战略利益

吉尔吉斯斯坦地处欧亚大陆腹地，是被誉为欧亚大陆的"心脏地带"的中亚地区的战略中心的一个山地小国，面积不到20万平方公里，但却是美国和俄罗斯在全球反恐战争中的"利益交叉点"，而且其石油和天然气蕴藏量十分丰富，故引来了外来势力纷纷渗入。1991年独立后，吉尔吉斯斯坦与俄罗斯在安全问题上一向合作紧密。该国国防部下属部队仅有一万多人，本国没有军事院校，军官全部在俄罗斯接受训练，到1999年年底前，其边境线还是由俄边防军协助防守。但是，"9·11"事件的发生改变了这一地区的战略格局，俄罗斯的主导地位开始动摇。2001年底，美国以协助反恐战争、为联军在阿富汗的军事行动提供便利为由，在吉尔吉斯首都比什凯克的马纳斯国际机场附近建立了甘西空军基地。俄罗斯出于战略考虑，随即也在该国设立坎特军事基地。在比什凯克周围不足30公里的范围内并存俄罗斯和北约两个军事基地，实在有些不可思议。

除了军队的驻扎，美国从未放弃过经济和政治方面的渗透。1992年到2002年，美国共向吉尔吉斯斯坦提供了5亿美元的财政援助。在2004财政年度中，来自美国所有政府机构对吉尔吉斯斯坦援助的款项约有5080万美元，其中用于民主计划的1220万美元，经济与社会改革的2180万美元。非政府组织仍旧在其中扮演重要的角色，如索罗斯基金会仅2004年一年就提供338万元之多的巨额资金资助，其下属的吉尔吉斯斯坦开放社会研究所还一直为在该国推行"民主"做大量工作。该机构在吉尔吉斯全国各地组建了许多"选民政治积极分子"组织，这些组织深入到全国各地从事反政府、反总统活动。该机构还在该国建立了许多独立媒体和出版印刷机构，传播阿卡耶夫及其家族腐败的各种传闻，在民众中破坏阿卡耶夫的威信。索罗斯基金会在吉尔吉斯的另一个工作重点就放在制定和推广"公共政策"上，它通过举办国家学术会议，资助官员、学者和学生短期赴美留学等方式，向他们灌输西方的民主价值观。这些人在参与国家立法，制定经济、社会生活的纲领性文件，甚至编制语言教材时都不同程度地体现了西方价值观。

美国官员和驻吉大使不但公开与各反对派领导人接触，还去监狱看望在押的反对派领导人库洛夫，以示支持。2004年3月，美国国会邀请吉尔吉斯前总理巴基耶夫等四名反对派代表人物访问华盛顿，讨论该国政党建设和如何保障议会、总统选举的公正性等问题。在吉尔吉斯斯坦反对派筹备2004年与2005年的地方、议会和总统选举的过程中，美国政府提供了培训和援助。美国驻吉大使在2004年12月30日给美国国会的报告中谈到，在吉尔吉斯斯坦议会和总统大选的初期阶段需将对吉反对派的资金支持增加到3000万美元，以防止在接下来进行的总统选举中阿卡耶夫连任。这份报告还称，"我们应把吉作为在塔吉克斯坦、哈萨克斯坦和乌兹别克斯坦推行美国式民主改革进程的突破口。削弱中国和俄罗斯在这一地区的影响力。在吉议会中建立起民主的、合法的反对派至关重要。"① 在反对派出现分裂时，美国甚至做工作，促使这些组织实现联合。在吉尔吉斯选举前，美国曾多次表示，阿卡耶夫放弃总统连任就是对"民主"作出的重大贡献。

2005年2月27日，吉尔吉斯举行一院制议会选举，产生了32名议员。3月13日，议会又在第二轮选举中选出39名议员。两轮选举共选出75名议员中的71名，其中亲政府派议员近30人，来自反对派阵营的议员近10人，其余为独立的中间派人士。选举结果公布后，反对派表示不能接受。在反对派势力比较集中的奥什州和贾拉拉巴德州，反对派的支持者在第二轮选举尚未进行时就开始举行抗议活动，要求重新进行议会选举。3月18日，奥什州和贾拉拉巴德州政府工作人员被迫撤离政府大楼，反对派趁机将大楼占领。3月20日，抗议者开始围攻和焚烧奥什州和贾拉拉巴德州警察局，占领机场，占领当地政府大楼，并要求阿卡耶夫总统下台。3月24日，吉尔吉斯最高法院宣布，不久前举行的议会选举结果无效。反对派占领首都比什凯克总统府和政府办公大楼。同日，美国国务卿赖斯在讲话中称"要促进这一地区的民主政治改革"。吉尔吉斯"变天"成功后，美国国务院新闻中心立即发表声明，宣称布什政府将继续支持吉尔吉斯斯坦"经济和民主改革"，2005年将提供3100万美元援助。然而，令美国没想到的是，巴基耶夫在吉尔吉斯斯坦当选总统

---

① 杨琳：吉尔吉斯斯坦：美国又下一城，《瞭望》周刊，2005年3月30日。

当天在接受俄罗斯电视台采访时强调，随着阿富汗局势日渐缓和，现在可以将美国从吉尔吉斯斯坦撤除军事基地的问题列上议事日程，他准备在可预见到的未来同美国就从中亚撤除军事基地问题举行谈判。美国终于还是失算了。

第十三章 老牌执政党的衰落

20世纪末期,世界政党政治中最为引人深思的现象是,在一些国家和地区,曾经长期单独连续执政的大党纷纷丢失了执政地位。这些政党尽管意识形态不同,文化背景各异,但是在长期执政后都走进了为其他政党所取代的周期律。为什么这些党会发生这种逆转?这种现象的深层次原因是什么?其中有无共同规律可寻?

一、中国国民党先后在大陆和台湾失去政权

中国国民党是中国历史上第一个资产阶级的革命政党,曾经是中国第一大党,也曾经是全世界最富有的党。从建党至今已有100多年的历史。然而,就是这样一个曾经有过多个第一的党,在经过多年的奋斗,在中国执政22年后,失去了在中国大陆的执政党地位。败退到台湾省后,它依靠军力强权继续统治。但到了2000年,其执政地位被民进党取代,沦为在野党。

1. 经过多年奋斗走上执政地位

中国国民党的前身是1905年孙中山建立的中国同盟会,可谓百年老党。此前还可以追溯到1894年孙中山在夏威夷组织的"兴中会",但那还是一个类似会党性质的组织。成立之初,会员只有100多人,也没有多

少财产和经费，目的就是发动旨在推翻清朝政府的武装斗争，实际上就是进行单纯的军事冒险。

1905年夏，孙中山在日本东京将散布在各地的革命团体和革命分子联合起来，成立了"中国革命同盟会"，会员绝大多数是学生或留学生。他们占90%以上，其余则为教师、医生、工商业者、自由职业者等，其中还有官僚和有功名的知识分子。因此，它是中国历史上的第一个资产阶级的革命政党。当时，这个政党甚至还沿用"三合会"的暗号，表明它还留有旧时会党的一些痕迹。但毕竟，"中国革命同盟会"的成立，是中国历史的一个划时代的大事，它将中国的资产阶级革命运动推向了一个大的发展时期。

同盟会以"驱除鞑虏、恢复中华、建立民国、平均地权"作为革命宗旨。孙中山把它概括为"三民主义"，即民族主义、民权主义、民生主义。在"三民主义"的旗帜下，经过无数次的大大小小的武装起义，终于在1911年武昌起义中推翻了清政府。1912年，同盟会与国民共进会、国民公党、统一共和党、共和实进党等小党联合组成国民党，从而成为中国政坛的第一大党。1913，袁世凯窃取了中华民国的大总统位之后，宣布解散国民党，其他政党都烟消云散。孙中山则聚集国民党内的中坚力量于1914年成立了中华革命党，仍坚持斗争，成为当时中国资产阶级革命的领头羊。

1919年，孙中山从俄国十月革命和中国"五四"运动中得到启示，把中华革命党改组为中国国民党，并于1924年召开了第一次全国代表大会，重新解释了三民主义，提出了"联俄、联共、扶助农工"的三大政策，开始了国共的第一次合作。1927年，北伐成功，中华民国南京政府成立。从此开始了中国国民党的执政历史。国民党执政，经历了"军政、训政、宪政"三个时期。

蒋介石领导下的国民党作为执政党，为维护执政地位，不允许别的政党合法存在，实行一党专政，提出国家治理的"权"、"能"分立学说。在建党理论上还提出了"以党治国"、"以党建国"的主张，强调革命党的作用。蒋介石更是在修改三民主义的前提下，提出"没有第二个合适的主义"，"再不许有第二个思想，来扰乱中国"；只能由国民党"治国"，"不能允许再有第二个党来攻击国民党"①。并于 1927 年发动"四·一二"政变，屠杀共产党人和革命者，以武力实行国民党的一党独裁。这一时期是国民党的"军政时期"。

1928 年国民党中央常委会通过《训政纲领》，规定训政期间"由中国国民党全国代表大会代表国民大会，领导国民行政政权"；党代会闭会期间"以政权付托中国国民党中央执行委员会执行之"。随后，国民党三大宣布"军政"时期结束和"训政"时期开始，规定由"中国国民党独负全责，领导国民，扶植中华民国之政权、治权"。1931 年的《训政时期约法》更是以国家大法的形式将国民党一党独裁体制固定下来，其他政党都不能公开活动或不能公开参政。抗日民族统一战线的形成，中国共产党和其他中间党派获得了合法地位。国民党重申"党制"，实施"以党统政"的原则，继续把政权机构置于国民党的独裁统治之下，国民参政会并无实权。1939 年国民党五届五中全会设立"防共委员会"，专司"溶共、防共、限共、反共"之职，颁布了《异党问题处理办法》和《限制异党活动办法》。

抗日战争胜利后，1946 年在重庆召开的政治协商会议期间，在民盟的鼓动下，出现过实行议会制、多党制的可能性。但全面内战中止了这种发展可能。经过 1947 年所谓政府"改组"和 1948 年包办的"行宪国大"，蒋介石就任"总统"，组织"新政府"，宣布中国进入"宪政时期"，同时通过了《动员戡乱时期临时条款》，使总统权力不再受任何约束。这一时期名为"宪政"，实为一党专政。国民党为维护它的一党专政就要戡乱，而戡乱就是发动内战，剿灭中国共产党，但适得其反。中国共产党带领全国人民，只用了 3 年就推翻了国民党的政权，国民党败退到台湾，失去了在全中国的执政党的地位。

2. 积病难返，丧失全国执政权

国民党在全中国失去执政党的地位，原因非常复杂，分析它的主要原因为如下几点：（1）党内无法根治的腐败。国民党从成立那一天起，

---

① 蒋介石：《三民主义为唯一的思想》，转引自林茂生主编：《中国现代政治思想史》，黑龙江人民出版社，1984 年版。

就是鱼龙混杂、良莠不齐，来自社会方方面面各个阶级和各阶层的人都有，甚至包括一大批旧政权的官僚和旧军阀以及一些投机分子。他们加入这个党都怀有各自的目的，没有经过任何改造，就把他们的各种陈规恶习和生活方式都带进了党内。虽然党内也不乏有理想、有抱负，曾经决心为民谋利的优秀分子，但其中的投机分子、腐败分子对党的肌体的破坏和腐蚀，几乎是不可遏止的。一些原本的优秀分子，也抵挡不住各种诱惑，另一些坚持自己信念的优秀分子则毅然决然地离弃了这个党，而使整个党都变得腐败起来，从而使它失去了起码的战斗力。贪图享乐、贪污腐败成为党及其领导的政权最显著的特征。这样的政权，其结果必然是最终垮台。因此，也可以说，共产党的力量其实来自于人民对这个党和这个政府的腐败和弊政的痛恨。

（2）党内派系林立以至分裂。国民党最初是由诸个小党联合而成，加上后来又有地方团体和地方势力的加入，其中还有许多会党和会党成员的加入。因此，从一开始，它就是一个派系林立的政党。这些派系间的分歧和矛盾，纷繁而复杂，时而缓和，时而激烈。因此不少的派系都拥有各自的武装，矛盾激化到一定程度时，往往就演化成战争。比较著名的如1929年3月至4月爆发的蒋介石与桂系军阀李宗仁、白崇禧之间的蒋桂战争；1929年5月蒋介石、冯玉祥之间的蒋冯战争；1930年4月至11月各反蒋派联合反蒋的"中原大战"；以及这期间地方军阀之间混战，如云南的唐（继尧）龙（云）之战、贵州的王（家烈）毛（光翔）之战、四川的二刘（刘湘、刘文辉）之战、山东的韩（复榘）刘（珍年）之战等。

这些矛盾和冲突曾迫使国民党的主要当权者蒋介石三次"下野"。第一次是1927年8月，第二次是1931年12月，第三次是1949年1月（这一次的主要原因是共产党在解放战争的战场上的节节胜利而致，但其中国民党党内的派系逼迫也是原因之一），而结果大都是以非主流派的失败而告终，但即使失败了，失败者也只是以"下野"、"称病回家"、"出国考察"等方式暂时退出政治舞台，以等待下一次积蓄力量之后的东山再起。这样，就使这些矛盾和斗争总是时起时伏，无法根绝。同时，也导致在对外的斗争和战争中，保存各自的力量（这是党内斗争的资本），甚至互相暗算（可以借刀杀人）。在抗日战争和解放战争中，许多战役战斗的失败都有这个幽灵在游荡。这也就是这个党在关键时刻往往陷入失败的重要原因。

（3）党领袖的独裁和党内民主的缺失。国民党成立时就是一个组织松散的团体，因而缺乏战斗力。孙中山痛感这一现实曾下决心要建立党领袖的权威。他曾要求每一个党员都要宣布效忠他本人，这引发了他与另一领袖人物黄兴之间的公开决裂。孙中山逝世后，蒋介石接替他在党内的位置。蒋在党内不断强化自己地位，特别是在1927年国民党取得政权以后，更是将此推向极致，于是就形成了党内的独裁。由于它是执政党，进一步也就形成了国家政权上的独裁。而党领袖的独裁也就意味着党内民主的缺乏，党内民主的缺乏就使党员和下级党组织缺乏必要的向心力。一个缺乏向心力的党形不成强大的战斗力。这样就陷入了一个两难境地：党领袖没有权威，形成不了党的战斗力；加强党领袖的地位又会形成独裁，造成党内民主的缺乏，反过来又导致党的战斗力的下降。

（4）党对党员教育的缺乏。由于中国国民党最初是由许多小党联合而成，其后又是党内派系林立，他们各有各的领袖或头目，进入这个党又各怀目的，所以，从本能上就拒绝接受这个党的统一教育。国民党中很多党员还是集体加入的，并未进行过认真严格的入党审查和教育。他们入党本身就是为了谋取一份职业，或谋得一条生路，或谋得一个前途，不像中国共产党，入党都是个人履行入党手续，在入党前就完成了党的教育和考察。而中国国民党在从它建立时起就一直处于各种战争的状态，因而也就未能进行较为系统有效的党员教育。而更多是反共意识的教育，使不少党员认为反共就是这个党的宗旨，只要反共就是好党员。从上到下，许多党员毫不掩饰自己入党就是为了升官发财，以致一些入党多年的党员，不知道什么是"三民主义"。

3. 在台湾图谋复兴

1949年，国民党败退台湾，带去60万军队，也带去了大批从大陆搜掠的财富，继续在台湾实行其统治。逃亡后，这个党痛定思痛，也曾期望全党从此卧薪尝胆，精诚团结，再图兴起。多年来一直喊着"励精图治"、"光复大陆"的口号，来振奋全党的精神。1950年，国民党中常委临时会议通过了《中国国民党改造案》，提出了改革党务、改革财政、改革土地制度的举措。这些举措曾让自由派知识分子看到了国民党"复兴"的希望。胡适、雷震、蒋百川等人曾向蒋介石提出过三点希望：（1）效仿法美国第一任总统华盛顿，不当终身总统；（2）实行责任内阁制，总统则为虚位国家元首；（3）实行军队国家化。但蒋介石并未采用他们的建议，雷震后来反而进了牢房。

1969年，蒋介石之子蒋经国出任"行政院副院长"，再度燃起了全党的希望。蒋经国在抗日战争期间，曾在江西赣州掀起过"建设新赣南"的运动，决心要"建设一个人人有工作、人人有饭吃、人人有衣穿、人人有房住、人人有书读"的新赣南，颇得人心。1948年在上海曾掀起过轰动一时的"打虎运动"，指望通过发行金圆券，打击贪污和投机倒把来挽救国民党统治区的经济。"打虎运动"虽然最后以失败告终，却锻炼了蒋经国，也让人们认识了他的才干。

1978年蒋经国当选为台湾的"总统"，执政后开放党禁，在台湾实行多党制和"总统"直选，结束了台湾的军事强人统治。他还大力发展经济，使台湾出现经济腾飞，成为亚洲"四小龙"之一。蒋经国任"总统"的80年代是台湾全面起飞的年代。他的执政成效有目共睹，以致于在其去世后的若干年在台湾任何一个有关"谁对台湾贡献最大"的民意调查里，蒋经国始终稳居首位。与此同时，国民党也大力经营它的党产，它主控的企业达到66家，转投资的企业300多家，总资产逾新台币6000亿元，成为全球最富有的政党。

但是国民党的这种繁荣，随着蒋经国的逝世，很快就成为昔日黄花。1988年，在台湾出生的李登辉登上了国民党党魁的位置。从此，国民党内部便纷争迭起，本省派和外省派的权力斗争引起了党内的分裂。宋楚瑜的出走，进一步削弱了国民党的力量，终于在2000年的"大选"中输给民进党，在台湾沦为"在野党"。

4. 教训深刻，引以为鉴

（1）本省派和外省派斗争引发党内外矛盾。国民党退踞台湾后，在陆岛两地人际关系的处理上采取了两种极端"歧视政策"，人为地在党内外制造矛盾和对立，先是推行"省籍歧视政策"，排斥与压制台湾本土人士；后又大力推行所谓"本土化"方针，排斥大陆赴台人士。其实，无论是蒋介石时代实行的压制台湾人的政策，还是李登辉推行的"本土化"方针，都是走的"省籍歧视"的邪路，最终结果都必然激化国民党内外矛盾，削弱国民党的执政基础，因而从根本上危及其执政地位。

1945年9月日本投降后，国民党派往接管台湾省的行政长官兼警备司令陈仪以"台湾受过五十年奴化需要改造"为由宁可留用日本人也不起用台湾人。在当时的台湾行政长官公署的14个重要部门中，起用的台湾人仅宁斐如一个，他还是从重庆回来，其他的主管则均非台籍人士，同时规定台湾人不得拿高薪；在1946年5月成立的台湾省临时参议会中，也只有几个台湾上层人士被聘为"参议员"，其他均为大陆籍人士把持。1952年国民党"七大"时选出的中委32人，台籍仅1人，占总数的3.1%；中常委11人全为大陆人所占有。在经济上除"劫收"大批日本驻台财产和日、台合资企业外，实行专卖制度，剥夺了台湾民众的经商自由，致使大批企业破产，极大地激化了台湾民众与国民党的矛盾。

蒋介石统治后期，国民党为缓解矛盾，扩大其统治基础，蒋经国提出并切实执行了"本土化"方针，同时兼顾各方的"省籍平衡"。他出任"行政院长"后，"行政院"的各"部委"中，台湾籍人士到1972年由过去的4.5%上升为22%，"行政院副院长"、台湾"省主席"首次由台籍人士担任，国民党中常委中，台籍人士由60年代不满10%增加到22.7%。蒋经国执政后就更加注意这一问题的平衡，其去世前召开的国民党十二届三中全会上，台籍中委在150名的总数中占有30名，为20%，中常委14名，占总数31名的45.2%。这种"省籍平衡"在一定程度上维持了台湾政局的稳定，但不久这种"平衡"为李登辉打破，并被最终引向另一个极端。

蒋经国于1988年1月去世后，李登辉首次以台籍人士身份继任"总统"。在7月召开的国民党"十三全"上李登辉当选国民党主席，并将中委增加到180人，其中台湾籍猛增至69人，占总数的38.3%；中常委为31人，台湾籍16人，占总数的51.6%，首次超过外省人。后又经过"十四全"、"行政院"的几度改组、"宪政改革"及二届"立法院"、"国民大会"的全面改选一大批台籍人士迅速进入党政权力核心，占据主导地位，党主席和秘书长、组工会主任均由台籍人士担任，政治天平越来越向台籍人士倾斜，党政最高职务逐渐为台籍人士垄断。李登辉曾多次声称:"国民党早就是台湾国民党了。这样很好啊!"

(2)黑金政治引起民众反感。国民党到台湾后,曾就过去的腐败问题进行了检讨,因此,在蒋氏父子时期,政商勾结与贪污现象虽有,但并不严重。然而,李登辉执政后,为了适应选举需要和保住政权,大搞黑金政治,让许多有黑道背景的人纷纷进入各级民意机构,各种官商勾结、黑白勾结、以权谋私现象日趋普遍,腐败问题日益突出,引起台湾民众的普遍不满。

台湾著名的洪门帮、竹联帮、四海帮等帮会是中国国民党籍候选人的主要支持者。黑道势力的发展由"助选"到"参选",由"配角"到"主角",直至参选职位由"地方"到"中央"。据有关资料显示,在台湾岛内500多名"立委"、"国代"中,约25至50人有黑道背景;在175名"省、市议员"中,近40人有黑道后台,在850多名"县市议员"中286人有黑底①。

国民党内执法人员受贿与贪赃枉法事件层出不穷。国民党的一份调查报告显示:"司法风气素来风评不佳,流言不断,激起的民怨非常深远";"越来越多的案件,显示部分司法人员要钱,并非空穴来风。"据国民党执政时期的"法务部调查局"统计:"单是1991年一年中,贪污案件即达504件,起诉490件,有851人被起诉。"②此外,1993年10月至1996年10月台湾各级"民代"和官员有案可查的贪污达118亿新台币③。国民党上层以权谋私现象更为严重。1997年前后,"总统府"让"国安局"兴建一个隐秘场所,用来放置"总统"收取的礼物、宝物等,"国安局"把一个大型山洞改造成为藏宝洞。国民党党营事业大管家刘泰英,从1991年就开始贪污、受贿、违法洗钱等犯罪活动,仅受贿一项就达10亿之多。2002年11月刘泰英被查抄时将李登辉供出。事后,李登辉公开宣称:刘泰英贪污受贿案不要再查下去了,否则没法收场。

国民党黑金问题的另一特别现象是国民党拥有庞大的党产或事业,

---

① 转引自王关兴:中国国民党丧失执政党地位的历史教训(上),《上海党史与党建》,2002年2月号。
② 参见彭邦富:《孤岛黑流》,江苏人民出版社,1999年版。
③ 转引自王关兴:中国国民党丧失执政党地位的历史教训(上),《上海党史与党建》,2002年2月号。

一度拥有七家投资控股公司，投资数百家企业，拥有数千亿新台币资产，一个政党变为一个庞大的财团，造成党企不分，党政不分，"党产"成为滋生腐败的温床，党产问题也成为反对党不断攻击国民党的把柄。每到选举，民进党就会打"党产牌"、"反黑金"，让国民党陷于被动。

国民党的腐败贪污和黑金政治成为其政治上的污点，也是其弱点，使国民党失去了台湾民众的支持，民进党正是抓住国民党腐败这一弱点，提出建立"平安、清廉"的"新政府"的口号，瓦解了国民党在台湾选民中的形象，在选举中打败国民党，赢得了台湾执政地位。

（3）接班人选择失当致党误入歧途。1971年，当时默默无闻的台大教授李登辉才加入国民党。1972年，蒋经国出任"行政院长"的第二天，李就被任命担任地位略高于"部长"的"政务委员"，开始了李登辉的从政道路，负责掌管农业。1978年蒋经国出任"总统"，李又被提升为台北市"市长"。3年后的1981年，李再次被蒋提拔为台湾"省主席"。1984年5月，李又被蒋提名为"副总统"。1988年1月蒋经国去世，他按"宪法"规定继承"总统"。后在当时的国民党中央副秘书长宋楚瑜"临门一脚"的帮助下，战胜了"官邸派"取得了国民党中央代主席的身份。1988年7月又通过国民党"十三全"，成为国民党"主席"，于是李登辉集党政大权于一身。

李登辉执政的前三年，脚跟不稳的他毕恭毕敬地到处拜访元老，反复表白自己是"蒋经国学校"的好学生，奉行蒋经国的遗训。而后，在台籍资本家提供的政治资金运作下，得以逐渐掌握党、政、军、情四大权力。终于成为"政治强人"，李登辉便开始大力推行政党政治，丢弃孙中山思想，改变国民党属性，并借"民主改革"之机，加速推进国民党本土化，使台籍人士垄断党政主要职务。在意识形态方面，极力宣扬"台湾人意识"和"台湾生命共同体"等观念，并在政策行为上以台湾为中心调整和实行内外政策。与此同时，李登辉一方面使用"分而治之"、"借刀杀人"、"铁腕与怀柔并重"等种种权术，全力打压那些与其理念不合、坚持一个中国原则的"元老重臣"；另一方面纵容包庇台独分子，和台独分子共同鼓吹"对等的独立政治实体"论、"主权在民"论、"重返联合国"和"拓展国际生存空间"论，使"台独无罪、台独有理"成了既成事实。

蒋经国大概无法想象自己选定的接班人成了"台独"分子,然而更让他始料未及的是,李登辉竟在 2000 年的大选中暗助持"台独"政见的民进党从国民党手中夺得政权。从 1999 年底以来,台湾的"总统"选战开始逐步升温。各党派为了各自利益,无不倾其智力、物力竞争。在这场空前的恶斗中,李登辉虽为国民党主席,却并不实心实意为国民党打拼,而是从他的所谓理念和需要出发,与"台独"同流合污,"同穿一条裤子"。当大选来临之际,李登辉先是通过"冻省"使宋楚瑜失去了从政舞台,提名连战为国民党"总统"候选人。在宋楚瑜一直保持着领先优势时,李登辉又利用"中兴票券案"对其穷追猛打,民进党更是兴风作浪,致使台湾政坛发生强烈震撼。对于连战,李登辉则只做表面文章,明保暗弃,除了不得不出面为连战讲几句冠冕堂皇的话外,不是积极支持,而是消极旁观,甚至对连战的一些主张不满意,企图挑起省籍矛盾。而李登辉对陈水扁则暗中支持,李登辉扮演的是身在国民党、心系民进党的角色,对陈水扁所涉及的 9 件选举案件,包括贪赃、图利、欺诈等却不闻不问,甚至以"陈水扁还年轻,没经验"为其辩解。在选举的最后几天,李登辉身边的一些亲信也纷纷倒向陈水扁。同时,民进党在选战中充分利用李氏的作用,坐收渔利。于是,国民党政权最终"和平转移"给了民进党的陈水扁。

蒋经国从其父手中接班后,摒弃了从大陆带至台湾的老班底中选择接班人的做法,实施从"党务革新"中"擢拔英才"的政策。他选择了李登辉为接班人,在短短 10 年中让李登辉连升 5 级,应该说这是蒋经国用人上的失误。蒋经国当年被李登辉表面上的"谦和、勤政"、言听计从所迷惑,对李登辉骨子里是"台独分子"的本质认识不清,为国民党最终丢失政权种下了祸根。国民党终于以丢失政权的代价,证明了蒋经国在接班人的选任上确实出现了严重的决策失误,这样的教训对一个执政党来说沉重而惨痛。

(4) 党魁排除异己造成精英流失。国民党在台湾执掌政权后,在台湾建立起庞大的组织体系,也因经济成就吸引了许多优秀人才加入国民党。国民党曾号称有十多万基层组织、270 万党员、3700 多名专职党工干部。然而,国民党在台湾的三届领导人都是任人唯亲,结党营私,排除异己,以党代政,造成党内分裂现象严重,内部派系斗争从未间断,而李登辉时期更为严重。李登辉上台后，在岛内有步骤、有计划地推行"建立台湾新国度"的分裂路线，随着党的路线走入歧途，国民党就开始走向分裂，而且越分越多，最终四分五裂。因反对李登辉搞"台独"而于 1993 年 8 月成立的新党，其成员就是 20 世纪 90 年代初率先从国民党出走的一批政治精英，这是国民党分裂的开始，也是国民党失去中生代精英的重大损失。在 2000 年台湾大选中，宋楚瑜独立参选，不仅直接导致国民党失去政权，而且逐渐发展成为一股新的政治力量亲民党（2000 年 3 月成立），此乃国民党第二次重大分裂。同时，国民党内一批追随李登辉的本土激进势力也纷纷出走，成立了台湾团结联盟（2001 年 8 月），成为一个新的"台独党"，是国民党的第三次大分裂。此外，陆续有一批国民党人士投靠民进党或离开国民党。就这样，一个曾有辉煌历史、曾取得重大经济成就的国民党在短短十多年时间里嬗变为包括左、中、右在内的各种政治势力，谱写了国民党在台湾衰落的历史。

二、印度国大党在党内外各种矛盾中失去独立执政权

印度国民大会党（以下简称国大党）创立于 1885 年 12 月，是印度历史最长、影响最大的政党，也是亚洲最老的资产阶级政党之一。该党在领导印度半个多世纪的民族解放运动取得国家独立后，又长期领导印度国家建设，在 1947 年独立后的 50 年里，曾经深得印度人民的信赖和拥护，除 1977 年 3 月 – 1980 年 1 月和 1989 年 12 月 – 1991 年 6 月外，国大党一直处于执政地位。但是，1991 年拉吉夫·甘地遇刺之后，国大党内部人心涣散，民众支持率大幅下降。在 1996 年第十一届人民院的选举中，国大党终于一败涂地，沦为在野党。虽然国大党在野 8 年后，与一些有实力的地方党派组成政党联盟在 2004 年的大选中，击败了当任总理瓦杰帕伊领导的人民党联盟，再次登上执政舞台。但这毕竟是在违背了一贯坚持的独立组阁执政原则，与其他党派组成竞选联盟，甚至放弃必须由自己出任总理的结盟底线情况下取得的胜利，与往昔居于印度政坛霸主

地位时的绝对多数当选不可同日而语。一个有着百年历史的老党,在经历了长期兴盛、长期受民众爱戴、长期独掌政权后,开始日趋衰落,其原因和教训值得认真地思考。

1. 执政党在推动国家经济社会发展上不得法

印度独立后,国大党在四大主流意识形态之一的建立"社会主义类型"目标指引下,仿照苏联模式建立了除社会主义国家以外经济管制最为严厉的国家。这种模式的实施虽然使印度工业得到一定的发展,但是,经历40余年都未能根本改变印度土地占有状况的"土地改革",致使印度农业无法实现预想的快速进步。这场以"具有雷鸣般的热情"开始的土地革命,公布了名目繁多的法令,但由于国大党本身所代表的大地主大资本家利益,以及由大地主大资本家阶级占据的议会席位形成的对政府的制约,大多并未认真执行,最终只能以"没精打采"的结局告终①。土地所有权仍集中在少数人手里,封建和半封建的经济成分仍占据优势,据印度官方抽样调查(1985-1986年度),占农户总数1.3%的最富的大农拥有14%的土地,23%的农户是佃农与半自耕农的混合,而占总数50%的最穷的小农只拥有1%的土地②。在这样一个农业人口占主导地位的典型农业大国,农业在国民经济中具有举足轻重的地位,农业的增长速度,在很大程度上决定着整个国民经济的增长速度。在这样的制度安排下,1951-1980年,印度的平均增长率只有3.5%,远远落后于同期亚洲其他发展中国家的发展水平,甚至因其低增长率闻名而被戏称为"印度式增长"③。

低速度的经济增长动摇了国大党的合法性基础,其他政党开始挑战国大党"一党独大"的地位,国大党不得不开始改变开国之父和建党元老确立的尼赫鲁模式。1985年上台的拉吉夫·甘地提出"用电子工业把

---

① 参见鲁达尔·达特、K. P. M. 桑达拉姆:《印度经济》(下),四川大学出版社,1994年。
② 参见鲁达尔·达特、K. P. M. 桑达拉姆:《印度经济》(下),四川大学出版社,1994年。
③ 参见杨光斌:观念、制度与经济绩效——中国与印度经济改革的政治学理论价值,《中国人民大学学报》,2006年第3期。

印度带入21世纪"的指导思想,为此给公营企业更多的自主权,放宽对私有经济的限制,这些政策推动了经济前所未有的高速增长。20世纪80年代的改革使印度尝到甜头,作为尼赫鲁模式来源的苏联在1991年解体,中国在经济改革上取得成就,又促使印度政府利用1990－1991年国际支付能力危机,接受了国际货币基金组织的改革政策,于1991年开始实行新自由主义的经济政策。印度大大放松了产业管制,取消了产业进入限制,私人和外商基本可以自由投资,将以前的以管制为常态变成了以自由经营为常态的经济模式,这种经济政策使印度自1991年开始GDP连续10年保持了年均6%的增长速度,其中的1994－1997年间更是达到7%。国大党的经济改革虽然使印度经济发展出现明显起色,但却一直未能就困扰印度社会经济发展及关系到国计民生的许多重大社会问题拿出得力的政策和办法,普通人民群众的生活条件和生活状况并没有得到实质的改善。

(1) 政府长期采用赤字财政的办法来获取经济发展所需资金。印度在1990－1991年度曾创下了1135亿卢比的财政赤字记录。高额的财政赤字直接导致了宏观经济失控和通货膨胀等恶果。

(2) 基础设施一直非常滞后,严重影响了国民的生活和社会的进步。1996年《世界经济论坛》发表的《1996竞争力报告》把印度的基础设施排在49个国家中的第48位[1]。国大党在执政40多年后,10亿印度人中却仍有1.5亿人住在贫民窟,有5亿多人没有用上电,3亿多人没有安全饮水,7亿多人没有卫生设施,1.3亿人得不到医疗服务,4亿多文盲[2]。

(3) 社会贫富分化发展到极致程度。国大党经济改革政策使那些中产阶级和大企业家成为最直接的受益者,收入最高的10%的人,所占有的国民收入的份额,由1950年的40%提高至1985年的50%,此外,他们还占有了全部个人收入增长额的2/3[3]。很显然,印度社会随着国大党的一系列改革措施的实行,贫富差距进一步拉大,社会不同阶层之间的收入水平和生活状况到了天壤之别的程度:全印富人约占总人口的10%,

---

[1] 参见孙培钧、华碧云:《印度国情与综合国力》,中国城市出版社,2001年版。

[2] 梅迪:印度国大党缘何由盛而衰,《当代世界与社会主义》,2005年第3期。

[3] 参见陈峰君:《印度社会论述》,中国社会科学出版社,1991年版。

中产阶级占总人口的30%左右,而生活在贫困线以下的人口却占到50%左右,全国失业人口有7000万,童工达1亿多。据瑞士银行2001年3月统计,印度商人、公司和政客在该行的外汇存款高达2.5万亿美元,占全印度私人财富的三分之一,是印度GDP的六倍。①

很显然,这种改革方略严重背离了自尼赫鲁以来国大党致力于消灭贫富差别、追求社会公正的目标,民众的被剥夺感越来越强烈,对国大党越来越感到失望,不满情绪也越来越严重,国大党在竞选中被很多选民所抛弃也是情理之中的事。

2. 执政党在自身建设上危机重重

一个政党,特别是一个长期执政的党,其自身建设问题,是关系到提高执政能力、巩固执政地位、实现执政使命的关键问题。国大党正是在自身建设的问题上忽视了一些重要制度的建设,没能建立起能够促进党的组织建设不断巩固和执政能力不断提高的良性机制,从而导致其在执政过程中不断面临内外交困的局面。

(1) 国大党在领袖更替方面未建立起良性运作机制。由于一直追随圣雄甘地,同他亲密合作,自从1929年尼赫鲁被甘地推上国大党主席职位后,被公认为甘地在政治上的继承人。1933年以后,尼赫鲁逐渐成为国大党内实际上的最高领袖。1947年,印度独立后又担任总理,集党政大权于一身执政17年。他的女儿英迪拉·甘地和外孙拉吉夫·甘地先后接班,英迪拉·甘地执掌政权达14年,拉吉夫·甘地执政6年。印度国大党的执政,带有浓厚的家族政治色彩,这个党的历史是和甘地·尼赫鲁家族紧紧地连在一起的,党的命运基本上维系在一个家族、一个领袖身上。

个人领袖的独特魅力固然是政党吸引大众的耀眼光环,毕竟,一个大党的发展维系于家族、种姓的兴盛程度是不正常的,也是不久远的。潘尼比安科认为:"政党的服从者对某个领袖怀有敬畏和完全忠诚的情感,这个领袖被认为是具有非凡的、有时甚至是魔幻般的才能,并相信

---

① 参见王长江、姜跃主编:《世界执政党兴衰史鉴》,中共中央党校出版社,2005年版。

他能创造奇迹。这类领袖常出现于社会危机时期,因为当其他原则,如合法的传统的或理性的法制的原则遭到破坏时,他们便成为把人们团结在统治关系之中的凝聚力"①。但相对于世袭型权威与法理型权威而言,个人领袖权威是不长久的,正如美国学者安东尼·奥罗姆所说,"依靠超凡的魅力是三种形式中最不稳定的和最易发生变化的"②。政党如果完全依赖个人领袖权威或"克里斯玛型的领袖"而生存,则当个别领袖人物凋零之后,政党的发展也将停滞,甚至陷于解体。因此,一个政党要保持持续、稳定的发展,就必须实现由政党个人权威向政党组织权威的转变,从而使党员由对领袖个人效忠转为对政党组织本身的效忠。前期的国大党顺利地实现了领导权从班涅季、贝桑特列戈卡莱和提拉克,继而再到甘地和尼赫鲁的交接,从而显示出它的适应力,到尼赫鲁之后,国大党领袖更替的制度化和有序化开始出现严重的问题,是值得总结的。

(2) 国大党的党内民主时常受到严重压抑。独立之初,尼赫鲁辞去国大党主席意图使党政分明,党务交由帕特尔负责,开始了短暂的双头政治时期。但两人在总统人选和国大党主席人选问题上分歧加剧,权力斗争不断,因帕特尔于1950年末因病去世而中止。在把当时的国大党主席坦顿赶下台后,尼赫鲁兼总理和党主席两个最高职务,集党政大权于一身。

英迪拉·甘地时期独裁统治发展到了极致。她首先以任命制代替了党的协商选举的传统,经常随意解散内阁代之以自己的亲信。20世纪70年代中期,英·甘地为了防止反对党对国大党权力的挑战而在全国实行"紧急状态",短时间内逮捕了十万多所谓的异己分子,停止实施宪法规定的公民基本权利,取缔一些反对党以及实行严格的新闻检查。这一时期成为印度的一段黑色历史,造成了极为严重的政治后果。1978年后,她又任国大党主席。党的办事机关的人事任免、国大党工作委员会和邦的执行机构的组成以及国大党的竞选候选人的挑选,都由她拍板定案,甚至于将邦一级的人事权也控制在自己手里。1980年,国大党重新上台

---

① 参见[美]安东尼·奥罗姆:《政治社会学》,上海人民出版社,1989年版。
② 马克斯·韦伯把权威分为三种:个人魅力型权威、世袭型权威和法理型权威。个人魅力型权威也称克里斯玛型领袖(Charisma)。

后，这种中央集权的统治进一步强化。除了亲生儿子外，她不再相信任何人，她开始不顾一切地培植她的两个儿子。1980年6月23日，她的小儿子33岁的桑贾伊被任命为国大党总书记之一，可是仅仅20天后，桑贾伊因飞机失事突然死亡。英·甘地在巨大的悲痛中，又把原本对政治不感兴趣的大儿子拉吉夫召回到身边，并努力为他创造步入政坛的条件。对英·甘地这种不遗余力地培植家族势力的做法，党内外议论纷纷，颇有微词，但是，英·甘地却一意孤行。此时的国大党（英）作为执政党已经完全成为她个人独裁的工具。所有这些行为和事件都严重败坏了国大党的民主形象，削弱了国大党的政治基础。

（3）国大党内派别活动严重造成执政党多次分裂。尼赫鲁在世期间，党内的矛盾和斗争就已经存在，但是尼赫鲁凭借其崇高的威望和成熟的政治经验尚能避免党内的分裂。尼赫鲁去世以后，国大党内派系之间政见分歧加剧，争夺最高权力的斗争激化，致使国大党发生了三次大的分裂和无数次局部的地方性分裂，党的组织受到严重损害，党的形象受到很大影响。

第一次发生在1969年。尼赫鲁病逝后，党内形成了力图操纵中央决策的地方实力派小集团，被称为"辛迪加派"。他们意图通过控制党的领袖操纵政治。1966年被"辛迪加派"推上台的英·甘地却不愿受制于人。国大党内部于是形成了两大派：一是英·甘地派，包括一些国大党邦首席部长和党内的激进派；二是辛迪加派，包括辛迪加、卡马拉季、德赛、尼贾林加帕等党内元老，两派在工作委员会和中央议会局的人数大致相等。1969年，两派对领导权的争斗达到顶峰，双方相互将对方开除出党，接着议会党团也分裂为二，国大党遂告正式分裂成国大党执政派和国大党组织派。

第二次分裂发生在1977年。由于英·甘地于1975年实行紧急状态不得人心，国大党在1977年举行的大选中惨败，党内分歧和矛盾加深。虽然英·甘地当时已不是党主席，但她还控制着党组织，不过工作委员会为防止她独揽大权而确定了集体领导原则，英·甘地支持者要求党主席和中央议会局在做出重要决策时同她商量遭拒绝。1978年初，她召开了造反的国大党全国委员会，名为"国大党全国会议"，自任党主席。国大党再次分裂为国大党（乌）和国大党（英）。

第三次分裂发生在 1988 年。1984 年 10 月 31 日，英·甘地遇刺身亡，其子拉吉夫·甘地继任总理和国大党领袖。他执政三年后遇到博福斯军火贿赂案和外交失误等系列错误，政府内部矛盾激化，拉·甘地把原财政和国防部长维·普·辛格开除国大党。辛格另行成立了人民阵线，与 3 个反对党联合成立了人民党，并与国大党社会主义派等结成"全国阵线"竞选联盟，在 1989 年的大选中击败拉·甘地上台。

3. 执政党在宗教、种姓、民族问题上处理不当

印度的社会结构太过多元，导致国内的宗教、种姓、民族等问题非常复杂，而且往往是几个问题交织在一起，从而使种姓、民族、宗教问题处理起来非常棘手，国大党在这些问题上的处置要么过于软弱无力，要么过于粗暴简单，结果社会上的教派、种姓、民族冲突从未间断，甚至成为危及印度政治稳定的长期隐患。

印度是一片滋生和繁衍宗教的沃土，是个宗教汇聚的摇篮，在这里不仅产生过印度教、佛教、耆那教、锡克教，还在不同历史时期接纳过伊斯兰教、基督教、拜火教和巴哈依教等。由于宗教的排他性和保守性，加上各宗教信徒间存在的利害关系，发生冲突和摩擦是不可避免的。首先是印度教徒与穆斯林之间。一方面，1947 年印巴分治的阴影并没有消除，印巴间敌对情绪严重；另一方面，由于世界伊斯兰教原教旨主义的影响，印度教徒对国内穆斯林充满不信任，穆斯林对印度教徒也满怀戒心。其次是印度教徒与锡克教徒之间的矛盾冲突一直未得到根本解决。再次是印度教与基督教的矛盾。印度的基督教徒大多数是低种姓或少数民族，本来就受多数派的歧视，一部分极端的印度教民族主义分子对基督教恨之入骨，他们屡次在全国各地捣毁和破坏基督教堂，制造流血事件。此外，佛教和耆那教信徒也有压抑感，普遍对政府偏袒印度教不满。

印度民族众多，最大的印度斯坦族只占全部人口的 46.3%，一些民族之间的矛盾很深，并时常爆发冲突。无论是北边的克什米尔问题，还是南边的南印度自治问题，或者是东北的分离问题都比较严重。

印度的种姓歧视现象在大城市已经不多见，但在农村仍然顽固存在。印度农村几乎每年都有屠杀低种姓的事件发生，有时一次屠杀数十人，因此农村的低种姓怀有恐惧感和不满情绪。种姓歧视不仅带来社会的不

安定，也造成地区经济发展的不平衡。低种姓的文盲率一直在95%以上，他们绝大部分生活在贫困线以下。只要种姓制度存在，低种姓的人们要脱贫便只能是天方夜谭。

印度经历了长达190多年的殖民统治，英国殖民者长期实行"分而治之"的政策，在削弱印度人民的斗争力量的同时，人为地扩大了印度国内不同种姓、不同民族、不同教派之间的纷争，给印度留下了后患无穷的恶果。独立以后，尼赫鲁竭力主张世俗化，尽可能采取措施弥合种姓之间、民族之间和宗教之间的裂痕，但并无法根除100多年来"分而治之"所积淀下来的怨恨和对立；英·甘地则是采取强硬手段来处理这些问题，如在旁遮普问题处理上派兵围攻阿姆利则金庙造成500多人死亡，等等，这种过于简单化的方式虽能起到暂时平息风波的作用，但实质上却是在积压矛盾。正是因为国大党对这些历史社会问题一直处置不当，其执政期间教派、种姓、民族冲突，甚至暴力恐怖活动长期存在。以至80年代以后，在世界民族主义兴起的影响下，印度的种姓、民族和宗教问题重新活跃起来，而且显得更加复杂，冲突程度更加剧烈，往往以暴力形式出现，成为影响印度政局稳定和执政党地位的重要因素。

三、墨西哥革命制度党在经济奇迹中丧失执政地位

墨西哥革命制度党是墨西哥、也是拉丁美洲的第一大党，自1929年到2000年连续执政71年，成为迄今为止连续执政的时间仅次于苏联共产党的第二个大党。革命制度党71年的执政，带领墨西哥人民创造了国家统一、政治安定、经济腾飞的"墨西哥奇迹"，将墨西哥从一个封闭、贫穷落后的农业国家，发展成为一个对外开放、经济较发达的工业化国家。即使在革命制度党下台之年，墨西哥经济增长率仍高达6.9%，国内生产总值达6700亿美元，世界排名第13位。这样一个长期执政的政党，在这样的大好形势下大选失利，丧失政权，从另一个方面提供了教训，值得认真研究和总结。

1. 从领导实现"墨西哥奇迹"到选举失利

墨西哥革命制度党成立于1929年。当时墨西哥政党林立，从1867年推翻帝制、建立共和开始已经经历了被称为"考迪略"、"卡西克"的地方军阀长达六十多年的军阀混战。时任总统的卡列斯为了结束这种混乱政局，便将约1800个地方考迪略和党派团体联合起来，组建了一个用以取代考迪略势力的全国性政党，以解决政权交接的制度化问题，这就是1929年3月创立的国民革命党。由于国民革命党排斥工农组织的参与，在30年代世界经济大危机的背景下，墨西哥工农运动风起云涌，地方考迪略又借机把控制工农组织作为自己的政治筹码。在这种情况下，卡德纳斯总统开始考虑工农组织的制度化参政问题。1938年3月，卡德纳斯解散了国民革命党，在它的基础上成立了新的官方党——墨西哥革命党。该党提出建立民主政体、发展民族经济、实行土改、保护工农群众的纲领，赢得了社会各阶层的广泛支持。随着墨西哥国内形势的变化，国民革命党认为革命的任务已从群众性政治斗争转为维护和完善现行制度。1946年1月，卡马乔将墨西哥革命党易名为革命制度党。随着党的组织体系及其制度框架的稳定，革命制度党在其后30余年的执政期间里取得了骄人政绩：1950－1985年，墨西哥人口从2500万增加到7700万，人均国民生产总值从每年362美元上升到2734美元；人均寿命从41.5岁上升到64.2岁，文盲率从80%下降到6%，墨西哥成为拉丁美洲仅次于巴西的第二大经济强国①。

革命制度党领导墨西哥在创造了辉煌之后，从80年代开始形势出现变化：先是1982年的外债危机，再是1994年的南部恰帕斯州农民暴动和严重的金融危机。于是，1997年中期选举，左翼的民主革命党和右翼的国家行动党异军突起，两党在议会的席位之和超过革命制度党；终于，2000年7月2日，墨西哥六年一度的总统选举结果揭晓：革命制度党候选人拉瓦斯蒂达以24112万多票、6142个百分点之差输给由反对党国家行动党和绿色生态党组成的变革联盟的候选人福克斯。革命制度党在连

---

① 参见刘德威：墨西哥革命制度党的历史兴衰，《当代世界社会主义问题》，2000年第1期。

续执政长达71年后首次失去总统职位，其长期独霸政坛的局面不复存在，自成立以来第一次成为反对党。之后的2006年的大选，是革命制度党丧失政权后参加的首次大选，结果却证明革命制度党正滑向边缘化的窘境，不仅在联邦议会中所占席位减少，甚至不能成为总统职位的有力争夺者。在2006年12月组成的新一届联邦议会众议院500个席位和参议院125个席位中，革命制度党分别只占106席和33席，彻底失去议会第一大党地位；总统大选中革命制度党总统候选人只获得22.27%的选票，创历史最低纪录。究竟是何原因导致一个如此强大的执政党由兴盛走向衰落，由曾经受到广泛民众的支持和拥护，到民众纷纷转向其对立面？

2. 执政党指导思想转变造成意识形态凝聚力减弱

（1）曾经制定资产阶级宪法中最民主、最进步的法典。20世纪初，军事独裁政权统治下的墨西哥，民族矛盾、阶级矛盾尖锐异常。农民夺地、工人罢工、民族资产阶级反抗接踵而至，打破了19世纪中期胡亚雷斯改革运动夭折以后漫长的历史沉寂，墨西哥社会出现了沸腾的政治生活。1910－1917年墨西哥民族资产阶级领导工人、农民取得了资产阶级革命的胜利，墨西哥的革命者在反对外来武装干涉和反对专制独裁统治的斗争中总结出自己"革命的原则"，即民族主义与民众主义的理论原则：西方的理论并不符合墨西哥的实际需要，也无法解决墨西哥的现实问题；墨西哥人只能靠自己去探索一条适合自身发展的道路，寻找解决自身问题的良方。作为这次革命胜利成果的《墨西哥合众国宪法》也充分体现这一理论原则，把革命过程中人民群众为之奋斗的"土地分配"、"工农权利"写入典册，故被认为是当时世界上所有资产阶级宪法中最民主、最进步的法典，至今仍在沿用。

（2）长期坚持革命民族主义。墨西哥革命制度党，虽然在1972年该党的"七大"才正式把革命民族主义确立为党的指导思想和原则，但实际上从革命制度党的前身国民革命党起，就以1917年宪法作为党的纲领，以革命民族主义为其指导思想，故三易其名都始终没有放弃"革命"的头衔。所谓"革命民族主义"是以墨西哥革命时期提出的"民族主义与主权"、"自由与民主"及"正义与社会公正"为核心，反对殖民主义、帝国主义，主张建立"民主、公正、自由、平等"的社会。墨西哥革命制度党坚持的这种"革命民族主义"的意识形态，无疑是将当时参加革命的各中间阶级的利益和愿望进行了全面的融合和体现，将资产阶级、工人、农民各阶级的要求中具有建设性意义的内容加以变通和改造吸收进了自己的纲领。这种极具包容性的意识形态使革命制度党得以当时"人民的全部价值观"的代表者身份，占据了一切重要的政治思想空间，同时也剥夺了其他反对党的思想资本和理论阵地，抑制了反对党的力量，凝聚了全国人心，在墨西哥人民中形成了以革命制度党理论主张为核心的对国家重大问题的广泛共识。当革命制度党在"革命民族主义"的指导下，顺应墨西哥当时的社会发展形势，领导全国人民创造出了"墨西哥奇迹"时，更为革命制度党在绝大多数人中获得了长期执政的持续认同。

（3）转向社会自由主义。1976年，墨西哥发现新的大油田，外国贷款纷纷涌入，墨西哥靠举借外债实现了"石油"繁荣，但国际利率提高及国际市场石油价格猛跌，导致1982年爆发严重的债务危机。伴随着国家经济战略的变化和经济政策的转向，墨西哥革命制度党自80年代起在意识形态方面发生了重大变化，逐渐放弃了长期奉行的革命原则，在思想上以"新自由主义"取代了"革命民族主义"和"民众主义"。特别是1988年上台的萨利纳斯总统公开放弃了革命民族主义，1991年11月1日，萨利纳斯在国情咨文中正式提出，"社会自由主义"将成为革命制度党的指导思想，即为适应经济全球化趋势和对外开放的需要，放弃反帝、反霸和反美的口号，在坚持"社会利益原则"下实行自由主义。这一理论在1993年革命制度党的十六大上通过，被明确确立为党的指导思想。在这一理论的指导下，萨利纳斯政府在经济领域大刀阔斧地进行改革，把"进口替代"战略所留下的"遗产"最终送进了历史陈列室，"出口导向"正式确立为国家对外战略的标志[①]。

这与革命制度党一贯遵循的墨西哥革命的宗旨完全相悖，实践中也导致社会财富过于集中在少数人手中，贫富两极分化日益加剧，为社会增添了许多不稳定因素，许多党员和民众对此十分不满。1996年前后，

---

① 参见王晓德：自由贸易与墨西哥经济的发展，《南开经济研究》，2001年第1期。

革命制度党有 6000 多名党务工作人员和干部宣布脱党①。虽然塞迪略总统执政的 1996 年，革命制度党十七大又重新举起革命民族主义的旗帜，但实际上，塞迪略推行的具体政策都奉行了新自由主义思想。很显然，墨西哥革命制度党意识形态转变到以新自由主义为指导思想后，一方面使党在广大民众及党员面前丧失了其原有的、鲜明的特征，因而降低了党的感召力、吸引力和凝聚力；另一方面使党内思想多元化，出现了党内分歧，破坏了党的团结统一；还由于新自由主义改革侵害了广大民众的利益，因而恶化了党同社会阶层的传统联盟关系，极大地削弱了党的力量。所以，革命制度党在墨西哥大选中败北后的第二天，在革命制度党全国执行委员会的会议上，奥尔蒂委员尖锐地指出，这次革命制度党竞选失败的原因在于党"背离了革命的方向和建党原则"，"党背叛了自己，将民族主义变成新自由主义，将主权变成全球化"。革命制度党参议员、曾任内政部部长和普埃布拉州州长的巴莱特认为，革命制度党之所以失败，是由于"党失去了指南，在意识形态上出现偏差，新自由主义的瘟疫在党内蔓延"，"将'社会自由主义'强加给党，篡改了党的原则，使党力量削弱，与基层失去联系"。② 也难怪墨西哥《进程》周刊评论说，"德拉马德里开始敲响革命制度党的丧钟，萨利纳斯使党奄奄一息，而塞略迪葬送了党。"③

3. 执政党组织结构的稳定性遭受多重挑战

（1）职团结构团结了社会大多数。墨西哥革命制度党的组织体系十分具有特色，是基于墨西哥自身政治环境所创建的职团结构。革命制度党创设时，曾经是一个地区结构的连接社会精英的联盟，排除占社会绝大多数的工人、农民和中间阶层。1938 年 3 月，为了把包括工人、农民在内的广大民众吸收进党，卡德纳斯按工人部、农民部、人民部和军人部 4 个职业社团将党改造成职团结构，4 个部分别由各个工会、农会以及

---

① 参见郭珍果：墨西哥革命制度党的历史兴衰，《领导之友》，2006 年第 2 期。

② 参见徐世澄：连续执政 71 年的墨西哥革命制度党缘何下野，《拉丁美洲研究》，2001 年第 5 期。

③ 转引自李国伟：墨西哥革命制度党失去政权的原因，《当代世界与社会主义》，2005 年第 3 期。

联合会性质的团体组成，且都有从基层到中央的垂直组织系统。1940年，卡马乔总统取消军人部，革命制度党形成由3个部组成的较为稳定的组织结构。长期以来，拥有这3个职团体系的墨西哥革命制度党一直是国内几个主要社会阶层实现联合的重要渠道，同时也是该党实现对这3个主要社会阶层进行整合与控制的重要途径。这不仅使墨西哥革命制度党成为超越各个阶级，协调整个社会利益的核心，也构成了墨西哥政治长期保持稳定的重要组织基础。

(2) 职团组织的离心倾向动摇了党的执政基础。经过长期执政，职团部门领导人过于关注自身的政治前途和既得利益，官僚化倾向日益严重，同时，政府对各职团部门的分化瓦解政策，使得各职团组织与政府的谈判与对抗能力大大削弱，职团体系的政治功能日益丧失，党的组织结构稳定性接二连三地受到破坏。60年代，由于国家政策向右倾斜，约3.5万名不满的农民脱离了农民部，成立了"独立农民联合会"。80年代墨西哥实行新自由主义经济政策后，随着实际最低工资的急剧下降，官方工会——墨西哥工人联合会受到严重影响；由于修改宪法第27条，废除了"耕者有其田"的原则，停止了分配土地，从而使官方农会——全国农民联合会受到极大的打击；职团组织的离心倾向愈益严重，职团结构摇摇欲坠，建立在这个体系基础上的官方党当然面临着动摇和解体的危险。

(3) 党内斗争致使派系林立。党内无休止的的派系斗争更造成了党的分裂，严重破坏了党的团结统一。1986年8月，以米却肯州州长、前总统之子夸·卡德纳斯和前党主席穆·莱多为首的激进派党员组成民主潮流派，公开批评政府的内外政策，要求在党内进行民主改革。1987年8月，民主潮流派被开除出党，造成党的第一次严重分裂。卡德纳斯转而联合其他14个反对派组织组成全国民主阵线，参加1988年的总统大选，获得了31%的选票，位居第二位，对革命制度党候选人萨利纳斯造成了严重威胁。这次总统大选彻底打破了革命制度党一党独大的局面。进入20世纪90年代，革命制度党内争权夺利的斗争有增无减，党内开始分化出众多的派别："元老派"、"传统派"、"少壮派"、"革新派"、"现代派"、"技术官僚派"、"团结派"、"批判派"、"新民主派"、"民主进步派"、"2000民主派"等等。1994年，党的总统候选人、党的总书记相继遭暗杀。2000年大选前夕革命制度党在预选党的总统候选人时，四位候选人自立山头、互相倾轧、指责、谩骂，不仅败坏了革命制度党在公众心目中的形象，极大地削弱了自身的竞争力，而且还给反对党候选人福克斯提供了口实，革命制度党在大选中失败也就在所难免。

4. 经济改革过程中过高的"社会成本"招致广大民众不满

（1）曾经走"第三条道路"取得了成功。1910－1917年革命后，墨西哥经济选择了在自由市场经济与完全国有化之间的第三条道路，实行多种所有制共存的混合经济。这样，墨西哥社会既存在以国家和民众为代表的公有制经济，又存在以大资产阶级为代表的私营经济。从实践来看，墨西哥的公有制经济有效保持了社会稳定，但难以促进经济高速发展；私营经济具有较强的生产力，但是容易激化社会矛盾。因此，20世纪80年代以前，墨西哥革命制度党一直在"卡德纳斯主义"和"阿莱曼主义"之间往复运动，趋利避害，根据情势的需要和社会力量对比关系进行政策调整和宏观调控。所谓"卡德纳斯主义"，是指在经济发展中强调宪法中的民众主义原则，以土地改革和石油国有化等政策为主导；而所谓"阿莱曼主义"则是指限制土地改革，鼓励私有企业发展，集中体现宪法中的"私人积极性"原则①。正是这种对社会的钟摆式左右制衡机制，使墨西哥经济走上了持续高速发展的道路。

（2）激进的经济改革是双刃剑。1982年债务危机却一下子就把墨西哥数十年来的经济辉煌化为烟云，墨西哥在国内外因素的共同作用下于80年代中期缓缓地拉开了经济改革的序幕。1988年萨利纳斯上台后则开始了大刀阔斧的经济改革。这场经济改革的内容主要包括两个方面，即扩大国民经济的外向性和减少政府对经济生活的干预。为了扩大经济开放，萨利纳斯政府采取了四个方面的重要措施：第一，大幅度降低贸易壁垒，实施贸易自由化；第二，通过修改外资法，鼓励外国资本的流入。除石油和少数基础设施部门以外，外资可拥有100%的股权，同时外资在汇出利润以及抽出资本方面享有优惠；第三，与美国和加拿大达成NAF-

---

① 参见曾昭耀：《政治稳定与现代化——墨西哥政治模式的历史考察》，东方出版社，1996年版。

TA；第四，对外经济交往多元化，与美国发展经济关系的同时，积极发展与亚太、欧洲的经济关系。

为了减少国家干预，萨利纳斯政府对国有企业实施了声势浩大的私有化。墨西哥私有化的特点是：第一，步伐快。仅在1989-1992年期间，私有化的收入就超过195亿美元，占国内生产总值的6.3%。与经合组织成员国相比，这一比重仅次于新西兰和英国。第二，范围大。除了制造业、矿业、农业、银行业、交通运输业和和旅游业等部门中的国有企业被私有化以外，基础设施领域中的国有企业也被私有化。经济合作与发展组织的一个专题报告认为，墨西哥的国有企业私有化可以说是"世界上最大的私有化计划之一"。墨西哥经济改革应该说取得了明显成效：在萨利纳斯当政的6年时间内，国内生产总值的增长率除1993年不足1%以外，其他几年均在3%以上；财政赤字率从1987年的180%下降到1994年的7%；国民经济对石油出口收入的依赖从1982年的75%下降到1993年的14%；外汇储备从1980年的寥寥无几扩大到1989年的63亿美元，1993年底已超过250亿美元；负债率从1982、1983年的340%已降低到1994年的192%。

（3）改革形成的不公平转化为不信任。墨西哥经济改革的"社会成本"十分巨大。第一，由于市场开放的步子过急，国内企业、特别是中小企业在突如其来的外部竞争中陷于困境乃至破产，国内的失业率大幅度上升，1995年城市失业率高达6.8%，而失业率上升使得墨西哥工人的最低工资水平和实际收入水平在1982-1994年之间一路走低。第二，新自由主义政策允许村社土地自由买卖，致使村社名存实亡，广大贫苦农民、特别是印第安农民因丧失土地而失去依托。1994年年初，恰帕斯州的印第安农民因不满政府的发展政策揭竿而起。第三，私有化使资本的集中和垄断更为突出，占全国人口10%的富人集中占有了全国80%的财富。第四，在文教、卫生等社会事业领域，由于政府的许多作用被市场取而代之，广大劳动群众的福利水平大幅度下降。由上可知，墨西哥的经济改革带来的经济增长与社会发展出现了明显的不协调，改革不仅没有消除民众迫切希望根除的贫困问题，反而造成贫困人口大幅度增加：20世纪末贫困人数达4600万，其中赤贫人数达2700万。更为糟糕的是，这场经济改革还使墨西哥政府的宏观调控能力进一步减弱，对于日益加剧的贫富分化现象和诸多社会问题几乎无力出台有效政策去加以缓解。民众日益加剧的"不公平感"和对执政党愈益高涨的"不信任感"使他们在大选中义无反顾地抛弃了革命制度党,革命制度党在大选中的得票率从80年代以前70%以上,有时高达90%,下降至2000年大选中不足40%,直到2006年的22.27%。

5. 不良作风使执政党丧失民众认同

墨西哥革命制度党由于一党独大,长期连续执政,党内官僚化趋势越来越严重,其对国家和社会各方面进行控制的欲望越来越强烈,法律和社会对其各种监督和制约越来越乏力,再加上层层叠叠的关系网,致使党内的当权者们越来越难以逃脱"扣住政党的魔罩"①,从而不良行为、各种丑闻层出不穷,不良风气日渐盛行、愈演愈烈。

一方面,上至总统及其亲属、内阁部长、州长、副总检察长等政府要员,下及政府一般公务员都依仗权势,谋取私利。1995年2月,前总统萨利纳斯的哥哥劳尔·萨利纳斯曾被控与腐败和洗钱案件有牵连,在墨西哥被捕入狱,而后又被瑞士司法当局指控与贩毒集团有染而没收其在瑞士银行的存款,据称其聚敛的财富高达数十亿美元。此案也涉及萨利纳斯及其他高级官员,前总统萨利纳斯也为此自1995年起一直流亡国外。1997年2月19日,墨西哥全国缉毒局局长古铁雷斯·雷沃略将军及其两名助手因参与贩毒活动被捕。除此之外,在塞迪略执政期间,因贪污和涉嫌贩毒而被撤职、法办的军队高级将领,还有负责军事运输的弗朗西斯科·基罗斯·埃莫西利奥将军、马里奥·阿图罗·阿科斯塔·查帕罗将军和国防部长之子、负责军事通讯的恩里可·塞万提斯·马丁内斯将军等等。在1997-1998年间,联邦政府对违规犯法的官员进行了9665例行政制裁和959例经济制裁,处罚金额达4118亿比索,对证据确凿的375名刑事罪犯绳之以法。2000年6月,正当墨西哥各大政党进行激烈竞选角逐的节骨眼上,曾任革命制度党财务书记,后任墨西哥联邦区长官、旅游部长的奥斯卡·埃斯皮诺萨·比利亚雷亚尔因涉嫌贪污412

---

① 参见王长江:《政党的危机——国外政党运行机制研究》,改革出版社,1996年版。

亿比索而逃亡国外。

另一方面，为了保住自己的执政地位，革命制度党又用金钱和物资去贿赂选民。在 1980 年代末和整个 1990 年代，革命制度党拉选票可谓是无所不用其极。他们动用国家的资源来鼓动选民投自己的票。比如，如果一个村庄的选民投了革命制度党的票，那么，国家和州就会对这个村庄进行补助，给化肥和拖拉机。哪个村庄不投他们的票，就扣发这些物资。他们还用国家的资源为本党的总统候选人进行宣传，甚至利用清点选票的权力来虚报自己党的候选人的得票数和压低反对党总统候选人的得票数。所有的这些行为和事件都极大地败坏了革命制度党的形象，党的威信一路下滑，终于在 2000 年的总统大选中败北，丧失了政权。

结 束 语

加强党的执政能力建设,是党的十六大为党的建设确定的一项重要任务,并在十六大报告中指出:"我们党历经革命、建设和改革,已经从领导人民为夺取全国政权而奋斗的党,成为领导人民掌握全国政权并长期执政的党;已经从受到外部封锁和实行计划经济条件下领导国家建设的党,成为对外开放和发展社会主义市场经济条件下领导国家建设的党"。这两个根本性转变,使我们党面临着非同寻常的挑战和考验,十六届四中全会又在这样的历史条件下,通过了《中共中央关于加强党的执政能力建设的决定》,体现了我们党对新的历史使命的清醒认识和科学判断,这是时代的要求,人民的要求。党的十七大进一步提出:"党的执政能力建设关系党的建设和中国特色社会主义事业的全局,必须把提高领导水平和执政能力作为各级领导班子建设的核心内容抓紧抓好。""以加强领导班子执政能力建设影响和带动全党,使党的全部工作始终符合时代要求和人民期待。"

进入21世纪,中国和世界的发展都出现了许多新情况、新特点、新趋势。一是"世情"即国际环境,国际格局正在发生冷战结束以来最为深刻的变化,世界多极化和经济全球化的趋势继续在曲折中发展,科技进步日新月异,综合国力竞争日趋激烈等,各种思想文化相互激荡,各种矛盾错综复杂,我们面临发达国家在经济、科技等方面占优势的压力。二是"国情"即国内环境,我国改革发展处在关键时期,随着改革开放向更深层次、更广的领域深化推进,深层次的矛盾和问题不断涌现出来,甚至集中地暴露出来,并与尚未解决的矛盾、问题交织缠绕在一起,使得社会利益关系更为复杂,情况和问题更为突出严峻。三是"党情"即党的发展变化，包括任务变化、队伍状况变化、执政党内出现的新问题、党员情况的新变化等。在这样的历史条件下，对于我们这样一个已经建党86周年、执政58年、实行改革开放29年、拥有7千多万党员的大党，要在一个地域如此广阔、人口如此众多、发展又如此不平衡的国度里长期执政，既是历史性的机遇，也是历史性的难题。在机遇和挑战并存的环境下，我们党要带领全国各族人民全面建设小康社会，保证党始终成为坚强的领导核心，必须与时俱进地加强执政能力建设。

20世纪80年代以来，世界政治中一个令人关注的现象就是各种类型的政党，尤其是长期执政的一批大党、老党相继丢掉了政权，丧失了执政地位，这个变动对执政党提出了严峻的挑战。可以说，治国安邦，巩固执政地位，几乎是所有的执政党都在追求的目标，然而要真正实现这样一个目标，客观上要求执政党具备治理国家的能力。缺乏这种能力，不重视、不学习这种能力，就很难说其执政地位是稳固的，更谈不上长期执政。从那些丧失执政地位的政党来看，尽管原因十分复杂，各个党的情况也很不相同，但究其根源，无一不是没有正确应对国际局势的变化和解决国内经济社会发展问题，脱离群众，失去民心，违反执政规律，执政能力不适应需求所致。中国共产党在中国执政，是历史的选择，人民的选择，但要保住长期执政，就必须随着执政环境和执政条件的变化而相应增强自身的执政能力。所以，我们必须把加强党的执政能力建设的精神不折不扣地落到实处，在总结自身执政实践和执政经验的基础上，认真研究和借鉴其他国家的政党政治的有益成果，在借鉴和学习中不断提高我们党的执政能力。

事实上，通过对自身实践经验和世界上其他党执政理论、经验和教训进行研究总结，进一步丰富和完善我们党的正确执政理论，成本最低，也最有价值。从马克思主义认识论上讲，人们对事物发展本质认识是有一个过程的，在这个认识过程中，难免出现一些偏差，这些认识上的偏差，会给人们以实践失败的教训，付出认识偏差上的成本。党的正确执政理论形成也是要付出必要成本的，但作为一个执政党来说，如果这个认识偏差上所付出的成本过大，就有可能发生丧失执政地位的危机。因此，党正确执政理论的形成，应该尽量降低成本，应该尽量通过借鉴和学习，一方面可以从党执政以来的成功经验和受挫教训学习借鉴，另一方面可以从国外政党执政的得失中去借鉴，甚至还可以从我国历史上执政王朝的兴衰更替中去借鉴。

总之，我们党要通过借鉴和学习，不断地成熟自我，不断提高自身的适应力和创造力，不同的发展时期针对不断出现的新情况和新问题，创造性地制定符合本国国情的路线、方针和政策，进行制度化的有序更迭，有效地团结和引导全体人民，向着建设现代化国家的既定目标不断前进。

参考文献

1. 《马克思恩格斯全集》，人民出版社第 2 版。
2. 《列宁全集》，人民出版社第 2 版。
3. 《马克思恩格斯选集》，人民出版社第 2 年版。
4. 《列宁选集》第一卷、第二卷、第三卷、第四卷，人民出版社，1995 年版。
5. 《毛泽东选集》第一卷、第二卷、第三卷、第四卷，人民出版社，1991 年版。
6. 《毛泽东选集》第五卷，人民出版社，1977 年版。
7. 《邓小平文选》第一卷、第二卷、第三卷，人民出版社，1993 年版。
8. 《江泽民文选》第一卷、第二卷、第三卷，人民出版社，2006 年版。
9. 江泽民：《论党的建设》，中央文献出版社，2001 年。
10. 《中共中央关于加强党的执政能力建设的决定》，人民出版社，2004 年。
11. 中央纪委研究室编：《邓小平论新时期党风廉政建设》，中国方正出版社，1993 年。
12. 中共中央宣传部：《"三个代表"重要思想学习纲要》，学习出版社，2003 年。
13. 《马克思主义党的建设理论学习阅读文选》，海洋出版社，1992 年。
14. 俞遂主编：《外国政党概要》，江苏人民出版社，2001 年。

15. 郭亚丁：《政党差异性研究——中国共产党与西方政党的比较》，中国经济出版社，2005 年。

16. 傅金铎、张先义、沈桂萍主编：《国外主要国家政党政治》，华文出版社，2001 年。

17. 胡盛仪、陈小京、田穗生：《中外选举制度比较》，商务印书馆，2000 年。

18. 阮宗泽：《第三条道路与新英国》，东方出版社，2001 年。

19. 赵晓呼主编：《政党论》，天津人民出版社，2003 年。

20. 龚加成：《全球化背景下的新探索——冷战结束后社会党国际纲领与政策的演变》，中央编译出版社，2006 年。

21. 孙敬勋编著：《马克思主义党的学说发展简史》，中共中央党校出版社，1988 年。

22. 赵云献主编：《邓小平党的建设思想概论》，知识出版社，1991 年。

23. 中共河北省委党校党建教研室：《中外政党研究》，1988 年。

24. 梁琴、钟德涛：《中外政党制度比较》，商务印书馆，2000 年。

25. 黄宏、谷松主编：《东欧剧变与执政党建设》，红旗出版社，1991 年。

26. 黄宗良等主编：《共产党和社会党百年关系史》，北京大学出版社，2002 年。

27. 金春明等：《执政党建设初论》，辽宁人民出版社，1983 年。

28. 郑楚宣等：《当代中西政治制度比较》，广东人民出版社，2002 年。

29. 顾俊礼主编：《欧洲政党执政经验研究》，经济管理出版社，2005 年。

30. 中央编译局马克思主义与现实杂志社编：《中国调查报告——社会经济关系的新变化与执政党的建设》，社会科学文献出版社，2003 年。

31. 林尚立：《中国共产党执政方略》，上海社会科学院出版社，2002 年。

32. 刘意：《改革开放以来党加强执政能力建设的历史考察和基本经验》，湖南师范大学硕士学位论文，2006 年 5 月。

33. 魏泽焕：《苏共兴衰透视》，广东人民出版社，1998年。

34. 吴美华：《执政党建设论》，江西高校出版社，2003年。

35. 杨钦良：《中国共产党建设史》，中国人民大学出版社，1993年。

36. 中国民主同盟中央文史资料委员会：《中国民主同盟历史文献》（1941－1949），文史资料出版社，1983年。

37. 王长江：《政党的危机——国外政党运行机制研究》，改革出版社，1996年。

38. 本书编写组：《兴衰之路——外国不同类型政党建设的经验与教训》，当代世界出版社，2002年。

39. 张立荣：《中外政党制度比较》，商务印书馆，2002年。

40. 高桂芳、关国为等译：《现代世界政党》，求实出版社，1989年。

41. 王邦佐、李惠康主编：《西方政党制度社会生态分析》，学林出版社，1997年。

42. 迪·安·洛伯等：《社会主义国家执政党党章研究》，求实出版社，1988年。

43. 皮钧、高波：《治政论——制度化时期执政党建设核心问题研究》，新华出版社，2004年。

44. 黄苇町：《苏共亡党十年祭》，江西高校出版社，2004年。

45. 魏泽焕：《苏共兴衰透视》，广东人民出版社，1998年。

46. 李军、曹蓓蓓、徐传山：借鉴西方政党执政经验：加强党执政能力建设的又一视角，《理论探讨》，2005年第4期。

47. 邱守娟：毛泽东人民民主专政理论新探，《南京政治学院学报》，2002年第2期。

48. 何家银：邓小平执政理论探讨，《求实》，2005年11月。

49. 杨云鹏：邓小平执政观的理论与实践及启示，《贵阳市委党校学报》，2005年第6期。

50. 孙应帅：正确认识马克思主义政党的执政观，《中共四川省委省级机关党校学报（新时代论坛）》，2006年1月。

51. 李聚云：马克思主义党建理论是不断发展着的理论，《河南广播电视大学学报》，2003年6月。

52. 张涛：国民党政权溃败的政治学分析，《中州学刊》，2001年第

4 期。

53. 徐舒映：试述抗战前后民主党派对民主政治的追求，《山东师大学报（社会科学版）》，1999 年第 5 期。

54. 王颖：马克思主义执政理论与党的执政能力建设，《当代世界与社会主义》，2004 年第 6 期。

55. 周尚文：列宁执政理念评析，《社会科学研究》，2006 年第 4 期。

56. 何桂端：列宁执政党建设思想探析，《广西社会主义学院学报》，2005 年第 1 期。

57. 王寿林：如何认识资本主义的政党制度，《理论新视角》，2000 年第 10 期。

58. 刘宁宁：中西政党制度运行机制比较研究，《辽宁大学学报》，1998 年第 5 期。

59. 陈惠冬：对国外政党执政方式的考察及启示，《中共南宁市委党校学报》，2005 年第 2 期。

60. 姜跃：瑞典社会民主党何以能长期执政，《中共石家庄市委党校学报》，2005 年第 4 期。

61. 徐觉哉：当代社会民主党及其"第三条道路"，《学术季刊》，2001 年第 3 期。